합격으로 가는 하이패스

토마토패스

기본서 반영
최신 개정판

KB037296

보험
심사역 공통부문

FINAL 핵심정리+실전모의고사

유창호 편저

토마토패스

보험심사역
FINAL 핵심정리 + 실전모의고사
[공통부문]

초 판 발 행	2017년 3월 15일	
개정1판1쇄	2018년 4월 20일	
개정2판1쇄	2019년 4월 25일	
개정3판1쇄	2020년 4월 20일	
개정4판1쇄	2021년 4월 15일	
개정5판1쇄	2022년 3월 15일	
개정6판1쇄	2022년 9월 30일	

저　　　자　유창호
발　행　인　정용수
발　행　처　(주)예문아카이브
주　　　소　서울시 마포구 동교로 18길 10 2층
T　E　L　02) 2038 - 7597
F　A　X　031) 955 - 0660

등 록 번 호　제2016 - 000240호

정　　　가　32,000원

홈페이지 http://www.yeamoonedu.com

I S B N　979-11-6386-110-2　　[13320]

'보험심사역 FINAL 핵심정리 + 실전모의고사'로 여러분을 만나게 되어 가슴 벅찬 기쁨과 보람을 느낍니다.

보험심사역 자격시험은 누적 합격률을 20% 미만으로 유지하고 있습니다. 한국금융연수원 주관의 국가공인 자격시험과 금융투자협회의 법정자격시험 합격률이 대략 20~30%를 보이는 점과 비교하면 보험심사역은 상대적으로 어려운 난이도를 유지하고 있음을 알 수 있습니다.

그간 시험을 치러오는 동안 출제되었던 시험문제를 분석해보니 개인보험심사역의 경우 공통파트의 '보험회계', 개인전문파트의 '자동차보험'과 '개인재무설계'의 3과목의 난이도가 특히 높았습니다.

모 손해보험사의 실무진을 대상으로 강의를 해본 결과 '보험회계'는 실무를 경험할 기회가 전혀 없다는 점, '자동차보험'은 실무경험이 있음에도 불구하고 방대한 암기사항과 이해가 필요하여 고득점이 매우 어렵다는 점, 그리고 '개인재무설계'는 재무설계, 거시경제, 투자이론, 재무계산기 학습까지 반영되어 수험생들이 시험준비에 어려움을 겪고 있음을 알게 되었습니다. 손보사 중견 실무진도 이러한 어려움을 겪고 있는데, 하물며 일반 수험생의 입장에서는 얼마나 어렵겠습니까?

본 교재는 이러한 어려움을 겪을 수험생분들에게 조금이라도 도움이 되기 위해 출간되었습니다.

본서는 크게 두 파트로 구성되어 있습니다.
우선 각 시험과목으로 구분한 PART별 핵심정리와 단답형 문제를 통해 각 이슈에서 중요한 부분이 무엇인지를 체계적으로 파악하는 것을 목표로 하였습니다.
실전모의고사에서는 직접 시험을 치르면서 분석한 기출유형과 난이도를 반영하여, 실제 시험장에서도 유의미한 효과를 얻는 것을 목표로 하였습니다.

보험연수원 기본서는 전문성을 갖춘 교재이나 연습문제가 제공되지 않아 합격에 필요한 기본서 이해도에 도달하는 것이 쉽지 않으며, 이 부분에서 본서가 의미 있는 역할을 할 것으로 기대합니다. 다만, 기본서 학습도 꼭 필요하다는 점을 강조합니다. 기본서 학습은 시험 준비의 기본이기도 하거니와, 본서와 병행학습을 할 때 적절한 시너지효과를 기대할 수 있기 때문입니다.

노동시장은 갈수록 유연해지고 있고, 그만큼 전문성에 대한 요구는 강해지고 있습니다. 본 수험서가 보험업계의 전문성을 갖추는 데 일조(一助)할 수 있기를 진심으로 기원하며, 수험생 여러분들의 건투를 빕니다.
마지막으로 본 교재가 나오기까지 물심양면으로 격려를 아끼지 않으신 예문사 임직원 여러분께 진심으로 감사의 말씀을 드립니다.

편저자 유창호

■ **보험심사역이란?**

손해보험을 개인보험과 기업보험으로 구분해 분야별 전문 언더라이터 자격을 인증 · 부여하는 자격제도

■ **응시대상**

응시자격 제한 없음

[공통부문, 전문부문 동시 응시 대상자]

- 최초응시자, 기존시험 결시자와 두 부문 모두 불합격자
- 직전 회차 전문부문만 합격한 자 중 2개의 자격(개인/기업)을 동시에 취득하려는 자
  ※ 부분합격의 유효기간은 부분합격 후 연속되는 1회 시험까지만 인정

[공통부문 혹은 전문부문 중 하나만 응시 대상자]

직전회차 응시자 중 부분합격자(공통 또는 전문부문)

[전문부문만 응시 대상자]

기존시험 최종합격자 중 하나의 자격을 추가로 취득하려는자

※ 최종합격자가 다른 분야의 보험심사역도 취득하려 할 경우 공통부문 면제(기한제한 없음)

■ **시험 방법**

객관식 4지선다형

■ **합격자 결정**

① 공통부문에 합격한 자는 '공통부문 합격자', 전문부문에 합격한 자는 '전문부문 합격자', 공통부문과 전문부문을 모두 합격한 자는 '최종합격자'로 한다.

② 각 부문(공통/전문) 합격자는 시험과목별 40점 이상, 과락(40점 미만 : 공통 8문제 미만, 전문 10문제 미만) 과목 없이 각 부문별 평균 60점 이상 득점해야 한다.

■ **자격구분**

개인보험심사역(APIU)	보험분야 중 '개인보험'에 관한 전문이론 및 실무지식을 갖춘 자
기업보험심사역(ACIU)	보험분야 중 '기업보험'에 관한 전문이론 및 실무지식을 갖춘 자

■ 시험 과목

[개인보험심사역]

구분	시험과목	문항수	배점	시험시간
공통부문	1. 손해보험 이론 및 약관해설 2. 보험법 3. 손해보험 언더라이팅 4. 손해보험 손해사정 5. 손해보험 회계 및 자산운용	20 20 20 20 20	100 100 100 100 100	120분 (09:00~11:00)
	소계	100	500	−
휴식시간(11:00~11:30)				
전문부문	1. 장기 · 연금보험 2. 제3보험 3. 자동차보험 4. 개인재무설계	25 25 25 25	100 100 100 100	120분 (11:30 ~13:30)
	소계	100	400	
합계		200	900	

[기업보험심사역]

구분	시험과목	문항수	배점	시험시간
공통부문	1. 손해보험 이론 및 약관해설 2. 보험법 3. 손해보험 언더라이팅 4. 손해보험 손해사정 5. 손해보험 회계 및 자산운용	20 20 20 20 20	100 100 100 100 100	120분 (09:00~11:00)
	소계	100	500	−
휴식시간(11:00~11:30)				
전문부문	1. 재산보험 2. 특종보험 3. 배상책임보험 4. 해상보험	25 25 25 25	100 100 100 100	120분 (11:30~13:30)
	소계	100	400	
합계		200	900	

■ 응시자 유의사항

응시자는 시험당일 수험표, 신분증(주민등록증[분실 시 동사무소 발급 임시신분증 인정], 유효기간 내의 운전면허증, 여권) 및 검은색 사인펜 또는 볼펜(컴퓨터용 사인펜 권장, 연필류 사용 불가)을 지참하고, 시험시작 20분 전까지 고사실에 입실하여 시험안내에 따라야 함

> ※ 직전회차 시험 부분합격자는 각 부분별(공통/전문) 시험시작 20분 전까지 입실 완료
> 📌 2교시 '전문부문'만 응시하는 경우 11:10까지 고사실에 입실 완료
> ※ 신분증으로 인정되지 않는 경우 : 학생증(대학, 대학원), 사원증, 각종 자격증, 사진이 부착된 신용카드 등

- 신분증을 지참하지 않은 경우에는 시험응시를 불허하며, 지각한 응시자는 입실을 불허함
- '개인재무설계' 과목의 경우에만 자료를 저장할 수 없는 단순계산기를 개별지참하여 사용 가능
- 접수된 서류의 기재사항은 변경할 수 없으며, 허위나 착오기재 등으로 발생하는 불이익은 일체 응시자 책임으로 함
- 응시료 환불은 접수기간 중에는 전액 환불되며, 원서접수기간 이후부터 시험일 전일까지는 반액 환불됨. 응시료 환불금액의 지급시기는 응시취소 요청 접수일부터 14일 이내로 함
- 응시자 본인의 부주의로 인한 답안지 기재오류(지정필기구 미사용으로 전산기기에 의한 채점이 불가한 경우)를 범하여 불이익이 발생한 경우, 이는 일체 응시자의 책임으로 함
- 시험시간 중에 휴대폰, MP3, PMP 등 일체의 무선통신기기를 사용할 수 없음
- 시험시작 후 각 교시 전체 시험시간의 절반이 경과한 후 퇴실할 수 있으며 부정행위자, 대리응시자, 시험진행을 고의로 방해하는 자, 본인 시험문제의 답을 적어 가거나 시험지의 일부 또는 전체를 절취하는 자, 감독관의 지시에 순응하지 아니하는 자는 당해시험을 정지하거나 무효로 할 수 있으며, 부정행위자는 그 행위가 있은 날로부터 2년간 동 시험에 응시할 수 없음
- 시험합격 이후 응시서류 허위 기재나 부정한 방법으로 합격한 사실이 확인되는 경우 당해시험은 합격취소되고, 합격취소일부터 2년간 동 시험에 응시할 수 없음

■ 보험심사역 최근 합격률 분석(※ 보험연수원 최근 회차 시험정보 미발표)

회 차	합격자 수(명) [개인/기업]	응시인원(명)	합격률	누적합격자(명)/ 누적응시인원(명)	누적합격률
23회(2021.10)	152 (95/57)	820	18.5%	7,097 / 33,788	21.00%
22회(2021.05)	184 (129/55)	778	23.7%	6,945 / 32,968	21.06%
21회(2020.10)	255 (137/118)	902	28.3%	6,816 / 32,190	21.17%
20회(2020.06)	209 (172/37)	841	24.9%	6,561 / 31,288	20.96%
19회(2019.10)	323 (227/96)	1,332	24.25%	6,352 / 30,447	20.86%
18회(2019.05)	388 (294/94)	1,418	27.40%	6,029 / 29,115	20.70%
17회(2018.10)	426 (303/123)	1,626	26.19%	5,641 / 27,697	20.36%
16회(2018.05)	317 (223/94)	1,471	21.55%	5,215 / 26,071	20.00%
15회(2017.11)	385 (184/201)	1,810	21.27%	4,898 / 24,600	19.91%
14회(2017.06)	466 (362/104)	2,040	22.80%	4,513 / 22,790	19.80%
13회(2016.10)	416 (215/165)	2,431	17.11%	4,047 / 20,750	19.50%
12회(2016.05)	605 (475/130)	2,168	27.90%	3,631 / 18,319	19.82%
11회(2015.10)	345 (260/83)	1,966	17.54%	3,026 / 16,151	18.73%

10회(2015.06)	372 (247/125)	1,740	21.37%	2,647 / 14,815	17.86%
9회(2014.10)	363 (209/154)	2,363	15.36%	2,275 / 12,445	18.28%
8회(2014.05)	559 (349/210)	1,547	36.13%	1,912 / 10,082	18.96%
7회(2013.10)	259 (136/122)	1,484	17.38%	1,353 / 8,535	15.95%
6회(2013.05)	219 (109/110)	1,211	18.08%	1,134 / 7,324	15.48%

■ 보험심사역 과목별 난이도 & 합격전략

1. 공통부문

구분	손해보험이론 및 약관	보험법	손해보험 언더라이팅	손해보험 손해사정	보험회계
난이도 (★ 5개 중)	★★★	★★★	★★★★	★★★	★★★★★
최소 목표점수 (평균 74점)	80점	75점	75점	80점	60점
IF 목표점수 −10점 (평균 64점)	70점	65점	65점	70점	50점

2. 개인전문

구분	장기·연금보험	제3보험	자동차보험	개인재무설계
난이도 (★ 5개 중)	★★★	★★★★	★★★★★	★★★★★
최소목표점수 (평균 68.7점)	80점	80점	70점	60점
IF 목표점수 −5점 (평균 63.7점)	75점	70점	55점	55점

3. 기업전문

구분	재산보험	특종보험	배상책임보험	해상보험
난이도 (★ 5개 중)	★★★★	★★★	★★★★	★★★★★
최소목표점수 (평균 72.5점)	75점	75점	70점	70점
IF 목표점수 −10점 (평균 62.5점)	65점	70점	65점	50점

|목 차|

손해보험이론 및 약관

보험법

PART
01

손해보험이론 및 약관

P/A/R/T 01

손해보험이론 및 약관

Chapter 1 → 위험과 위험관리

1. 위험

① 위험의 개념

    ㉠ 위험(Risk)의 정의 : 일반적으로 투자에서는 위험을 '수익률의 변동성'으로, 보험업계에서는 '손실측면의 불확실성 또는 손실발생가능성'으로 정의함

    ※ 위험은 손실발생가능성이며, 위태는 손해발생가능성을 새롭게 만들어내거나 증가시키는 것을 말한다.

    ㉡ 위험의 분류

      예 건조한 상태에서 무심코 버린 담뱃불에 의해 화재가 발생하여 건물이 소실되었다.

위 험(risk)				
위태(hazard)			손인(peril)	손해(loss)
물리적 위태	도덕적 위태	정신적 위태	손해의 원인(→ 사고)	재산손해, 인적손해 등
건조한 상태	–	부주의(담뱃불)	화재	건물의 소실

    ※ 위태(hazard) : 손해발생가능성을 새롭게 만들어 내거나 증가시키는 상태

      → 물리적 위태를 '실체적 위태', 정신적 위태를 '기강적 위태'라고도 함

    ※ 손인(peril) : 손해의 원인(사고) 예 화재, 폭풍우, 지진 등

    ※ 손해(loss) : 손실, 멸실, 훼손 등을 말함. 손해의 유형으로는 재산손해, 배상책임손해, 비용손해, 인적손해 등이 있음

② 부담보손인(담보에서 제외)과 면책손인(담보 예외)을 두는 이유

    ㉠ 담보필요성이 작아서 담보에 포함할 경우 보험료만 인상시키는 결과일 경우

    ㉡ 도덕적 위태를 증가시켜 보험의 대상이 되기 어려운 성격의 담보일 경우

    ㉢ 타 보험에서 취급하는 담보일 경우

    ※ 어디까지가 면책손인이고 어디까지가 비담보손인에 해당하는가는 명확하지 않다.

01 도로결빙과 같이 인간의 행위와 관계 없이 손해발생가능성을 새롭게 만들어 내는 자연적이고 물리적인 조건을 (   )라 한다.

물리적 위태

02 인간의 체질, 기질은 (물리적 위태/정신적 위태/도덕적 위태)이다.

물리적 위태

03 졸음운전과 같이 고의성은 없으나 무관심이나 부주의로 인해 손해 발생을 방관하는 태도는 (   )이다.

정신적 위태

04 고의방화나 강도처럼 고의로 사고의 빈도가 강도를 증가시키는 태도를 (   )라 한다.

도덕적 위태

05 기강적 위태는 (정신적 위태/도덕적 위태)를 말한다.

정신적 위태

06 손해의 직접적인 원인이 되는 것을 (   )이라 한다.

손인
직접원인 = 손인
간접원인 = 위태

07 손인의 3가지 종류는 (   ), (   ), (   )이다.

담보손인, 비담보손인, 면책손인

08 보험자의 담보에서 제외한 손인을 (   ), 책임에서 면하기로 한 손인을 (   )이라 한다.

비담보손인, 면책손인

09 손인 중에서 보험사가 보상하는 손인은 (담보손인/부담보손인/면책손인)이다.

담보손인

10 부담보손인과 면책손인은 명확하게 구분된다. [O, X]

×
명확하게 구분하기 어렵다.

11 우연한 사고로 인해 발생하는 경제적 가치의 상실을 (   )이라/라 한다.

손해(또는 손실)

12 '예기치 않은 화재가 발생하여 건물이 손상되었다'에서 손인은
( )이며, 손해는 ( )이다.

> 화재, 건물의 손상

13 손해의 유형 중 재산손해는 ( )와 ( )로
구분된다.

> 직접손해, 간접손해

14 위태에서 고의성이 있으면 ( ), 고의성이 없으면
( )이다.

> 도덕적 위태, 정신적 위태

15 타보험에서 주로 취급하는 위험에 대해서는 부담보손인이나 면책
손인으로 할 수 있다. [○, ×]

> ○
> 비담보손인, 면책손인을 두는
> 3가지 이유는 중요하므로 반드
> 시 암기하도록 한다.

③ 도덕적 위험
  ㉠ 도덕적 위험은 협의로는 도덕적 위태를, 광의로는 정신적 위태까지도 포함
  ㉡ 도덕적 위태는 고의성이 있으므로 보험자 면책이며, 정신적 위태는 고의성이 없으므로 보험자 부책임
  ㉢ 도덕적 위험의 영향 : 인위적인 사고유발로 대수의 법칙과 수지상등원칙을 위배함으로써 보험
    산업의 존립을 위협, 전체적인 보험료상승으로 선의의 계약자에게 피해
  ㉣ 도덕적 위험의 발생유형 : 의도적인 초과보험, 중복보험의 체결/고지의무위반/보험사고조작
    또는 보험금과다청구 등
  ㉤ 방지대책
    ● 계약체결 전후 단계

계약체결단계	계약체결 후의 단계
언더라이팅 강화, 고지의무부여	• 고의 · 중과실손해에 대한 면책(손보사) • 통지의무, 위험유지의무 부여

    ● 인보험 VS 손해보험

인보험[주1]	손해보험
• 타인의 사망보험체결 시 동의주의 • 15세 미만자를 피보험자로 하는 사망보험의 무효[주2]	• 피보험이익이 없는 계약은 무효 • 초과보험의 무효 또는 보험금 감액 • 중복보험의 비례주의 및 통지의무부여 • 보험자대위 및 신구교환공제
생 · 손보사의 공동전산망 구축	

※ 주1 : 인보험이란 생명보험과 상해보험을 말한다.
※ 주2 : 손해보험만의 영역으로는 인보험의 사망보장을 할 수 없으며, 질병사망에 한해 요건을 갖춘 경우
  특약으로 부보할 수 있다.

ⓐ 보험사기방지 특별법 신설(2016. 9 시행)

> ※ 보험사기방지 특별법 신설(2016. 9 시행)
> (1) 보험사기행위의 조사·방지·처벌에 관해서는 타 법률에 우선하여 적용함
> (2) 보험사기죄에 대한 처벌
>   ① 형법보다 무거운 형량 : 10년 이하의 징역 또는 5천만원 이하의 벌금형(형법은 2천만원)
>   ② 가중처벌 : 상습범에는 50% 가중처벌하며, 미수범도 처벌함
> (3) 보험회사에 대한 제재강화 : 합당한 근거가 없는 보험금지급의 '지체, 거절, 삭감'을 금지하며, 이를 위반 시 건당 최고 1천만원의 과태료를 부과함

필수예제

16 도덕적 위태는 보험자 (면책/부책)이며, 정신적 위태는 보험자(면책/부책)이다.

> 면책, 부책

17 계약체결단계에서 도덕적 위험을 방지하는 수단은 (ⓐ 고지의무부여, ⓑ 통지의무, ⓒ 위험유지의무부여)이다.

> ⓐ 고지의무부여
> ⓑ, ⓒ는 계약체결 후의 단계이다.

18 손해보험에서 고의, 중과실사고에 대해서 면책으로 하는 것은 보험계약체결 전 단계의 대책이다. [O, ✕]

> ✕
> 고지의무부여 : 계약체결 전, 고의중과실사고의 면책 : 계약체결 후

19 도덕적 위험을 방지하는 손해보험차원의 대책에는 (　　　　), (　　　　　), (　　　　　) 등이 있다.

> 보험자대위, 신구교환공제, 중복보험비례주의, 초과보험의 무효 등에서 3개 선택

20 일부보험의 비례주의는 도덕적 위험의 방지와 상관이 없다. [O, ✕]

> O
> 일부보험의 비례주의는 '가입자 간 형평성'을 고려한 것이다.

21 타인의 사망보험계약에서 동의를 받도록 하는 것은 도덕적 위험에 대한 대책으로서 인보험, 손해보험 모두에 해당된다. [O, ✕]

> ✕
> 인보험만의 대책이다.

22 보험사기방지특별법에 따르면, 보험사기범에 대한 형량은 '(　　) 이하의 징역 또는 (　　　) 이하의 벌금'이다.

> 10년, 5천만원

23 보험사기방지특별법에 따르면, 보험상습범은 (　　　)의 가중처벌 한다.

50%

24 보험사기방지특별법에 따르면, 보험사기미수범에 대해서도 보험사 기방지법을 적용하여 처벌한다. [○, ×]

○

④ 위험의 선택과 역선택

위험의 선택 : 보험자	위험의 역선택 : 보험계약자
청약한 보험계약의 낙부를 통해 위험을 인수하면, 위험의 선택이 됨	보험계약자에게는 유리하고, 보험자에게는 불리한 선택을 역선택이라 함

▶ **도해 : 위험의 선택과 역선택**

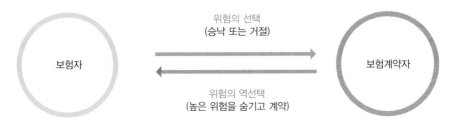

필수예제

25 위험선택의 주체는 (　　　), 역선택의 주체는 (　　　　　)이다.

보험자, 보험계약자

26 역선택을 방지하기 위해 법률상 보험계약자, 피보험자, 보험수익 자에게 고지의무를 부여한다. [○, ×]

×
상법상 고지의무부과대상자 : 계약자, 피보험자 그리고 이들의 대리인

27 보험자의 언더라이팅 강화, 손해사정업무강화는 (　　　　)의 방 지차원이다.

역선택

⑤ 순수위험과 투기위험

순수위험(제어불가위험)	투기위험(제어가능위험)
• 이익가능성이 없고 손실가능성만 있는 위험이다. • 개별적 손해는 곧 사회적 손해이다. • 위험의 범위를 한정할 수 없다. 📵 배상위험 • 위험은 우발적으로 발생한다.	• 손실가능성과 이익가능성이 함께 있는 위험이다. • 개인간 손익이 교차하나 사회적 손해는 없다. • 위험범위를 한정할 수 있다. 📵 주식투자위험 • 위험발생 전에 전조가 있는 것이 통상적이다.
(공통점) 위험발생의 불확실성을 가지고 있다.	

필수예제

28 자연상태에서 또는 경제활동의 필수적인 결과로서 내재한 위험이며 보험으로 담보할 수 있는 위험은 (순수위험/투기위험)이다.

> 순수위험

29 순수위험은 위험발생의 불확실성이 있으나, 투기위험은 위험발생의 불확실성이 없다. [O, ✕]

> ✕
> 위험발생의 불확실성은 공통점이다.

30 위험의 범위를 한정할 수 없는 것은 (순수위험/투기위험)이다.

> 순수위험

31 모든 순수위험은 보험부보가 가능하다. [O, ✕]

> ✕
> 부보가능요건을 충족해야 한다.

32 순수위험이나 투기위험 모두 전조 없이 우발적으로 발생한다. [O, ✕]

> ✕
> 투기위험은 전조가 있다.

⑥ 보험가입가능요건(Insurable risk)
  ㉠ 다수의 동질적 위험
  ㉡ 우연적 사고 위험
  ㉢ 명확하고 측정 가능한 위험
  ㉣ 충분히 크지만 대재난이 아니어야 함
  ㉤ 확률적으로 측정 가능한 위험
  ㉥ 경제적 부담이 가능한 보험료

33 대수의 법칙이 적용되기 위해서는 '손실을 유발하는 유사한 다수의 위험단위가 필요한 요건'을 충족해야 하는데 이는 (   )의 요건이다.

다수의 동질적 위험

34 사고의 시간이나 장소가 불명확하거나 금액으로 측정이 불가능하면 보험보상이 불가능한데, 이를 해소하기 위한 요건은 (   )이다.

명확하고 측정 가능한 위험

35 보험가입가능요건 중 '위험대량의 원칙(대수의 법칙)과 위험동질성의 원칙'으로 설명할 수 있는 것은 (   )이다.

다수의 동질적 위험

36 '손실의 빈도와 심도'가 보험료를 산출할 수 있을 만큼 정확하게 계산될 수 있어야 한다는 것은 보험가입가능요건 중 (   )에 해당한다.

확률적으로 측정 가능한 위험

37 보험가입가능요건 중에서, 적정한 보험요율산정을 위해서는 (   )이 있어야 하고, 손실보상을 명확하기 위해서는 그 손실이 (   )이어야 한다.

확률적 측정가능성, 명확하고 측정가능한 손실

38 발생확률이 낮고 손실의 심도가 크지 않은 위험은 보험가입가능요건을 충족한다. [O, ×]

×
'충분히 크지만 대재난이 아닐 것'에서 '충분히 크지만'에 위배된다.

⑦ 위험개별의 원칙과 위험보편의 원칙

위험개별의 원칙	위험보편의 원칙
보험사고의 원인을 한정함(열거책임주의)	일정한 사고가 발생 시, 그 원인을 불문하고 보험사고 발생으로 인정하는 것

39 화재보험의 경우 발화의 원인(옆 건물의 화재이든, 폭발로 인한 화재 이든)을 불문하고 화재로 인한 손해 그 자체에 대해서 보상을 하는 데, 이는 (위험개별의 원칙/**위험보편의 원칙**)에 해당된다.

> 위험보편의 원칙

40 위험개별의 원칙은 (**열거주의**/포괄주의) 담보에 해당된다.

> 열거주의

2. 위험관리

① 위험관리의 목적

손실발생 전의 목적(경걱법)	손실발생 후의 목적(생소지사)
경제적 목표달성, 걱정의 제거, 법적 책임수행	생활유지, 소득안정성, 지속성장, 사회적 책임수행

41 자동차보험의 의무보험(대인배상 Ⅰ, 대물의무보험) 등 의무적으로 가입해야 하는 배상책임보험에 가입하는 것은 손실발생 (**전**/후)의 목적이다.

> 전
> 법적 책임수행을 말한다.

42 손실의 파급효과는 타인에게 또는 사회에 최소화되어야 하는데 이는 손실발생 (전/**후**)의 목적이다.

> 후
> 사회적 책임수행을 말한다.

43 '소득의 안정'은 손실발생 (전/**후**)의 목적에 해당된다.

> 후
> '소득의 안정' 또는 '수익의 안정성'은 손실발생 후의 목적이다.

② 위험관리방법

    ㉠ 위험관리프로세스 : 위험의 발견과 인식 → 위험의 분석과 평가 → 위험관리기법의 선택 → 위험관리 수행 및 피드백

    ㉡ 손해매트릭스(가로축 → : 손해강도의 증가, 세로축↑ : 손해빈도의 증가)

손실통제(고빈도 저강도)	위험회피(고빈도 고강도)
위험보유(저빈도 저강도)	위험전가(저빈도 고강도)

    ※ 위험분리 : 일반적으로 위험관리기법은 손해매트릭스상의 4가지로 분류하지만, '위험분리'를 추가하기도 한다.

        예 컴퓨터 디스크의 자료를 복사하여 USB에 보관하거나 웹하드에 보관하는 것

    ㉢ 위험전가와 위험결합 : 위험전가는 보험계약자의 입장이며 보험자입장에서는 위험결합이 된다 (개개인이 전가한 위험을 전체적으로 결합해서 대수의 법칙에 입각한 위험에 대해 보상 가능함).

▶ 도해 : 위험전가와 위험결합

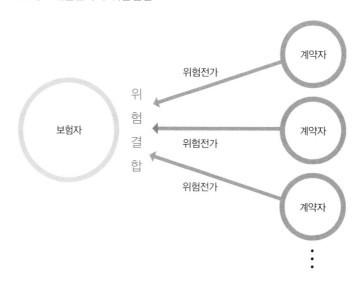

44 자동차배상책임보험을 회피하는 가장 좋은 수단으로 자동차를 소유하지 않는 것은 (   )에 해당하는데, 이는 상당한 비효율이 초래된다.

                                          위험회피

45 손해통제에는 손실예방과 손실감소가 있는데, 음주운전예방은 (   )이며 안전벨트착용은 (   )에 해당한다.

                                          손실예방, 손실감소

46 위험부담이 크지 않거나 다른 대안이 없을 경우의 위험관리방법은 ( )이다.

위험보유
예 사소한 감기 등

47 자신도 모르게 위험을 보유하는 것을 ( ) 위험보유, 위험을 인지하는 가운데 효율적인 관리를 위해 보유하는 것을 ( ) 위험보유라고 한다.

소극적, 적극적

48 가장 대표적인 위험관리기법이며, 보험을 통한 ( )를 하는 것이 가장 일반적이다.

위험전가(또는 위험이전)

49 위험관리기법은 '위험보유, 손실통제, 위험전가, 위험회피' 중의 하나만을 선택해야 한다. [O, ×]

×
통상 2개 이상을 병용한다.

50 저빈도, 고강도의 위험은 (위험보유/손실통제/위험전가/위험회피)가 가장 적절하다.

위험전가

51 일부보험을 체결한 경우 보험계약자의 입장에서는 일부는 위험전가, 나머지 일부는 ( )가 된다.

위험보유

52 보험계약자 입장에서 보험계약을 해지하면 (위험보유/위험회피)가 된다.

위험보유
보험계약을 하면 '위험전가', 그 계약을 해지하면 '위험보유'가 된다.

53 보험계약자의 위험전가는 보험자에 있어서는 ( )이 된다.

위험결합

③ 자가보험(Self-Insurance)

    ㉠ 자가보험의 장단점

자가보험의 장점	자가보험의 단점
• 보험가입 시의 부가보험료를 절감 • 보험료의 내부유보로 유동성에 도움 • 사고예방효과(사고발생 시 자체손실이므로) • 보험사의 거절위험도 보험관리를 할 수 있음	• 사고율이 높거나 대형사고가 발생할 경우 재정적 위험에 직면(회사존립에 위협) • 보험가입 시 얻을 수 있는 혜택 상실(안전점검서비스 등)

※ 자가보험의 요건

    (1) 인수하는 위험은 대수의 법칙이 적용되어야 한다(보험의 기본원리를 충족).

    (2) 재정적 준비가 되어야 한다.

필수예제

54 부보하고자 하는 위험이 기업 내부의 예산규모 내에서 처리 가능한 경우는 (   )이 유리하다.

    자가보험

55 자가보험은 보험회사에 전가할 수 없는 위험도 관리할 수 있는 장점이 있다. [○, ×]

    ○

56 자가보험(self insurance)은 보험료에 포함되어 있는 사업비를 지출하지 않아 이익측면에서는 유리하지만 대형위험에 노출되어 재무적 안정성을 저해하는 측면이 있다. [○, ×]

    ○

57 자가보험은 자체적으로 운영하는 보험이므로, 대수의 법칙이 적용되지 않는 모든 위험을 관리할 수 있다. [○, ×]

    ×
자가보험도 대수의 법칙에 의해 미래손실을 예측할 수 있을 정도의 다수의 동질적 위험을 요건으로 한다.

    ㉡ 종속보험회사(Captive) : 일종의 보험자회사

      • 종속보험회사의 개념 : 자가보험의 한 형태로서 보험자회사를 말하며, 이익추구 유무에 따라 순수캡티브와 이익캡티브가 있음(전체 종류는 단체캡티브를 포함, 3종류가 있음)

• 종속보험회사의 장단점

종속보험회사의 장점	종속보험회사의 단점
• 보험료 절감 • 이익창출 • 재보험가입 용이 및 재보험료 절감 • 일반보험보다 더 넓은 범위의 위험인수 가능 • 다국적기업의 경우 타국 소재의 자회사 위험인수에도 활용	• 대형사고 시 재무적 어려움에 직면(모기업의 존립에도 영향을 줄 수 있음) • 모기업에 대한 재정부담과 운영비용 발생

※ 재보험가입용이와 재보험료의 절감
    (1) 캡티브는 자가보험에 비해 재보험가입이 용이하다(∵ 재보험계약은 회사 간에 이루어지는 것이 일반적임).
    (2) 캡티브가 재보험출재를 하면 재보험출재수수료를 캡티브가 받게 되므로, 재보험료의 절감이 가능하다.

필수예제

58 종속보험회사의 설립형태는 (   ), (   ), (   )의 세 가지 형태가 있다.

    순수캡티브, 이익캡티브, 단체캡티브

59 캡티브 중 모기업의 위험만 인수하면 (   ), 타 기업의 위험도 인수할 경우 (   )가 된다.

    순수캡티브, 이익캡티브

60 업계 평균보다 손해율이 낮을 경우 캡티브를 하면 자신의 낮은 손해율을 반영할 수 있어 보험료를 절감할 수 있다. [O, X]

    ○

61 재보험가입의 용이성 측면과 재보험료절감 차원에서 캡티브가 아닌 자가보험의 형태가 더 유리하다. [O, X]

    ×
    회사 형태인 캡티브가 더 유리하다.

62 상법상의 손해방지의무는 위험관리 기법 중 (위험보유/손실통제/위험전가/위험회피)에 포함되는 개념이다.

    손실통제

63 상법상의 손해방지의무는 보험사고로 인해 발생된 손해의 확대를 방지하는 것만을 말한다. [O, X]

    ○
    사전적인 의미로 손해방지의무는 손해방지(사전적 예방)와 손해경감(사후적 감소)으로 구성되지만, 상법상으로는 사후적인 손해 확대를 방지하는 것을 의미한다.

1. 손해보험의 기본원리

① 보험의 분류

보험계약법 (손인으로 암기)	보험업법 (손생삼으로 암기)	보험의 목적	사정 방법
손해보험, 인보험	손해보험, 생명보험, 제3보험	물보험, 인보험	손해보험(실손보험), 정액보험

필수예제

01 우리나라 보험업법은 보험업을 (   ), (   ),
(   )으로 분류한다.

> 손해보험, 생명보험, 제3보험

02 보험계약법은 보험업을 생명보험과 손해보험으로 구분한다.
[O, X]

> ×
> 손해보험과 인보험으로 구분
> 한다.

03 제3보험을 독립적으로 분류하는 것은 (보험계약법/보험업법)이다.

> 보험업법

04 손해보험과 정액보험으로 구분하는 것은 (   )에 의한
분류이다.

> 사정 방법
> 정액으로 지급하느냐, 실손으
> 로 지급하느냐의 차이이다.

② 손해보험의 원리

㉠ 위험의 분담원칙	㉣ 수지상등의 원칙
㉡ 대수의 법칙(위험대량의 원칙)	㉤ 이득금지의 원칙
㉢ 급부 · 반대급부 균등의 원칙	

05 '1인은 만인을 위하여, 만인은 1인을 위하여'는 손해보험의
( )에 가장 부합한다.

위험의 분담원칙

06 손해보험의 기본원리 중, ( )은
보험가입자 개인의 관점이라면, ( )는 보험
가입자 전체의 관점이다.

급부 · 반대급부 균등의 원칙,
수지상등의 원칙

07 보험사기가 많으면 (수지상등의 원칙/급부 · 반대급부균등의 원칙)에
입각하여 보험료가 상승하게 되고 결국 선의의 계약자가 피해를
보게 된다.

수지상등의 원칙

08 피보험이익이 없는 계약은 무효, 대위권의 인정, 신구교환공제 등
은 손해보험의 기본원리 중 ( )을 말한다.

이득금지의 원칙

③ 손해보험의 기능

⊙ 기업 및 개인의 경제적 불안 제거	⊙ 피해자 보호 예 의무배상책임보험
ⓒ 신용보완 예 보증보험 활용	② 방재에 기여 예 교통사고예방운동
⑩ 자본시장 발전에 기여(보험자산의 운용)	

09 개인 및 기업의 경제적 불안감을 제거하는 것은 (손해보험의 원리/
손해보험의 기능)이다.

손해보험의 기능

10 보증보험을 활용할 경우 (채권자/채무자)의 신용을 보완하여 거래를
촉진할 수 있는데, 이는 손해보험의 신용보완기능에 해당된다.

채무자

11 자동차책임보험, 가스배상책임보험 등 의무배상책임보험제도는
(가해자/피해자) 보호에 더 큰 의의가 있다.

피해자

2. 손해보험계약의 특성(법적 성질)

① 불요식 낙성계약	⑤ 계속적 계약
② 유상쌍무계약	⑥ 최대선의계약
③ 부합계약	⑦ 독립계약
④ 사행계약	⑧ 상행위

필수예제

12 보험료의 선지급이 없어도 보험계약은 유효하게 성립하는데 이는 보험계약의 법적 성질 중 (   )에 해당한다.

> 불요식 낙성계약
> 반대는 요물계약이다.

13 매매나 교환, 임대차 등 쌍방에 유상의 의무가 부담되는 계약을 (㉠   ), 현상광고나 증여 등 일방의 의무만 부담되는 계약을 (㉡   )이라 하고, 보험계약은 (㉠/㉡)에 해당된다.

> ㉠ 유상쌍무계약, ㉡ 편무계약,
> ㉠

14 상호보험은 영리추구가 목적이 아니므로 보험계약의 상행위성의 예외가 된다. [O, ×]

> ×
> 상호보험에도 상행위성이 준용된다.

15 손해보험에서, '피보험이익이 없는 계약은 절대무효'로 하는 것은 보험계약의 사행성의 문제점을 차단하기 위한 것이다. [O, ×]

> O

16 보험은 단체성(대수의 법칙 적용을 위한 전제조건)의 특성을 갖기 때문에 (   )의 성격을 띠게 된다.

> 부합계약

17 약관의 존재이유가 되는 보험계약의 법적 성질은 (   )이다.

> 부합계약

18 보험자에게 보험약관의 교부, 설명의무가 주어지는 것은 보험계약의 (   ) 때문이다.

> 부합성

19 보험계약은 계속성이 있으므로, 보험계약의 효력을 장래에 한하여 상실하게 하는 것은 특수한 경우를 제외하고는 (   )와 (   )를 통해서만 인정된다.

> 해지, 실효

20 매매계약이나 운송계약에 비용을 추가하여 덤으로 위험을 보장하는 것은 ( )을 위배하므로 보험계약이 될 수 없다.

독립계약성

21 보험계약의 ( )을 구현하기 위한 예로서 '고지의무와 통지의무 부여, 손해방지의무 부여, 사기로 인한 초과보험이나 중복보험의 무효' 등이 있다.

최대선의원칙(선의계약성)

3. 손해보험계약의 요소

① 보험계약관계자

손해보험		인보험		
계약자	피보험자	계약자	피보험자	보험수익자
보험자 ↔ 보험계약자 (계약당사자)	피보험이익의 주체	보험자 ↔ 보험계약자 (계약당사자)	부보대상	보험금청구권자

22 보험자와 보험계약자를 ( )라고 하고, 피보험자와 보험수익자를 ( )라고 한다.

보험계약당사자, 이해관계자

23 ( )의 피보험자는 피보험이익의 주체이며, ( )의 피보험자는 보험에 부쳐진 자를 말한다.

손해보험, 인보험

24 보험수익자는 생명보험에만 있는 보험계약의 요소이다. [○, ×]

×
보험수익자는 인보험에만 있는 요소이다(인보험 = 생명보험 + 상해보험).

② 피보험이익과 보험의 목적

보험계약의 목적(피보험이익)	보험의 목적
피보험자가 갖는 경제적 이해관계	보험사고 발생의 객체가 되는 물건, 재산

25 피보험이익의 개념은 손해보험에서만 인정된다. [O, ✕]

○

26 피보험이익이 없는 손해보험계약은 무조건 무효이다. [O, ✕]

○

27 보험의 목적은 손해보험에서는 물건이나 재산이, 인보험에서는 ( )가 된다.

생명이나 신체

28 도난보험에서 ( )의 도난으로 인한 금전적 손실을 ( )이라 한다.

보험의 목적, 보험계약의 목적
보험계약의 목적은 '피보험 이익'이라고도 한다.

③ 보험가액과 보험가입금액

보험가액	보험가입금액
법률상 보상의 최고한도액	보험계약상 보상의 최고한도액

필수예제

29 보험가액과 보험가입금액은 손해보험에서만 있는 개념이다. [O, ✕]

✕
보험가입금액은 생명보험에도 있다.

30 손해액산정의 기초가 되며, 전부보험 · 일부보험 · 초과보험을 판정하는 기초가 되는 것은 ( )이다.

보험가액

31 보험가입금액은 (법률상/약정상) 최고보상한도액이다.

약정상
보험금액이라고도 한다.

32 보험가액 1억원, 보험가입금액 5천만원의 일부보험의 경우, 법률상 최고보상액은 ( ), 약정상 최고보상액은 ( )이다.

1억원, 5천만원

④ 보험기간과 보험사고

　㉠ 보험기간 : 보험회사가 위험에 대해 책임을 지는 기간으로써, 위험기간 또는 책임기간이라고
　　도 한다.

　㉡ 보험사고 : 보험계약상 보험회사의 보험금지급책임을 구체화시키는 사고를 말한다.

　※ 보험사고는 구체적인 사고를 말하므로, 예를 들어 '화재, 지진 등'을 말하며 '위태, 손인, 손해'상의 손인
　　(perils)에 해당된다. 사고가 구체화되는 것을 손인, 위태는 사고 발생 전, 손해는 사고발생 후로 구분할
　　수 있다.

필수예제

33 (　　　　　)란 보험계약상 보험회사의 지급책임을 구체화시키는 사
고를 말한다.

보험사고

3 손해보험 경영

1. 손해보험 경영의 원칙

① 손해보험의 3대 경영원칙(대동분으로 암기)

위험대량의 원칙	위험동질성의 원칙	위험분산의 원칙
대수의 법칙상 가능한 한 많은 계약을 모집하는 것이 좋다.	위험이 동질적인 계약을 많이 모아야 한다.	보험자의 경영안정을 위해 위험분산이 필요하다. ❹ 재보험

※ 위험분산에는 '수평적 분산(공동보험1), 수직적 분산(재보험), 장소적 분산'이 있다.

필수예제

01 보험자의 경영안정성을 위해서 보험자는 위험보유와 위험전가를 합리적으로 결정해야 하는데. 이러한 경영원칙은 (   )에 해당된다.

> 위험분산의 원칙

02 공동보험의 개념 중 위험분산의 원칙과 관련된 것은 (Coinsurance Ⅰ / Coinsurance Ⅱ)이다.

> Coinsurance Ⅰ
> Coinsurance Ⅰ이 공동인수를 말하므로, 위험분산원칙에 부합한다.
> **cf)** Coinsurance Ⅰ은 일반적인 의미의 공동보험을, Coinsurance Ⅱ는 일부보험으로서의 공동보험을 말한다.

② 기타 손해보험경영의 원칙

보험료 적정의 원칙	보험급여 적정의 원칙	투자다양화의 원칙
수지상등원칙에 입각한 보험료	합리적인 절차와 신속한 보험금의 지급으로 보험가입자를 보호함	수익성, 안전성, 유동성, 공익성

필수예제

03 보험급여적정의 원칙은 보험료의 총액을 넘어서지 않는 보험금의 지급, 즉 수지상등원칙을 말한다. [O, ×]

> ×
> 합리적이고 신속한 보험금지급을 말한다.

04 투자다양화의 원칙은 투자의 4가지 요소인 수익성, 안전성, 유동성, (   )을 준수하는 것이다.

> 공익성

③ 감독법규상 손해보험회사의 형태

주식회사	상호회사	외국보험사 국내지점	신협, 새마을금고, 자동차공제조합 등
우리나라 보험사 전부	우리나라에 없음	–	–
보험업법상 보험회사			특별법으로 설립

필수예제

05 우리나라 보험사는 모두 주식회사이며, 상호회사는 전혀 존재하지 않는다. [O, ×]

○

06 자동차공제조합은 보험업법상의 보험회사이다. [O, ×]

×
공제는 보험업법상 보험회사가 아니다.

④ 손해보험사의 주요업무 : 언더라이팅업무, 재보험업무, 보험금지급업무, 자산운용업무

필수예제

07 손해보험회사의 주요업무는 (   ), (   ), (   ), (   )이다.

언더라이팅, 재보험, 보험금지급, 자산운용업무
'언재보자'로 암기한다.

⑤ 손해보험의 요율산정 3원칙(적공비로 암기)

적정성	공정성	비과도성
보험자의 경영존속상 적정한 이윤에 맞는 요율	보험가입자 간 차별이 없어야 함	요율이 지나치게 높지 않아야 함

● 일반손해보험의 영업보험료 구성

영업보험료(일반손해보험)			
순보험료		부가보험료	
위험보험료	저축보험료	사업비	기업이윤
사고보험금 재원	없음	영업수수료, 인건비, 물건비	–

필수예제

08 보험회사는 객관적이고 합리적인 통계자료를 기초로 하고, '적정성과 공정성과 비과도성'의 3원칙에 입각하여 (   )을 산출해야 한다.

> 보험요율

09 손해보험의 요율산정 3원칙은 적정성, (   ), 비과도성이다.

> 공정성

10 '보험요율이 보험계약자 간에 부당하게 차별적이지 않아야 한다'는 보험요율산정 3원칙 중 (   )에 해당한다.

> 공정성
> 손해보험 보험요율의 3원칙 : 적공비

11 손해보험 요율산정 3원칙 중에서, 보험회사의 재무건전성과 가장 관련이 있는 것은 (   )이다.

> 적정성
> 보험요율이 보험회사의 재무건전성을 크게 해할 정도로 낮지 않아야 한다.

12 사고보험금 지급의 재원이 되는 순보험료는 (   )이다.

> 위험보험료

2. 기타의 손해보험의 형태

물보험과 인보험[주1]	공보험과 사보험[주2]	손해보험과 정액보험[주3]	원보험과 재보험[주4]
재산보험 등 ↔ 생명보험, 상해보험	산재보험 등 ↔ 영리보험, 상호보험	실손보상 ↔ 정액보상	원수보험에서 재보험출재
기업보험과 가계보험[주5]	**임의보험과 강제보험[주6]**	**해상보험, 육상보험, 항공보험**	
예 해상보험 ↔ 주택화재보험	예 종신보험 ↔ 책임보험	위험의 발생장소에 따른 분류	

※ 주1 : 우리나라 상법(보험계약법)은 보험을 '손해보험과 인보험'으로 구분하는데, 여기서 인보험은 '생명보험과 상해보험'을 말한다(인보험과 생명보험이 동의어가 아님에 유의해야 함).
※ 주2 : 사보험은 영리보험과 상호보험으로 구분된다. 영리보험은 우리나라의 일반적인 민영보험회사를 말하며 상호보험은 보험가입자가 계약자임과 동시에 사원이 되는 형태인데 현재 우리나라에는 상호보험회사가 없다.
※ 주3 : 정액보상으로는 생명보험이 있으며, 상해보험의 경우 정액보상과 실손보상의 두 형태를 모두 지니고 있어 '제3보험'으로 분류된다.
※ 주4 : 보험회사의 보유한도를 초과하는 위험을 원수보험으로 인수할 경우 재보험출재가 필수적이다. 재보험은 그 자체로 손해보험이므로 원수보험이 생명보험이라도 모든 재보험은 손해보험으로 분류된다.
※ 주5 : '해상보험, 재보험, 운송보험 등'은 주로 기업을 대상으로 하므로 기업보험이라 하며, '주택화재보험, 실손의료비보험 등'은 가계나 개인을 대상으로 하므로 가계보험이라 한다.

※ 주6 : 강제보험은 공익상의 필요에 의해 법률로 강제하는 보험인데 모든 공보험(국민연금보험, 국민건강보험 등)과 일부 사보험(가스배상책임보험, 자동차보험 책임보험 등)이 해당된다. 반면 임의보험은 보험계약자의 자율의사에 의해 가입을 결정하는 보험이다.

필수예제

13 상법(보험계약법)상 분류인 인보험은 (   )과 (   )을 말한다.

> 생명보험, 상해보험
> 인보험≠생명보험

14 보험가입자가 동시에 사원이 되는 특수한 형태인데, 우리나라에서는 존재하지 않는 형태인 것은 사보험 중에서 (영리보험/상호보험)이다.

> 상호보험

15 (   )은 정액보험성과 부정액보험성(실손보험성)의 성격을 모두 지니고 있다.

> 상해보험

16 원보험이 생명보험이면 재보험도 생명보험이 된다. [○, ×]

> ×
> 재보험은 그 자체로 손해보험이다.

17 해상보험은 (공보험/사보험), (임의보험/강제보험), (원보험/재보험), (기업보험/가계보험)으로 분류된다.

> 사보험, 임의보험, 원보험, 기업보험

18 자동차보험 책임보험은 (공보험/사보험), (임의보험/강제보험), (원보험/재보험), (기업보험/가계보험)으로 분류된다.

> 사보험, 강제보험, 원보험, 가계보험

19 상법상 불이익변경금지의 원칙이 필요하지 않은 보험에는 (   ), (   ), (   )이 있다.

> 해상보험, 운송보험, 재보험

20 사보험은 공보험이 아니므로, 강제보험이 될 수 없다. [○, ×]

> ×
> 사보험이라도 피해자 보호를 위한 제도화가 필요한 보험은 강제보험으로 하고 있다. ⑩ 자동차보험, 책임보험, 가스배상책임보험 등

1. 보험증권의 법적 성질

① 보험증권이란 보험계약체결 후 보험자가 계약자에게 제공하는 하나의 증표임

② 법적 성질 : 요식증권성, 증거증권성, 면책증권성, 유가증권성

※ 유가증권성의 경우 해상적하보험에서만 제한적으로 인정된다는 일부긍정설이 통설이다.

※ 보험증권은 요식증권이지만 그 요식성은 어음, 수표에 있어서와 같이 엄격한 것은 아니다. 따라서 보험증권에 법정사항의 기재를 결하거나 그 밖의 사항을 기재하여도 보험증권의 효력에는 아무런 영향이 없다.

필수예제

01 보험계약은 요식증권성이므로, 보험증권에 법정사항을 기재하지 않을 경우 그 효력을 상실한다. [O, X]

×
요식성이 엄격하지 않아 법정 기재사항이 없어도 효력이 상실되지 않는다.

02 보험계약은 불요식계약이지만 보험증권은 요식증권이다. [O, X]

○
약한 요식성이 있다.

2. 보험증권교부의무

① 보험증권교부의무

㉠ 보험증권교부시점 : 보험계약이 성립되고 계약자가 보험료를 납부하면 지체 없이 교부한다는 것이 통설이나 교부기간이 명시된 것은 아님

※ 즉, 계약자가 보험료의 전부 또는 일부의 보험료를 납부하지 않으면 보험증권을 교부하지 않아도 된다.

㉡ 보험증권교부의무 위반 시의 효과 : 증거증권에 불과하므로 교부의무를 위반한다 해도 제재에 대한 특별한 규정이 없음

cf) 보험자의 보험약관의 교부·설명의무 위반 → 보험계약자는 보험계약성립일로부터 3개월 내로 계약을 취소할 수 있다.

② 이의약관 : 보험계약당사자는 보험증권을 교부한 날로부터 일정한 기간 내에 증권내용에 이의를 제기하여 바로잡을 수 있다. 이때의 일정한 기간이라 함은 '1개월을 내리지 못한다'를 말함(상법 641조)

※ 이의제기할 수 있는 기간을 1개월 이상으로 해야 한다는 의미이다.

③ 보험증권의 재교부 : 재교부 시 작성비용은 보험계약자의 부담을 원칙으로 함

※ 보험증권이 멸실된 경우에도 보험금청구가 가능하다(∵ 보험증권은 증거증권에 불과하므로).

03 보험증권은 보험료를 납부하지 않는 특별한 경우가 아닌 한, 지체 없이 보험증권을 교부해야 한다. [O, X]

○

04 보험계약자가 보험료의 전부 또는 최초의 보험료를 지급하지 않을 경우 보험증권을 교부하지 않아도 된다. [O, X]

○

05 보험증권의 교부의무 위반 시에는 3개월 내로 보험계약을 취소할 수 있다. [O, X]

X
보험증권의 교부의무 위반에 대한 특별한 규제는 없다.

06 보험증권의 교부의무를 위반하여도 아무런 제재 규정이 없다. [O, X]

○

07 보험증권에 관한 이의를 제기할 수 있는 기간을 보험증권을 교부한 날로부터 3주일 이내로 정한 약관은 무효이다. [O, X]

○
이의제기기간은 1개월 이상이어야 한다.

08 보험증권이 분실, 멸실 또는, 훼손된 경우 제권판결을 받아야 재발급이 가능하다. [O, X]

X
제권판결은 유가증권의 분실, 멸실, 훼손의 경우에 해당한다. 보험증권은 증거증권으로서 제권판결이 필요 없다.

09 보험증권이 멸실, 훼손되어도 보험금을 청구할 수 있다. [O, X]

○

⑤ 보험약관

1. 보험약관 개요

① 보험약관의 종류

보통보험약관	특별보통보험약관	특별보험약관
정형적인 계약조항(미리 정해진 표준적인 조항)	보통보험약관에 세부사항을 추가 시 필요한 약관	보통보험약관의 내용을 변경하거나 추가, 삭제가 필요한 약관

필수예제

01 보험계약의 부합계약성에 의해 미리 정해진 표준적인 조항을 ( )이라 한다.

> 보통보험약관

02 표준적인 보험약관에 세부사항을 추가할 때 사용되는 약관은 (특별보통보험약관/특별보험약관)이다.

> 특별보통보험약관

03 보험계약의 법적 성질로서 부합계약성을 보이는 약관은 ( ), ( )이다.

> 보통보험약관, 특별보통보험약관

04 부합계약성을 보이지 않는 약관은 (보통보험약관/특별보통보험약관/특별보험약관)이다.

> 특별보험약관

05 보통보험약관의 내용을 변경하거나, 추가하거나 또는 삭제가 필요한 약관은 ( )이다.

> 특별보험약관

06 특별보험약관이 필요하지 않은 보험은 (ⓐ 해상보험, ⓑ 운송보험, ⓒ 자동차보험)이다.

> ⓒ 자동차보험
> 특별약관이 필요한 것은 기업보험이다.

07 보통보험약관은 보험자가 일방적으로 작성한 것이다. [O, X]

> O
> 특별보험약관은 계약자와 협의하여 작성한다.

② 약관의 구속력에 대한 학설(우리나라 판례는 의사설을 택하고 있음)

의사설(계약설)	규범설
계약당사자 간에 약관 내용을 포함하기로 합의하였으므로 구속력이 있다는 것	약관은 그 자체로 규범이므로, 약관 내용을 몰랐어도 당사자를 구속한다는 것

③ 약관의 변경과 소급적용 : 이미 계약을 체결한 상태에서(구약관), 보험자가 신약관으로 개정한 경우, 신약관은 구약관에 의해 체결된 보험계약에 영향을 줄 수 없다. 단, 신약관이 보험계약자의 이익보호에 필요하다고 인정될 경우에는 구약관에도 적용시킬 수 있다(→ 이를 약관의 '상대적 강행규정'이라 함).

④ 표준약관 : 표준약관은 구속력이 없다(권장을 위한 표준제공).

필수예제

08 명시적이든 묵시적이든 계약당사자가 약관의 내용을 포함하기로 하고 계약을 진행하였으므로 구속력이 있다고 보는데, 이는 (의사설/규범설)에 해당한다.

의사설

09 약관 내용을 몰랐어도 당사자를 구속한다는 것은 약관의 (의사설/규범설)의 입장이다.

규범설

10 보험계약을 체결한 후에 개정되는 신약관은 어떤 경우에도 구약관에 영향을 줄 수 없다. [O, ×]

×
계약자 이익에 필요한 경우는 적용한다.

2. 보험약관 규제

① 규제의 종류

입법적 규제	행정적 규제	사법적 규제
㉠ 불이익변경금지 ㉡ 약관의 교부 · 설명의무	㉢ 보험업 허가 시 약관 제출 ㉣ 약관 변경 시 금융위 신고	㉤ 약관의 해석을 통해 간접적인 규제

㉠ 불이익변경금지(상법 663조) : 당사자 간의 특약이 있다 해도 보험계약자(피보험자, 보험수익자)에게 불이익하게 변경할 수 없음. 단, 기업보험은 계약자(기업)와 보험자의 교섭력이 대등하다고 보므로 이 원칙을 적용하지 않음

※ 불이익변경금지의 예외가 되는 기업보험 : 해상보험, 운송보험, 재보험 등

㉡ 약관의 교부 · 설명의무(상법 638조) : 보험계약체결 시 보험약관을 교부하고 그 약관의 중요내용을 계약자가 이해할 수 있도록 설명하여야 함

[비교] 약관의 교부 · 설명의무 이행시점 : 상법상은 '보험계약 체결'이지만 생명보험 표준약관(2010년 개정약관)상으로는 '보험계약 청약'로서 시기를 명확히 규정함

※ 약관의 교부 · 설명의무
• 약관의 교부설명의무를 부담하는 시점은 '보험계약을 청약하는 때'이다(생명보험 표준약관상).
• 약관의 교부설명의무를 지는 자는 보험자이며, 그 입증책임도 보험자가 진다.
• 약관의 중요한 내용은 계약자가 이해할 수 있도록 설명해야 한다.
• 의무 위반 시, 계약자는 보험계약이 성립한 날로부터 3개월 이내에 계약을 취소할 수 있다.
※ 보험자의 위반 → 계약자의 취소권 행사 → 계약의 소멸 & 보험자의 보험료 반환
※ 계약자가 취소권을 행사하지 않았더라도 보험자의 약관 교부 · 설명의무에 대한 위반효과가 소멸되는
   것은 아니다.

ⓒ, ⓓ 행정적 규제 : 보험자 및 보험계약자의 권리의무에 대한 최소한도의 사항을 보통보험약관
       에 규정하도록 의무화하고 있음
   ※ 보험업의 허가를 받고자 할 경우는 보험약관을 포함한 신청서류를 금융위에 제출해야 한다(변경 시에도
      금융위에 사전신고).
ⓔ 사법적 규제 : 약관의 해석으로 다툼이 있을 경우 최종적으로 법원의 판단을 따름
   ※ 공정거래위원회의 결정은 약관에 대한 추상적 심사이며, 법원 판결은 약관에 대한 구체적 심사이다.

▶ 도해 : 약관의 교부설명의무

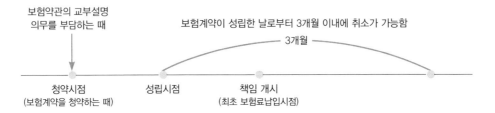

필수예제

11 보험약관에 대한 규제 중 입법적 규제에 해당하는 것은 (
              ), (   )이다.

> 불이익변경금지의 원칙, 약관
> 의 교부 · 설명의무

12 불이익변경금지의 예외가 되는 보험은 (기업보험/가계보험)이다.

> 기업보험

13 보험약관의 교부, 설명의무는 보험자가 보험약관에 대해서 단순히
알려주는 것뿐만 아니라, 보험계약자가 (   )
설명해 주어야 할 의무이다.

> 이해할 수 있도록

14 생명보험 표준약관상 보험약관의 교부 · 설명의무를 부담하는 때
는 (보험계약을 청약하는 때/보험계약이 성립하는 때)이다.

> 보험계약을 청약하는 때

15 보험자가 약관의 교부설명의무를 위반할 경우에는 (보험계약이 성립한 날로부터/그 사실을 안 날로부터) 3개월 내로 계약을 취소할 수 있다.

보험계약이 성립한 날로부터

16 보험자가 약관의 교부설명의무를 위반할 때 보험계약이 성립한 때로부터 (   ) 이내에 (해지/취소)할 수 있다.

3개월, 취소

17 보험자가 약관의 교부설명의무를 위반한 경우 보험계약자가 행사하는 취소권은 (권리/의무)이다.

권리

18 보험계약자가 약관교부명시의무 위반에 대해 취소권을 행사하지 않으면 보험자의 약관의무 위반의 효과는 소멸된다. [○, ×]

×
취소권을 불행사해도 소멸되지 않는다.

19 보험업의 허가를 받고자 할 경우 보험약관을 포함한 신청서류를 금융위에 제출해야 하고, 보험약관의 변경 시에도 금융위에 사전신고를 해야 하는 바, 이는 보험약관에 대한 (행정적 규제/사법적 규제)에 해당된다.

행정적 규제

20 약관에 대한 공정거래위원회의 결정과 법원 판결이 일치하지 않을 경우, (   )을 우선한다.

법원 판결

21 보험약관의 심사에 있어서 공정거래위원회의 심사는 (추상적 심사/구체적 심사)를 의미한다.

추상적 심사
구체적 심사는 법원 심사이다.

② 보험약관의 이해도 평가

   ㉠ 보험소비자의 약관이해도를 평가하는 기관은 보험개발원이며(금융위에 의해 평가대행기관을 선정) 연 2회 이상 평가 결과를 공시해야 함

   ㉡ 평가는 '명확성, 평이성, 간결성'을 기준으로 함

22 현재 우리나라의 보험약관 이해도를 평가하는 대행기관 (
　　　)이다.

보험개발원

3. 보험약관의 해석원칙

① 약관규제법상의 원칙

신의성실의 원칙	개별약정우선의 원칙	통일적 해석의 원칙	작성자불이익의 원칙
약관 해석의 기본원칙 (공정, 합리적인 해석)	개별합의사항이 있을 경우 개별약정이 우선함	고객별 해석의 차이가 있어서는 안 됨	최종적인 해석원칙

23 사업자와 고객이 약관의 내용과 다르게 합의한 사항이 있다면 그 합의사항은 약관에 우선한다는 것은 (　　　　　)이다.

개별약정우선의 원칙

24 정해진 약관에 의해 계약을 체결하더라도 특정 조항에 대해서 개별적인 교섭을 통해 계약자가 자신의 이익을 조정할 기회를 가졌다면, 이 특정 조항에 대해서 개별약정우선의 원칙이 적용된다.
[O, ×]

○

25 계약당사자 각자가 기도한 목적이나 의사를 고려하지 않고, 평균적 이해가능성을 기준으로 보험단체 전체의 이해관계를 고려하여 객관적, 획일적으로 해석해야 한다는 것은 (　　　　　) 이다.

통일적 해석의 원칙

26 보험약관의 일반적 해석원칙을 모두 적용해도 여전히 약관해석이 명백하지 않은 경우 그 문언의 의미를 보험자에게 불리하게 해석한다는 것이 (　　　　　)이다.

작성자불이익의 원칙

27 '불명확하게 표시한 자는 이에 대한 책임을 스스로 부담해야 한다'는 법언(法言)에서 유래된 보험약관의 해석원칙은 (　　　　　)이다.

> 작성자불이익의 원칙

28 약관규제법상 보험약관의 해석원칙 중 최종적으로 해석되는 원칙은 (　　　　　)이다.

> 작성자불이익의 원칙

② 약관의 기타해석원칙

　㉠ POP원칙 : Plain(평이하게), Ordinary(통상적으로), Popular(통속적으로) 해석할 것

　㉡ 수기문언우선의 원칙 : 인쇄된 문언보다는 수기문언이, 첨가문언이 있는 경우 인쇄된 문언보다 첨가문언을 우선해서 해석할 것

　㉢ 동종제한의 원칙 : '~등', '~외'로 마무리하는 문언의 경우 나열하는 것과 동일한 종류로 제한하여 해석할 것

　㉣ 보험약관의 전체적 해석원칙 : 약관 전체를 먼저 고려한 후 당사자가 처리하고 있는 목적을 고려할 것

　㉤ 효력유지적 축소해석의 원칙 : 보험약관이 보험계약자 등에 불이익한 경우, 불이익한 부분만 무효로 하고 나머지는 효력을 유지하여 해석할 것

　㉥ 합리적 기대 원칙 : 전문가가 아닌 일반인(평균인)의 입장에서 이해하는 수준으로 해석할 것

29 POP원칙이란 약관을 (　　　　　), (　　　　　), (　　　　　) 해석하는 원칙을 말한다.

> 평범하게(plain), 통상적으로(ordinary), 통속적으로(popular)

30 인쇄된 문언이 수기문언에 우선한다. [O, ×]

> ×
> 수기문언이 우선한다.

31 특별보험약관은 보통약관에 우선한다는 약관해석원칙은 (POP원칙/수기문언우선의 원칙/합리적 기대 원칙)에 부합하는 논리이다.

> 수기문언우선의 원칙

32 전문가의 수준이 아닌 평균인의 수준에서 해석해야 한다는 약관해석원칙은 (합리적 기대 원칙/합리적 목적론적 원칙)이다.

> 합리적 기대 원칙

6 · 금융위원회의 설치 등에 관한 법률

1. 금융위원회

① 국무총리 산하의 회의체의결기관으로서 금융기관에 대한 실질적 최고감독기관

② 금융위원회의 구성

위원장 1인				부위원장 1인	
7인의 위원					
기획재정부 차관	한국은행 부총재	금융감독원 원장	예보공사 사장	금융전문가 2인	경제계대표 1인
당연직위원 4인					

※ 3인 이상의 위원 요구 또는 위원장 단독으로 회의를 소집하며, '과반-과반'으로 의결한다.

필수예제

01 금융위의 당연직위원 4인은 기획재정부 차관, 한국은행 (　　　), 금융감독원 (　　　), 예보공사 사장이다.

> 부총재, 원장

02 3인 이상의 위원의 요구가 있을 때에만 금융위원회 회의를 소집할 수 있다. [O, ×]

> ×
> 위원장 단독 소집도 가능하다.

---

2. 증권선물위원회, 금융감독원

① 자본시장의 불공정거래조사 등을 위해 금융위 산하에 증권선물위원회를 설치함

② 금융위 또는 증선위의 지시를 받아 금융기관에 대한 검사, 감독업무 등을 수행하기 위해 금융감독원을 설치함(무자본 특수법인에 해당함)

3. 금융위, 증선위, 금융감독원의 주요업무

금융위원회	증권선물위원회	금융감독원
• 금융정책 및 제도에 관한 사항 • 금융기관 설립, 합병 등의 인허가에 관한 사항 • 금융소비자 보호와 피해구제에 관한 사항 • 자본시장 관리 · 감독에 관한 사항(ⓐ) • 금융기관 감독 · 검사에 관한 사항(ⓑ)	• 자본시장의 불공정거래 조사 • 기업회계기준, 회계감리에 관한 업무 • 금융위로부터 위임받은 업무(ⓐ)	금융기관의 업무 및 재산상황에 대한 검사(ⓑ)

03 금융기관의 설립과 합병, 영업양수도 등에 대한 인허가에 관한 사항은 (금융위원회/증권선물위원회/금융감독원)의 업무이다.

금융위원회
최고의결기관이다.

04 자본시장의 불공정거래 조사는 (　　　　　　　), 금융기관에 대한 업무 및 재산상황에 대한 검사는 (　　　　　)의 업무이다.

증권선물위원회, 금융감독원

05 금융감독원에 대한 지도 및 감독은 금융위원회만이 할 수 있다. [O, ×]

×
증선위도 해당된다.

4. 금융분쟁조정위원회

① 금융분쟁조정위원회(금융감독원 내에 설치)의 위원 : 위원장 1인을 포함하여 35인 이내의 위원으로 구성되며, 매 회의 시마다 위원장과 위원장이 지명하는 6인 이상 10인 이하의 위원으로 구성한다. 해당 조정안건과 이해관계가 있는 위원은 제척된다.

② 조정절차 : 조정신청 → 합의권고 → 조정위원회에 회부(신청을 받은 날로부터 30일 이내) → 심의 · 의결(회부일로부터 60일 이내) → 조정안 작성 → 조정안 수락 → 재판상 화해

　　※ 조정위원회에 회부하지 않아도 되는 사항 : 이미 법원에 제소된 사건, 분쟁조정대상으로 적합하지 않다고 인정되는 경우 등

③ 조정의 중지 : 언제라도 당사자 중 일방이 소를 제기할 경우는 조정절차가 중단된다.

④ 재의요구 : 일반의결은 '과반 & 과반'요건이나, 재의에 대한 의결은 '위원의 2/3 이상 출석 & 2/3 이상 찬성'의 요건을 갖추어야 한다.

⑤ 시효의 중단 : 분쟁조정의 신청은 시효중단의 효력이 있으며, 중단된 시효는 '양 당사자의 조정안 수락 시 또는 조정합의 없이 분쟁조정절차가 종료된 때'로부터 새롭게 진행된다.

⑥ 수소법원(受訴法院)의 소송절차 중지 : 조정된 사건에 대해 소(訴)가 제기된 경우, 그 수소법원은 조정이 있을 때까지 소송절차를 중지할 수 있다(금소법 제41조 제1항).

⑦ 소액분쟁사건에 대한 특례 : '일반금융소비자가 신청한 사건일 것 & 2천만원 이하의 소액사건일 것'의 요건을 충족하는 분쟁사건에 대해서는, 조정이 진행 중인 상황에서 어느 일방이 소(訴)를 제기할 수 없다(금소법 제41조 제2항).

06 금융분쟁조정위원회에 조정안건이 접수되면 (   ) 이상 (   ) 이하의 위원으로 조정위원회를 구성한다.

7인, 11인
전체는 30인 이내의 위원, 매 회의 시에는 6인~10인으로 구성한다.

07 '금융소비자 보호와 배상 등 피해구제에 관한 사항'은 금융위원회의 소관사무가 아니다. [○, ×]

×
소관사무에 해당한다(금소법을 반영한 신규편입항목).

08 조정신청을 받은 날로부터 (   ) 이내에 위원회에 회부하며, 회부된 날로부터 (   ) 이내에 심의·의결해야 한다.

30일, 60일
다른 기관은 30일 – 30일이다.

09 금융분쟁조정위원회의 조정안을 수락하면 (재판상 화해/민법상 화해)의 효력을 갖는다.

재판상 화해

10 금융분쟁조정위원회의 조정안을 수락하더라도, 이에 불복할 경우 소를 제기할 수 있다. [○, ×]

×
재판상 화해는 추가 법적 다툼이 불가하다.

11 금융분쟁조정위원회에 조정을 신청하고 회부가 되면, 기존 소멸시효의 시효가 중단된다. [○, ×]

○

12 금융분쟁조정위원회에 조정이 회부된 사건에 대해 소(訴)가 제기된 경우, 그 수소법원은 금융소비자보호를 위하여 해당 소송절차를 중지해야 한다. [○, ×]

×
중지할 수 있다(수소법원의 의무는 아님).

13 금융분쟁조정위원회에 조정이 회부된 소액분쟁사건(일반금융소비자 & 2천만원 이하의 사건)에 대해서는, 조정의 양 당사자 중 어느 일방이 소(訴)를 제기할 수 없다. [○, ×]

○
금융기관이 조정이 불리해질 경우 '채무부존재의 소'를 제기함으로써 유리한 합의조건을 유도하는 사례가 있는데, 이를 방지하는 차원으로 금소법에서 신설된 제도이다.

5. 감독

① 재무건전성감독 : 지급여력비율을 100% 이상 유지, 대출채권의 대손충당금적립의무 등

② 공시의무 : 재무제표 공시, 보험계약에 관한 비교·공시 등

    ㉠ 비교공시 : 보험계약에 관한 사항(보험료, 보험금, 보장위험, 공시이율 등)은 보험협회를 통해서 비교공시를 할 수 있도록 함(124조)

    ㉡ 보험상품공시위원회 : 보험상품의 비교공시에 관한 중요사항을 심의·의결하는 기관

    ※ 보험회사 상품 담당 임원 또는 선임계리사 3인, 변호사 1인, 소비자 1인, 학계 1인으로 구성된다.

③ 상호협정의 인가

    ㉠ 보험회사가 타 회사와 공동으로 업무를 진행할 필요가 있을 경우 타 회사와 협정을 체결하는 것을 상호협정이라 함

    ㉡ 상호협정 체결뿐 아니라, 상호협정의 변경이나 폐지의 경우에도 금융위의 인가를 받아야 함

    ㉢ 금융위는 상호협정의 체결과 변경, 폐지의 인가를 내거나 협정에 따를 것을 명하려면 사전에 공정거래위원회와 협의해야 함

    ※ 현재 시행 중인 상호협정은 8개이다(생명보험 2개, 손해보험 6개).

④ 기초서류의 신고

    ㉠ 기초서류 : 사업방법서, 보험약관, 보험료 및 책임준비금산출방법서('사·약·책'으로 암기)

    ㉡ 기초서류 신고의무 : 새로운 보험상품을 도입하거나 금융기관보험대리점 등을 통해 모집하는 경우, 시행예정일 30일 전까지 사전에 금융위에 신고해야 함

    ㉢ 기초서류의 확인 : 기초서류 중 '보험료 및 책임준비금산출방법서'에 대해서는 기초서류 신고 시 보험개발원 또는 보험계리업자의 검증확인서를 받도록 할 수 있음

    ㉣ 금융위원회는 보험회사가 제출한 기초서류가 신고의무에 해당되지 않더라도, 보험계약자 보호를 위해 필요할 경우 관련서류의 제출을 요구할 수 있다.

⑤ 사유발생일로부터 5일 이내 보고사항

> 보험회사의 상호변경/임원의 선임 또는 해임/최대주주 변경/대주주의 지분 중 100분의 1이상의 변동/본점의 영업을 중지하거나 재개한 경우/해당 보험사 업무수행에 중대한 영향을 주는 경우

필수예제

14 보험회사는 상품의 비교공시에 필요한 자료를 (   )에 제공해야 한다.

        보험협회

15 보험상품의 비교공시에 관한 중요사항을 심의하고 의결하는 기관은 (   )이다.

        보험상품공시위원회

16 보험회사가 그 업무에 관한 공동행위를 하기 위해 다른 보험회사와 협정을 체결하는 것을 (   )이라 한다.

상호협정

17 상호협정을 체결 시에는 금융위에 신고해야 하지만, 변경이나 폐지의 경우는 금융위에 신고할 필요가 없다. [O, X]

×
변경이나 폐지 때에도 신고해야 한다.

18 금융위는 상호협정의 체결과 변경, 폐지의 인가를 내거나 협정에 따를 것을 명하려면 사전에 (   )와 협의해야 한다.

공정거래위원회

19 새로운 상품을 도입할 경우 보험회사는 보험상품에 관한 기초서류를 작성해야 하며, 그 기초서류를 시행예정일 (   ) 전까지 금융위에 신고해야 한다.

30일

20 금융위는 기초서류의 내용이 신고의무사유에 속하지 않더라도 보험계약자의 보호를 위해 필요하다고 인정될 경우 보험회사에 기초서류에 관한 자료제출을 요구할 수 있다. [O, X]

○

21 기초서류라 함은 (   ), (   ), (   )를 말한다.

사업방법서, 보험약관, 보험료 및 책임준비금 산출방법서

22 금융위원회는 기초서류 중 '보험료 및 책임준비금 산출방법서'에 대해서는 (   )의 검증확인서를 첨부하도록 할 수 있다.

보험요율산출기관(보험개발원)

23 주요 주주의 변경은 변경일로부터 5일 이내에 금융위에 보고해야 한다. [O, X]

×
주요 주주의 변경은 5일 이내 보고대상이 아니다. 최대주주의 변경이 해당된다.

⑥ 금융위원회의 명령권행사의 종류

업무운영 관련 조치 자료제출 및 검사	기초서류의 변경 또는 사용정지 명령	보험금지급불능에 대한 조치	보험회사에 대한 제재
업무집행방법의 변경, 금융감독원의 검사	계약자 보호와 건전경영을 해칠 우려가 있는 경우	보험계약체결 제한, 보험금지급의 정지 등	6개월 이내의 영업의 전부 또는 일부정지 등

● 보험회사에 대한 제재

보험업법의 규정, 명령, 지시를 위반한 경우[주1]	부정한 방법으로 보험업 허가를 받은 경우 등[주2]
1) 6개월 이내의 영업의 일부정지의 명령 2) 위반명령에 대한 시정명령 3) 임원의 해임권고, 직무정지의 요구 4) 회사에 대한 주의 · 경고 또는 임직원에 대한 주의, 경고, 문책의 요구	1) 6개월 이내의 영업의 전부정지의 명령 2) 청문을 거쳐 보험업의 허가 취소 가능

※ 주1 : 1), 2), 3)은 금융위가 제재. 4)는 금융감독원장에게 그 조치를 위임한다.
※ 주2 : 부정한 방법으로 보험업허가를 받은 경우 등
   (1) 거짓이나 그 밖의 부정한 방법으로 보험업의 허가를 받은 경우
   (3) 허가의 내용 또는 조건을 위반한 경우
   (3) 영업의 정지기간 중에 영업을 한 경우
   (4) 해당 위반행위에 대한 시정명령을 이행하지 아니한 경우

⑦ 보험조사협의회 : 금융위는 조사업무의 효율적 수행을 위해 금융위에 보건복지부, 금감원 등으로 구성되는 보험조사협의회를 둘 수 있음
※ 보험조사협의회는 15인 이내의 위원으로 구성한다. 임기는 3년이다.
※ 조사업무의 효율적 수행을 위한 공동대책 수립 또는 조사한 정보의 교환에 관한 사항에 대해 의결한다(재적 과반 출석 & 출석 과반 이상의 찬성으로 의결).

필수예제

24 금융위가 기초서류의 변경을 명하고 그에 따라 기초서류가 변경된 경우, 변경된 내용이 보험계약자나 피보험자 등에 필요하다고 인정된다면 이미 체결된 보험계약에 대해서도 장래에 대해 그 변경의 효력이 인정된다. [○, ×]

○

25 금융위로부터 변경명령을 받은 기초서류로 인해 기존 보험계약자 등이 불이익을 받았다는 것이 명백하다고 인정되면, 이미 체결된 계약에 대해서 납입보험료의 전부를 돌려주거나 보험금을 증액하도록 할 수 있다. [○, ×]

×
전부 → 일부, 나머지 내용은 맞다.

26 부정한 방법으로 보험업 허가를 받았거나, 허가 내용이나 조건을 위반한 경우, 영업정지기간에 영업을 한 경우에는 6개월 이내의 영업의 (전부정지/일부정지)를 명할 수 있다.

> 전부정지
> '단순위반'의 경우 '6개월 이내의 영업의 일부정지'이지만, '부정한 방법 등 무거운 사안의 위반'은 '6개월 이내의 영업의 전부정지'의 조치가 취해진다.

27 청문을 거쳐 보험업의 허가를 취소할 수 있는 사유는 (허가내용이나 조건을 위반한 경우/부정한 방법으로 보험업 허가를 받은 경우)이다.

> 부정한 방법으로 보험업 허가를 받은 경우

28 '영업정지기간 중 영업을 한 경우, 위반행위의 시정명령을 이행하지 않은 경우 등'은 (보험업법의 규정·명령·지시를 위반한 경우 / 부정한 방법으로 보험업허가를 받는 경우 등)에 해당된다.

> 부정한 방법으로 보험업 허가를 받은 경우 등

29 보험회사에 대한 제재에 있어서 '임직원에 대한 문책의 요구'는 그 제재권자가 (   )이며, 6개월 이내의 영업의 전부정지나 허가 취소는 (   )가 제재권자이다.

> 금융감독원, 금융위원회

30 보험회사에 대한 제재규정(제134조)은 국내사무소, 보험대리점 및 보험중개사에게도 준용된다. [O, X]

> O

31 금융위원회의 조사를 효율적으로 수행하기 위하여 금융위원회와 보건복지부, 금융감독원, 보험관련기관 및 단체로 구성되는 (보험상품위원회/보험조사협의회)를 둘 수 있다.

> 보험조사협의회

6. 손해보험계약의 제3자 보호

① 손해보험회사의 제3자 보험금지급보장의무

  ㉠ 보험사고로 입은 제3자의 손해에 대해서 당해 손해보험사의 지급불능이 있다고 해도 법령에 의해 보험금지급을 보장하는 제도

  ※ 지급불능의 보고 : 손보사의 지급불능이 발생할 경우 손해보험협회에 보고한다.

  ㉡ 대상 : 법령에 의해 가입이 강제되는 손해보험계약(주로 배상책임보험), 자동차보험(단, 법인계약은 제외)

  ※ 자동차보험은 책임보험뿐 아니라 임의보험 부분도 포함된다.

32 손해보험사의 지급불능이 발생할 경우 (　　　　　　　)에 보고해야 한다.

> 손해보험협회

33 '자동차보험의 임의보험 부분'은 법령에 의한 손해보험사의 제3자 보험금지급보장의무의 대상이 되지 않는다. [O, ×]

> ×
> 포함된다.
> cf) 법인계약은 제외된다.

② 손해보험회사의 출연
　㉠ 손해보험사의 제3자 보험금지급보장의무를 준수하기 위해 손해보험회사는 일정한 금액을 손해보험협회에 출연해야 함
　※ 손해보험협회로부터 출연금의 통지를 받은 날로부터 1개월 내로 납부해야 함
　㉡ 출연금액 = 목표기금 × $\dfrac{\text{해당 보험사의 수입보험료와 책임준비금의 산술평균액}}{\text{손보사 전체의 수입보험료와 책임준비금의 산술평균액}}$

34 손해보험사는 손해보험협회로부터 출연금의 납부를 통지받은 날로부터 (　　　　) 이내에 (　　　　　　　)에 출연금을 납부해야 한다. 단, 경영상의 문제가 있을 경우 (　　　　)간의 납부유예를 적용받을 수 있다.

> 1개월, 손해보험협회, 6개월

③ 보험금의 지급
　㉠ 지급불능의 보고를 받은 경우 손해보험협회는 금융위의 확인을 거쳐 손해보험계약의 제3자에게 보험금을 지급
　㉡ 손해보험협회는 법령상의 제3자 보험금지급을 위해 필요한 경우 금융위의 승인을 받아 자금을 차입할 수 있음
　㉢ 손해보험협회가 제3자에게 보험금을 지급한 후에는 해당 손해보험회사에 대하여 구상권을 가짐

35 손해보험회사가 제3자 보호규정에 의해 협회에 출연하는 금액은 '개별 손해보험회사의 수입보험료와 책임준비금의 (합산금액/산술평균액)을 전체 손해보험회사의 수입보험료와 책임준비금의 (합산금액/산술평균액)으로 나눈 비율'로 적용하여 산정한다.

> 산술평균액, 산술평균액
> 합산금액이 아니다.

36 손해보험협회의 제3자에 대한 보험금지급의무 이행은 출연금의 범위 내에서만 해당되는 것이므로 보험금지급을 위한 차입은 할 수 없다. [○, ×]

×
금융위의 승인을 얻어 차입이 가능하다.

37 손해보험협회가 제3자에게 보험금을 지급한 후 손해보험회사에 대한 별도의 구상권 행사는 하지 않는다. [○, ×]

×
구상권을 행사한다. 제도의 목적이 손보사의 면책이 아니기 때문이다.

Chapter 7 보험관계단체 등

1. 보험협회 VS 보험요율산출기관

보험협회	보험요율산출기관(보험개발원)
보험사 상호 간 업무질서유지 등을 위한 비영리사단법인	보험료의 합리적·공정한 산출과 보험 관련 정보의 효율적 관리를 위한 금융위 인가기관
• 보험회사 간의 건전한 업무질서유지 • 보험상품의 비교공시 업무 • 정부로부터 위탁받은 업무	• 손해보험요율의 산출, 검증 및 제공 • 보험 관련 정보 수집과 제공 및 통계 작성 • 보험에 대한 조사 및 연구

필수예제

01 보험회사는 상호 간의 업무질서유지와 보험업 발전을 위해 (   )를 비영리사단법인으로 설립할 수 있다.

> 보험협회

02 보험상품의 비교, 공시업무는 (   )의 업무이다.

> 보험협회

03 손해보험회사들의 보험협회의 설립은 의무사항이다. [O, ✕]

> ✕
> 의무사항이 아니다. 동업자단체의 성격을 지니고 있다.

04 보험료산출기관은 업무와 관련하여 보험회사로부터 수수료를 받을 수 있다. [O, ✕]

> ○
> 시행령으로 규정한 권한이다 (176조8항).

05 보험료산출기관은 순보험요율의 산출을 위해 필요한 경우 교통법규를 위반한 개인정보 및 질병에 관한 통계를 법원명령 등의 절차 없이도 해당 기관의 장으로부터 제공받을 수 있다. [O, ✕]

> ○
> 시행령으로 규정한 권한이다 (176조10항).

06 보험관련 정보수집 및 제공, 통계의 작성은 (보험협회/보험요율산출기관)의 업무이다.

> 보험요율산출기관

2. 보험계리사

① 보험계리사와 손해사정인의 독립 : 보험회사로부터 보험계리에 관한 업무와 손해사정에 관한 업무를 독립시켜 보험업의 공공성과 합리성을 제고하고자 함

> **필수예제**
>
> **07** '기초서류의 내용 및 배당금계산·준비금의 적정성 등의 정당성여부를 확인하고 검증하는' 업무는 (   )이다.
>
> 보험계리업무
>
> **08** 보험계리사란 보험수리에 관한 전문적인 지식을 갖춘 자로서, 보험계리사가 되기 위해서는 (   )이 실시하는 시험에 합격하고 일정기간의 실무수습을 마친 후 (   )에 등록해야 한다.
>
> 금융감독원장, 금융위원회
>
> **09** 기초서류의 내용 및 보험계약에 따른 배당금의 계산 등이 정당한지의 여부를 검증하고 이를 확인하는 보험계리사로서 선임된 자를 (   )라 한다.
>
> 선임계리사

② 선임계리사의 업무수행 독립성 : 선임계리사의 업무를 공정하게 수행할 수 있도록 하는 것
   ㉠ 선임계리사는 보험계리업무에 10년 이상 종사한 경력이 있어야 한다.
   ㉡ 선임계리사는 이사회결의로 선임하며, '선임 후 보고'하고 '해임 전 신고'한다.
      • 타 보험회사의 선임계리사는 당해 보험회사의 선임계리사로 선임불가
      • 선임계리사의 해임신고를 할 때에는 그 해임사유를 제출하여야 하며, 금융위는 해임사유에 대해 해당 선임계리사의 의견을 들을 수 있다.
   ㉢ 선임계리사를 선임한 경우에는 선임의 다음년도부터 연속되는 3사업연도가 끝나는 날까지 해임할 수 없다.

> **필수예제**
>
> **10** 선임계리사는 (이사회결의/주총결의)를 통해서 선임한다.
>
> 이사회결의
>
> **11** 보험회사는 타 보험사의 선임계리사를 중복하여 선임할 수 있다.
> [O, X]
>
> X
> 독립성 유지에 저촉되므로 중복선임이 불가하다.

12 선임계리사를 선임한 경우에는 선임일이 속한 사업연도의 다음 사업연도부터 연속하는 (　　) 사업연도가 끝나는 날까지는 그 선임계리사를 해임할 수 없다.

> 3개
> 독립성과 연속성을 보장하는 취지이다.

13 선임계리사는 업무수행의 결과를 (　　　　)에 보고해야 하며, 그 결과에 위반한 내용이 있을 경우는 (　　　　)에 보고해야 한다.

> 이사회, 금융위

14 보험계리업을 하려는 법인(독립계리법인)은 (　　　) 이상의 상근 보험계리사를 두어야 한다.

> 2인

3. 손해사정사

① 손해사정인의 종류 : 재물손해사정사, 차량손해사정사, 신체손해사정사
② 손해사정인 시험
  ㉠ 손해사정인이 되기 위해서는 금감원에서 실시하는 시험에 합격하고 실무수습기간을 거친 후 금융위에 등록해야 한다(실무수습기간 6개월).
  ㉡ 1차 시험과 2차 시험이 있으며, 보험회사나 화재보험협회 등에서 손해사정업무에 5년 이상 종사한 자는 1차 시험이 면제된다.
    ※ 금융위원회 등록이 원칙인데 등록업무를 금융감독원에 위탁하여 등록실무는 금융감독원에서 수행함(손해사정사, 보험계리사, 보험중개사의 경우)
  ㉢ 감독원장이 인정하는 외국의 손해사정사 자격을 가진 자는 국내에서도 그 자격을 인정하는 것으로 되어 있으나, 현재 감독원장이 인정하는 나라는 없다.

15 손해사정사의 실무수습은 손해보험협회에서만 진행된다. [O, ✕]

> ✕
> 금융감독원, 협회, 손보사 모두 가능하다.

16 금융위원회는, 보험계리사나 손해사정사의 직무태만과 부적절한 행위가 인정될 경우 (　　　　) 이내의 기간을 정하여 업무정지를 명하거나 해임할 수 있다.

> 6개월
> 해임도 가능하다.

17 외국의 손해사정사 자격을 가진 자는 국내에서도 그 자격을 인정하는 것이 원칙이나, 현재 감독원장이 인정하는 나라는 없다. [O, ✕]

> O

단원 정리 문제

01 보기에 대한 설명이 적절하지 않은 것은?

> **보기** 비로 인해 미끄러워진 도로상태에서 운전자가 부주의하여 자동차가 도로 밖으로 굴렀으며 전손이 되었다.

① 비로 인해 미끄러워진 도로상태는 물리적 위태이다.
② 운전자의 부주의는 도덕적 위태이다.
③ 자동차가 도로 밖으로 굴러 떨어진 것을 손인이라 한다.
④ 자동차가 파손이 되어 전손의 손실이 발생한 것을 손해라고 한다.

정답 ②

운전자의 부주의는 정신적 위태이다. 물리적 위태를 실체적 위태라고도 한다.

02 도덕적 위험을 방지하는 손해보험차원의 대책에 속하지 않는 것은?

① 초과보험에서의 보험금액 감액
② 중복보험에서의 비례주의적용 및 통지의무 부과
③ '타인의 사망보험계약'에서의 동의주의
④ 피보험이익이 없는 계약의 무효화

정답 ③

③은 인보험에서의 대책이다. 사망보장은 인보험 고유의 영역이다.

03 다음 중 옳은 설명은?

① 도덕적 위태로 인한 손해는 부책이나 정신적 위태로 인한 손해는 면책이다.
② 위험선택의 주체는 보험자이나 위험역선택의 주체는 보험계약자이다.
③ 순수위험에서는 개인이나 기업의 손실이 있더라도 사회는 이익을 얻을 수 있다.
④ 보험자는 모든 순수위험을 담보한다.

정답 ②

① 도덕적 위태는 면책, 정신적 위태는 부책이다.
③ 순수위험이 발생하면 개인은 물론 사회 전체적으로도 무조건 손실이다(투기적 위험은 개인별로 이익과 손해가 다르게 나타나므로 사회 전체적으로는 이익도 가능함).
④ 순수위험이라도 모두 부보되는 것은 아니다(담보손인과 비담보손인이 있음).

04 위험관리의 목적 중 손실발생 전의 목적에 해당하지 않는 것은?

① 소득의 안정성

② 경제적 목표 달성

③ 걱정의 해소

④ 법적 책임 수행

05 다음 설명 중 가장 적절한 것은?

① 면책손인과 비담보손인의 구분은 비교적 명확한 편이다.

② 위험관리기법은 위험회피, 위험이전, 위험보유, 손실통제 중에서 가장 적합한 하나를 선택하는 것이 효율적이다.

③ 손해방지의무는 사고예방의무도 포함한다.

④ 손해보험에서는 피보험이익이 없는 계약은 무조건 무효이다.

06 종속보험회사의 단점에 속하지 않는 것은?

① 모기업에 재정적 부담이 발생한다.

② 손실통제와 클레임처리서비스 등에 대한 운영상의 부담이 발생한다.

③ 자가보험에 비해 재보험가입이 어렵다.

④ 대형사고 시 재무적인 어려움에 직면할 수 있다.

07 보험을 분류함에 있어서 '보험계약법'에 따라 분류하면?

① 손해보험 – 정액보험

② 물보험 – 인보험

③ 손해보험 – 인보험

④ 손해보험 – 생명보험 – 제3보험

08 빈칸이 알맞게 연결된 것은?

> 보기 (   )이 보험가입자 전체 관점이라면,
> (   )은 보험가입자 개인관점에서 본 수리적
> 원칙이다.

① 급부 · 반대급부의 원칙 – 수지상등의 원칙
② 수지상등의 원칙 – 급부 · 반대급부의 원칙
③ 수지상등의 원칙 – 이득금지의 원칙
④ 급부 · 반대급부의 원칙 – 이득금지의 원칙

정답 ②

- 수지상등원칙 : 보험료총액 = 보험금총액 + 경비총액
- 급부 · 반대급부 균등의 원칙 : 개개인이 부담하는 보험료는 각자가 받고자 하는 보험금액의 크기에 상응해야 한다.

09 건물에 화재가 발생하면 3억원의 손해를 볼 수 있어 화재보험에 가입하였다. 이에 대한 설명이 옳게 연결된 것은?

① 누구나 가입이 가능하며, 보험의 목적이 3억원이다.
② 누구나 가입이 가능하며, 보험계약의 목적이 3억원이다.
③ 피보험이익이 있는 자가 가입이 가능하며, 보험의 목적이 3억원이다.
④ 피보험이익이 있는 자가 가입이 가능하며, 보험계약의 목적이 3억원이다.

정답 ④

피보험이익(보험계약의 목적)이 있어야만 보험가입이 가능하다. 여기서 보험의 목적은 부보대상인 건물을 말한다.

10 보기의 내용은 손해보험경영의 3대원칙 중 무엇을 말하는가?

> 보기 많은 동질의 위험을 인수하더라도 위험의 종류나 지역적인 분포가
> 편중될 경우에는 보험자가 막대한 손실을 입을 수 있다.

① 위험대량의 원칙
② 위험동질성의 원칙
③ 위험분산의 원칙
④ 투자다양화의 원칙

정답 ③

손해보험경영의 3대원칙은 ①, ②, ③을 말한다(보기는 위험분산의 원칙). ④는 3대원칙 외에 해당하는 것으로서 손해보험사는 보험료를 재원으로 하여 투자를 함에 있어서 '안정성, 수익성, 유동성, 공익성'의 4가지 요소를 지켜야 함을 말한다.

11 손해보험에 대한 다음 설명 중 가장 적절하지 않은 것은?

① 제3보험은 생보사와 손보사 모두 판매 가능하다.

② 기업보험을 체결하는 보험계약자는 기업과 대등한 교섭력을 가진 것으로 인정하여 기업보험에는 약관의 불이익변경금지의 원칙을 적용하지 않는다.

③ 원보험이 생명보험이라도 재보험은 손해보험으로 분류된다.

④ 사보험으로서 우리나라 보험회사는 주식회사와 상호보험의 형태가 양립하고 있다.

정답 ④

우리나라 보험회사(사보험)는 상호보험의 형태가 없다.

12 보험증권에 대한 다음 설명 중 가장 적절한 것은?

① 보험증권은 요식증권이므로 보험증권의 기재사항이 하나라도 누락되면 효력이 없다.

② 보험계약은 요물계약의 성질을 띠고 있어 보험증권을 교부하지 않으면 계약이 성립되지 않는다.

③ 보험증권을 분실한 경우에는 제권판결을 얻어야만 재발행이 가능하다.

④ 보험증권의 교부의무 위반에 대한 법령상의 규제는 없다.

정답 ④

보험약관의 교부명시의무를 위반 시에는 보험계약자가 3개월 내로 취소할 수 있지만 보험증권의 교부의무를 위반 시에는 별다른 규제가 없다(∵ 보험증권은 증거증권에 불과하므로).

13 보기의 내용에 해당하는 약관은?

> **보기** 보통보험약관에 세부사항을 추가할 때 이용되는 약관이다.

① 보통보험약관
② 특별보통보험약관
③ 특별보험약관
④ 표준약관

정답 ②

보통보험약관에서 상세한 내용을 추가할 때는 특별보통보험약관, 변경 또는 삭제까지 하면 특별보험약관이다.

14 해상보험 등 기업보험에서 자주 활용되는 약관은?

① 보통보험약관
② 특별보통보험약관
③ 특별보험약관
④ 부가약관

정답 ③

특별보험약관은 해상보험, 운송보험 등 기업보험에서 활용된다.

15 보기는 어떤 약관 해석원칙을 말하는가?

> **보기** 약관의 뜻이 명백하지 않은 경우 고객에게 유리하게 해석되어야 한다.

① 신의성실의 원칙　　　　② 통일적해석의 원칙
③ 작성자불이익의 원칙　　④ 개별약정우선의 원칙

정답 ③

작성자(보험자)가 불이익이 되는 쪽으로 해석한다는 것으로, 이는 애매모호하게 보험약관을 만든 책임을 보험자에게 부과하는 의미이다.

※ 작성자불이익의 원칙은 약관원칙상 '최종적 해석원칙'의 위치에 있다. 즉, 타 해석원칙을 적용하고도 명백하지 않을 경우 최종적으로 작성자불이익의 원칙을 적용한다는 뜻이다.

16 보기와 같은 문언이 동일 약관에 적용된다면, 약관을 해석하는 순서는?

> **보기** 보험약관에 인쇄된 문언(A), A에 추가하여 인쇄된 문언(B), 수기로 쓴 문언(C)

① A > B > C　　　　　　② B > A > C
③ B > C > A　　　　　　④ C > B > A

정답 ④

수기문언우선의 원칙상 C > B > A 이다.

※ 수기문언우선의 원칙 : 수기로 된(written) 문언이 인쇄된 문언보다 그 효력이 우선하며, 인쇄된 문언 간에는 첨가된 문언이 우선한다.

17 금융분쟁조정위원회에 대한 설명이다. 틀린 것은?

① 금융감독원장은 분쟁조정의 신청을 받은 때에는 관계당사자에게 그 내용을 통지하고 합의권고를 할 수 있다.
② 금융감독원장은 분쟁조정의 신청을 받은 날로부터 30일 이내에 조정위원회에 회부해야 하며, 조정위원회는 회부받은 날로부터 60일 이내에 이를 심의하여 조정안을 작성해야 한다.
③ 조정위원회의 회의는 위원장과 위원장이 회의마다 지명하는 6인 이상 10인 이하의 위원으로 구성한다.
④ 당사자가 조정안을 수락할 경우 당해 조정안은 재판상의 화해를 지니는데, 당사자 중 일방은 추후에 조정안에 불복하는 소송제기를 할 수 있다.

정답 ④

불복하는 소송제기는 민법상 화해에서 가능하다. 재판상 화해는 더 이상의 법적 다툼의 여지가 없다.

18 손해보험회사는 손해보험계약의 제3자가 보험사고로 입은 손해에 대한 보험금의 지급을 보험업법이 정하는 바에 따라 보장해야 한다(보험업법 제 165조). 이에 따른 보상대상 손해보험계약에 해당하지 않는 것은?

① 가스사고배상책임보험
② 자동차보험 의무보험부분
③ 자동차보험 임의보험부분
④ 법인을 계약자로 하는 손해보험계약

정답 ④

손해보험회사의 제3자에 대한 보험금지급보장의무를 말한다. 법령에 따라 가입이 강제되는 손해보험계약(자동차보험은 임의보험도 포함)을 대상으로 한다. 단, 법인을 보험계약자로 하는 손해보험계약은 제외된다.

19 다음 중 보험료산출기관의 업무에 속하지 않는 것은?

① 순보험요율의 산출, 검증 및 제공
② 보험상품의 비교, 공시 업무
③ 보험 관련 정보의 수집, 제공 및 통계의 작성
④ 보험에 대한 조사, 연구

정답 ②

②는 보험협회의 업무이다.

※ 보험협회의 업무 : 보험사 간의 건전한 업무질서의 유지, 보험상품의 비교공시업무, 정부로부터 위탁받은 업무(예 보험설계사나 보험대리점의 등록업무) 등

20 선임계리사에 대한 다음 설명이다. 가장 거리가 먼 것은?

① 선임계리사가 되기 위해서는 보험계리업무에 10년 이상 종사한 경력이 있거나, 최근 5년 이내에 보험회사 임직원에 대한 경고나 문책 등의 조치를 받은 일이 없어야 한다.
② 선임계리사의 선임은 이사회로 하며, 해임은 주총의 보통결의로 한다.
③ 보험사가 선임계리사를 선임한 경우 그 선임일이 속한 사업연도의 다음 사업연도부터 연속하는 3개 사업연도가 끝날 때까지 그 선임계리사를 해임할 수 없다.
④ 선임계리사는 보험회사가 기초서류관리기준을 지키는지 점검하고 이를 위반하는 경우 조사하여 그 결과를 이사회에 보고해야 하고, 위반 내용이 있다고 판단되는 경우 금융위원회에 보고해야 한다.

정답 ②

선임계리사의 선임 또는 해임은 이사회의결을 거친 다음 금융위원회에 보고 또는 신고해야 한다(선임 후 보고, 해임 전 신고).

PART
02

보험법

PART 02 보험법

Chapter 1 보험계약법

● **보험계약 개요**

1. 보험계약의 성립

① 보험계약은 낙성계약으로서 보험계약자의 청약과 보험자의 승낙에 의해 성립

※ 낙성계약이므로 '초회보험료 지급이나 보험증권의 교부'와 같은 요물적 조건을 요구하지 않는다.

필수예제

01 보험계약이 성립하기 위해서는 최초보험료지급이나 보험증권의 교부가 있어야 한다. [○, ×]

> ×
> 낙성계약이므로 요물적 요건을 필요로 하지 않는다.

---

② 낙부의 통지 : 보험청약 & 최초보험료의 납부 → 30일 내 낙부의 통지를 해야 함

㉠ 30일 내 승낙통지가 없으면 승낙이 된 것으로 간주하는데 이를 승낙의제라 한다.

㉡ 낙부의 통지는 발송주의를 택하고 있다(발송기준을 적용함).

> **예시** 30일째 되는 날에 거절통보를 하고 발송을 했으나, 31일째 되는 날에 보험계약자에게 도달한 경우에는 낙부의 통지를 한 것이므로 승낙의제가 되지 않는다.

필수예제

02 보험계약자로부터 보험의 청약과 함께 최초보험료의 납부를 받은 때에는 ( ) 이내에 낙부의 통지를 발송해야 한다.

> 30일

03 보험자가 30일 이내에 낙부의 통지를 발송하지 않은 경우는 보험계약이 승낙된 것으로 (추정/간주)한다.

> 간주
> 추정은 반대증거가 나오면 번복될 수 있는 것이다.

③ 청약철회 : '보험증권을 교부한 날로부터 15일 이내'에 아무 조건 없이 청약을 철회할 수 있다. 다만, 청약일로부터 30일이 경과하면 청약철회를 할 수 없다.

※ 청약철회 시 3일 내로 납입보험료를 전액 반환해야 하며, 3일 초과 시 이자를 가산하여 반환해야 함

필수예제

04 (보험청약일로부터/보험증권을 받은 날로부터) 15일 이내에 청약을 철회할 수 있다.

> 보험증권을 받은 날로부터

④ 승낙 전 보험사고

㉠ 승낙 전 보험사고 발생 시 보험자는 그 청약을 거절할 사유가 없는 한 책임을 진다.

※ 승낙 전 사고에 대한 보험자책임은 '아직 보험계약이 성립되기 전'이므로 법정책임에 해당된다.

㉡ 승낙 전 사고에 대한 보험금지급 발생요건

- 보험계약의 청약이 유효해야 한다.
- 보험료의 전부 또는 일부(초회보험료)가 지급되었어야 한다.
- 보험자가 청약을 거절할 사유가 없었어야 한다.
- 인보험의 진단계약의 경우 진단을 받았어야 한다.

㉢ 보험계약 부활의 경우에도 승낙 전 보험사고의 규정이 준용된다. 즉, 부활승낙 전 사고가 발생하면 보험자가 부활청구를 거절할 사유가 없는 한 보험금지급책임을 진다.

필수예제

05 승낙 전 보험사고에 대한 보험자책임은 (계약상의 책임/법정책임)이다.

> 법정책임

06 승낙 전에 보험사고가 발생하였으나, 고지의무위반 등 보험자가 청약을 거절할 사유가 있었다면 보험자의 책임은 면제된다.
[O, X]

> ○

07 부활청구 후 30일 이내에 낙부의 통지가 없는 가운데 보험사고가 발생하였다면 승낙 전 보험사고의 규정을 준용하여 보험금을 지급한다. [O, X]

> ○

2. 타인을 위한 보험

① '타인을 위한 보험'의 정의 : 보험료를 납입하는 자(보험계약자)와 보험금을 수령하는 자(인보험 – 보험수익자, 손해보험 – 피보험자)가 다른 경우 '타인을 위한 보험'이라 한다.

인보험	손해보험
보험계약자≠보험수익자	보험계약자≠피보험자

필수예제

08 '보험계약자가 남편, 피보험자 부인, 보험수익자 남편'인 보험계약은 타인을 위한 보험이다. [○, ×]

09 '보험계약자가 남편, 피보험자 부인'인 손해보험계약은 타인을 위한 보험이다. [○, ×]

> ×
> 계약자와 피보험자가 다르므로 '타인의 생명보험계약'이 된다. 생명보험에서 '타인을 위한 보험계약'은 계약자와 보험수익자가 다를 경우이다.
> ○
> 손해보험은 계약자와 피보험자가 다를 경우 → 타인을 위한 보험

② 타인을 위한 보험의 성립요건('타인의 생명보험'보다 완화된 요건이 적용됨)

ㄱ 계약당사자 간 의사의 합치가 있어야 한다.
  ※ 여기서 '합치(합의)'는 묵시적이라도 무방한데, 이는 보험계약을 체결하는 시점에서 타인(피보험자 또는 보험수익자)의 존재를 추정할 수 있으면 보험계약 성립이 가능함을 말한다.

ㄴ 타인을 확정하는 것은 계약 성립 전은 물론, 계약 성립 후 보험사고 발생 전에 정해도 무방하다(아래 그림 참조).
  ※ 보험계약체결시점에서는 타인의 존재 자체를 추정할 수 있으면 되고, 타인을 확정하는 것은 보험사고 발생 전까지 확정하면 된다.

ㄷ 타인은 피보험자나 보험수익자와의 관계로 표시해도 무방하다(반드시 구체적으로 명시하지 않아도 됨).

ㄹ 불특정의 타인을 위한 보험도 성립한다(예 보험수익자를 특정인이 아닌 '법정상속인'으로 하는 경우).

▶ **도해** : 타인을 위한 보험계약체결 시 타인의 존재를 표시하는 요건

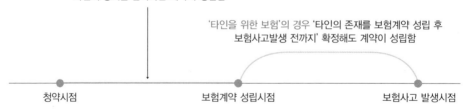

'타인의 생명보험'의 경우 보험계약 성립 전까지
타인의 동의를 받아야만 계약이 성립함

'타인을 위한 보험'의 경우 '타인의 존재를 보험계약 성립 후
보험사고발생 전까지' 확정해도 계약이 성립함

청약시점   보험계약 성립시점   보험사고 발생시점

10 '타인을 위한 계약'을 체결하기 위해서는 피보험자의 서면동의를 받아야 한다. [O, ×]

×
피보험자의 묵시적 합의만으로도 계약체결이 가능하다.

11 '타인을 위한 계약'을 체결하기 위해서는 타인(피보험자)의 존재를 계약 성립 전에 정해야 한다. [O, ×]

×
타인의 존재는 계약성립 후 보험사고 전까지 정해도 된다. 이때 타인의 존재는 이름이 아닌 계약자와의 관계로도 표시할 수 있다.

12 불특정의 타인을 위한 보험계약은 인보험이든 손해보험이든 성립할 수 없다. [O, ×]

×
불특정을 위한 타인을 위한 보험계약도 성립한다.

③ 보험계약체결 시 타인의 위임여부
 ㉠ 보험계약자는 타인의 묵시적 합의로도 타인을 위한 보험계약을 체결할 수 있는 바, 계약체결의 권한을 타인으로부터 위임을 받았는지의 여부를 묻지 않는다.
   cf) 피보험자가 타인인 사망보험계약에서는 타인의 서면동의 없이는 보험계약의 체결이 불가하다.
 ㉡ 다만, 타인의 위임이 없을 경우 보험계약자가 이를 보험자에게 고지하지 않는다면 타인의 보험자 대항력은 인정되지 않는다.
   ※ '타인을 위한 보험'은 '타인의 생명보험'에 비해 보험계약체결이 용이하지만(묵시적 합의로도 가능하므로), 타인의 위임이 없음을 고지하지 않은 경우 타인의 보험자 대항력이 인정되지 않는다는 것을 의미함
 ㉢ 타인을 위한 보험계약의 해지권
   ※ 보험계약자가 타인의 동의를 얻지 못하거나 보험증권을 소지하지 못하면 해당 계약을 해지할 수 없다.

13 타인을 위한 보험 체결 시 타인으로부터 권한위임을 받았는지의 여부를 묻지 않는다. [O, ×]

○

14 타인의 위임이 없이 타인을 위한 보험계약을 체결할 때, 이를 고지하지 않는다면 보험계약이 해지될 수 있다. [O, ×]

×
해지되지는 않지만, 보험회사에 대한 타인의 대항력이 인정되지 않는다.

15 타인을 위한 보험계약은 보험계약자가 타인의 동의를 받지 못하거나 보험증권을 소지하지 못하면 해당 계약을 해지할 수 없다. [O, ×]

○
계약해지요건은 성립요건보다 강화되는 것이 당연하다.

④ 보험계약자 · 피보험자 · 보험수익자의 지위

㉠ 보험계약자의 의무와 권리

의무	권리
보험료지급의무, 고지의무, 통지의무, 위험유지의무, 손해방지의무	보험계약해지권[주1], 보험료반환청구권, 보험료감액청구권, 보험증권교부청구권

※ 주1 : 타인을 위한 보험계약을 해지하기 위해서는 '타인의 동의를 받거나, 보험증권을 소지하고 있어야' 가능하다.

㉡ 피보험자 · 보험수익자의 권리와 의무

의무	권리
고지의무[주2], 위험유지의무[주3], 보험사고발생 시 통지의무, 손해방지의무[주4], 보험료지급의무(예외적)	보험금지급청구권

※ 주2 : 고지의무는 상법상 '보험계약자와 피보험자 또는 이들의 대리인'에게 부과된다.
※ 주3 : 위험유지의무는 상법상 '보험계약자, 피보험자'뿐만 아니라 '보험수익자'에게도 부과된다.
※ 주4 : 손해방지의무는 원칙적으로 손해보험계약에만 해당된다.

필수예제

16 보험료지급의무가 있고 보험계약을 해지할 수 있는 자는 (   )이다.

보험계약자

17 고지의무는 (   ), (   )에게 부과된다.

보험계약자, 피보험자

18 생명보험계약에서 위험유지의무는 (   ), (   ), (   )에게 부과된다.

보험계약자, 피보험자, 보험수익자

19 손해방지의무는 (   )에서만 적용된다.

손해보험계약

---

3. 소급보험

① 계약 전의 어느 시기를 보험기간의 시기로 하는 보험계약을 체결할 수 있다(상법 제643조).

② 소급보험은 계약 성립을 전제로, 청약 전 사고에 대하여, 주관적 우연성의 요건을 충족할 때 보험자가 책임을 진다.

※ 주관적 우연성이란 '청약 전 사고에 대해서 당사자 쌍방과 피보험자가 이를 모르고 있을 경우'를 말하며, 이 경우는 보험사고가 청약 전에 이미 발생하였음에도 불구하고 보험계약이 성립한다.

③ lost or not lost(멸실여부를 불문하고) : 통신기술이 발전되지 않았던 과거 해상보험의 경우 계약체결 시점에서 보험사고여부를 확인할 수 없으므로 'lost or not lost'의 조건으로 약정하게 된다.

※ 현재 해상보험에서는 통신발달로 '소급보험'이 필요하지 않으나, 전문직업배상책임보험에서 주로 활용된다.

▶ 도해 : 소급보험

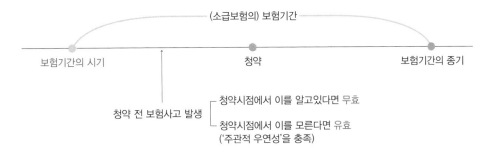

④ 소급보험 VS 승낙 전 보험사고

소급보험의 보험사고	승낙 전 보험사고
• 계약 성립을 전제로 청약 전 사고를 보상한다. • 이미 발생한 사고는 주관적 우연성의 요건으로 보상한다.	• 계약이 성립되기 전 보험사고를 보상한다. • 이미 발생한 사고는 보상하지 않는다.

※ 승낙 전 보험사고는 '법정책임'을, 소급보험은 '계약상 책임'을 진다.

필수예제

20 청약시점보다 앞선 일정한 시점을 보험기간의 개시(開始)로 하는 보험을 (   )이라 한다.

> 소급보험

21 소급보험은 청약 전에 사고가 이미 발생하였다 해도 계약관련자들이 이를 알지 못할 경우에는 보험계약이 성립하는데 이를 (   )의 요건이라 한다.

> 주관적 우연성

22 'Lost or not lost'는 청약시점에서 보험목적의 멸실여부를 불문하고 보험계약이 성립될 수 있음을 말하는 것이다. [O, ×]

> ○
> 과거 해상보험에서의 소급보험적 성격을 말하는 용어이다.

23 소급보험은 계약 성립을 전제로 청약 전 사고를 보상한다는 점에서 승낙 전 사고의 보상과 동일하다. [O, ×]

> ×
> 승낙 전 보험사고는 보험계약 성립이 되기 전의 사고를 보상한다.

24 청약 전에 이미 발생한 보험사고는 승낙 전 보험사고나 소급보험 모두 보상하지 않는다. [O, ×]

> ×
> 소급보험에서는 청약 전 보험사고라도 주관적 우연성을 요건으로 보상한다.

● 보험료의 납입과 지체의 효과

1. 최초보험료와 계속보험료

최초보험료	계속보험료
• 보험계약자는 계약체결 후 지체 없이 초회보험료 또는 전부보험료를 납부해야 한다. • 최초보험료의 납입즉시 보험자의 책임이 개시된다. • 보험계약체결 후 2개월 동안 최초보험료가 납입되지 않으면 계약은 해제[주1]된다.	• 계속보험료(초회보험료 이후의 납입보험료)가 약정한 시기에 지급되지 않은 경우, 보험자는 일정기간을 정하여 보험계약자에게 최고하고 최고기간 내에 계속보험료가 지급되지 않으면 계약을 해지[주2]할 수 있다. 　– 해지가 되면 계약은 실효가 됨 • 계속보험료의 2회 이상 보험료부지급으로 계약이 효력을 잃은 것을 '실효약관'이라고 한다.

※ 주1 : 해제는 보험자의 일방적인 의사표시로 처음부터 보험계약이 존재하지 않았던 것으로 만드는 법률행위이다.
　• '해제의제'의 인정 : 보험계약체결후 2개월 동안 최초보험료의 납부가 없을 경우, 보험계약성립 후 2개월이 경과하면 그 계약은 해제된 것으로 본다.
※ 주2 : 해지는 장래에 한하여 계약의 효력을 상실시키는 법률행위이다.

필수예제

25 보험계약자는 계약체결 후 지체없이 보험료의 전부 또는 제1회 보험료를 지급해야 하며, 보험계약자가 이를 지급하지 아니하는 경우에는 다른 약정이 없는 한 계약이 성립 후 (　　　)이 경과하면 그 계약은 (　　　)된 것으로 본다.

> 2개월, 해제
> 해제의제(상법 제650조 제1항)를 말한다.

26 계속보험료를 최고기간까지 보험계약자가 납입하지 않을 경우에는 보험자가 (해제/해지)할 수 있으며, 이 경우 보험계약의 효력은 (처음으로 소급하여/장래에 한하여) 소멸된다.

> 해지, 장래에 한하여

27 최초보험료의 부지급으로 계약은 (　　　)될 수 있으며, 계속보험료의 부지급으로 계약은 (　　　)될 수 있다.

> 해제, 해지

28 보험계약자의 계속보험료 부지급이 있을 경우 보험자는 계약을 해지할 수 있으나, 특정한 타인을 위한 보험의 경우 타인에게도 상당한 시간의 최고를 하지 않으면 보험계약을 해지할 수 없다.
[○, ×]

> ○

2. 보험계약의 실효와 부활

① 실효 : 실효는 장래에 한하여 계약의 효력이 소멸되는 상태를 말한다.

보험계약자에 의한 실효	보험자에 의한 실효
• 임의해지 : 보험사고 발생 전에는 언제든지 계약을 해지할 수 있다. • 보험자 파산 시 계약자에 의한 해지 : 보험자가 파산 후 3개월 내로 보험계약자는 계약을 해지할 수 있다.	• 계속보험료의 부지급 : 계속보험료를 2회 이상 납입하지 않은 경우 • 고지의무위반[주1] • 위험의 현저한 변경·증가 시 : 통지의무이행 또는 통지의무위반[주2] • 고의 또는 중과실로 위험이 현저하게 변경·증가된 경우 : 위험유지의무위반이 됨

※ 주1 : 보험사고가 고지의무위반사항에 해당될 경우 보험자는 면책이다. 단, 해당 보험사고가 고지의무사항과 관련이 없음을 피보험자가 입증한 경우에는 보상을 해야 한다.

※ 주2 : 위험이 현저하게 변경되거나 증가될 경우, 통지의무를 이행하더라도 보험자해지가 가능하다.

필수예제

29 유효하게 성립된 보험계약이 (   )라는 법률적 행위를 통해 보험계약의 효력이 장래에 한하여 상실되는 것을 (   )라고 한다.

해지, 실효

30 보험자가 파산 후 3개월 내로 (보험계약자/보험자)는 계약을 해지할 수 있다.

보험계약자

31 고지의무위반은 보험자의 강제해지사유이다. [O, ×]

○

---

② 보험계약의 부활

  ㉠ 부활요건

> • 계속보험료의 부지급으로 인한 해지계약이어야 한다.[주1]
> • 해지환급금이 지급되지 않은 상태라야 한다.
> • 보험계약자의 청구와 보험자의 승낙이 있어야 한다.[주2]

※ 주1 : '계속보험료 부지급'을 사유로 하지 않는 계약, 즉 고지의무위반 등으로 해지된 계약은 부활할 수 없다.

※ 주2 : 부활청구일로부터 30일 내로 보험자가 승낙하지 않으면 승낙의제로 간주된다.

  ㉡ 부활 전 사고에 대한 보상책임 : 승낙 전 보험사고의 규정을 준용한다. 즉 부활을 거절할 사유가 없는 한 보험자가 보상책임을 진다.

  ㉢ 부활계약의 고지의무 : 신계약에 준하여 고지의무를 새롭게 부과한다.

ㄹ 계약순연부활제도

• '연체보험료와 약정이자'의 납입없이 실효된 기간만큼 보험기간을 늦추어 계약을 부활하는 제도로, 이는 연체보험료의 부담을 경감시켜 보험계약자의 부담을 덜고 보험자도 계약유지를 더 용이하게 할 수 있다는 장점이 있다.
• 계약순연부활제도를 적용할 수 없는 계약
  – 이미 계약순연부활을 한 계약[주1]
  – 가입연령을 초과하여 순연이 불가한 계약
  – 이미 보험금(생존급여금 포함) 지급사유가 발생한 계약
  – 세제관련계약으로서 순연으로 인한 세제혜택대상에서 제외되는 계약

※ 주1 : 일반 부활계약제도는 이미 부활을 했는가의 여부는 따지지 않는다.

필수예제

32 고지의무로 해지된 계약은 부활신청을 할 수 없다. [O, X]

○
계속보험료 부지급으로 인한 해지계약만 부활이 가능하다.

33 부활청구일로부터 (   ) 이내로 보험자의 승낙이 없으면 부활 승낙으로 간주된다.

30일

34 이미 부활한 계약은 추가적인 부활청구를 할 수 없다. [O, X]

X
부활청구요건에서, 이미 부활을 했는지 여부는 따지지 않는다(계약순연부활의 경우와 다름).

35 부활청약 시 고지의무는 면제된다. [O, X]

X
신계약에 준하여 새롭게 부과된다.

36 이미 계약순연부활을 한 계약은 추가적인 계약순연부활을 신청할 수 없다. [O, X]

○

③ 특별위험소멸 시 보험료감액청구
  ㉠ 보험계약 시 담보할 특별위험에 대해 별도의 보험료의 부담을 하고 그 특별위험이 소멸한 때에는, 보험계약자는 이후의 보험료감액을 청구할 수 있다.
  ㉡ 보험료감액은 '보험료불가분의 원칙'이 적용됨에 따라 보험료기간(보험료산출의 기본단위)이 끝난 후의 장래의 기간에 대해서만 청구가 가능하다.

37 보험계약 시 특별위험을 설정하고 그에 대해 보험료를 추가로 지급하고, 그 특별위험이 소멸되면 보험계약자는 소급하여 보험료의 감액을 청구할 수 있다. [O, ×]

> ×
> 장래에 한해서 보험료감액청구가 가능하다.

● 보험사고와 고지의무, 통지의무, 위험유지의무

1. 보험사고와 보험계약의 해지

① 보험사고의 요건('우발대특'으로 암기)

> • 보험사고는 우연해야 한다. → 고의사고가 아닌 우연성이 있어야 함
> • 보험사고는 발생가능성이 있는 것이어야 한다. → 고의조작이 아닌 발생가능성
> • 보험사고는 적법해야 한다.[주1] → 적법하지 않은 것은 보상대상이 아님
> ※ 주1(보험사고요건으로서 적법성의 의미) : 보험사고 자체가 적법해야 하는 것은 아니며 피보험이익이 법의 보호를 받을 수 있으면 된다(기본서 공통1, p137).
> • 보험사고는 대상이 있어야 한다. → 보험의 목적에 대해서 발생해야 함
> • 보험사고는 사고 범위가 특정되어야 한다. → 손해의 측정이 가능해야 함

cf) 우연성에 대한 예외
• 생명보험의 경우 2년이 경과한 후의 자살에 대해 일반사망보험금을 지급
• 보증보험의 경우 보험계약자(채무자)의 고의사고의 경우에도 피보험자(채권자)에게 보험금이 지급될 수 있음

38 보험사고가 우연성을 위배할 경우는 절대 보상하지 않는다. [O, ×]

> ×
> 예외가 있다(본문 참조).

39 보험사고는 보험계약당사자가 임의로 조종할 수 없어야 한다. 즉 (   )이 있어야 한다.

> 발생가능성

② 보험사고의 담보방식

열거담보방식	포괄담보방식	절충담보방식
약관에 열거한 위험에 대해 보상하는 방식	약관에 열거한 면책위험을 제외하고 모두 보상하는 방식	약관상 담보위험을 열거한 후 마지막 항에 '기타'사항으로 포괄담보도 적용하는 방식
화재보험, 도난보험 등	자동차보험, 상해보험 등	기계보험, 건설공사보험 등

40 약관에 열거된 위험으로 인한 보험사고만 보상하는 방식은 ( )이다.

열거담보방식(또는 열거주의)

③ 보험사고 후의 보험계약 해지

사고발생 전	사고발생 후	
사고발생 전의 경우는 언제든지 해지가 가능함	보험가입금액이 감액되는 보험	보험가입금액이 복원되는 보험
	해지 불가	해지 가능함[주1]

※ 주1 : 보험가입금액이 복원되는 보험의 경우 해지는 가능하다. 단, 미경과보험료의 반환은 없기 때문에 해지의
실익이 없다(즉, 해지를 할 필요가 없음).

41 보험사고가 발생하기 전이라면, 보험자는 언제든지 계약을 해지할 수 있다. [O, ×]

×
보험자가 아니라 보험계약자이다.

42 보험사고 후 보험가입금액이 복원되는 보험은 해지가 불가하다. [O, ×]

×
복원보험의 경우 해지 자체는 가능하나 미경과보험료가 반환되지 않아 해지를 할 필요가 없다.

2. 고지의무

① 고지의무와 통지의무

보험계약 체결 전	보험계약 체결 후
보험계약체결 시, '고의 또는 중과실로 부실고지를 하지 말아야 할 의무(고지의무)'를 말함	위험이 현저하게 변경되거나 증가된 경우 통지의무가 부과됨

43 보험계약자는 중요사항 고지에 관하여, 보험계약 체결 전에는 ( ), 계약체결 후에는 ( )를 부담한다.

고지의무, 통지의무

② 고지의무의 법적성질 : 고지의무를 이행하지 않으면 보험자가 계약을 해지할 수 있으므로, 이에 대한 불이익을 받지 않기 위한 보험계약자의 자기의무라고 할 수 있다(즉, 고지의무는 손해배상의무가 아니라 자기의무 또는 간접의무이다).

44 고지의무는 상법상 의무로 고지의무위반 시, 보험자는 보험계약자에게 손해배상청구를 할 수 있다. [○, ×]

×
손해배상 의무는 아니다. 고지의무위반 시 보험자가 해지할 수 있고, 해지 시 불이익을 받지 않기 위한 간접의무라고 할 수 있다.

③ 고지의무의 당사자

고지의무 이행자	고지수령권자
보험계약자, 피보험자 및 이들의 대리인 (보험수익자는 아님)	보험대리점 ○, 보험설계사 ×, 보험중개사 ×

45 고지의무를 이행해야 하는 자는 보험계약자와 피보험자, 그리고 보험수익자이다. [○, ×]

×
계약자, 피보험자 및 이들의 대리인이다.

46 고지수령권자는 (보험설계사/보험대리점/보험중개사)이다.

보험대리점

④ 고지의무의 내용

고지의무의 시기	고지사항	중요사항의 추정
고지의무는 '계약성립 시까지' 이행해야 한다.	고지의무는 '중요한 사항'을 대상으로 한다(모든 사항 ×).	청약서상의 질문사항은 중요한 사항으로 추정[주1] 한다.

※ 주1 : 추정은 반대사실이 입증될 경우 번복될 수 있는 것이며 간주는 더 이상 번복되지 않는 것이다.

ㄱ 고지의무의 이행시기 : 고지의무는 계약성립시까지 이행해야 한다.

[암기] '약·청·고·성' : 약관의 교부설명의무는 계약의 청약 시에, 고지의무는 계약성립 시까지 이행해야 한다.

ㄴ 간주와 추정의 구분

간주	추정
신계약 또는 부활계약 청약시의 '30일 승낙의제'	청약서상의 질문사항은 고지의무상의 '중요한 사항'으로 추정함
보험목적양도 시 자동차보험의 사후승인에서 '10일 승낙의제'	보험목적양도 시 권리와 의무는 양수인에게 포괄승계하는 것으로 추정함(상법679조)

• 보험계약의 청약일로부터 30일 내로 보험자의 낙부통지가 없으면 승낙된 것으로 간주한다.
• 청약서 상의 질문사항은 고지의무대상으로서 '중요한 사항'으로 추정된다.

필수예제

47 고지의무는 (계약의 청약 시/계약의 성립 시까지)' 이행해야 한다.

> 계약의 성립 시까지('약 · 청 · 고 · 성)

48 청약서상의 질문사항은 고지의무대상으로서 중요한 사항으로 간주한다. [○, ×]

> ×
> 간주가 아니라 추정이다.

⑤ 고지의무위반의 요건 : 아래 요건을 둘 다 갖추어야 함

객관적 요건	주관적 요건
고지의무자의 불고지 또는 부실고지가 있어야 한다.	고의[주1] 또는 중과실[주2]이 있어야 한다.

→ (객관적 + 주관적 요건) 계약자 또는 피보험자의 '고의나 중과실로 인한 불고지 또는 부실고지'가 있어야 한다.

※ 주1 : 고의로 인한 불고지나 부실고지는 '고지를 해야 한다는 당위성을 인식하면서도 묵비를 하거나 허위진술을 하는 것'을 말한다.
※ 주2 : 중과실로 인한 불고지나 부실고지는 '현저한 부주의로 고지대상의 중요성을 인식하지 못하거나 잘못 판단한 경우'를 말한다.

필수예제

49 고지의무위반은 객관적 요건과 주관적 요건을 모두 충족해야 성립한다. [○, ×]

> ○

50 고지를 해야 한다는 당위성을 인지한 상태에서 묵비를 하거나 허위진술을 한 것은 '중과실'에 대한 주관적 요건을 뜻한다. [○, ×]

> ×
> 고의의 주관적 요건을 뜻한다.

51 중요한 사실의 존재 자체를 인식하지 못한 것은 '중과실'에 해당한다. [○, ×]

> ×
> 현저한 부주의가 있어야 한다. 중요한 사실의 존재 자체를 중과실로 한다면 계약자의 의무부담이 지나치게 크다.

⑥ 고지의무위반의 효과

　　㉠ 고지의무위반이 있으면 보험자는 보험계약을 강제 해지할 수 있다(의사표시가 있어야 법률행위가 성립하는 형성권).

　　㉡ 보험자의 계약해지권은 '고지의무의 위반사실을 안 때'로부터 행사가 가능하며, 보험사고의 발생 전후를 불문한다(해지권의 특칙 적용).

　　※ 해지권의 특칙(해지와 실효에 대한 특칙, 상법 제655조)

　　　(1) 해지는 장래에 한해서 그 효력을 상실시키는 것이다. 따라서 보험자의 보상책임은 해지행사 이후부터 면하게 된다(이를 '실효약관'이라 함).

　　　(2) 그런데, 이러한 실효약관이 고지의무위반으로 인한 해지에도 적용된다면, 계약의 해지 전에 발생한 고지의무위반사고에 대해서도 보험자가 보상을 해야 하고 이 경우 도덕적 위험이 증가하게 된다.

　　　(3) 따라서, 고지의무위반 등으로 인한 해지의 경우, 기존의 실효약관을 적용하지 않고 보험자의 보상책임을 소급하여 면제가 되도록 하는데, 이를 '해지권의 특칙'이라 한다.

　　　(4) 단, 해당 보험사고가 고지의무위반과 관련이 없는 사고임을 피보험자가 입증할 경우는 보상을 한다.

　　㉢ 해지권의 제한 : 아래의 경우 해지권을 행사할 수 없다.

　　　• 보험자의 악의나 중과실로 고지의무위반사실을 알지 못한 경우
　　　• 제척기간이 경과한 경우(상법 651조) : 보험자가 고지의무위반사실을 안 날로부터 1개월 또는 계약 체결일로부터 3년이 경과한 경우

　　㉣ 해지권의 포기 : 해지권은 형성권(명시적 또는 묵시적인 의사표시가 있어야 법률행위가 성립)이므로, 보험자의 판단에 의해 포기할 수도 있다.

필수예제

52 고지의무위반으로 인한 해지의 경우 보험자의 책임은 장래에 한해서만 면제된다. [○, ×]

　　×
　　해지권의 특칙이 적용되므로, 보험자의 책임은 소급해서 면제된다.

53 해지권의 특칙이 적용되지 않는 경우는 (계속보험료 부지급으로 인한 해지/고지의무위반으로 인한 해지/통지의무위반으로 인한 해지)이다.

　　계속보험료 부지급으로 인한 해지

54 보험자의 계약해지권은 '고지의무의 위반사실을 안 때'로부터 행사가 가능하며, 반드시 보험사고발생 전에 행사되어야 한다. [○, ×]

　　×
　　보험사고 발생 전후를 불문한다(해지권의 특칙이 적용되기 때문).

55 보험자가 고지의무 위반사실을 안 날로부터 (　　　), 또는 계약체결일로부터 (　　　)이 경과한 경우는 해당 계약을 해지할 수 없다.

> 1개월, 3년

56 고지의무위반에 대한 보험자의 계약해지는 반드시 행사되어야 한다. [O, ✕]

> ✕
> 행사하지 않을 수도 있다.

⑦ 고지의무위반에 대한 학설 : 상법(651조 ; 계약체결일로부터 3년까지 해지 가능함)과 민법(146조 ; 법률행위일로부터 10년까지 해지 가능함), 절충설(사기계약의 경우 '안 날로부터 5년 이내'에 계약취소가 가능)의 적용여부에 따라 3가지 학설로 구분이 됨

상법 단독적용설(최대 3년)	민법상 중복적용설(최대 10년)	절충설(최대 5년)
상법만 단독으로 적용	상법과 민법을 중복해서 적용	일반적인 경우 상법만 적용하고, 사기의 경우 민법과 상법을 중복적용함
계약자에게 제일 유리함	보험자에게 제일 유리함	통설로 인정됨

cf) 고지의무위반 시의 생명보험 표준약관 규정 : 아래의 경우 계약해지권을 행사할 수 없다.

- 보험자가 고지의무 위반사실을 안 날로부터 1개월이 경과한 경우
- 보험금지급사유가 발생하지 않고 책임개시일로부터 2년이 경과한 경우
- 계약체결일로부터 3년이 경과한 경우

※ 이 규정은 '상법 단독적용설'에 가깝지만, 실무적으로 '사기계약은 보장개시일로부터 5년 이내에 계약의 취소가 가능하다'는 규정을 적용하므로 전체적으로는 절충설에 가깝다.

57 고지의무위반에 대한 상법, 민법의 적용여부에 따른 3가지 학설 중 보험계약자에게 제일 유리한 것은 (　　　　　　　　)이며, 통설로 인정되는 것은 (　　　　)이다.

> 상법 단독적용설, 절충설

58 보험금지급사유가 발생하지 않고 책임개시일로부터 2년이 경과하면 보험자의 계약해지권을 행사할 수 없는 데 이는 (상법/민법/생명보험 표준약관)상의 규정이다.

> 생명보험 표준약관

3. 통지의무

① 통지의무의 법적성질 : 고지의무와 마찬가지로 법률상 직접의무가 아닌 간접의무임[주1](손해배상의무를 부담하는 직접의무가 아니라 보험금청구권을 유지하기 위한 간접의무)

※ 주1 : 통지의무 중에는 간접의무가 아닌 진정의무도 있다. '위험의 현저한 변경·증가 시의 통지의무'는 간접의무, '사고발생통지의무'는 직접적 의무인 진정의무이다.

② 통지의 시기와 방법(위험의 현저한 변경·증가 시) : 통지의무자가 사실을 안 때에는 지체 없이 통지해야 함(서면과 구두를 구분하지 않음)

③ 위험의 현저한[주1] 변경·증가 시의 통지의무

통지의무 이행 시	통지의무 위반 시
통지일로부터 1개월 이내에 보험료의 증액을 청구하거나 계약을 해지할 수 있다.[주2]	그 사실을 안 날로부터 1개월 내로 계약을 해지할 수 있다.

※ 주1 : '현저한'의 의미는 고지의무상의 '중요한'과 유사한 의미이다.
※ 주2 : 통지의무 이행 시에도 보험계약을 해지할 수 있다.

④ 통지의무로 인한 계약해지 시 그 효과 : 고지의무 시 계약해지와 마찬가지로 '해지권의 특칙'이 적용된다.

필수예제

59 통지의무를 이행하면 통지일로부터 1개월 이내에 보험료의 증액을 청구할 수 있으며 계약해지는 불가하다. [○, ×]

× 증액청구 또는 계약해지 모두 가능하다.

60 통지의무 해태 시에는 그 사실을 안 날로부터 1개월 내에 보험료의 증액을 청구하거나 보험계약을 해지할 수 있다. [○, ×]

× 계약해지만 가능하다.

---

⑤ 보험사고발생의 통지의무
　　㉠ 보험사고발생 시 지체 없이 통보를 해야 하는 바, 이는 보험금청구의 전제조건이다.
　　　※ 동 의무는 간접의무가 아닌 진정의무이다(보험계약해지를 방지하여 보험금을 제대로 받기 위한 간접의무가 아니라 직접 부과되는 의무로서 진정의무에 해당).
　　㉡ 통지의 시기와 방법 : 보험사고의 발생을 안 때에는 지체없이 보험자에게 통지하여야 하며, 그 통지 방법은 구두나 서면을 구분하지 않는다.
　　㉢ 사고발생통지를 게을리함으로써 손해가 증가된 경우에는 보험자는 그 증가분에 대한 손해에 대해서는 면책이다.

⑥ 기타의 통지의무
　　㉠ 중복보험 또는 병존보험에서의 통지의무 : 이득금지원칙의 준수차원에서 부과
　　　※ '사고발생통지의무', '중복보험 또는 병존보험의 통지의무'는 보험계약의 해지사유는 아니다.
　　㉡ 보험목적양도시의 통지의무 : 위반 시 그 사실을 안 날로부터 1개월 이내로 계약을 해지할 수 있다(양도로 인해 위험이 현저하게 증가된 경우에 한함).
　　㉢ 선박미확정의 적하예정보험에서의 통지의무 : 위반 시 그 사실을 안 날로부터 1개월 이내에 계약을 해지할 수 있다.

61 보험사고 발생 시 사고통지를 게을리 하여 증가된 손해가 있다면, 그 증가된 부분에 한해 보험자의 책임이 면책된다. [○, ×]

○

62 사고발생통지의무를 위반할 경우 보험계약을 해지할 수 있다. [○, ×]

×

63 중복보험 또는 병존보험의 통지의무를 위반할 경우 보험계약을 해지할 수 있다. [○, ×]

×
사고발생통지의무와 중복·병존보험통지의무는 해지사유가 아니다.

4. 위험유지의무

① 위험의 현저한 변경·증가 시의 통지의무와 위험유지의무

통지의무	위험유지의무
보험계약자나 피보험자는	보험계약자나 피보험자 또는 보험수익자는
위험이 현저하게 변경되거나 증가된 경우, 보험자에게 통지해야 한다.	고의 또는 중과실로 위험이 현저하게 변경되거나 증가되지 않도록 유지해야 한다.

64 보험계약자와 피보험자의 책임 없는 사유로 위험이 현저하게 변경되거나 증가된 경우는 (통지의무/위험유지의무)가 부과된다.

통지의무

65 보험계약자와 피보험자의 고의 또는 중과실로 인해 위험이 현저하게 변경되거나 증가된 경우에는 바로 (   )를 위반한 것이 된다.

위험유지의무

66 통지의무의 부과대상자는 보험계약자와 피보험자이지만, 위험유지의무의 부과대상자는 (   ), (   ), (   )이다.

보험계약자, 피보험자, 보험수익자
통지의무와 달리 보험수익자가 추가된다.

② 위험유지의무위반의 효과 : 보험자는 그 사실을 안 날로부터 1개월 이내에 보험료의 증액을 청구하거나 계약을 해지할 수 있다.

67 위험유지의무위반을 통지할 경우 1개월 이내에 보험료의 증액을 청구할 수 있다. [○, ×]

×
위험유지의무는 통지의무가 따로 없다.

68 ( ), ( ), ( ) 중의 누구라도 위험유지의무를 위반할 경우, 보험자는 그 사실을 안 날로부터 1개월 이내에 보험료의 증액을 청구하거나, 계약을 해지할 수 있다.

보험계약자, 피보험자, 보험수익자

69 위험유지의무를 위반한 보험계약에 대해서 보험자가 보험료의 증액을 요청하였다. 그런데 보험계약자가 요청받은 추가보험료를 미납한 상태에서 보험사고가 발생한다면 보험자는 책임을 (진다/지지 않는다).

진다
보험자가 해지권을 포기한 것이기 때문에 보상을 해야 한다.

70 위반 시 등의 효과가 '그 사실을 안 날로부터 1개월 이내에 보험료의 증액을 청구하거나 계약을 해지할 수 있다'에 해당하는 것은 (ⓐ 위험의 현저한 변경·증가 시의 통지의무 이행 시 / ⓑ 위험의 현저한 변경·증가 시의 통지의무 위반 시 / ⓒ 위험유지의무 위반 시 / ⓓ 보험목적양도 시 통지의무 위반 시) 중 ( ), ( )이다.

ⓐ, ⓒ
나머지는 모두 '그 사실을 안 날로부터 1개월 이내에 계약을 해지할 수 있다'이다.

1. 보험사고와 보험자책임

① 고의 · 중과실 사고와 보험자책임

고의중과실[주1] 사고는 면책(상법 659조)	중과실사고에도 보상하는 경우
• 고의 또는 중과실사고는 보험자 면책이다. • 고의 · 중과실과 보험사고 간에는 상당인과관계의 요건이 충족되어야 한다.	• 인보험(사망보험, 상해보험)은 고의사고만 면책이다. ※ 즉, 중과실사고는 손해보험과 달리 보상한다.

※ 주1 : '고의'는 미필적 고의도 포함된다. 일정한 결과 발생을 인식하면서도 해당 행위를 직접 하는 것을 '(확정적)고의', 용인하는 것을 '미필적 고의'라고 한다.

필수예제

71 보험계약자 등의 고의나 중과실사고는 모든 보험에서 면책이다. [O, ✕]

> ✕
> 사망보험, 상해보험은 중과실 사고를 보상한다.

72 보험자가 면책이 되는 고의사고는 확정적 고의뿐 아니라 미필적 고의도 포함된다. [O, ✕]

> O

② 고의 · 중과실사고의 면책요건

ㄱ 고의 · 중과실과 보험사고 간의 상당인과관계가 존재함을 보험자가 입증해야 한다.
   ※ 상당인과관계가 있는 부작위(不作爲)도 면책이 됨

ㄴ 고의 · 중과실의 행위주체

상법	손해보험약관
보험계약자, 피보험자, 보험수익자	• 보험계약자, 피보험자 또는 이들의 법정대리인 • 피보험자와 세대를 같이 하는 친족 및 고용인 – 피보험자가 보험금을 받도록 하기 위한 경우

필수예제

73 보험자가 면책이 되기 위해서는 고의 · 중과실사고와 보험사고 간의 (   )가 존재해야 함을 (보험자/보험계약자)가 입증해야 한다.

> 상당인과관계, 보험자

③ 면책사유의 구분

　　㉠ 전쟁, 내란, 폭동, 소요 등에 의한 사고는 당사자 약정이 없는 한 보험자는 면책이다(상법 660조).

　　㉡ 절대적 면책 : 고의사고 등 공서양속에 반하는 사고는 보험료 할증으로도 담보할 수 없으므로 면책으로 한다.

　　㉢ 상대적 면책 : 당사자 간의 약정을 통해 면책으로 하는 것이며, 보험료할증으로 인수 가능하다.

필수예제

74 면책위험 중 할증보험료의 납부로 부보할 수 있는 위험을 (절대적 면책/상대적 면책) 위험이라 한다.

> 상대적 면책

2. 소멸시효와 제척기간

① 개념 비교

제척기간	소멸시효
권리의 존속기간으로서, 존속기간 내에 권리를 행사하지 않으면 권리가 소멸된다.	권리의 행사기간으로서, 행사기간 내에 권리를 행사하지 않으면 권리가 소멸된다.
[목적] 권리관계의 조속한 확정	[목적] 권리행사와 소멸에 대한 쌍방 간의 신뢰보호
중단제도가 없다(제척기간의 중단 ×).	중단제도가 있다(소멸시효의 중단 ○).

필수예제

75 소멸시효와 제척기간은 일정기간 내에 권리를 행사하지 않으면 권리가 소멸된다는 점에서는 동일하나, 소멸시효에는 중단제도가 (있다/없다)는 것이 다르다.

> 있다
> 제척기간은 중단제도가 없다.

② 소멸시효의 기산점

민법상 소멸시효의 기산점	보험금청구권의 소멸시효 기산점
권리를 행사할 수 있는 때로부터	보험사고의 발생을 안 때로부터

　　㉠ 민법상 법률상 손해배상책임은 '손해가 발생한 날로부터 10년(ⓐ), 손해가 발생한 사실을 안 날로부터 3년(ⓑ)'을 인정하는데, ⓐ는 권리의 존속기간에 해당되므로 제척기간(10년)이며, ⓑ는 권리의 행사기간에 해당되므로 소멸시효이다.

　　㉡ 소멸시효는 청구권(보험금청구권 3년 등)의 형태이며, 제척기간은 해지권 또는 취소권의 행사기간의 형태로 이해할 수 있다.

③ 보험계약에서의 소멸시효

3년	2년
보험금청구권, 보험료반환청구권, 적립금반환청구권	보험료청구권

※ 보험자의 권리는 2년, 보험소비자의 권리는 3년이다(보험료청구권은 보험자의 권리, 보험료반환청구권은 보험계약자의 권리).

필수예제

76 보험료청구권의 소멸시효는 (   ), 보험금청구권의 소멸시효는 (   )이다.

> 2년, 3년
> 계약자의 권리가 더 길다.

④ 보험계약에서의 제척기간

- 고지의무위반 시 해지권의 제척기간 : 계약체결일로부터 3년
- 통지의무 이행 및 위반 시 해지권의 제척기간 : 그 사실을 안 날로부터 1개월
- 위험유지의무위반 시 해지권의 제척기간 : 그 사실을 안 날로부터 1개월
- 약관의 교부·설명의무위반 시 취소권의 제척기간 : 보험계약성립일로부터 3개월
- 보험자 파산 시 해지권의 제척기간 : 보험자의 파산선고 후 3개월

필수예제

77 고지의무위반 시 보험자는 계약체결일로부터 3년이 경과할 경우 보험계약을 해지할 수 없는 데 이는 (제척기간이 만료/소멸시효가 소멸)되었기 때문이다.

> 제척기간이 만료

78 약관의 교부설명의무를 위반할 경우 (보험자/보험계약자)가 보험계약성립일로부터 3개월 이내에 취소권을 행사할 수 있다.

> 보험계약자
> 이때 제척기간이 3개월

79 보험금청구권은 사고발생을 안 날로부터 (   )이며 이는 (제척기간/소멸시효)에 해당되며, 고지의무를 위반한 경우 보험계약체결일로부터 (   )이 지나면 보험계약을 해지할 수 없는데 이는 (제척기간/소멸시효)에 해당된다.

> 3년, 소멸시효, 3년, 제척기간

⑤ 소멸시효의 중단과 정지

소멸시효의 중단	소멸시효의 정지
중단사유가 발생되면 지금까지의 진행된 시효가 무효가 되고, 시효가 새롭게 카운트된다.	정지사유가 발생되면 일정기간 소멸시효의 진행을 멈추게 된다(정지는 기간으로 나타남).
[중단사유] 압류, 가압류, 가처분, 청구, 승인	[정지사유] 혼인관계가 종료된 때로부터 6개월

필수예제

80 보험료청구권의 소멸시효는 2년이다. 1년 11개월까지 보험료가 미청구되고 있는 상태에서 압류가 진행이 되었다면 소멸시효는 압류 시점으로부터 (　　　　)이 새롭게 시작된다.

> 2년

3. 재보험

① 재보험의 정의

　㉠ 보험자가 보험계약자 또는 피보험자와 계약을 체결하여 인수한 보험의 일부 또는 전부를 다른 보험자에게 넘기는 것으로 보험기업 경영에 중요한 역할을 한다.

　㉡ 원보험사가 재보험사에 위험의 일부를 맡기는 것을 출재(出再)라고 하고, 재보험사 입장에서 원보험사의 책임을 인수하는 것을 수재(受再)라고 한다.

　㉢ 재보험은 손해보험에 속한다(원보험계약이 생명보험계약이라도 손해보험이 됨).

　※ 생명보험의 재보험은 손해보험이 되지만 보험업법의 예외규정에 의해 생명보험회사도 생명보험의 재보험은 영위할 수 있다.

필수예제

81 원보험계약이 생명보험이면 재보험도 생명보험으로 분류된다. [○, ✕]

> ✕
> 재보험 자체가 손해보험이므로 원보험 분류와 관계없이 재보험이 된다.

82 재보험은 손해보험으로 분류되므로 생명보험회사의 경우 어떤 경우에도 재보험을 영위할 수 없다. [○, ✕]

> ✕
> 예외규정에 의해 생명보험의 재보험은 생명보험을 영위할 수 있다.

② 재보험계약의 독립성

　㉠ 원보험료가 납입되지 않았다고 해서 재보험료의 납입을 거절할 수 없다(원보험자의 입장).

　㉡ 재보험료의 납입이 없다고 해서 재보험자가 직접 원보험계약자에게 재보험료의 지급을 청구할 수 없다(재보험자의 입장).

　㉢ 원보험자로부터 보상을 못 받는다 해도 재보험자에게 직접 보험금을 청구할 수 없다(원보험계약자의 입장).

필수예제

83 원보험자에게 보상을 받지 못할 경우 재보험자에게 보상을 청구할 수 있다. [○, ×]

×

재보험의 독립성에 의해 청구할 수 없다.

③ 재보험의 기능

㉠ 위험분산[주1]	㉢ 경영의 안정화
㉡ 원보험사의 인수능력확대	㉣ 신규보험상품 개발촉진

※ 주1 : 재보험의 위험분산은 양적 분산, 질적 분산, 장소적 분산으로 구분됨(특히 위험률이 높은 보험종목에 대해 출재한 경우 질적 분산에 해당됨)

필수예제

84 재보험이 있는 경우 원보험사의 위험인수능력이 획기적으로 확대될 수 있어 재보험출재가 마케팅에 도움이 된다. [○, ×]

○

④ 재보험의 종류

㉠ 절차상의 분류

임의재보험	특약재보험
• 가장 오래된 재보험 • 각 계약마다 재보험 출재여부를 결정	원보험자와 재보험자 간 사전에 특약을 체결하여 특약에 따라 계속적·자동적으로 재보험출재를 함(재보험자는 수재)
(+) 원보험자가 계약별로 보유와 출재를 자유롭게 결정할 수 있다. (−) 재보험처리의 시간과 사무비용의 부담	(+) 임의재보험에 비해 시간, 사무비용이 절감 (+) 자동출재되므로 원보험 인수에 유리함 (−) 원보험자 입장에서 매 계약마다 보유와 출재를 결정할 수 없음

㉡ 책임분담방법에 따른 분류

비례적 재보험	비비례적 재보험
원보험자의 보유액과 재보험자의 인수금액의 비율에 따라 각자의 부담액이 결정	원보험자의 보유액과 재보험자의 책임에 대한 어떠한 비례성도 존재하지 않음
비례재보험특약(Quota share)	초과손해액재보험특약(Excess of loss ; XOL)

(+) 미리 정한 비율로 출재를 하므로 재보험자의 입장에서 역선택 가능성이 작다는 것이 장점 (+) 신규판매보험종목이나 신설보험자의 경우 주로 사용됨	(+) 거대위험이나 누적위험을 누적금액으로 담보하는 데 적절함. 태풍, 홍수, 지진 등 자연재해위험을 주 대상으로 함 (−) 원보험자 입장에서 보유액의 적정규모를 산정(layering)하기가 어려움
초과액재보험특약(Surplus treaty)	초과손해율재보험특약(Stop loss cover)
(+) 원보험자의 자기보유액(1 line)을 늘릴 수 있어 출재보험료 절감 가능(선박보험, 기술보험 등 대형계약에 주로 사용) (−) 소규모위험 수재가 줄어들어 위험평준화가 어려움	(+) 일정기간의 누적손해율을 초과하는 금액을 출재하는 방식으로, 누적손해율로 담보함. 농작물보험 등 천재지변위험을 주 대상으로 함 (−) 원보험자 입장에서 보유액의 적정비율을 산정하기가 어려움

※ Line은 초과액재보험특약(Surplus treaty)에, Layer는 초과손해액(XOL) 또는 초과손해율(Stop Loss) 재보험특약에 사용되는 용어이다.

필수예제

85 각 계약마다 재보험의 출재여부를 결정하므로 원보험자가 보유와 출재를 자유롭게 결정할 수 있으나 시간과 사무비용의 부담이 있는 출재방식은 (임의재보험/특약재보험)방식이다.

임의재보험

86 미리 정한 비율대로 출재를 하므로 수재사의 입장에서는 원보험자의 역선택가능성이 줄어든다는 장점이 있는 것은 (비례재보험특약/초과손해액재보험특약)이다.

비례재보험특약

87 누적금액을 초과하는 위험을 출재하면서 태풍이나 홍수 등 자연재해위험을 관리하기 좋은 재보험출재방식은 (초과손해액보험특약/초과손해율재보험특약)이다.

초과손해액재보험특약

88 일정기간의 누적손해율을 초과하는 금액을 출재하는 방식으로 농작물보험 등 천재지변위험을 주 대상으로 하는 재보험출재방식은 (   )이다.

초과손해율재보험특약

89 비례적 재보험에는 (   ), (   ) 이 있고 비비례적 재보험에는 (   ), (   )이 있다.

비례재보험특약, 초과액재보험특약, 초과손해액재보험특약, 초과손해율재보험특약

4. 보험계약자 등의 불이익변경금지의 원칙

개념	법적성질
• 당사자 간의 특약[주1]을 통해 보험계약자 등에 불리하게 변경하지 못한다(상법 663조). – 불리하게 변경한 약관의 효력[주2] • 보험자와 대등한 교섭력으로 계약을 체결하는 기업보험(해상보험, 재보험 등)에는 동 규정이 적용되지 않는다.	• 부합계약성 : 보험계약은 부합계약성을 띠고 있으므로 보험계약자를 보호하는 차원에서 동 규정(663조)를 둔다. • 상대적 강행규정 : 보험계약자에게 불이익한 것은 금지(강행규정), 보험계약자에게 이익이 되는 것은 유효하다(상대적 강행).

※ 주1 : 특약이라 함은 특별약관만을 의미하는 것이 아니라 형식에 구애됨이 없는 '당사자 간의 특별한 내용'을 포함한다.

※ 주2 : 변경된 약관조항만 무효가 되며 기존의 약관 전체가 무효가 되는 것은 아니다.

필수예제

90 보험계약자 등의 불이익변경금지조항(상법 663조)(   )의 내용을 (   )에게 불리하게 변경하지 못한다는 것을 뜻한다.

> 보험약관, 보험계약자 등

91 보험계약자 등의 불이익변경금지조항이 인정되는 것은 보험계약이 (   )의 성질을 띠고 있기 때문이다.

> 부합계약

92 보험계약자 등의 불이익변경금지조항이 적용되지 않는 보험에는 (   ), (   ), (   ) 등이 있다.

> 해상보험, 운송보험, 재보험

93 동 조항(상법 663조)이 (   )이라는 것은 보험계약자에게 불리한 것은 변경을 금지하며, 유리한 것은 변경이 가능함을 의미한다.

> 상대적 강행규정

94 보험자와 보험계약자가 보험계약을 체결함에 있어 '보험계약자 등에 불리하게 변경한 약관조항'이 있을 경우는, 동 약관조항만 무효가 되는 것이며 나머지 약관의 내용은 유효하다. [O, ×]

> ○

● 보험가액, 초과 · 중복보험

1. 피보험이익과 보험가액

① 피보험이익

　㉠ 피보험이익과 보험가액의 개념

피보험이익	보험가액
피보험자가 보험사고 발생 시 보험목적에 대하여 가지는 경제상의 이해관계	피보험이익의 가액
피보험이익 = 보험계약의 목적[주1]	–

※ 주1 : '보험의 목적'은 보험에 부쳐지는 대상(부보대상)을 말하며, '보험계약의 목적'은 피보험이익을 말한다.

　㉡ 피보험이익의 요건 : 경적확으로 암기

- 경제성 : 경제적 가치를 가지는 것으로서 금전으로 산정할 수 있어야 한다(감정적 이익이나 주관적 이익은 피보험이익이 될 수 없음).
- 적법성 : 선량한 풍속 기타의 사회질서에 반하지 않는 적법한 것이어야 한다(당사자의 선의나 악의를 구분하지 않는다).
- 확정성 : 피보험이익은 반드시 현존이익일 필요는 없으나 보험사고 전에는 반드시 확정될 수 있는 이익이어야 한다.

필수예제

95 보험에 부쳐지는 대상 즉 부보대상이란 (보험의 목적/보험계약의 목적)을 말한다.

> 보험의 목적

96 피보험이익은 보험사고 발생 시 피보험자가 얻을 수 있는 경제상의 이해관계를 말하며 이는 (　　　　　　　　)이라고도 한다.

> 보험계약의 목적

97 피보험이익의 가액(價額)을 (　　　　　)이라 한다.

> 보험가액

98 집안에서 가보로 이어져 오는 고서화로 객관적인 평가가 어려운 것은 피보험이익의 대상이 될 수 없다. [O, ×]

> O
> 경제성에 위배된다.

99 밀수품을 분실하여 발생한 손실은 피보험이익이 될 수 없다. [O, ×]

> O
> 적법성에 위배된다.

100 복권에 당첨될 수 있는 금액은 피보험이익이 될 수 없다. [○, ×]

> ○
> 확정성에 위배된다.

ⓒ 피보험이익의 기능

피보험이익의 가액으로 보험자의 책임범위가 결정된다. ※ 보험가액은 보험자의 법률상 최고보상한도액	피보험이익의 가액(보험가액)으로 전부보험, 일부보험, 초과보험을 구분한다.[주1]
피보험이익이 없는 계약은 무조건 무효이다. ※ 손해보험의 대전제이다(이득금지원칙 실현).	동일한 보험목적이라도 피보험이익이 다르면 서로 다른 계약이 된다.[주2]

※ 주1 : 일부보험의 경우 '보험가입금액의 보험가액에 대한 비율'로 보상한다.

> 예 손해액(4천만원) × $\dfrac{1억원}{2억원}$ = 2천만원(즉, 보험가액은 일부보험의 보상액을 결정하는 비율의 분모 역할을 함)

※ 주2 : 동일한 보험목적인 건물 A에 대해서 건물주는 화재보험에 가입을 하고, 건물 A의 임차인은 임차자배상책임보험에 가입을 한 경우, 동일한 보험목적(A)에 대해 2개의 다른 보험계약이 존재하게 된다. 이는 피보험이익이 다르기 때문에 가능한 것이다.

ⓓ 인보험에서는 피보험이익을 인정하지 않는다(상법 668조). 청구권대위나 손해방지의무는 상해보험에서 예외가 인정되지만, 피보험이익을 인정하지 않는 것은 예외가 없다.

101 피보험이익이 없는 계약은 무조건 무효이다. [○, ×]

> ○
> 이득금지원칙의 실현을 위한 손해보험의 대전제이다.

102 초과보험, 전부보험, 일부보험을 판정하는 기준은 (피보험이익/보험가액/보험가입금액)이다.

> 보험가액
> 보험가액은 피보험이익의 값이다.

103 보험계약의 동일성여부를 판단하는 기준은 (보험계약자/보험의 목적/피보험이익)이다.

> 피보험이익

104 동일한 보험의 목적에 대해 하나의 보험계약만 존재할 수 있다. [○, ×]

> ×
> 동일한 보험목적이라도 피보험이익이 다르면 복수의 보험계약이 가능하다.

105 인보험에서는 어떠한 경우에도 피보험이익이 인정되지 않는다. [○, ×]

> ○

② 보험가액

  ㉠ 보험가액과 보험가입금액(보험금액)

보험가액(피보험이익의 가액)	보험가입금액(보험금액)
법률상 최고보상한도액	약정상 최고보상한도액

  ㉡ 배상책임보험의 보험가액 : 책임보험의 성질상 보험가액이 존재할 수 없으므로 배상책임보험
    에서는 보상한도액으로 보상한다.
    ※ 단, 보관자배상책임보험은 유형자산을 보험의 목적으로 하므로 보험가액이 존재한다.

필수예제

106 배상책임보험은 그 성질상 보험가액이 절대 존재할 수 없다.
    [○, ✕]

    ✕
    보관자배상책임보험은 예외이다.

  ㉢ 보험가액의 평가 : 미평가보험 VS 기평가보험

미평가보험	기평가보험
보험사고가 발생한 때와 곳의 가액으로 평가함	당사자 간에 미리 협의하여 보험가액을 결정함
보험증권에 보험가액을 기재하지 않음	보험증권에 합의한 협정보험가액을 기재함
(+) 사고발생 시의 가액으로 평가하기 때문에 가장 합리적인 보험가액이라고 할 수 있음	(+) 보험가액평가에 따른 당사자 간의 분쟁을 미연에 방지할 수 있음

필수예제

107 손해보험의 대원칙인 이득금지원칙을 충실히 수행하는 것은 (미
    평가보험/기평가보험)이다.

    미평가보험

108 보험사고 시 보험가액에 대한 분쟁을 피하고 원활하고 신속하게
    손해액을 평가하여 보상할 수 있으며 보험가액산정에 따른 경비
    와 시간절감이 가능한 것은 (미평가보험/기평가보험)이다.

    기평가보험

  ㉣ 기평가보험과 이득금지의 원칙

    • 기평가보험의 협정보험가액이 보험가액의 시가(actual cash value)보다 클 경우 피보험자의 이득이 발
      생할 수 있다.
    • 이를 방지하기 위해, 기평가금액(협정보험가액)이 사고발생 시의 보험가액(시가액)을 현저히 초과하는
      경우에는 협정보험가액을 무시하고 시가액을 보험가액으로 한다.

109 기평가금액이 사고발생 시의 가액보다 클 경우에는, 이득금지원칙을 실현하는 차원에서 사고발생 시의 가액을 보험가액으로 한다. [○, ×]

× 현저하게 클 경우에만 해당된다.

110 기평가금액과 사고발생 시의 가액의 차이가 현저할 정도로 크지 않을 경우는 (   )을 보험가액으로 사용하기 때문에 약간의 초과이득이 발생할 수도 있다.

기평가금액(또는 협정보험가액)

③ 보험가액불변경주의

보험가액불변경주의 개념	적용하고 있는 보험
보험기간이 짧아 전 보험기간에 걸쳐 동일한 보험가액을 적용하는 것을 말한다.	해상보험(선박보험, 적하보험, 희망이익보험[주1]), 운송보험 등

※ 주1 : 화물 도착 시의 희망이익(예정이익)을 보험가액으로 하는 적하보험의 하나이다.

필수예제

111 보험가액불변경주의는 고정된 보험가액을 전 보험기간에 적용하는 것으로, 주로 (   ), (   ) 등에 적용된다.

해상보험, 운송보험

2. 초과보험, 중복보험

① 초과보험과 중복보험 개요

물보험에 있어서 보험가액과 보험금액이 일치하지 않을 경우 초과보험과 중복보험, 일부보험이 발생하는데, 초과보험과 중복보험은 이득금지원칙을 준수하기 위한 규정이 있다(상법).

② 보험가액과 보험가입금액이 다를 경우

초과보험	전부보험	일부보험
보험금액 > 보험가액	보험금액 = 보험가액	보험금액 < 보험가액

③ 초과보험

㉠ 초과보험이란 보험금액이 보험가액을 초과하는 경우를 말하는데, 이는 보험계약체결 당시뿐 아니라 물가의 하락으로 발생할 수도 있다.

ⓛ 초과보험 요건
  • 보험금액이 보험가액을 현저하게 초과해야 한다.
  • 평가가 필요한 때에 보험가액을 산정하여 초과보험 여부를 판단한다.
ⓒ 초과보험의 효과

선의	악의
보험자 또는 보험계약자는 그 상대방에게 보험료와 보험금액의 감액을 청구할 수 있다. – 보험금의 감액은 소급할 수 있으나 보험료의 감액은 장래에 대해서만 가능하다.	사기로 인해 체결된 경우 계약은 무효[주1]이며, 이때 보험자는 그 사실을 안 날까지의 보험료를 청구할 수 있다(악의의 계약자 응징차원).

※ 주1 : 사기로 인한 계약무효 시 초과부분뿐만 아니라 계약 전체가 무효가 된다.

필수예제

112 보험가액이 보험가입금액보다 크면 (초과보험/전부보험/일부보험)이다.

일부보험

113 초과보험은 보험계약체결 후 물가의 변동으로도 발생할 수 있다. [O, ×]

○
물가 하락으로 보험목적물의 가액이 하락할 경우 초과보험이 가능하다.

114 초과보험여부를 결정하는 보험가액의 산정시기는 (   )이다.

평가가 필요한 때
보험사고 발생 시 ×

115 사기로 인해 초과보험이 체결된 경우는 계약이 무효이므로 보험자는 납입보험료 총액을 계약자에게 환급해야 한다. [O, ×]

×
사기로 인한 무효의 경우 계약자 응징차원에서 그 사실을 안 날까지의 보험료를 징구한다.

④ 전부보험과 일부보험
  ㉠ 전부보험(보험금액 = 보험가액)과 일부보험(보험금액 < 보험가액)은 이득금지원칙에 위배되지 않으므로 상법상 규제규정이 없다.
  ㉡ 일부보험은 '손해액$\times\dfrac{보험금액}{보험가액}$'으로 비례보상하며, 공동보험조항이 있는 경우 보험금액이 '약정한 공동비율×보험가액' 이상이 되면 실제 손해액이 전액 보상된다.
  ※ 일부보험의 비례주의는 이득금지원칙의 실현차원이 아니라 피보험자 간의 형평성을 유지하는 차원이다.

116 장기화재보험에 가입(공동비율 80% 적용됨), 보험가액 1억원, 보험
가입금액 8천만원, 손해액 4천만원일 경우 보험자 지급금액은
(   )이다.

$$4천만원 \times \frac{8천만원}{1억원 \times 80\%}$$

⑤ 중복보험

　㉠ 개념

동일한 피보험이익과 동일한 보험사고에 대하여	수인과 수 개의 보험계약을 체결하여	보험가입금액의 합이 보험가액을 초과하면 → 중복보험
		보험가입금액의 합이 보험가액 이하이면 → 병존보험

　㉡ 중복보험의 요건

동일한 피보험이익(동일한 보험목적 ×)	보험기간의 중복
동일한 보험사고	보험금액의 합이 보험가액을 초과

　㉢ 중복보험의 효과

- 각 보험자는 보험가입금액(보험금액)의 한도 내에서 연대책임을 지며, 각 보험자의 보상금액은 각자의
보험금액의 비율에 따른다('연대비례주의'를 말함).
- 사기로 인한 중복보험은 계약무효이며, 보험자는 그 사실을 안 때까지의 보험료를 징구할 수 있다(사기
로 인한 초과보험과 동일한 효과).
- 동일한 보험계약의 목적과 동일한 사고에 대해 수 개의 보험계약(중복보험 또는 병존보험)을 체결하는
경우 보험자에게 각 보험계약의 내용을 통지해야 한다.
  ※ 현재의 병존보험이 장래의 중복보험으로 변할 수 있으므로(물가하락으로 보험가액이 하락할 경우 발
  생가능), 계약체결 시 중복보험과 병존보험을 구분하지 않고 통지의무가 부과된다.
- 보험계약자가 보험자 1인에 대한 보험금청구권을 포기한 경우, 다른 보험자의 권리의무에 영향을 주지
않는다(∵ 보험자와 피보험자의 통모를 방지하기 위함).

● 중복보험의 보상방식

우선주의	비례주의	연대주의
동시, 이시를 구분하여 동시는 비율에 따르고 이시는 앞의 보험 자가 부담하고 남은 보상부분을 뒤의 보험자가 부담한다.	동시, 이시를 구분하지 않고 각 보 험자는 비율에 따라 보상한다. ※ 비율 : $\dfrac{각 사의 보험가입금액}{전체 보험가입금액의 합계}$	각 보험자가 각자의 보험금액 한도 내에서 연대책임을 진다.
–	우리나라는 연대비례주의[주1] 를 택하고 있음(상법 672조)	

※ 주1 : 연대비례주의란 예를 들어 A, B, C 세 개의 중복보험사가 각각의 비율
($\dfrac{각 사의 보험가입금액}{A, B, C의 보험가입금액의 합계}$)대로 비례하여 책임을 지는 것을 말하는데, 만일 피보험자가 A에게만 보험
금을 청구할 경우 A가 본인의 비례책임액을 초과하여 지급한 부분은 B와 C가 연대해서 부담하게 된다.

117 중복보험은 동일한 보험목적 및 동일한 보험사고에 수 개의 보험계약이 체결되어 보험가입금액의 합이 보험가액을 초과하는 경우를 말한다. [O, ×]

× 동일한 보험목적이 아니라 동일한 보험계약의 목적 또는 동일한 피보험이익이다.

118 중복보험이 되기 위한 요건의 하나로서 보험기간은 동일해야 한다. [O, ×]

× 반드시 동일할 필요는 없고 중복되는 기간이 있으면 중복보험이 된다.

119 중복보험에 가입한 피보험자가 보험자 1인에 대하여 보험금청구권을 포기할 경우 나머지 보험사가 연대비례주의로 책임을 진다. [O, ×]

× 다른 보험자에 영향을 주지 않는다. 이는 피보험자와 보험자의 통모방지를 위함이다.

120 우리나라의 중복보험 보상방식은 (우선주의/비례주의/연대주의/연대비례주의)이다.

연대비례주의

121 사기로 체결된 중복보험은 계약 무효가 되며, 이때 보험자는 그 사실을 안 날까지의 보험료를 징구할 수 있다. [O, ×]

O 사기로 인한 계약은 계약무효가 된다고 해서 보험료 총액을 환급하는 것이 아니다. 계약자 응징차원에서 그 사실을 안 때까지의 보험료를 징구한다.

ㄹ 중복보험의 보상방법

보험가입금액 안분방식(보험금계산방식이 동일한 경우)

A보험자의 책임액 = 손해액 $\times \dfrac{\text{A보험사의 가입금액}}{\text{A, B, C의 보험가입금액}}$

독립책임액 방식(보험금계산방식이 다른 경우[주1])

A보험자의 책임액 = 손해액 $\times \dfrac{\text{A보험사의 보험금}}{\text{다른 계약이 없는 것으로하여 각각 계산한 보험금의 합계액}}$

※ 주1 : 배상책임보험(자동차보험, 영업배상책임보험 등)의 경우 보험금지급계산방식의 동일여부를 떠나서 '독립책임액 방식'으로 계산한다.

[예시] 중복보험의 계산방식

1) 각 보험사의 책임액 계산방식이 같은 경우 : 보험가입금액 안분방식

> 보험가액 10억원인 기계보험을 A보험사에 2억원, B보험사에 6억원, C보험사에 8억원을 가입하여 총 보험가입금액이 16억원인 중복보험이 됨. 이때 8억원의 손해액이 발생할 경우 보험사 각각의 책임액은? (각 보험사의 책임액 계산방식은 같다고 가정함)

㉠ A보험사의 지급금액 = 8억원 $\times \dfrac{2억원}{16억원}$ = 1억원

㉡ B보험사의 지급금액 = 8억원 $\times \dfrac{6억원}{16억원}$ = 3억원

㉢ C보험사의 지급금액 = 8억원 $\times \dfrac{8억원}{16억원}$ = 4억원

→ 즉, A B C 보험사의 보험금 지급총액은 8억원이다(전체 손해액과 일치).

2) 각 보험사의 책임액 계산방식이 다른 경우 : 독립책임액 방식

> 보험가액 10억원인 기계보험을 A보험사에 2억원, B보험사에 6억원, C보험사에 8억원을 가입하여 총 보험가입금액이 16억원인 중복보험이 됨. 이때 8억원의 손해액이 발생할 경우 보험자 각각의 책임액은? (각 보험사의 책임액 계산방식은 다르다고 가정함)

㉠ A보험사의 지급금액 = 8억원 $\times \dfrac{1.6}{1.6억원 + 4.8억원 + 6.4억원}$ = 1억원

㉡ B보험사의 지급금액 = 8억원 $\times \dfrac{4.8}{1.6억원 + 4.8억원 + 6.4억원}$ = 3억원

㉢ C보험사의 지급금액 = 8억원 $\times \dfrac{6.4}{1.6억원 + 4.8억원 + 6.4억원}$ = 4억원

→ 먼저 다른 보험계약이 없다고 가정했을 경우의 각 보험사의 지급금액(독립책임액)을 계산한다(A는 1.6억원, B는 4.8억원, C는 6.4억원). 그 다음 독립책임액 비례방식으로 확정한다. 즉, A B C 보험사의 보험금 지급총액은 8억원이다(전체 손해액과 일치).

　[참고] 이상의 ①, ②사례에서는 결과가 동일하다. 그런데 만일 면책금액이 존재하고 해당 면책금의 적용을 A, B, C 보험사가 달리 적용할 경우에는 각 보험자의 책임금액은 ①과 ②가 서로 달라진다(일반적으로는 동일함).

3) 배상책임보험에서의 독립책임액 방식 : 계산방식의 같음과 다름을 구분하지 않음

> 보상한도 2억원, 자기부담금 2만원인 일상생활배상책임보험이 A · B · C · D 4개의 보험사에 중복으로 가입된 상태. 피보험자의 자녀가 친구의 안경을 파손하여 10만원의 수리비가 발생함. 이때의 보험자 각각의 책임액은?

㉠ A보험사의 지급금액 = (10만원 − 2만원) $\times \dfrac{8만원}{8만원 + 8만원 + 8만원 + 8만원}$ = 2만원

㉡ B보험사의 지급금액 = (10만원 − 2만원) $\times \dfrac{8만원}{8만원 + 8만원 + 8만원 + 8만원}$ = 2만원

㉢ C보험사의 지급금액 = (10만원 − 2만원) $\times \dfrac{8만원}{8만원 + 8만원 + 8만원 + 8만원}$ = 2만원

㉣ D보험사의 지급금액 = (10만원 − 2만원) $\times \dfrac{8만원}{8만원 + 8만원 + 8만원 + 8만원}$ = 2만원

　→ 즉, A B C D 보험사의 보험금 지급총액은 8만원이다(손해액과 일치). 배상책임보험, 자동차보험 등에서 채택

⑩ 수 개의 책임보험 등(상법 725조의 2)

배상책임보험의 특징	중복보험규정의 준용[주1]
제3자에 대한 배상책임은 일반 보험의 목적물과 달리 보험가액으로 평가할 수 없다(보상가액으로 보상함).	따라서 배상책임보험에서는 이론적으로 중복보험이 성립하지 않지만, 이득금지원칙의 실현을 위해 중복보험의 규정을 준용한다.

※ 주1 : 연대비례주의, 통지의무, 보험자와의 통모방지, 사기로 인한 수 개의 책임보험 등의 '중복보험의 규정'을 준용한다.

필수예제

122 배상책임보험에서는 일반적으로 보험가액이 존재하지 않는다. [○, ×]

○
제3자에 대한 배상책임은 그 특성상 보험가액으로 평가될 수 없다.

123 수 개의 배상책임보험에 가입할 경우 (   )의 규정을 준수한다.

중복보험

● **보험의 목적, 보험목적의 양도**

1. 보험의 목적(subject-matter insured)

① 개념
  ㉠ 보험의 목적이란 보험사고가 발생하는 객체로서 보험계약의 목적(피보험이익)과 구분된다.
  ㉡ 보험목적이 물건이면 물보험, 사람이면 인보험이다.

② 보험목적의 성질, 하자, 자연소모로 인한 손해에 대한 면책 : 상법(제678조)은 보험목적의 성질, 하자, 자연소모에 대해서는 면책으로 규정(∵ 우연성이 없으므로)
  ㉠ 보험목적의 성질(곡물인 경우 자연건조에 의한 중량의 감소, 불완전건조에 의한 발아 등)로 인한 손해는 면책이다.
  ㉡ 보험목적의 하자(설계상의 하자, 구조상의 하자 등)로 인한 손해는 면책이다.
  ㉢ 보험목적을 사용하면서 자연발생적으로 발생하는 자연소모(wear out)에 따른 손해는 면책이다. 📌 타이어 마모, 기계소모품의 파손, 부식 등
    cf) 자연소모의 후발손해는 보상한다. 타이어의 마모로 인해 충돌사고 발생 시, 타이어의 마모손해는 면책이지만 충돌사고로 인한 손해는 부책이다.

124 야적한 석탄에서 자연발화가 되어 인근 건물에 화재손해가 발생
　　하였다면 자연발화된 석탄의 손해는 보험자 (부책/면책)이며, 건물
　　의 화재손해는 보험자 (면책/부책)이다.

> 면책, 부책

2. 보험목적의 양도

① 보험목적 양도의 개념

　　㉠ 보험기간 중 보험목적물을 매매 또는 증여에 의해 타인에게 양도하는 것을 말한다.

　　㉡ 보험목적 양도는 소유권의 변동을, 보험목적 이전은 장소의 변동을 말한다.

② 보험목적양도에 대한 규정(상법 679조) : 피보험자가 보험목적을 양도할 경우, 양수인은 보험계약
　 의 권리와 의무를 승계한 것으로 추정함(간주 ×)

　　※ '보험목적 양도 → 피보험이익 소멸 → 양도 시점에서 보험계약 종료 → 무보험상태', 이 경우 양도인이 납
　　　 입한 보험료는 보험기간이 만료되지 않았음에도 불구하고 효력을 잃게 된다. 이런 불합리한 결과를 개선
　　　 하기 위해 보험목적 양도 시 양수인에게 보험계약을 승계하는 규정을 두고 있다.

③ 보험목적 양도 시 권리·의무의 승계요건

㉠ 양도대상이 유효한 보험계약이어야 한다.	㉢ 보험목적의 물권적 이전[주2]이 있어야 한다.
㉡ 보험목적이 물건(物件)[주1]이어야 한다.	㉣ 보험목적의 양도는 유상, 무상을 불문한다.

※ 주1 : 예를 들어 '전문직업배상책임보험'의 보험목적은 물건이 아니므로 양도대상이 아니다.

※ 주2 : 물권적 이전은 양도대상이 되지만, 채권적 이전은 양도대상이 아니다(∵ 채권적 이전은 소유권의 이전이
　　　　아님).

125 보험목적을 양도하여 권리의무가 승계되기 위해서는 보험목적이
　　물건이어야 하고, (물권적/채권적) 이전이어야 한다.

> 물권적

④ 보험목적의 양도효과

　　㉠ 포괄승계하는 의미 : 승계하는 권리와 의무

승계하는 권리	승계하는 의무
보험금청구권, 보험료반환청구권, 보험계약해지권 등	보험료지급의무, 위험의 현저한 변경증가 시의 통지의무, 보험사고발생 시의 통지의무 등

ⓛ 자동차보험과 선박보험의 예외규정(상법 726조, 상법703조) : 자동차보험과 선박보험에서 상법679조에 대한 예외규정을 두는 것은 자동차와 선박은 운행자가 누군가에 따라서 위험이 매우 크게 변경되기 때문이다.

자동차보험	선박보험
• 자동차를 양도 시 보험자가 승낙을 해야만 포괄승계가 인정된다. • 만일 보험자가 양수인의 통지일로부터 10일 이내에 낙부통지를 하지 않으면 승낙의제가 된다.	선박을 양도 시 보험자가 사전승낙을 하지 않으면 보험은 자동종료된다.

ⓒ 보험목적의 양도효과가 적용되지 않는 경우

인보험	전문직업배상책임보험	상속이나 회사의 합병
∵ 양도대상은 물건(物件)이어야 함		∵ 상속, 합병 자체로 포괄승계가 됨

필수예제

126 보험목적을 양수한 양수인은 보험계약상의 권리와 의무도 함께 승계한 것으로 간주한다. [○, ✕]

> ✕
> 간주가 아니라 추정이다. 추정은 반증이 있을 경우 번복될 수 있다.

127 자동차보험은 양수인의 통지를 받은 날로부터 (   ) 이내에 승낙하지 않으면 승낙한 것으로 본다.

> 10일

128 선박보험은 보험자가 사전승인을 하지 않으면 자동종료된다는 점에서 자동차보험의 양도효과와 차이가 있다. [○, ✕]

> ○
> 선박보험의 양도효과가 더 엄격하다.

129 보험목적을 양도하면 상법상 보험계약의 권리의무가 포괄승계되는 것으로 추정한다. 이에 대한 예외가 적용되는 보험은 (   ), (   )이다.

> 자동차보험, 선박보험

130 (   ), (   )은 보험목적 양도의 대상이 될 수 없다.

> 인보험, 전문직업배상책임보험

● 손해방지의무, 보험자대위, 피해자 직접청구권 등

1. 손해방지의무

① 의의

　㉠ 손해보험계약에 있어서 보험계약자와 피보험자는 보험사고가 발생한 경우에 손해의 방지와 경감을 위해 노력해야 한다(상법 제680조).

　㉡ 손해방지비용의 보상과 면책

보상	면책
'보험가입금액 + 손해방지비용'이 보험가입금액을 초과하더라도 보험자가 보상한다.[주1]	손해방지의무 해태 시에는 경과실의 경우는 보상하고, 고의·중과실의 경우는 면책이다.[주2]

　※ 주1 : 손해방지비용은 보험자와 공익차원에서 필요한 유익비용이므로, 보험가입금액을 초과하더라도 보상한다(일부보험의 경우는 그 비율에 따라 보상).

　※ 주2 : 손해방지의무를 고의중과실로 이행하지 않은 경우 '늘어난 손해'에 대해서 보험자는 보상을 하지 않아도 된다.

　예시1 보험가입금액 1억원, 보험가액 1억원, 손해액 6천만원, 손해방지비용 1억원

　　→ 전부보험이므로 지급보험금액은 '6천만원 + 1억원 = 1억 6천만원'이다(유류오염피해가 발생할 경우 손해방지비용이 매우 커질 수 있는데 이 경우도 전부보험의 경우 전액을 보상한다).

　예시2 보험가입금액 5천만원, 보험가액 1억원, 손해액 6천만원, 손해방지비용 1천만원

　　→ 일부보험이므로 지급보험금액은 '(6천만원 × $\frac{5천만원}{1억원}$) + (1천만원 × $\frac{5천만원}{1억원}$) = 3,500만원'이다.

② 손해방지의무의 부담자

　㉠ 부담자 : 보험계약자와 피보험자 그리고 이들의 법정대리인

　㉡ 손해방지의무의 존속기간 : '보험사고가 생긴 것을 안 때로부터[주1] 손해방지가능성이 소멸한 때'

　　※ 주1 : 보험사고가 발생하여 손해가 발생할 것이라는 것을 안 때로부터

　㉢ '사고자체를 발생하지 않도록 하는 것'은 동 의무에 포함되지 않는다.

　㉣ 손해방지의무의 이행방법 : 일반적인 기대수준으로 이행하면 된다.

　　※ 일반적인 기대수준 : 피보험자가 보험에 부보되지 않는 자신의 재산을 지키기 위한 정도의 노력

③ 인보험의 손해방지의무

　㉠ 손해방지의무는 손해보험에서만 인정되는 것이 원칙이다.

　㉡ 예외 : 상해보험에서는 제한적인 범위 내에서 손해방지의무를 인정한다. **예** 정당한 사유 없이 치료 거부를 하여 증가된 손해는 보상하지 않음

필수예제

131 손해보험에서 손해방지의무를 부담하는 자는 (　　　　　　　　),
　　(　　　　　　)와 (　　　　　　　　　　)이다.

> 보험계약자, 피보험자, 이들의 법정대리인

132 손해방지비용은 보험자에게 필요한 유익비용이므로 전부보험, 일부보험 구분 없이 전액 보상한다. [○, ×]

> ×
> 전부보험은 전액 지급하나 일부보험은 비율에 따라 보상한다.

133 손해방지의무를 해태한 경우에는 의무부담자의 경과실, 중과실을 불문하고 보험자 면책이 된다. [○, ✕]

×
경과실은 보상, 중과실은 면책이다.

134 손해방지의무는 손해보험에만 적용되므로 인보험에서는 어떠한 경우에도 피보험자나 보험수익자에게 손해방지의무가 부과되지 않는다. [○, ✕]

×
상해보험에서 제한적으로 인정된다.

2. 보험목적에 대한 보험자대위

① 보험자대위의 의의

 ㉠ 보험자가 보험금액을 지급한 경우에 보험계약자 또는 피보험자가 가지는 보험목적이나 제3자에 대한 권리를 보험자가 법률상 당연히 취득하도록 한다(상법 제681조).

  ※ 보험목적에 대해 갖는 권리를 '목적물대위 또는 잔존물대위'라고 하며, 제3자에 대한 권리는 '청구권대위'라고 함

 ㉡ 이득금지원칙의 실현 : 피보험자가 보험금도 받고 잔존물에 대한 재산권까지 갖는다면 이중의 지급이 되므로 보험자가 잔존물대위를 행사함

② 잔존물대위의 요건

㉠ 보험목적의 전부멸실[주1]	→ 보험목적에 대한 피보험자의 권리를 취득
㉡ 보험자가 보험금액의 전부[주2]를 지급	

※ 주1 : 전부멸실일 때 잔존물의 가치는 어느정도 인정되는가? 의 문제가 있을 수 있는데, 현행 상법은 '잔존물에 약간의 가치가 남아있어도 무시할 수 있을 정도'이면 전부멸실로 간주한다.

※ 주2 : '보험금액의 전부 지급'의 의미는 전부보험의 경우 손해액 전액을, 일부보험의 경우는 보험금액의 보험가액에 대한 비율의 지급을 말한다.

③ 잔존물대위의 효과

전부보험의 경우	일부보험의 경우
별도의 법률적 조치가 없어도 잔존물에 대한 모든 권리가 보험자에게 이전된다.	일정비율(보험금액의 대한 보험가액의 비율)만큼 인정된다.

예시 일부보험의 잔존물대위권

'보험가입금액 5천만원, 보험가액 1억원, 손해액 1억원, 잔존물가액 1천만원'의 경우 보험자의 보험금지급액과 취득하는 잔존물가액은?

• 보험금 지급액 : $1억원 \times \dfrac{5천만원}{1억원} = 5천만원$

• 취득하는 잔존물대위권 : $1천만원 \times \dfrac{5천만원}{1억원} = 5백만원$

즉, 일부보험은 일부보험의 비율대로 잔존물대위권을 취득한다. 만일 전부보험의 경우라면 1억원의 손해액을 전부지급하고 취득하는 잔존물의 대위권 가액도 1천만원이 된다.

④ 권리이전의 효과와 이전시기 등

　　㉠ 잔존물대위의 요건이 충족되면 피보험자의 의사표시가 없어도 권리가 이전된다.

　　㉡ 보험금액을 전부 지급한 때에 권리가 이전된다.

　　㉢ 보험자는 대위권을 포기할 수 있다.

　　㉣ 대위권의 소멸시효는 없다(∵ 요건 충족 시 상법상 당연히 인정되는 권리이므로).

필수예제

135 보험자대위는 손해보험의 대전제인 (　　　　　　　　)을 실현하는 수단이다.

> 이득금지원칙

136 잔존물대위의 2가지 요건은 (　　　　　), (　　　　　)이다.

> 전부멸실, 보험금액의 전부를 지급

137 잔존물대위의 요건이 충족된다 하더라도 피보험자의 의사표시가 있어야 보험자의 대위권이 인정된다. [O, ✕]

> ✕
> 피보험자의 의사표시가 없어도, 또한 다른 법률조치가 없어도 이전된다.

138 보험자가 잔존물대위권을 취득하는 시기는 보험사고가 발생한 때이다. [O, ✕]

> ✕
> 보험금의 전부를 지급한 때이다.

139 보험자의 잔존물대위권의 소멸시효는 보험금의 전부를 지급한 때로부터 3년이다. [O, ✕]

> ✕
> 잔존물대위권의 소멸시효는 없다.

---

3. 제3자에 대한 보험자대위

① 의의

　　㉠ 제3자에 의해 피보험자의 손해가 발생할 경우 피보험자는 제3자에 직접 손해배상을 청구하는 것보다 보험자에게 보험금을 청구하고, 보험금을 지급한 보험자는 해당 금액의 범위 내에서 제3자에 대한 청구권대위를 가진다.

　　㉡ 이득금지원칙의 실현 : 피보험자가 보험금도 받고 제3자에 대한 청구권까지 갖는다면 이중 지급이 되므로 보험자가 청구권대위를 행사한다.

② 청구권대위의 요건

㉠ 제3자에 의한 손해[주1]의 발생	→ 지급한 보험금만큼 제3자에 대한 청구권을 취득
㉡ 보험자가 보험금액[주2]을 지급	

※ 주1 : '제3자에 의한 손해'라 함은 제3자의 불법행위뿐 아니라 채무불이행, 그리고 공동해손정산과 같은 적법한 행위로 인한 손해를 모두 포함한다.

※ 주2 : '보험금액의 전부'가 아니고 일부만 지급해도 인정된다는 점에서 목적물대위(잔존물대위)와 차이가 있다.

③ 피보험자의 권리보존행사의무

    ㉠ 청구권대위는 보험자가 피보험자에게 먼저 보험금을 지급하는 편의를 제공하는 대신 피보험자가 가지는 제3자에 대한 청구권을 보존할 수 있도록 권리보존행사의무를 부과한다.

    ㉡ 이외에도 서류제출, 정보제공 등의 기타협력의무도 부과된다.

④ 권리이전의 효과와 이전시기 등

    ㉠ 요건 충족 시 보험자에게 낭연히 권리가 이전된다(민법상 양도절차가 필요 없음).

    ㉡ 보험자의 권리취득시기는 '보험금을 지급한 때'이다.

    ※ 잔존물대위와 청구권대위는 민법상 양도절차 없이 권리가 이전된다는 점에서 동일하나, 권리보전행사의무는 청구권대위에만 부과된다는 점에서 차이가 있다.

⑤ 인보험에서는 보험자대위를 인정하지 않는다(상법 제729조). 단, 상해보험의 경우 당사자 간 약정이 있는 경우 피보험자의 권리를 해하지 않는 범위 내에서 그 권리를 대위할 수 있다.

⑥ 일부보험의 경우 청구권대위권 행사금액의 결정(3가지 학설)

절대설	상대설	차액설
보험금지급액을 대위권금액으로 함	손해배상자력에 일부보험의 율을 곱하여 산정함	피보험자의 손해를 우선 보전해주고 남은 금액을 손해배상자력금액에서 감하여 산정함
보험자 우선설	청구권 비례설	피보험자 우선설

예시 보험가액 1억원, 보험가입금액 6천만원, 손해액 1천만원, 제3자의 손해배상자력금액 800만원의 경우,

- 절대설 : 보험금지급액(1천만원 × $\frac{6천만원}{1억원}$ = 600만원), 즉 600만원이 대위권금액이다.

- 상대설 : 손해배상자력금액의 일부보험의 비율로 산정한다. 즉 800만원 × $\frac{6천만원}{1억원}$ = 480만원

- 차액설 : 800만원 − (1천만원 − 600만원) = 400만원

필수예제

140 청구권대위의 요건은 (   ),
(   )이다.

> 제3자에 의한 손해의 발생, 보험자가 보험금액의 일부를 지급

141 청구권대위는 잔존물대위와는 달리 보험금액의 일부를 지급해도 인정된다. [○, ×]

> ○

142 피보험자에게 권리보존행사의무가 부과되는 것은 (잔존물대위/청구권대위)이다.

> 청구권대위

143 보험자가 청구권대위권을 취득하는 시점은 '보험자가 피보험자에게 보상할 보험금액의 일부를 지급한 때'이다. [○, ×]

> ○

144 보험자의 청구권대위는 요건 충족 시 민법상 양도절차 없이도 인정된다. [○, ×]

> ○
> 별도의 법절차 없이 권리가 이전된다.

145 인보험에서는 어떤 경우에도 청구권대위가 인정되지 않는다. [○, ×]

> ×
> 상해보험의 경우 당사자 간 약정이 있는 경우에는 청구권대위가 인정된다.

146 일부보험에서 청구권대위권 행사금액을 결정할 때 보험금지급액을 그대로 대위권행사금액으로 확정하는 것은 (절대설/상대설/차액설)이다.

> 절대설

4. 예정보험과 확정보험

① 예정보험

예정보험	확정보험
보험계약내용의 전부 또는 일부가 미확정인 보험(추후 확정에 대한 통지의무 부담)	계약체결 시 보험계약의 내용이 확정된 보험

ⓐ 예정보험의 개념 : 보험증권에 기재할 보험계약요건의 일부를 보험계약체결 당시 확정하지 않은 보험이며, 주로 해상보험(특히 적하보험)에서 활용된다.

⦿ 화물적재선박을 나중에 통보할 것(통지의무 부담)을 전제로 하여 지금 보험계약을 체결하는 것이다(→ 선박미확정 적하보험).

ⓑ 독립된 보험 : 예정보험은 '보험계약의 예약'이 아니며 독립된 보험계약이다.

※ 보험계약의 예약은 추후 보험계약을 체결할 것으로 예약하는 '계약성립 전'을 말하지만, 예정보험은 계약이 성립된 독립된 보험계약이다.

ⓒ 통지의무 부담 : 예정보험은 미확정된 내용에 대해 추후 통지의무를 부담하는데, 통지의무 해태 시에는 보험자는 그 사실을 안 날로부터 1개월 이내에 계약해지를 할 수 있다.

② 확정보험 : 예정보험과 대응되는 보험이다.

147 예정보험은 보험계약의 예약과 같은 의미이다. [O, X]

148 예정보험의 통지의무를 이행하지 않을 경우 보험자는 그 사실을
안 날로부터 1개월 이내에 보험계약을 해지할 수 있다. [O, X]

> X
> 예약은 계약성립 전을 말하며,
> 예정보험은 계약이 성립된 독
> 립된 보험이다.
>
> O
> 1개월 내 해지가 가능하다. 보
> 험료증액청구는 없음에 주의하
> 도록 한다.

5. 보험위부(abandonment)

① 개념

　㉠ 위부는 피보험자가 보험목적에 갖는 일체의 권리를 보험자에게 귀속시키고, 해당 금액을 보험
　　금으로 지급해 줄 것을 요청하는 의사표시이다(해상보험 특유의 제도).

　　※ 보험목적물이 추정전손일 경우 보험계약자는 보험자에게 위부(abandonment)를 해야 전손에 대한 보험
　　　금액을 청구할 수 있다.

　㉡ 위부제도의 도입근거 : 소유권에 대한 분쟁을 방지하고 피보험자에게 전손보험금을 청구할 수
　　있도록 함

　㉢ 위부는 특별한 요식을 필요치 않는 불요식의 법률행위이며, 보험자의 승낙을 필요로 하지 않
　　는 단독행위이고 일방적으로 의사표시로 법률효과를 가져오므로 형성권에 해당함

② 위부의 원인(상법 710조)

선박의 수선불능, 적하의 수선불능, 선박 또는 적하의 점유상실을 이유로,
• 선박 또는 적하를 회복할 가능성이 없거나, 회복비용이 가액을 초과할 것으로 예상되는 경우 • 선박의 수선비용이 가액을 초과할 것으로 예상될 경우 • 수선비용과 운송비용의 합계액이 도착 시 적하가액을 초과할 것으로 예상될 경우

※ 선박의 행방불명이 2개월간 이상인 경우 : 과거 추정전손으로 위부의 원인이었으나, 상법개정(711조)으로 현실
전손이 됨

③ 위부의 요건

　㉠ 보험자에게 위부의 통지를 발송해야 한다.

　㉡ 보험목적 전부에 대해 위부를 해야 한다(단, 위부의 원인이 보험목적의 일부에 한할 때에는 그 일
　　부에 대해서만 위부 가능함).

　㉢ 다른 보험계약내용을 통지해야 한다.

④ 위부의 효과

보험자가 위부 승인 시	보험자가 위부 불승인 시
• 피보험자는 위부원인을 증명할 필요가 없다. • 후에 쌍방 간에 위부에 대한 이의를 제기할 수 없다.	보험자가 위부를 불승인할 경우 피보험자가 위부의 원인을 증명하지 않고는 보험금액의 지급을 청구할 수 없다.

⑤ 잔존물대위와의 차이점

통지유무	목적물가액이 지급보험금보다 큰 경우
[잔존물대위] 전손과 전부지급이라는 법정요건만 충족하면 자동으로 취득되는 권리 **[보험위부]** 상법상 위부원인에 해당되는 보험사고 발생 시 피보험자가 의사표시(통지)를 하고 보험목적에 대한 모든 권리를 보험자에게 이전시킨 후 보험금지급을 청구할 수 있음	**[잔존물대위]** 전손의 성질상 목적물가액이 지급보험금보다 큰 경우가 발생하지 않음 **[보험위부]** 목적물가액이 지급보험금을 상회할 수 있는데 이때의 차액은 보험자에게 귀속이 됨

필수예제

149 위부는 전손보험금을 청구할 수 있는 것이므로 특별한 요식을 필요로 한다. [○, ×]

> ×
> 불요식의 법률행위이므로 형식에 구애받지 않는다.

150 우리 상법상 선박의 존부가 2개월간 분명하지 않을 경우 보험위부가 가능하다. [○, ×]

> ×
> 상법개정으로 현실전손으로 바뀌었다. 즉, 이 경우 위부를 하지 않아도 된다.

151 2개월 이상 행방불명된 선박에 대해 보험청구를 하여 전손보험금을 지급받았다. 이후 선박이 다시 출현한 경우 보험자는 지급보험금의 반환을 청구할 수 있다. [○, ×]

> ×
> 잔존물대위권을 행사하게 된다.

152 보험위부를 할 경우에는 보험목적에 전부에 대해서만 해야 한다. [○, ×]

> ×
> 위부원인이 보험목적의 일부일 경우에는 일부에 한해서 위부를 할 수 있다.

153 피보험자가 보험위부를 할 경우 보험자는 위부를 승인해야 한다. [○, ×]

> ×
> 승인, 불승인 모두 가능하다.

154 잔존물대위는 (   )의 권리이고, 보험위부의 청구는 (   )의 권리이다.

> 보험자, 피보험자

155 보험위부의 경우 보험목적물의 가액이 지급보험금을 상회할 수 있는데, 가액이 지급보험금을 초과할 경우 피보험자에게 환급한다. [○, ×]

> ×
> 보험자에게 귀속된다.

6. 배상책임보험

① 배상책임보험의 의의

  ㉠ 배상책임보험은 보험기간 중 피보험자가 사고로 인해 제3자에게 배상책임을 지는 경우에 이를 보상하기로 약정한 손해보험의 일종이다.
    ※ 일반보험은 보험금액을 수령하는 보험이며, 배상책임보험은 제3자에 대한 손해배상금을 대신 지급해주는 보험이다.

  ㉡ 배상책임보험은 제3자에 대한 법률상 손해배상금을 보상한다(민사적인 계약상의 가중책임 등은 보상하지 않음).

  ㉢ 배상책임보험은 '피보험자를 경제적 파탄으로부터 구제하고, 피해자를 보호'하는 중요한 사회적 기능을 담당하고 있다.

② 배상책임보험의 특징

㉠ 중과실사고를 보상한다. → 대부분의 손해보험은 고의 · 중과실에 면책	㉣ 가입이 강제된다(의무보험이 많다). → 피해자보상을 위해 특별법으로 가입을 강제
㉡ 보험가액의 개념이 존재하지 않는다. → 타인에 대한 배상책임은 보험가액으로 평가할 수 없다. [예외] 보관자배상책임보험은 보험가액이 존재	㉤ 보험의 목적은 피보험자의 전재산이다. → 타인에 대한 배상책임은 그 규모를 확정하기 어렵고 개인이 감당하기 어려울 수 있기 때문이다.
㉢ 초과보험, 중복보험, 일부보험이 성립하지 않는다(∵ 보험가액의 개념이 없으므로).	㉥ 피해자를 보호한다. → 피해자의 직접청구권을 인정하고, 가해자 입증책임으로 전환하는 경향, 무과실책임주의의 강화 등이 있다.

※ 배상책임보험의 '보험의 목적'은 피보험자의 전재산이며, '피보험이익'은 전재산관계이다.

필수예제

156 배상책임보험은 제3자에 대한 (법률상/계약상) 손해배상책임을 보상한다.

법률상

157 배상책임보험은 일반 손해보험과는 달리 (   )를 보상한다.

중과실사고

158 배상책임보험은 일반 손해보험과 달리 보험가액이 존재하지 않는데, 이에 대한 예외로 (   )은 보험가액이 존재한다.

보관자배상책임보험
임차자배상책임보험, 화재배상책임보험도 예외가 된다(보험가액이 존재함).

159 배상책임보험의 (   )은 피보험자의 전재산이다.

보험의 목적

160 배상책임보험은 (피보험자/피해자) 보호에 더 중점을 둔다.

피해자

7. 피해자직접청구권

① 피해자직접청구권의 인정이유 : 피보험자(가해자)가 청구한 보험금이 피해자에게 전달되지 않을 수도 있으므로 피해자의 직접청구권을 인정함(피해자 보호 강화차원)

※ 1993년 1월 상법개정으로 모든 책임보험에 피해자직접청구권을 인정함

② 피해자직접청구권의 법적 성질

독립성	배타성	강행성
피보험자의 보험금청구권과는 독립적 관계이다.	피해자 보호차원에서 다른 보험금청구권보다 우선한다.	강행규정이다(계약자에게 불이익하게 변경될 수 없음).

③ 보험자의 통지의무 : 피해자의 직접청구를 받은 때에는 지체 없이 피보험자에게 통지해야 함(∵ 이중지급방지).

④ 피보험자의 협조의무 : 보험자의 요구가 있을 때 서류제출 또는 출석하여 협조

⑤ 직접청구권과 항변권

　㉠ 피보험자의 항변권 : 손해배상책임에 대해 그 유무의 다툼, 과실상계, 손익상계 등으로 피해자의 직접청구권에 대항할 수 있다.

　㉡ 보험자의 항변권 : 유효한 보험계약이 전제가 되어야 하므로 계약상의 하자, 면책사유 등으로 피해자의 직접청구권에 대항할 수 있다.

161 모든 책임보험의 경우 피해자인 제3자가 보험자에 대해 직접청구권을 행사할 수 있다. [○, ×]

○

162 피해자직접청구권의 법적성질은 (　　　), (　　　), (　　　)이다.

독립성, 배타성, 강행성

163 피해자는 피보험자의 협조 없이도 보험금을 청구할 수 있다. 이는 피해자 직접청구권의 법적성질 중 (독립성/배타성/강행성)을 말한다.

독립성

8. 인보험

① 타인의 생명보험

㉠ 자기의 생명보험, 타인의 생명보험

자기의 생명보험		타인의 생명보험	
보험계약자	피보험자	보험계약자	피보험자
본인	본인	본인	타인

㉡ 타인의 생명보험에서 피보험자의 동의

서면동의 필요	예외
• 타인을 피보험자로 한 사망보험계약 • 보험계약상 권리를 피보험자가 아닌 자에게 양도하는 경우 • 보험수익자를 지정·변경하는 경우 → 피보험자의 서면동의를 필요로 한다.	단체가 규약에 따라 단체구성원의 전부 또는 일부를 대상으로 단체보험계약을 체결하는 경우 서면동의는 생략이 가능하다.

※ '타인의 사망보험계약'에서 피보험자가 서면으로 동의의사를 표시하는 시점은 '보험계약체결 시'까지이다.

※ 타인의 서면동의권은 언제든지 철회될 수 있는데, 만일 철회된다면 보험계약은 해지된다.

㉢ 15세 미만자 등을 피보험자로 하는 사망보험계약의 금지(상법 732조)

15세 미만자[주2]	심신상실자	심신박약자[주3]
이들을 피보험자로 하는 사망보험계약은 무효이다(∵ 도덕적 위험이 높으므로).		

※ 주2 : 보험계약체결시점에서는 15세 미만이었고, 보험사고시점에서 15세 이상이 된다 해도 동 보험계약은 무효이다.

※ 주3 : 단, 심신박약자가 단체계약의 피보험자가 되는 경우, '의사능력이 있을 때'는 계약이 유효하다.

필수예제

164 보험계약자와 피보험자가 다른 생명보험계약은 (자기의 생명보험/타인의 생명보험)으로 불린다.

165 보험계약자와 피보험자가 다른 손해보험계약은 (자기를 위한 손해보험/타인을 위한 손해보험)으로 불린다.

166 타인의 사망보험계약에서 보험수익자를 변경하는 경우 피보험자의 서면동의를 반드시 받아야 한다. [○, ×]

167 (   ) 미만인 자를 피보험자로 하는 사망보험계약은 계약무효이다.

> 타인의 생명보험
> 참고로 '자기의 손해보험'이라는 용어는 없다.
>
> 타인을 위한 손해보험
> 손해보험에서는 피보험자가 보험금 수령권자이므로, 보험계약자와 피보험자가 다르면 타인을 위한 보험이 된다.
>
> ○
> 피보험자의 서면동의가 필요한 경우는 3가지이다(본문 참조).
>
> 15세

168 보험계약체결시점에서는 15세 미만이었으나, 보험사고발생시점에서 15세 이상이라면 보험금지급사유가 된다. [O, ×]

×
체결시점에서 15세 미만이면 무효이다.

② 중과실로 인한 보험사고

고의, 중과실사고에 대해서 면책	예외(중과실사고에 대해서는 보상함)
일반적인 손해보험계약	사망보험계약(생명보험, 상해보험)

169 사망보험계약은 중과실사고에 대해서 보상한다. [O, ×]

O
생명보험은 고의사고만 면책이고 중과실사고는 부책이다.

③ 상해보험

    ㉠ 상해보험은 손해보험과 생명보험의 성격을 모두 지니고 있어, 제3보험(상해, 질병, 간병보험)으로 분류된다.

    ㉡ 단, 생명보험적 성격이 더 강하여 상법 732조를 제외하고는 모두 생명보험의 규정을 준용한다.

      ※ 상해보험의 생명보험규정 준용의 예외조항 : **상법 732조**

생명보험(상법 732조 적용)	상해보험(상법 732조 적용 안 됨)
만 15세 미만자 등을 피보험자로 하는 사망보험계약은 무효이다.	만 15세 미만자 등을 피보험자로 하는 상해보험은 유효하다.

    ㉢ '생명보험+제3보험' 또는 '손해보험+제3보험'처럼 제3보험은 생명보험 또는 손해보험과 겸영이 가능하다(단, 생명보험과 손해보험 간에는 겸영이 불가하다).

170 상해보험은 손해보험과 생명보험의 중간적인 성격을 띠고 있지만, 생명보험요소가 더 강하여 대부분 생명보험의 규정을 준용한다. [O, ×]

O
상법 732조만 제외하고 모두 생명보험의 규정을 준용한다.

171 15세 미만자, 심신상실자, 심신박약자를 피보험자로 하는 상해보험은 무효이다. [O, ×]

×
사망보험계약이 아니면 유효하다. 참고로 동규정만 상법규정이 적용되지 않으며, 나머지는 모두 생명보험규정이 적용된다.

보험업법

1. 보험업법 체계

① 보험법 : 보험계약법(상법 제4편)과 보험업법의 이원적 체계

보험계약법	보험업법[주1]
보험계약상의 당사자 간 권리와 의무를 상세히 규정한 법(상법 제4편 보험편)	보험사업의 영위 주체인 보험회사에 대해 사업허가에서부터 청산에 이르기까지 정부의 실질적 감독에 대한 사항을 규정한 법

※ 주1 : 보험업법에서 말하는 보험업은 '생명보험업, 손해보험업, 제3보험업'을 말한다.
※ 5단계 법령체계(보험업법, 보험업법 시행령, 보험업법 시행규칙 등)

법	시행령	시행규칙	감독규정	시행세칙
국회 제정	대통령령	국무총리령	금융위원회	금융감독원

※ 생명보험 표준약관, 자동차보험 표준약관 등 표준약관이 포함된 것은 시행세칙이다.

필수예제

01 보험법은 (　　　　　)과 (　　　　　)의 이원적 체계로 구성되어 있다.

> 보험계약법, 보험업법

02 보험자와 보험계약자 간의 계약관계를 규율하는 법은 (　　　　)이며, 보험사업에 관한 규제 및 감독을 목적으로 하는 법은 (　　　　)이다.

> 보험계약법, 보험업법

03 보험업법에서 말하는 보험업이란 (　　　　), (　　　　), (　　　　)이다.

> 생명보험, 손해보험, 제3보험

---

② 보험업법의 기본개념

　㉠ 공공적인 성격이 있는 보험업을 적절하게 규제, 감독하기 위한 상사특별법[주1] 이다.

　　※ 주1 : 상사특별법이란 특별한 거래제도를 규율하기 위한 상사(商事)에 관한 법률, 즉 상법의 일종인데 상법의 특별법에 해당되므로 상법에 우선하여 적용한다. 보험업법, 자본시장법, 어음수표법, 해운법 등이 해당된다.

　㉡ 공법적 성격과 사법적 성격이 병합된 혼합법률이다.

공법적 성격	사법적 성격
보험사업의 허가, 실질적 감독주의 등	주식회사의 배당제한 등, 상호회사의 조직 및 운영에 관한 규정 등

04 보험업법은 상사특별법규로서 상법에 우선하여 적용된다. [O, X]

○
상법에 대한 특별법이다.

05 보험회사는 주식회사이므로 주식회사에 대한 배당제한 등의 규제를 받는데 이는 보험업법의 (공법적/사법적) 성격을 말한다.

사법적

③ 보험업의 적용범위

보험계약법	보험업법
보험자와 보험계약자의 권리의무를 규정한 법이므로, 민영사업자뿐 아니라 각종 공제 등 모든 형태의 보험업자에게 적용됨(단, 공보험은 제외)	민영사업자에 대한 감독법규이므로, 보험회사와 상호회사, 외국보험사 국내지점을 감독함

06 보험업을 영위하는 사업자 중 민영사업자만이 보험업법의 감독을 받는다. [O, X]

○
민영사업자란 보험회사와 상호회사, 외국은행 국내지점을 말한다. 즉, 공영보험과 각종 공제는 제외된다.

07 신용협동조합공제는 보험업법의 감독을 받는다. [O, X]

×
신용협동조합공제는 신용협동조합법의 감독을 받는다. 보험업법이 아니다.

④ 보험업에 대한 감독

공시주의	준칙주의	실질적 감독주의[주1]
직접감독이 아닌 공시를 통한 이해관계자들의 자율감독	필요한 준칙을 제시하고, 준칙에 부합하지 않을 경우에만 감독	보험업의 공공성을 감안하여 허가에서 운영까지 실질적인 감독

※ 주1 : 우리나라를 포함, 세계 대부분의 국가가 실질적 감독주의를 택하고 있다.

08 직접감독이 아닌 공시를 통해 보험의 이해관계자들이 스스로 자신의 이익을 보호하도록 유도하는 감독방법을 (   )라고 한다.

공시주의

09 우리나라는 (공시주의/준칙주의/실질적 감독주의)를 택하고 있다.

실질적 감독주의

⑤ 보험계약의 체결

ⓐ 누구든지 보험회사가 아닌 자[주1]와 보험계약을 체결하거나 중개 또는 대리를 할 수 없다(보험업법 3조)[주2]. 단, 대통령령으로 정하는 경우 예외가 적용된다.

※ 주1 : 보험회사란 보험업법상의 허가를 받아 국내에서 보험업을 운영하는 자(민영보험사, 상호회사, 외국보험사 국내지점)을 말한다.

※ 주2 : 동 규정을 위반한 자에게는 1천만원 이하의 과태료를 부과할 수 있다.

ⓑ 예외(국내영업을 허가받지 않은 외국보험사와 직접 계약을 체결하는 경우를 말함)

• 외국보험회사와 생명보험계약, 적하보험계약, 항공보험계약 등을 체결하는 경우
• 국내에서 취급하지 않는 보험종목을 외국보험회사와 체결하는 경우
• 국내에서 취급하는 보험종목에 대해 3곳 이상의 보험회사로부터 거절되어 외국보험회사와 계약을 체결하는 경우
• 기타 보험회사와 계약체결이 곤란한 경우로서 금융위의 승인을 받은 경우

10 보험업법상으로 누구든지 보험회사가 아닌 자와 보험계약을 체결할 수 없으며, 이에 대한 예외는 없다. [O, ×]

×
예외가 있다(본문 참조).

11 국내에서 경영하는 보험종목에 대해 (　　　) 이상의 보험회사로부터 거절되어 외국보험사와 계약을 체결하는 것은 보험업법상 가능하다.

세 곳

⑥ 보험업법상 주요 용어

ⓐ 전문보험계약자와 일반보험계약자

전문보험계약자	일반보험계약자
한국은행, 금융기관, 상장법인[주1] 등 보험계약의 내용을 이해하고 이행할 능력이 있는 자	전문보험계약자가 아닌 자

※ 주1 : 주권상장법인의 경우는 본인이 일반보험계약자의 대우를 받겠다는 의사를 보험자에게 서면통지하면 일반보험계약자로 간주된다.

ⓑ 보험회사의 최대주주, 주요주주, 자회사(대주주 = 최대주주 + 주요주주)

최대주주	주요주주	자회사
본인과 그 특수관계인이 보유한 지분이 가장 많은 자	지분율이 10% 이상인 자 또는 지분율과 관계없이 사실상의 영향력을 행사하는 자	보험회사가 타 회사의 지분을 15%를 초과하여 보유할 경우의 당해 회사

12 보험계약자를 ( )와 ( )로 구분하는 이유는 보호수준을 차등화하기 위함이다.

> 전문보험계약자, 일반보험계약자

13 의결권이 있는 발생주식총수의 10% 이상을 보유하고 있는 자를 (최대주주/주요주주)라고 한다.

> 주요주주

14 보험회사의 자회사라 함은 보험회사가 해당 자회사의 의결권 있는 지분총수의 ( )를 초과하여 보유하고 있는 경우를 말한다.

> 15%

2. 보험업의 허가

① 보험업 허가 개요
　㉠ 보험업의 허가는 회사별 설립허가가 아닌 보험종목별 허가를 말한다.
　㉡ 보험업의 보험종목

생명보험업	손해보험업	제3보험업
생명보험, 연금보험	화재보험, 해상보험, 자동차보험, 보증보험, 재보험 등	상해보험, 질병보험, 간병보험

　㉢ 제3보험과 재보험에 대한 특칙

제3보험의 겸영에 대한 특칙	재보험의 겸영에 대한 특칙
생명보험이나 손해보험의 보험종목 전부[주1] 를 영위할 경우에는 제3보험의 허가를 받은 것으로 본다(→ '생명보험 + 제3보험' 또는 '손해보험 + 제3보험' 형태의 겸영이 가능).	'생명보험, 손해보험, 제3보험'의 보험종목 중 하나를 영위하는 경우 해당 보험종목의 재보험 허가를 받는 것으로 본다.[주2]

※ 주1 : 손해보험의 보험종목 전부의 요건에서 '보증보험, 재보험'은 제외된다.
※ 주2 : 재보험은 손해보험의 영역이나 예를 들어 '생명보험의 재보험은 생명보험에서 영위'가 가능하도록 하고 있다(보험업법 제4조 2항).
　㉣ 신설 보험종목의 허가에 대한 특칙 : 생명보험이나 손해보험의 보험종목 전부를 영위하는 경우 생명보험이나 손해보험의 신설보험종목에 대한 허가를 받은 것으로 본다.

15 보험업의 허가는 (회사별 설립허가/종목별 허가)를 말한다.

> 종목별 허가

16 생명보험이나 손해보험의 보험종목의 전부를 영위하는 자는 ( )의 허가를 받은 것으로 본다.

제3보험

17 생명보험의 보험종목 일부를 허가를 받는 자는 해당 보험종목의 재보험허가를 받은 것으로 본다. [O, ×]

○
제3보험의 경영은 생명보험 또는 손해보험의 보험종목 전부를 영위하는 상태에서 가능하나, 재보험은 생명보험, 손해보험, 제3보험 누구나 보험종목의 하나에 대한 재보험의 경영이 가능하다.

18 생명보험이나 손해보험의 신설보험종목에 대해서는 모든 보험회사가 신규로 허가를 받아야 한다. [O, ×]

×
보험종목의 전부를 영위할 경우 생보 또는 손보의 신설보험종목의 허가를 받은 것으로 본다.

② 보험업의 허가를 받을 수 있는 자

주식회사	상호회사	외국보험회사
교보생명, 삼성화재, KB손보 등 민영보험회사를 말함	현재 우리나라에서는 상호회사가 존재하지 않음	금융위의 허가를 받은 '외국보험회사 국내지점'은 보험업법상의 보험회사로 간주함

필수예제

19 보험업법상의 보험회사는 ( ), ( ), ( )을 말한다.

주식회사, 상호회사, 외국보험회사 국내지점

③ 허가신청과 허가

허가신청서류	예비허가와 조건부허가
• 정관, 3년간의 사업계획서, 기초서류 • 기초서류 3가지^{주1} 중에는 '보험종목별 사업방법서'만 첨부함(간소화 차원, 시행령 제9조2항)	• 본허가 전에 예비허가를 신청할 수 있음. 신청을 받은 금융위는 2개월 이내에 심사하여 예비허가 여부를 통지해야 함^{주2} • 금융위는 허가신청 시 조건부허가를 낼 수 있음 • 예비허가를 받은 자가 예비허가의 조건을 이행한 후 본허가신청을 하면 허가해야 함

※ 주1 : 기초서류라 함은 '보험종목별 사업방법서, 보험약관, 보험료 및 책임준비금산출방법서'를 말한다.
※ 주2 : 예비허가는 '총리령'으로 2개월인 심사통지기간을 연장할 수 있다. 여기서 '총리령'에 유의해야 한다(나머지는 '대통령령'임).

20 금융위에 보험업 허가신청 시 첨부하는 서류는 (　　), (　　　　), (　　　　　)이다.

> 정관, 3년치 사업계획서, 기초서류
>
> 기초서류는 업무 간소화 차원에서 보험종목별 사업방법서 하나만 첨부한다.

21 허가신청을 받은 금융위는 조건부허가를 붙일 수 있으며, 만일 예비허가에 붙은 조건을 이행하고 본허가를 신청 시 금융위는 허가해야 한다. [O, ×]

> ○

22 예비허가를 신청받은 금융위는 2개월 이내로 예비허가의 가부를 통지해야 하는데, 필요할 경우 (총리령/대통령령)으로 그 기간을 연장할 수 있다.

> 총리령
> 나머지는 대통령령이다.

④ 허가의 요건

㉠ 허가의 4가지 요건

㉠ 최소자본금 또는 기금을 보유할 것	㉢ 사업계획이 타당하고 건전할 것
㉡ 전문인력과 물적시설을 충분히 갖출 것	㉣ 충분한 출자능력과 재무건전성을 갖출 것

㉡ 보험종목별 최소자본금

보험종목	보험종목별 최저자본금	전체영위 시 자본금
생명보험	생명보험 200억원, 연금보험 200억	300억원 이상
손해보험	보증보험 300억원, 재보험 300억원, 자동차보험 200억원, 해상보험 150억원, 화재보험 100억원, 책임보험 100억원, 기술 · 권리보험 50억원	300억원 이상
제3보험	상해보험 100억원, 질병보험 100억원, 간병보험 100억원 등	300억원 이상

- 보험회사는 300억원[주1] 이상의 자본금 또는 기금을 납입함으로써 보험업을 시작할 수 있다.
- 보험종목의 일부만을 취급하고자 할 경우 50억원[주2] 이상의 자본금 또는 기금을 납입하여야 한다.
- 2개 이상의 보험종목을 영위하고자 할 경우 각각의 최소자본금 또는 기금을 합한 금액으로 하되, 그 합계가 300억원이 넘는 경우 300억원으로 한다.

  ※ 주1 : 보험종목의 전부를 영위하고자 할 경우 300억원 이상이 최소자본금이라는 의미이다.

  ※ 주2 : 1개의 보험종목은 50억 이상이다(기술권리보험의 경우 50억원, 화재보험의 경우 100억원 등).

> **예시1** 화재보험과 해상보험의 2종목을 영위하고자 할 경우 → 100억 + 150억 = 250억원의 자본금을 납입해야 한다.
>
> **예시2** 자동차보험과 재보험을 영위하고자 할 경우 → 200억 + 300억 = 500억, 그런데 300억 이상의 경우는 300억원의 자본금만 납입하면 된다.

- 외국보험회사 국내지점의 영업기금은 30억원 이상으로 한다.

ⓒ 통신판매전문보험회사

- • 통신판매전문보험회사란 총 계약건수 및 수입보험료의 90% 이상을 전화, 인터넷 등 통신수단을 이용하여 모집하는 회사를 말한다.
- • 통신판매전문보험회사의 경우 일반 보험회사 최소자본금 또는 기금의 2/3 이상의 금액으로 보험업을 시작할 수 있다.

필수예제

23 보험종목의 전부를 영위하는 보험회사가 되기 위해서는 최소 ( )의 자본금을 납입해야 한다.

300억원

24 하나의 보험종목을 영위하고자 할 경우 최소자본금은 ( ) 이다.

50억원
기술보험이나 권리보험의 경우 요구되는 최소자본금은 50억원이다.

25 상해보험을 영위하고자 할 경우 납입해야 하는 최소자본금은 ( )이다.

100억원
제3보험의 보험종목, 즉 상해보험, 질병보험, 간병보험 모두 각각 100억원이다.

26 화재보험과 보증보험을 영위하고자 할 경우 최소자본금은 (300억원/400억원)이다.

300억원

27 외국보험회사 국내지점의 영업기금은 (30억원/50억원)이상으로 한다.

30억원

28 통신판매전문보험회사란 통신수단으로 모집하는 계약이 총 계약건수 및 수입보험료의 ( ) 이상인 회사를 말한다.

90%

29 통신판매전문보험회사가 보험종목의 전부를 영위하는 보험업을 시작하기 위해서는 보험회사 자본금의 ( ) 이상을 납입해야 한다.

2/3
즉, 300억원 $\times \frac{2}{3}$ = 200억원

⑥ 보험업의 겸영가능 요건

구분	생명보험의 일부	손해보험의 일부	제3보험의 일부	생명보험의 전부	손해보험의 전부	제3보험의 전부
연금저축보험(세적격)	○			○	○	
퇴직연금보험						
질병사망보험 (요건을 갖춘 특약)					○	
제3보험				○	○	
각각의 재보험	○	○	○	○	○	○

㉠ 연금저축(소득세법상), 퇴직연금(근로자퇴직급여보장법상)은 '손해보험종목의 일부를 영위하는 보험회사', '제3보험만을 영위하는 보험회사'는 겸영할 수 없다.

㉡ 질병사망보장(요건을 갖출 경우 특약으로만 가능함)은 손해보험의 보험종목 전부를 영위하는 회사만 가능하다.

　cf) 생명보험이나 제3보험은 주계약으로도 가능함

㉢ 제3보험은 생명보험이나 손해보험의 보험종목 전부를 영위하는 보험회사만 겸영할 수 있다.

　예 생명보험전부 + 제3보험, 손해보험전부 + 제3보험

㉣ 각각의 재보험은 생명보험이나 제3보험의 일부를 영위해도 겸영이 가능하다.

　cf) 손해보험에서 재보험의 단일종목을 영위하고자 할 경우 최소자본금은 300억원이다.

필수예제

30 세적격 연금저축보험이나 퇴직연금은 (　　　　　　　　　　　), (　　　　　　　　　　　)의 경우 겸영할 수 없다.

> 손해보험의 일부만을 영위하는 보험회사, 제3보험만을 영위하는 보험회사

31 제3보험을 겸영할 수 있는 보험회사는 (　　　　　　　　　　), (　　　　　　　　　)이다.

> 생명보험의 전부를 영위하는 보험회사, 손해보험의 전부를 영위하는 보험회사

32 생명보험과 손해보험은 겸영이 (가능하다/불가하다).

> 불가하다

---

⑦ 보험회사의 겸영업무와 부수업무 : 보험회사는 겸영업무나 부수업무를 영위하고자 할 경우 그 업무를 시작하려는 날의 7일 전까지 금융위에 신고해야 한다.

겸영업무	부수업무
집합투자업, 투자자문업, 투자일임업, 신탁업, 유동화자산관리업무, 전자자금이체업무 등	보험회사의 경영건전성과 계약자보호를 저해하지 않는 업무를 부수업무로 영위할 수 있음

⑧ 외국보험회사의 국내사무소
  ㉠ 외국보험회사가 국내 보험시장에 관한 조사 및 정보수집을 위해 국내사무소를 설치하려는 경우 30일 이내에 금융위에 신고해야 한다.
  ㉡ 해당 사무소는 보험업을 겸영한다거나 보험계약체결을 대리할 수 없다.

33 국내 보험회사가 겸영업무를 영위하고자 할 때에는 업무시작일로부터 (   ) 전까지 금융위에 신고해야 한다.

> 7일

34 외국보험회사가 설치한 국내사무소는 보험시장 조사 및 정보수집이 업무의 주목적이지만 계약체결의 중개도 할 수 있다. [○, ×]

> ×
> 국내사무소는 보험업경영 또는 계약체결중개는 할 수 없다.

3. 주식회사

① 주식회사의 의의 : 투자자(주주)가 회사에 투자하고(자본), 그 증표 또는 대가로서 주식을 받는다. 이때 주주는 출자한 만큼 유한책임을 진다.

② 이익배당요건 : 배당가능이익이 있어야 하며(상법상 요건충족 시 가능), 주총에서 재무제표승인과 보통결의의 절차가 필요하다. 주주가 보유한 주식수에 따라 배당을 지급한다(주주평등원칙).

③ 자본감소
  ㉠ 자본감소의 종류

실질적 자본감소(유상감자)	형식적 자본감소(무상감자)
감자액을 주주에게 반환	장부상 감소(감소된 자본을 주주가 포기)

  ㉡ 자본감소의 절차 : 주주총회의 특별결의가 필요하며, 실질적 자본감소(유상감자)의 경우 금융위원회의 승인을 받아야 함
    • 주총 보통결의 : 출석 과반수 & 전체의 1/4 이상
    • 주총 특별결의 : 출석의 2/3 이상 & 전체의 1/3 이상
  ㉢ 자본감소 시의 보험계약자 보호절차 : 자본감소에 따른 공고나 통지를 할 경우, 이전될 보험계약의 보험계약자로서 이의가 있는 자는 일정기간(1개월 이상)을 두어 이의를 제출할 수 있다는 뜻을 덧붙여야 한다.
    ※ 만일, 이의제기 기간 중 이의제기를 한 보험계약자가 '전체 계약자총수의 10%를 초과하거나, 보험금액 총액의 10%를 초과할 경우'에는 자본감소를 할 수 없다.
  ㉣ 소수주주권의 행사 : 회계장부열람권(5% 이상의 소수주주가 신청가능) 등 다수주주의 횡포를 막고 소수주주의 권리를 보호하기 위한 수단

35 보험회사가 이익배당을 하기 위해서는 상법상 요건을 충족해야만 한다. [O, ×]

○
상법상 배당가능이익을 한도로 한다.

36 자본감소를 하기 위해서는 사전에 (   )의 승인을 받아야 하며, 주주총회의 (   )를 받아야 한다.

금융위원회, 특별결의

37 자본감소결의를 한 다음에는 이의제기를 할 수 있는 기간을 (   ) 이상으로 하여 공고해야 한다.

1개월

38 이의를 제기한 보험계약자가 이전될 보험계약자 총수의 10분의 (   )을 초과하거나 그 보험금액이 이전될 보험금 총액의 10분의 (   )을 초과하는 경우에는 보험계약을 이전하지 못한다.

1, 1
'주주지분율 10% 또는 시가총액 10%'에서 '보험계약자수 비율 10% 또는 보험금총액 10%' 기준으로 변경되었다.

④ 조직변경

　㉠ 조직변경 시 별도의 해산 및 청산절차는 거치지 않는다.

　㉡ 주식회사는 주총의 특별결의를 거쳐 상호회사로 조직을 변경할 수 있다. 이때 상호회사는 그 기금을 반드시 300억원 이상으로 할 필요가 없다(→ 주식회사인 보험회사는 자본금이 300억원 이상인데, 만일 상호회사로 조직을 변경한다면 상호회사의 기금은 300억원 미만으로 하거나 설정하지 않아도 된다는 의미임).

　※ 조직변경 후 : 주식회사의 주주 → 상호회사의 사원

39 주식회사가 상호회사로 조직을 변경할 경우 주식회사에 대한 해산과 청산절차를 밟아야 한다. [O, ×]

×
조직변경으로 인한 회사의 청산은 그 절차를 면제한다.

40 보험회사는 자본금이 300억원 이상이므로 상호회사로 전환 시에도 상호회사의 기금은 300억원 이상이어야 한다. [O, ×]

×
반드시 300억원 이상일 필요는 없다.

4. 상호회사

① 상호회사는 보험업법에 의해 설립되는 사단법인이다. 그런데 우리나라에서는 아직 상호회사가 없다.

② 주식회사와 상호회사의 비교

구분	근거법	출자금	의결기관	구성원	손익귀속주체
주식회사	상법(회사법)	자본금	주주총회	주주	주주
상호회사	보험업법	기금	사원총회	사원 (보험계약자)	사원 (보험계약자)

※ '이사, 이사회, 대표이사, 감사'를 두고 있는 것은 주식회사와 동일하다.

③ 상호회사의 기금납입과 사원의 수

　㉠ 상호회사의 기금은 반드시 금전으로 납입되어야 한다.

　㉡ 상호회사는 100명 이상의 사원으로서 설립하며, 회사설립 후 사원이 100명에 미달된다고 하여 해산사유가 되지는 않는다.

④ 사원의 권리와 의무

권리	의무
공익권, 자익권	유한책임, 간접책임[주1]

※ 주1 : 유한책임이란 사원의 책임은 보험료를 납입한 총액한도에서 부담하며, 간접책임은 채권자에 대한 채무의 책임을 직접 부담하는 것이 아님을 의미함

⑤ 사원관계의 발생

설립 시 사원이 되는 경우	설립 후 사원이 되는 경우
• 발기인으로서 사원이 되는 경우 • 발기인이 아닌 자가 입사청약서 2부로 지원하여 사원이 되는 경우[주1]	• 보험계약에 의하는 경우 • 주식회사에서 상호회사로 변경 • 보험회사(주식회사)의 계약이 상호회사로 이전되는 경우 • 합병, 존속으로 설립되는 회사가 상호회사인 경우

※ 주1 : 입사청약서로 사원에 지원하는 것은 설립 시 사원이 되고자 하는 경우에 한함

⑥ 상호회사의 계산

　㉠ 손실보험준비금 : 손실보전을 위해 잉여금의 일부를 손실보험준비금으로 적립

　㉡ 기금상각적립금 : 기금을 상각 시 그 금액을 적립해야 함(∵ 담보력감소 방지)

　㉢ 기금이자지급제한 : 손실이 있을 경우 손실보전 후에 기금이자의 지급이 가능함

⑦ 사원의 퇴사, 회사의 해산 및 청산

사원의 퇴사	회사의 해산, 청산	
	해산결의	청산절차
• 보험관계소멸 • 사원의 사망(상속인이 지분을 상속함) • 정관에서 정한 사유	사원총회의 특별결의에 의함	해산결의 후 청산절차이행 (단, 합병 · 파산 시에는 청산절차 면제)

41 우리나라에서는 아직 상호회사 형태의 보험회사가 없다. [O, ✕]

○

42 상호회사의 기금은 금전 이외의 자산으로 납입할 수 있다. [O, ✕]

✕
반드시 금전으로만 납입해야
한다.

43 상호회사는 (   ) 이상의 사원으로서 설립한다.

100명

44 상호회사는 회사설립 후 사원이 100명에 미달될 경우 해산사유가
    된다. [O, ✕]

✕
설립 후에는 완화적용한다.

45 상호회사의 기관으로는 주주총회, 이사, 이사회, 대표이사, 감사를
    두고 있는데 이는 주식회사와 동일하다. [O, ✕]

✕
상호회사는 사원총회를 둔다
(나머지는 동일)

46 상호회사는 채권자에 대한 직접채무부담을 진다. [O, ✕]

✕
간접채무부담을 진다.

47 상호회사에서는 보험계약을 체결하면 사원이 되고 보험계약관계
    가 소멸되면 사원의 지위에서 퇴사하게 된다. [O, ✕]

○
보험계약자가 사원이기 때문이
다.

48 상호회사의 사원이 사망하면 그 상속인이 지분을 상속한다.
    [O, ✕]

○

49 사원총회에서 상호회사의 해산을 결의하면 반드시 청산절차에 따
    라 청산을 해야 한다. [O, ✕]

✕
합병이나 파산의 경우 별도의
절차가 진행되므로 청산절차를
면제한다.

5. 외국보험회사 국내지점

① 금융위의 허가를 받아 국내에서 보험업의 경영을 하는 외국보험회사[주1]의 국내지점을 '외국보험회사 국내지점'이라 하며 보험업법상의 보험회사로 간주된다(제4조 제6항).

※ 주1 : 외국보험회사란 '대한민국 이외의 국가의 법령에 따라 설립되어 대한민국 이외의 국가에서 보험업을 경영하는 자를 말한다(제2조 제8호).

② 외국보험회사 국내지점의 허가취소 사유

• 합병이나 영업양도로 영업권이 소멸된 경우 • 휴업이나 영업중단 시 • 위법행위로 인해 외국감독기관으로부터 6개월 이내의 영업전부정지를 당한 경우 등	→ 외국보험회사 국내지점에 대한 청문을 거쳐 보험업의 허가를 취소할 수 있다.

③ 국내자산보유의무

국내자산보유의무	잔무처리자
국내에서 모집한 보험계약의 책임준비금과 비상위험준비금 이상의 자산을 국내에서 보유해야 함	잔무처리자(허가취소 시 선임)는 잔무에 관한 재판상 또는 재판 외의 모든 행위를 할 권리를 가짐

필수예제

50 외국보험회사 국내지점이 합병이나 영업양도로 영업권이 소멸될 경우 자동으로 보험업의 허가가 취소된다. [O, ×]

×
청문을 거쳐 허가취소 결정이 가능하다.

51 외국보험회사 국내지점은 국내에서 모집한 보험계약으로부터 적립한 책임준비금 상당의 자산을 국내에서 보유해야 한다. [O, ×]

×
책임준비금과 비상위험준비금 상당액

6. 모집

① 보험모집을 할 수 있는 자

모집을 할 수 있는 자	모집을 할 수 없는 자
• 판매조직 : 보험설계사, 보험대리점, 보험중개사 • 보험회사 임직원[주1]	보험회사 임직원 중 모집불가인 자 → 대표이사, 사외이사, 감사, 감사위원

※ 주1 : 보험회사 직원은 '영업직원', '일반사무직원'을 모두 포함함

필수예제

52 보험회사 임직원 중 보험모집을 할 수 없는 자는 ( ), ( ), ( ), ( )이다.

대표이사, 사외이사, 감사, 감사위원

② 모집종사자의 권리 비교

구분	보험설계사	보험대리점	보험중개사
보험료수령권	△ 주1	○	×
고지수령권	×	○	×
계약체결권	×	○	×
보험료협상권	×	×	○

※ 주1 : 보험자가 작성한 영수증을 보험계약자에게 교부할 경우 보험료수령권이 인정된다.

[암기 TIP] 보험설계사는 모집상의 권리가 하나도 없으며, 보험대리점은 '보험료협상권'을 제외하고 모두 있으며, 보험중개사는 '보험료협상권'만 있고 나머지는 모두 없다.

필수예제

53 보험설계사는 보험료수령권, 고지수령권, 계약체결권, 보험료협상권이 모두 없다. [○, ×]

> ○
> 단, 초회보험료수령권은 판례상 있다고 인정된다.

54 보험대리점은 보험료협상권을 제외한 (   ), (   ), (   )이 있다.

> 보험료수령권, 고지수령권, 계약체결권

55 보험중개사는 (   )만 있고 나머지 모집상의 권리는 없다.

> 보험료협상권

③ 등록업무의 위탁(등록은 모두 금융위원회)

보험설계사	보험대리점	보험중개사
보험협회	보험협회	금융감독원장

※ 보험계리사, 손해사정사, 보험중개사는 금융감독원에서 등록실무를 담당한다.

필수예제

56 보험설계사와 보험대리점, 보험중개사는 모두 (   )에 등록하고 등록의 위탁업무는 보험설계사 · 보험대리점은 (   )에서, 보험중개사는 (   )에서 한다.

> 금융위원회, 보험협회, 금융감독원장

④ 보험설계사의 교차모집 : 교차모집을 하고자 하는 자는 서류를 보험협회에 제출
　　㉠ '생명보험 + 제3보험'의 전속설계사 : 1개의 손해보험회사를 위한 교차모집가능
　　㉡ '손해보험 + 제3보험'의 전속설계사 : 1개의 생명보험회사를 위한 교차모집가능
　　㉢ 생명보험 또는 손해보험의 전속설계사 : 1개의 제3보험을 위한 교차모집가능

필수예제

57 생명보험회사 또는 제3보험을 전업으로 하는 보험회사에 소속된 보험설계사는 (　　　　　　　　)를 위한 교차모집이 허용된다.

> 1개의 손해보험회사

⑤ 영업보증금

보험대리점 (보험회사를 대리하여 계약을 체결하는 자)		보험중개사 (독립적으로 보험계약 체결을 중개알선하는 자)	
개인	법인	개인	법인
1억원 이내	3억원 이내	1억원 이상	3억원 이상

※ 보험대리점의 영업보증금은 1억/3억원 이내에서 보험회사와 협의해서 결정하며, 보험중개사의 영업보증금은 1억/3억원 이상에서 총리령으로 결정한다.
※ 금융기관보험대리점, 금융기관보험중개사는 영업보증금 예탁의무가 면제된다.
※ 보험중개사는 보험회사 임직원이 될 수 없으며, '보험설계사, 보험대리점, 보험계리사, 손해사정사'의 업을 겸영할 수 없다.

필수예제

58 개인보험대리점의 영업보증금은 (　　　　), 법인보험대리점의 영업보증금은 (　　　　) 이내에서 협의로 정한다.

> 1억원, 3억원

59 법인보험대리점은 영업보증금을 (　　　　　　)에서 협의로 결정하며, 법인보험중개사는 영업보증금을 (　　　　　　)의 금액을 총리령으로 정한다.

> 3억원 이내, 3억원 이상

60 보험중개사는 보험회사 임직원이 될 수 없으며, 보험설계사나 보험대리점의 업을 겸영할 수 없다. [○, ×]

> ○

⑥ 금융기관보험대리점의 영업기준

　　㉠ '금융기관'은 보험대리점 또는 보험중개사로 등록할 수 있다.

　　　※ 금융기관 : 은행, 투자매매업자 또는 투자중개업자, 상호저축은행, 특수은행(산업은행, 중소기업은행, 농협은행), 신용카드업자, 농협 단위조합 – 특수은행 중 수출입은행과 수협이 제외됨

　　㉡ 금융기관보험대리점에는 영업보증금 예탁의무를 면제한다.

　　㉢ 금융기관보험대리점의 보험상품 모집제한

모집가능한 생명보험 상품	모집가능한 손해보험 상품
• 연금상품, 신용생명보험, 개인저축성보험 • 개인보장성보험은 제3보험 주계약에 한해 허용(저축성특약 불가, 질병사망특약 불가)	• 연금상품, 장기저축성보험, 주택화재보험, 상해보험, 신용손해보험 • 개인장기보장성보험은 제3보험 주계약에 한해 허용(저축성특약 불가, 질병사망특약 불가)

필수예제

61 '은행, 증권회사, 상호저축은행, 산업은행, 기업은행, 수출입은행' 중 금융기관보험대리점을 할 수 없는 자는 (　　　　　　)이다.

> 수출입은행
> 특수은행 중 수출입은행과 수협은 제외된다.

62 금융기관보험대리점이 보장성보험을 모집하기 위해서는 제3보험 주계약에 한해서 가능하다. [○, ✕]

> ○
> 저축성특약불가, 질병사망보장불가

63 방카슈랑스는 주택화재보험은 모집할 수 있으나, 일반화재보험계약은 모집할 수 없다. [○, ✕]

> ○

7. 모집 시 준수사항

① 모집질서확립

> • 보험료를 받지 않고 영수증을 선발행할 수 없다.
> • 분납보험료의 경우 납입유예기간 이후에 결제되는 어음을 영수할 수 없다.
> • 보험료를 영수한 경우 소속보험회사가 발행한 영수증을 발급해야 한다. 단, 신용카드 또는 금융기관이체로 보험료를 영수한 경우에는 영수증발급을 생략할 수 있다.
> • 자기가 모집한 계약을 타인이 모집한 것으로, 타인의 모집계약을 자기가 모집한 계약으로 처리할 수 없다.
> • 보험계약자 등의 실지명의가 아닌 명의로 보험계약을 임의로 작성하여 청약할 수 없다.

필수예제

64 모집종사자는 신용카드로 보험료를 지급받은 경우에도 영수증을 발급해야 한다. [○, ✕]

> ✕
> 신용카드나 이체는 발급하지 않는다.

② 보험안내자료

필수기재사항	기재금지사항
• 보험회사 상호나 명칭 • 보험가입에 따른 권리와 의무에 관한 사항 • 보험약관에 정한 보장 및 지급제한에 관한 사항 • 해지환급금에 관한 사항 • 예금자보호와 관련한 사항 등 • 그 밖에 보험계약자 보호를 위해 대통령령으로 정한 사항[주1]	• 자산과 부채에 관련하여 금융위에 제출한 서류와 다른 내용 • 장래의 이익배당과 잉여금분배 예상에 관련한 사항 (→방송 등 불특정다수에게 알리는 경우에도 동일하게 적용)

※ 주1(대통령으로 정한 사항) : 보험안내자료의 제작자 · 제작일, 보험안내자료에 대한 보험회사의 심사 또는 관리번호 등

필수예제

65 보험회사는 보험안내자료에 자산과 부채에 관한 사항을 기재할 수 없다. [O, ✕]

> ✕
> 자산과 부채에 관한 사항이 금융위 제출서류와 다르게 기재하지 못한다는 것이다.

③ 설명의무

   ⊙ 일반보험계약자에게 보험을 판매할 경우 설명의무가 부과된다.
     ※ 설명의무 : 보험계약의 중요사항을 일반보험계약자가 이해할 수 있도록 설명해야 함을 말한다.
   ⓒ 설명의무를 이행하고 일반보험계약자가 이해하였음을 서명이나 녹취 등의 방법으로 확인받고 보관해야 한다.

필수예제

66 설명의무는 전문보험계약자와 일반보험계약자 모두를 대상으로 이행되어야 한다. [O, ✕]

> ✕
> 설명의무는 일반보험계약자만을 대상으로 한다.

④ 적합성의 원칙 : 보험계약에서 적합성이 준수되어야 하는 것은 변액보험이다.

   ⊙ 일반보험계약자의 연령, 보험가입목적, 재산상황 등을 파악한다(Know Your Customer Rule).
   ⓒ ⊙에서 파악한 일반보험계약자의 유형에 적합하지 않은 상품을 권유하면 안 된다.
   ⓒ ⊙에서 파악한 정보는 보험계약체결 이후 종료일로부터 2년간 유지관리해야 한다.

필수예제

67 보험계약에서 적합성이 준수되어야 하는 것은 (   )이다.

> 변액보험

⑤ 중복계약체결 확인의무 : 모집하고자 하는 보험계약과 동일한 위험을 보장하는 보험계약이 있는지의 여부, 즉 보험계약의 중복여부를 확인해야 한다(2011년 시행령).

⑥ 통신판매 관련 준수사항

　㉠ 통신수단을 통해 보험계약을 모집하는 자는 다른 사람의 평온한 생활을 침해하는 방법으로 모집할 수 없다.

　㉡ 통신판매계약은 청약철회 및 계약내용의 확인 또는 계약해지 시에도 통신수단을 이용할 수 있도록 해야 한다.

　㉢ 통신판매의 모집대상

- 통신수단을 이용한 모집에 대하여 동의한 자
- 통신수단을 이용하여 모집하는 자가 소속된 회사와 체결한 기존의 계약이 있는 경우
- 통신수단을 이용하여 모집하는 보험중개사와 보험계약을 중개한 적이 있는 경우
- 위탁보험회사, 보험설계사, 보험대리점, 보험중개사가 개인정보의 활용에 대해 동의를 받은 경우의 당해 개인

---

68 통신판매계약이라도 청약철회 및 계약내용의 확인 또는 계약해지 시에는 통신수단을 활용할 수 없다. [O, ×]

×
청약철회, 계약해지 등에도 통신수단을 이용하도록 해야 한다.

---

⑦ 보험계약의 체결 또는 모집에 관한 금지행위

　㉠ 보험상품의 내용을 사실과 다르게 알리거나 그 중요한 사항에 대해 알리지 않는 행위

　㉡ 보험상품의 내용 일부에 대하여 비교대상기준을 분명하게 밝히지 않거나 객관적인 근거 없이 다른 보험상품과 비교하는 행위

　㉢ 보험계약자나 피보험자로 하여금 고지사항을 보험회사에 알리는 것을 방해하는 행위

　㉣ 보험계약자 또는 피보험자로 하여금 기존보험계약을 부당하게 소멸시킴으로써 유사한 새로운 보험계약을 청약하게 하는 행위 또는 새로운 보험계약을 청약한 후 기존 계약을 소멸하게 하는 행위

- 기존 보험계약이 소멸된 날로부터 1개월 이내에 새로운 보험계약을 청약하게 하거나, 새로운 보험계약을 청약한 날로부터 1개월 이내에 기존 보험계약을 소멸하게 하는 경우
- 이 경우 기존 보험계약이 소멸된 날로부터 6개월 이내에 새로운 보험계약을 청약하게 하거나, 새로운 보험계약을 청약하게 한 날로부터 6개월 이내에 기존 보험계약을 소멸하게 하는 경우로서, 해당 보험계약자 등에게 기존 보험계약과 새로운 보험계약의 중요한 사항을 비교하여 알리지 않은 경우

　㉤ '㉣'의 규정을 위반하여 기존 보험계약을 소멸시킨 경우 그 보험계약이 소멸한 날로부터 6개월 이내에 소멸된 보험계약의 부활을 청구하고 새로운 보험계약은 취소할 수 있음

　㉥ 실제 명의인이 아닌 자의 보험계약을 모집하는 행위

　㉦ 보험계약자 또는 피보험자의 자필서명을 직접 받지 않고 임의로 하는 행위

　㉧ 다른 모집종사자의 명의를 이용하여 보험계약을 모집하는 행위 등등

필수예제

69 기존 보험계약이 소멸된 날로부터 (　　　　) 이내에 새로운 보험계약을 청약하게 하거나, 새로운 보험계약을 청약한 후 기존의 보험계약을 (　　　　) 이내에 소멸케 하는 행위는 금지된다.

> 1개월, 1개월

70 기존 보험계약이 소멸된 날로부터 (　　　　) 이내에 새로운 보험계약을 청약하게 하거나 새로운 보험계약을 청약한 날로부터 (　　　　) 이내에 기존 보험계약을 소멸케 하는 행위로서, 해당 보험계약자 또는 피보험자에게 그 중요한 사항을 비교하여 알리지 않는 행위는 금지된다.

> 6개월, 6개월

⑧ 특별이익의 제공금지(아래의 행위 금지)

- 금품제공금지[단, Min(최초보험료 1년치의 10%, 3만원)은 제공 가능]
- 기초서류에서 정한 사유가 아닌 보험료할인 또는 수수료의 지급
- 기초서류에서 정한 보험금액보다 많은 보험금액의 지급을 약속하는 행위
- 보험계약자나 피보험자를 위한 보험료의 대납 및 대출금이자의 대납
- 제3자에 대한 청구권대위행사의 포기

필수예제

71 보험계약체결 시 최초 1년간 납입되는 보험료의 (　　　)와 (　　　　) 중 적은 금액을 초과하지 않는 금액은 제공 가능하다.

> 10%, 3만원

⑨ 보험회사의 금지행위

- 보험계약모집의 대가로 해당 금융기관에 대한 신용공여, 자금지원 및 보험료의 예탁을 요구하는 행위
- 보험계약체결을 대리하거나 중개하면서 발생하는 비용과 손실을 보험사에 전가하는 행위
- 금융기관의 우월적 지위를 이용하여 부당한 요구를 하는 행위 등

⑩ 자기계약의 금지

- 보험대리점 또는 보험중개사가 자기 또는 자기를 고용하고 있는 자를 보험계약자 또는 피보험자로 하는 보험계약(자기계약)을 모집하는 것을 금지한다(101조 1항).
- 자기계약의 누계액이 해당 보험대리점 또는 보험중개사가 모집한 보험료의 50%를 초과하게 된 경우 자기계약의 금지대상이 된다(101조 2항).[주1]

※ 주1 : 보험업법 101조 1항과 2항은 모순되는 측면이 있다. 1항은 자기계약 자체를 금지하는 조항인데, 2항의 경우 자기계약의 누계액이 전체 계약의 50% 이하일 경우는 허용된다는 의미이다.

72 보험대리점이나 보험중개사가 모집한 자기계약의 누계액이 해당 보험대리점 또는 보험중개사가 모집한 보험료의 (   )를 초과할 경우 금지대상이 된다.

50%

⑪ 변액보험모집 시의 금지사항

- 납입한 보험료의 원금을 보장하는 권유행위
- 모집과 관련하여 취득한 정보를 자신 또는 제3자의 이익을 위해 이용하는 행위
- 허위표시 또는 중요한 사항에 대해 오해를 유발할 수 있는 표시행위
- 사실에 근거하지 않는 판단자료 및 출처를 제시하지 않은 예측자료 제공행위 등

8. 모집을 위탁한 보험회사의 배상책임

① 보험회사는 자사의 임직원, 보험설계사 또는 보험대리점이 모집 중에 보험계약자에게 손해를 입힌 경우 해당 손해에 대해서 배상책임을 진다(단, 상당한 주의의무를 이행한 경우는 면책).

② 책임의 성질 : 보험자가 아래의 책임으로 배상책임을 이행하였을 때는 보험설계사나 임직원 등에 구상권을 행사할 수 있다.

사용자책임(민법 756조)	무과실에 가까운 책임[주1]	무과실책임
피용자의 배상손해를 사용자가 부담	보험설계사와 보험대리점	임직원
	보험회사에게 임직원에 대한 책임을 좀 더 엄격하게 적용함	

※ 주1 : 보험자가 책임을 면하기 위해서는 상당한 주의의무를 이행하였음을 보험자가 입증해야 한다.
※ 보험자는 보험중개사에 대해서는 무과실책임 또는 무과실에 가까운 책임을 지지 않는다.

③ 보험설계사나 보험대리점의 손해배상책임에 보험계약자 등의 책임사유도 경합된다면, 그 과실 정도에 따라 과실상계되어야 한다.

73 보험대리점이 모집행위에 있어서 불법행위를 하여 보험계약자에게 손해배상 책임을 졌을 때, 보험회사는 (무과실책임/무과실에 가까운 책임)으로서 보험자가 책임을 부담한다.

무과실에 가까운 책임

74 보험회사가 보험의 모집활동과 관련하여 무과실에 가까운 책임을 지는 대상은 보험설계사, 보험대리점, 보험중개사이다. [○, ×]

×
보험중개사는 독립적인 조직이므로 무과실책임의 대상이 아닙니다.

9. 보험계약자 등의 권리

의무	권리	
	청약철회	영업보증금에 대한 우선변제권
사기행위 금지 (선언적인 규정)	보험증권을 받은 날로부터 15일 이내 청약 철회 가능(단, 청약일로부터 30일 초과 시는 불가)	보험대리점 또는 보험중개사의 영업보증금은 보험계약자의 손해를 다른 채권자보다 우선하여 변제함

필수예제

75 일반보험계약자는 보험의 증권을 받은 날로부터 15일 이내에 아무런 조건 없이 청약철회를 할 수 있다. [O, ×]

○

76 청약한 날로부터 (   )이 초과하면 어떠한 경우라도 청약철회는 불가하다.

30일

10. 자산운용

① 보험회사의 자산운용원칙 : 수익성, 안정성, 유동성, 공공성

② 자산운용 금지대상

※ 이 부분은 '보험회계 및 자산운용 과목'에서도 출제비중이 높은 부분이므로 주의

- 업무용부동산이 아닌 부동산의 소유
- 상품이나 유가증권에 대한 투기를 목적으로 하는 자금의 대출
- 해당 보험회사의 주식을 매입하도록 하기 위한 대출
- 정치자금 대출
- 해당 보험회사의 임직원에 대한 대출
- 그 외 자산운용의 안정성을 해할 우려가 있는 것으로 대통령령으로 정한 행위

필수예제

77 보험회사의 자산운용에 있어서 부동산을 소유할 수 없다. [O, ×]

×
업무용부동산은 소유 가능하다.

78 당해 보험회사의 임직원에 대한 대출은 금지가 원칙이다. [O, ×]

○
금지가 원칙이나 현실적으로 소액신용대출과 주택자금대출은 허용된다.

③ 자산운용방법

  ㉠ 업무용부동산의 소유비율 : 일반계정의 25%, 특별계정의 15%

  ㉡ 매 분기 말 기준 300억원 이하의 특별계정은 일반계정에 포함하여 운용을 비율적용함

④ 의결권행사제한 : 보험회사는 특별계정자산으로 취득한 주식에 대해서는 의결권을 행사할 수 없다 (단, 합병 등의 이유로 특별계정자산의 손실초래가 명백히 예상될 경우에는 행사 가능함).

⑤ 특별계정 운용에 있어서의 금지행위

> • 보험계약자의 지시에 따라 자산을 운용하는 행위
> • 변액보험계약에 대해서 수익률을 보장하는 행위
> • 특별계정에 속하는 자산을 일반계정에 편입하는 행위
> • 보험료를 어음으로 수납하는 행위

필수예제

79 특별계정의 총 규모가 (   ) 이하이면 일반계정에 포함하여 운용한다.

> 300억원

80 보험료는 신용카드 또는 어음으로 수납 가능하다. [○, ×]

> ×
> 신용카드납입은 가능하나 어음으로 납입은 불가하다.

⑥ 타 회사에 대한 출자제한 : 보험회사는 타 회사의 의결권 있는 주식총수의 15%를 초과하여 소유할 수 없다.

⑦ 타 회사의 의결권 있는 주식총수의 15%를 초과하여 소유한다면 자회사(子會社)가 된다.

  ㉠ 보험회사의 대주주가 비금융주력자일 경우 은행법에 따른 은행을 자회사로 소유할 수 없음(∵ 금산분리규제)

  ㉡ 자회사가 소유하는 주식을 담보로 하는 신용공여 및 자회사가 다른 회사에 출자하는 것을 지원하기 위한 신용공여는 금지

  ㉢ 자회사를 소유하게 된 날로부터 15일 이내에 해당 서류를 금융위에 제출해야 함

  ㉣ 자회사의 소유요건 : 자회사를 소유할 경우 승인 또는 신고의 절차가 필요

금융위 승인으로 소유 가능한 자회사	금융위 신고로서 소유 가능한 자회사
• 금융산업구조개선에 관한 법률상의 금융업 • 신용정보업 • 보험계약의 유지 · 해지 · 변경 또는 부활 등을 관리하는 업무	• 보험회사의 사옥관리업무 • 보험수리업무 • 손해사정업무 • 보험에 관한 교육, 연수, 출판, 컨설팅업무 등

81 보험회사는 어떠한 경우에도 타회사의 의결권 있는 주식지분을 15%를 초과하여 투자할 수 없다. [O, X]

×
타회사의 경우 15%까지 가능하다. 15%를 초과하면 자회사가 된다.

82 자회사를 소유하게 된 날로부터 (　　　) 이내에 관련 서류를 금융위에 제출해야 한다.

15일
자회사는 15%, 15일로 암기하도록 한다.

83 신용정보업을 하는 자회사를 소유하기 위해서는 금융위의 (승인/신고)이/가 필요하다.

승인

11. 재무제표 등

① 보험회사 장부폐쇄일은 매년 12월 31일(2013년 회계연도부터)

② 업무보고서는 매월 제출

③ 책임준비금과 비상위험준비금 계상(관련사항은 총리령으로)

④ 배당 : 유배당보험과 무배당보험은 구분계리하며, 유배당보험의 경우 계약자지분과 주주지분을 정해야 함

84 보험회사 장부폐쇄일은 (　　　　)이다.

12월 31일

12. 해산과 청산

① 해산과 청산 개념비교

해산	청산
법인격을 소멸하게 하는 법률요건	해산사유 발생으로 청산절차 진행, 비로소 법인격이 소멸됨

85 회사의 법인격을 소멸하게 하는 법률요건을 의미하는 것은 (해산/청산)이다.

해산
청산은 법인격을 소멸시키는 절차이다.

② 해산사유 : 아래와 같은 해산사유가 발생하면 회사는 청산절차를 밟아야 한다.

- 존립기간의 만료 또는 정관에 정하는 사유의 발생
- 주주총회와 사원총회의 해산결의[주1](해산결의 + 금융위 인가 = 해산)
- 회사의 합병 : 합병결의 + 금융위 인가 = 해산
- 보험계약 전부의 이전 : 보험업법상의 해산사유(다른 법에는 없는 사항)
- 회사의 파산, 법원의 해산명령, 보험업 허가 취소

※ 주1 : 주총의 해산결의는 특별결의(출석의 2/3 & 전체의 1/3), 사원총회의 해산결의는 사원 과반수의 출석 & 전체의결권의 3/4의 찬성으로 의결함

필수예제

86 주총의 해산결의, 합병결의, 보험계약 전부의 이전에 대한 결의는 ( )를 받아서 해산으로 인정된다.

> 금융위 인가

87 사원총회에서의 해산결의는 '사원총수의 ( )의 출석과 전체의결권의 ( )의 찬성'으로 의결한다.

> 과반수, 3/4
> 주총의 특별결의와는 약간 다르다.

③ 보험계약의 이전

- 보험회사는 계약의 방법으로 책임준비금 산출의 기초가 같은 보험계약의 전부를 포괄하여 다른 보험회사에 이전할 수 있다(보험업법 제140조의 2).
- 절차 : 주총 또는 사원총회의 특별결의(해산결의와 동일) → 이전결의일로부터 2주 내에 공고 → 1개월 이상의 기간을 둔 이의제출공고 → 금융위 인가 → 계약이전 후 7일 이내에 그 취지를 공고 → 해산등기의 신청
- 계약이전의 효과
  - 보험회사는 이전하려는 보험계약과 같은 종류의 보험계약을 이전완료 시까지 체결할 수 없다.
  - 보험계약이전 시 보험계약조건의 변경이 있을 때, 이에 대한 보험계약자의 이의제기가 전체계약자총수의 10%를 초과할 경우 보험계약을 이전할 수 없다.
- 권리 · 의무의 승계 : 보험계약이전 시 이전받은 보험회사가 권리의무를 승계한다.
- 보험계약이 이전된 경우 이전받은 보험회사가 상호회사라면 그 보험계약자는 상호회사의 사원이 된다.
- 보험회사는 해산한 후에도 3개월 이내에는 보험계약 이전을 결의할 수 있다.

필수예제

88 보험회사는 ( )의 기초가 같은 보험계약의 전부를 포괄하여 타 회사에 이전할 수 있다.

> 책임준비금 산출

필수예제

89 보험계약이전 시 보험계약자로부터 이의제기를 받을 수 있는 기간을 (　　　) 이상으로 하여 공고해야 한다.

1개월

90 보험회사는 해산 후에도 (　　　) 이내에는 보험계약의 이전을 결의할 수 있다.

3개월

④ 합병

- A + B = A(흡수합병), A + B = C(신설합병). 합병으로 소멸하는 회사는 상법상 청산절차를 거치지 않고 합병 후 존속회사는 소멸회사의 권리의무를 포괄적으로 승계한다.
  ※ 합병으로 소멸하는 회사는 청산절차 없이 해산등기로 소멸한다.
- 생명보험 + 손해보험 → 합병불가(∵ 생명보험과 손해보험의 겸영 불가)
- 상호회사는 타 회사와 합병할 수 있다.
  - 상호회사 + 타 회사 = 상호회사. 다만 '상호회사 + 주식회사 = 주식회사'이다(→ 상호회사가 타 회사와 합병 할 경우 존속회사는 상호회사이어야 하나, 그 타 회사가 주식회사일 경우에는 존속회사가 주식회사가 될 수 있다).
  - 합병으로 존속하는 회사가 상호회사인 경우에는 상호회사의 사원이 된다.

필수예제

91 합병으로 소멸하는 회사는 청산의 절차 없이 해산등기로 소멸된다. [○, ×]

○

92 인보험회사와 손해보험회사는 합병이 금지된다. [○, ×]

○

93 상호회사가 주식회사와 합병할 경우에는 존속회사는 (　　　　　)가 된다.

주식회사

13. 업무위탁

① 등록업무의 위탁

보험협회에 위탁	금융감독원장에 위탁
보험설계사, 보험대리점의 등록업무	보험중개사, 보험계리사, 손해사정사의 등록업무

※ 금융위원회에 등록을 하는 것이 원칙이나, 각각 보험협회와 금융감독원장에 등록을 위탁함

② 보험료산출기관에 대한 위탁 : 보험개발원

필수예제

94 보험중개사의 등록업무는 금융위의 위탁을 받아 (보험협회/금융감독
원장)이 실무를 담당한다.

금융감독원장

단원 정리 문제

01 보험계약의 청약과 승낙에 관한 설명 중 옳은 것은?

① 보험자는 보험청약자의 청약이 있으면 반드시 이에 대하여 낙부통지를 해야 한다.

② 승낙 전 보험사고에 대해서는 그 청약을 거절한 사유가 없는 한 보험자는 책임을 져야 한다.

③ 보험계약의 청약이나 승낙은 반드시 서면으로 해야 한다.

④ 보험모집인도 보험자를 갈음하여 청약에 대한 승낙을 할 수 있다.

정답 ②
① 30일 내로 낙부통지가 없으면 승낙으로 간주한다.
③ 보험계약은 불요식·낙성계약 이므로 청약의 의사표시와 승 낙으로 성립된다.
④ 청약에 대한 승낙은 보험자만 이 가능하다.

02 승낙 전 사고에 대해 보험자의 보험금지급책임이 발생하기 위해서는 아래의 요건이 모두 갖추어져야 한다. 그 요건 중 적절하지 않은 것은?

① 보험계약자의 청약의 의사표시가 당연히 존재해야 한다.

② 청약과 함께 초회보험료가 입금되어야 한다.

③ 보험자가 청약을 거절할 사유가 없어야 한다.

④ 인보험계약에서는 청약과 함께 피보험자가 신체검사를 받았어야 한다.

정답 ④
신체검사는 모든 인보험에 적용되 는 것이 아니라, 진단계약에 한하 여 적용된다.

03 다음 중 '타인을 위한 보험계약'을 모두 묶은 것은?

보기
ㄱ 계약자와 보험수익자가 같은 생명보험계약
ㄴ 계약자와 보험수익자가 다른 생명보험계약
ㄷ 계약자와 피보험자가 같은 손해보험계약
ㄹ 계약자와 피보험자가 다른 손해보험계약

① ㄱ, ㄴ   ② ㄴ, ㄷ
③ ㄷ, ㄹ   ④ ㄴ, ㄹ

정답 ④
계약자와 보험금청구권자(생명보 험 = 보험수익자, 손해보험 = 피 보험자)가 다른 경우 '타인을 위한 보험'이 된다.
※ [비교] 생명보험계약에서의 '타 인의 생명보험': 보험계약자와 피보험자가 다른 계약을 말함

04 소급보험의 보험자책임에 대한 설명으로 가장 거리가 먼 것은?

① 계약청약 전에 발생한 사고에 대해서도 책임을 부담할 수 있다.

② 계약성립 전 사고도 담보한다.

③ 이미 발생한 사고도 보험계약자 또는 피보험자의 주관적 무지를 요건으로 보상한다.

④ 과거 해상보험에서 멸실여부를 불문하는(lost or not lost) 조건을 특별약정으로 하여 보험계약을 체결한 것이 소급보험의 예이다.

정답 ②

소급보험은 계약성립을 전제로 소급책임이 발생한다.

※ [비교] 승낙 전 사고 책임 : 청약 이후 책임개시, 계약성립 전 사고도 담보, 이미 발생한 사고는 무효가 된다.

05 보험계약의 필수적인 요소인 '보험사고'의 요건을 설명한 것이다. 틀린 것은?

① 우연한 사고이어야 하며, 모든 보험에 있어서 고의사고는 보험자면책이다.

② 보험계약당사자가 마음대로 조종할 수 없을 뿐 아니라 발생 가능성이 있는 것이어야 한다.

③ 보험사고는 대상이 있어야 한다.

④ 보험사고는 그 사고의 범위가 특정되어야 한다.

정답 ①

보증보험의 경우 보험계약자의 고의에 의한 사고의 경우에도 피보험자에게 보험금이 지급될 수 있으며, 생명보험의 경우 2년이 경과한 후의 자살에도 생명보험금을 지급한다.

※ 보험사고의 요건

㉠ 우연성, 발생가능성, 적법성, 사고대상의 존재, 범위의 특정 → '우·발·적·대·특'으로 암기

㉡ 적법성 : 피보험이익의 적법성을 말함

06 빈칸이 올바르게 연결된 것은? (순서대로)

> **보기** 보험계약을 체결한 후 보험계약자가 보험료의 전부 또는 1회 보험료를 (   ) 내로 납입하지 않으면 보험자는 해당 계약을 (   )할 수 있다.

① 1개월 – 해제   ② 2개월 – 해지

③ 2개월 – 해제   ④ 3개월 – 해지

정답 ③

※ 해제의 의미

㉠ 해제란, 유효하게 성립된 계약관계를 당사자 일방의 의사표시에 의해 처음부터 계약이 존재하지 않은 것과 같은 상태로 만드는 법률행위이다.

㉡ 해제가 되면 보험계약의 효력은 소급해서 소멸된다.

㉢ 비교해서 '해지'는 보험계약의 효력이 장래에 대해서만 소멸한다.

07 보험계약의 부활에 대한 설명이다. 틀린 것은?

① 보험계약의 해지 후 미경과보험료나 해지환급금이 보험계약자에게 지급되지 않은 상태이어야 부활이 가능하다.

② 고지의무위반으로 해지가 된 계약의 경우, 고지의무위반의 사유를 해소하면 부활이 가능하다.

③ 보험계약자가 연체보험료에 약정이자를 붙여 납부하고 부활을 청구할 경우 보험자는 다른 약정이 없는 한 30일 내로 낙부통지를 해야 하며, 이를 해태한 때에는 승낙의제로 부활이 인정된다.

④ 계약순연부활제도가 적용되는 계약의 경우 실효기간 동안의 연체보험료와 그 이자를 납부하지 않고도 부활이 가능하다.

정답 ②

부활의 요건은 '㉠ 계속보험료의 미지급으로 인한 계약해지, ㉡ 해지환급금의 미지급상태, ㉢ 보험계약자의 청구와 보험자의 승낙'이다. ㉠의 요건은, 고지의무나 통지의무를 위반함으로써 해지된 계약은 부활청구가 불가함을 의미한다.

※ 부활 시 추가 유의사항

• 부활의 청약 시 고지의무 : 신규계약에 준하여 새롭게 부담한다 (통설).

• 부활승낙 전 보험사고 : 부활청구시점부터 보험자의 승낙 이전에 발생하는 보험사고에 대해서는 보험자가 부활을 거절할 사유가 없는 한 보험자가 보상책임을 진다.

08 고지의무에 대한 설명이다. 가장 거리가 먼 것은?

① 고지의무는 계약의 청약 시가 아니라 계약의 성립 시까지 이행해야 한다.

② 전문적 지식을 가진 보험자가 보험청약서상에서 질문한 사항은 중요한 사항으로 간주된다.

③ 보험청약서상에서 질문하지 않은 사항에 대해 불고지한 경우, 악의적 묵비가 아닌 한 고지의무의 위반으로 보지 않는다.

④ 고지의무위반이 인정되기 위해서는 고지의무자의 불고지 또는 부실고지라는 객관적 요건과 불고지 또는 부실고지가 고지의무자의 고의 또는 중과실로 인한 것이라는 주관적 요건을 모두 충족해야 한다.

정답 ②

간주가 아니라 추정이다. ②는 '중요사항의 추정'에 해당한다.

※ 간주와 추정의 비교 : 추정은 반대사실이 입증이 되면 법적으로 번복이 되지만, 간주는 번복될 수 없다.

09 통지의무 위반 시 보험자는 그 계약을 해지할 수 있는데, 그 대상에 해당하지 않는 것은?

① 위험변경 · 증가 통지의무
② 사고발생 통지의무
③ 선박미확정의 적하보험에서의 통지의무
④ 보험목적의 양도 시 통지의무

정답 ②

정답 ②

사고발생 통지의무를 위반할 경우에는 보험계약을 해지하는 것이 아니라, 보험자가 사고통지를 게을리함으로써 증가한 손해에 대해서 보상하지 않는다.

※ 위험변경 · 증가에 대한 통지의무를 위반 시 효과

통지의무 이행 시	통지의무 해태 시
1개월 내로 보험료의 증액을 청구하거나 계약의 해지가 가능하다.	그 사실을 안 날로부터 1개월 이내에 보험계약을 해지할 수 있다.

※ 통지의무를 이행하더라도 보험계약의 해지가 가능한 점에 유의할 것

10 위험유지의무를 부담하는 자를 모두 묶은 것은?

> **보기** ㉠ 보험계약자　　㉡ 피보험자　　㉢ 보험수익자

① ㉠
② ㉠, ㉡
③ ㉠, ㉢
④ ㉠, ㉡, ㉢

정답 ④

위험의 현저한 변경 · 증가에 대한 통지의무자는 보험계약자와 피보험자이나, 위험유지의무의 대상자는 보험수익자까지 포함된다.

※ 통지의무와 위험유지의무 구분

㉠ 위험의 현저한 변경 · 증가가 보험계약자 등의 책임 없는 사유로 발생한 경우 → 통지의무 부과

※ 이때의 '보험계약자 등' : 보험계약자, 피보험자

㉡ 위험의 현저한 변경 · 증가가 보험계약자 등의 고의 또는 중과실로 발생한 경우 → 위험유지의무 부과

※ 이때의 '보험계약자 등' : 보험계약자, 피보험자, 보험수익자

11 고지의무, 통지의무 등과 관련하여 그 효과가 보기에 해당하는 것은?

> **보기** 1월 내에 보험료의 증액을 청구하거나 보험계약을 해지할 수 있다.

① 위험의 현저한 변경 또는 증가에 대한 통지의무를 이행하지 않은 경우
② 위험유지의무를 위반한 경우
③ 보험의 목적을 양도 시 통지의무를 이행하지 않은 경우
④ 선박미확정의 적하예정보험에서의 통지의무를 이행하지 않은 경우

정답 ②

나머지 ①, ③, ④는 '그 사실을 안 날로부터 1개월 내로 계약을 해지할 수 있다'이다.

12 재보험에 대한 설명이다. 가장 적절하지 않은 것은?

① 재보험계약은 원보험계약의 효력에 영향을 미치지 않는다.
② 원보험계약의 계약자는 원보험자가 지급불능인 경우 재보험자에 대해 지급을 청구할 수 있다.
③ 원보험계약이 생명보험계약이라 하더라도 재보험은 무조건 손해보험에 속한다.
④ 산업발전에 따라 위험이 대형화될수록 재보험의 중요성은 커진다.

정답 ②

원보험계약과 재보험계약은 법률적으로 독립된 별개의 계약이므로 원보험자가 지급불능이라도 재보험자에게 지급을 청구할 수 없다.

13 다음 중 소멸시효가 3년이 아닌 것은? (2015.3.12. 이후 상법 적용)

① 보험료청구권　　　　② 보험료반환청구권
③ 적립금반환청구권　　④ 보험금청구권

정답 ①

① : 보험계약자의 권리(②, ③, ④)는 3년이며, 보험자의 권리(①)는 2년이다.
※ 2015.3.12일에 시행된 상법에서 ②, ③, ④는 2년에서 3년으로, ①은 1년에서 2년으로 증가됨

14 중복보험에 대한 설명 중 가장 적절한 것은?

① 동일한 피보험이익에 대해 수 개의 보험계약을 체결하였다면 중복보험이 된다.

② 중복보험이 되기 위해서는 보험기간이 동일해야 한다.

③ 우리 상법은 중복보험에 대해 연대비례주의를 택하고 있다.

④ 보험계약자가 보험자 1인에 대해 보험청구권의 권리를 포기한다면 포기한 부분은 타보험자들이 연대하여 책임을 진다.

정답 ③

중복보험의 보상은 연대비례주의로 한다.

① 중복보험도 가능하고 병존보험도 가능하다. 수개의 보험가입금액의 합계가 보험가액을 초과하지 않는다면 병존보험이 된다.

② 보험기간은 반드시 동일할 필요는 없고, 중복되는 기간이 있으면 된다.

④ 보험자 1인에 대해 청구권을 포기한다 해도 타보험자의 지급책임액에는 변화가 없다(통모방지를 위한 것).

※ 중복보험의 비례주의와 연대주의 : 비례주의는 계약별 안분비례하여 보험금지급책임을 진다는 것이며, 연대주의는 피보험자가 중복보험 가운데 하나의 보험사에 청구를 할 수 있는데, 하나의 보험사가 먼저 전액을 지급하고 초과지급분에 대해서 나머지 보험사가 연대하여 책임을 부담하는 것을 말한다.

15 손해방지의무에 대한 설명으로 틀린 것은?

① 손해방지의무를 부담하는 자는 보험계약자와 피보험자, 그리고 이들의 대리권이 있는 자이다.

② 손해방지의무는 원칙상 손해보험에서만 인정된다.

③ 손해 자체를 막아야 하는 의무는 손해방지의무에 포함되지 않는다.

④ 우리나라 손해보험약관은 손해방지의무 위반 시 경과실과 중과실을 구분하지 않고 보험자책임을 면제하고 있다.

정답 ④

경과실로 인한 위반은 보험자지급책임을 인정하고, 고의 또는 중과실의 경우는 보험자지급책임을 면제한다.

16 보험업법에 대한 내용이다. 가장 적절한 것은?

① 상법과 보험업법이 상충될 경우에는 상법이 우선 적용된다.

② 우체국보험이나 산업재해보상보험도 보험업법의 적용을 받는다.

③ 보험업법의 감독방법 3가지는 공시주의, 준칙주의, 실질적 감독주의인데 우리나라는 공시주의를 택하고 있다.

④ 보험업의 허가는 회사설립의 허가가 아니라 보험종목별 허가이다.

17 화재보험과 책임보험을 경영하고자 한다면 갖추어야 하는 최저자본금은?

① 50억원   ② 200억원

③ 300억원   ④ 400억원

18 다음 설명 중 가장 거리가 먼 것은?

① 외국보험회사 등이 국내사무소를 설치할 경우 그 설치일로부터 30일 이내에 금융위에 신고해야 한다.

② 자본감소에 따른 공고를 할 경우 자본감소에 대한 이의제기를 할 수 있는 기간을 1개월 이상으로 하여 공고를 해야 한다.

③ 상호회사는 100명 이상의 사원으로서 설립하며, 만일 설립 후 사원의 수가 100명 이하가 된다면 상호회사의 해산사유가 된다.

④ 개인보험대리점의 영업보증금은 1억원, 법인보험대리점은 3억원의 범위 내에서 협의로 결정하며, 금융기관보험대리점에 대해서는 영업보증금 예탁의무를 면제한다.

정답 ③

상호회사는 100명 사원으로 설립하며, 설립 후 사원의 수가 100명이 안 된다고 해도 해산사유가 되지는 않는다.

19 보험모집과 관련하여, 보험대리점에 인정되지 않는 권리는?

① 보험료수령권   ② 고지수령권
③ 계약체결권   ④ 보험료협상권

정답 ④

보험료협상권은 보험중개사에게만 인정되는 권리이다.

※ 암기법

㉠ 보험설계사 : 아무 권리가 없음 (판례상 초회보험료에 한해 보험료수령권이 있다고 봄)

㉡ 보험대리점 : 보험료협상권을 제외하고 모두 있음

㉢ 보험중개사 : 보험료협상권만 있고 나머지는 모두 없음

20 다음 설명 중 가장 거리가 먼 것은?

① 보험회사 임직원의 보험모집은 금지된다.

② 적합성의 준수대상이 되는 보험상품은 변액보험상품이다.

③ 보험회사의 특별계정이 매 분기 말 기준으로 300억원 이하일 경우는 일반계정에 포함하여 운용한다.

④ 보험계약 체결 시부터 최초 1년간 납입되는 보험료의 10%와 3만원 중 적은 금액에 해당하는 금품의 제공은 가능하다.

정답 ①

보험회사 임직원 중 '대표이사, 사외이사, 감사 및 감사위원회'는 모집대상에서 제외된다.

※ 참고로 보험사는 임직원에 대해서는 무과실책임을, 보험모집인에 대해서는 무과실에 가까운 책임을 진다(임직원에 대해서 더 엄격한 책임을 부담함을 의미).

PART

03

손해보험 언더라이팅

PART 03
손해보험 언더라이팅

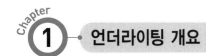

Chapter
1 · 언더라이팅 개요

1. 언더라이팅 의의

① 언더라이팅 개념

ⓐ 보험가입을 원하는 대상(피보험자 또는 피보험물건)에 대한 위험을 평가하여 그 위험도에 따라 인수와 거절을 결정하는 과정이다.

● 위험도 평가의 대상

피보험자의 위험도	피보험물건의 위험도
건강상태, 직업, 직무환경, 소득수준 등	업종, 건물구조, 보관방법 등

ⓑ 언더라이팅 과정 : 정확한 위험정보 확보 → 매뉴얼에 따른 공정한 심사 → 위험선택 또는 거절

※ Underwriting refers to process of selecting, classifying and pricing applicants of insurance.

ⓒ 타 업무와는 달리 언더라이팅은 외부에 위탁할 수 없으므로 보험사의 핵심업무가 된다.

필수예제

01 ( )은 위험을 평가하고, 판단하고, 보험조건을 결정하는 업무를 말한다.

언더라이팅

② 언더라이팅의 역할

ⓐ 언더라이팅은 역선택(adverse selection)의 차단과 예방을 통해 '보험가입자 간의 공평성'을 유지하고 나아가서 보험제도의 정상적 유지가 가능하게 한다.

보험가입자 간의 공평성 유지	보험제도의 정상적 유지
위험도에 따라 요율을 적용	합리적인 인수기준과 절차를 통한 운영

Ⓛ 역선택의 유형

환경적 위험 • 고위험군에 속하는 직업을 제대로 알리지 않은 경우 • 직무위험도, 운전여부, 취미 등	도덕적 위험 연령이나 사회적 지위에 비해서 과도한[주2] 보험가입상 태, 보험수익자가 제3자인 경우 등 고의사고 유발 가 능성
신체적 위험[주1] • 이미 발병한 질병, 증상을 제대로 알리지 않은 경우 • 건강상태, 가족력, 음주여부, 흡연여부 등	재정적 위험 소득에 비해 과도한[주2] 보험료의 지불상태

※ 주1 : 신체적 위험에서의 질병은 '체증성위험, 항상성위험, 체감성위험'으로 분류함(세부내용은 Chapter 3
       에서 학습함)
※ 주2 : 재정적 위험도 도덕적 위험에 포함된다고 볼 수 있겠으나, 협의의 개념으로 구분한다면 '소득에 비해
       과도한 보험료납입'은 재정적 위험으로, '소득이 아닌 연령이나 사회적 지위 등에 비해 과도한 보험료납입'
       은 도덕적 위험으로 평가할 수 있음

필수예제

02 언더라이팅의 핵심적 역할의 하나는 (   )의 차단과 예방에
    있다.

03 운전여부는 (환경적 위험/신체적 위험)에 속한다.

04 음주여부, 흡연여부는 (환경적 위험/신체적 위험)에 속한다.

05 소득에 비해 과도한 보험료를 내고 있다면 (재정적 위험/도덕적 위
    험)이 크다고 볼 수 있다.

06 연령이나 사회적 지위에 비해서 보험료를 과도하게 납입하고 있다
    면 (재정적 위험/도덕적 위험)이 크다고 볼 수 있다.

역선택

환경적 위험

신체적 위험

재정적 위험

도덕적 위험

2. 언더라이팅의 절차 4단계

[1단계] 모집자에 의한 최초 언더라이팅
① 대면접촉을 통해 취득한 정보로서 정보의 비대칭을 가장 잘 보완한다는 점에서, 4단계 언더라이팅 절차 중에서 가장 중요하게 평가된다.
② 모집자보고서 : 계약자와 피보험자의 기본정보(연령, 직업, 소득, 가입경위 등)와 불완전판매를 방지하기 위한 상품설명 후 계약자 및 피보험자의 자필서명확인을 받은 보고서이다.

[2단계] 건강진단에 의한 언더라이팅
① 건강진단은 일부 계약에 한해 진행한다(∵ 진단비용과다의 문제).
② 보험의학은 장기간 유지하는 보험계약의 특성상 20년 정도의 장기간에 걸쳐 환자의 예후를 예상해야 하므로 임상의학(현재의 환자치료를 주목적)보다 엄격하게 적용된다.
   ❖ 비만의 경우 임상의학에서는 당장 문제되지 않으나, 장기적 예후를 중시하는 보험의학의 경우 문제가 되므로 경우에 따라 할증요소 내지 부담보 또는 거절요인이 될 수도 있다.

[3단계] 언더라이팅 부서의 언더라이팅
① 언더라이팅 매뉴얼에 의한 공정하고 객관적인 언더라이팅 업무수행을 말한다.
② 언더라이터(Underwriter)에게는 전문성과 경험이 필요하나, 언더라이팅 결과를 고객에게 마찰없이 잘 설명을 할 수 있는 커뮤니케이션 능력도 요구된다.
③ 언더라이팅은 영업력을 축소하는 것이 아니라 장기적으로 영업력을 강화시킬 수 있어야 한다.
   ※ 피보험자에 대해서는 공정한 언더라이팅, 회사 측면에서는 비용절감이 되는 효율적인 언더라이팅이 되어야 함

[4단계] 계약적부심사
① 계약적부심사는 보험계약이 체결되기 전에 피보험자에게 직접 방문하여 '청약서상에서 알린 사항'을 검증하는 절차이다.
   ※ 피보험자 등이 청약을 할 경우 '방문을 통한 계약적부심사가 있을 수 있음'을 청약서상에 명시하여야 함
② 직접 방문하여 피보험자의 고지사항을 검증하므로 역선택 차단효과가 크다. → 보험사고 최소화 → 보험료인하효과 → 다수의 선의의 계약자를 보호하는 효과
   ※ 방문심사가 정확하지만 비용의 문제가 발생함. 따라서 텔레-언더라이팅이 계약적부심사의 수단으로 활용되기도 함

필수예제

07 언더라이팅의 4단계 절차는 (   ),
(   ), (   ), (   )이다.

> 모집자에 의한 1차 언더라이팅, 건강진단에 의한 언더라이팅, 언더라이팅 부서의 언더라이팅, 계약적부심사

08 언더라이팅의 4단계 절차 중 '역선택 방지'라는 언더라이팅의 기본적 목적 달성에 가장 큰 효과를 주는 단계는 (   )이다.

> 모집자에 의한 1차 언더라이팅
> 모집단계에서 피보험자의 위험정보를 가장 잘 파악할 수 있기 때문이다.

09 보험의학은 임상의학에 비해 그 기준이 더 (엄격하다/완화된다).

> 엄격하다.

10 언더라이터(Underwriter)에게는 전문성과 풍부한 경험 외에도, 인수거절이나 조건부인수에 불만을 가질 수 있는 고객에게 마찰없이 잘 설명할 수 있는 커뮤니케이션 능력도 필요하다. [O, ×]

> ○
> 인수거절 시 반감을 줄이며 설명할 수 있는 상담능력이 필요하다.

11 ( )는 보험계약이 체결되기 전 피보험자를 방문하여 '청약서에 알린 사항'을 검증하는 단계이다.

> 계약적부심사

12 ( )는 보험계약자 등의 고지의무위반을 조기에 발견하여 역선택 방지뿐만 아니라 고지의무위반과 관련된 보험금 분쟁을 줄이는 효과를 기대할 수 있다.

> 계약적부심사

3. 언더라이팅 과정

① 언더라이팅의 'PLAN–DO–SEE'

PLAN (계획수립)	DO (집행)	SEE (평가 및 수정)
• 위험에 대한 정확한 정보 확보 • 매뉴얼과 대안 확립	매뉴얼에 따른 위험인수 또는 위험거절, 조건부인수 제안	• 손해율과 영업수지 평가 • 평가결과에 따라 매뉴얼 및 보험요율, 영업정책 등 수정

② 언더라이팅의 흐름 및 결과

  ㉠ 보험가입신청(위험인수요청) → 언더라이터의 위험분석 및 평가 → 위험의 인수 또는 거절
  ㉡ 보험가입신청(위험인수요청) → 언더라이터의 위험분석 및 평가 → 조건부 인수조건 제시 → 가입자의 보험가입여부 결정
  cf) 보험자가 계약의 인수를 거절할 경우, 보험업법 시행령의 설명의무에 따라 거절사유에 대해서 보험계약자에게 지체 없이 알려야 한다(시행령 제42조).

13 보험계약자의 청약에 대한 보험자의 선택은 언더라이팅의 결과 ( ), ( ), ( )이라는 3가지 결과로 나타난다.

> 위험인수, 조건부인수, 위험거절

14 언더라이팅 결과 인수거절을 할 경우 승낙이 거절된 사유를 보험계약자에게 알리는데, 이는 법률상 강제가 아니지만 고객관리차원에서 바람직한 것이다. [O, ×]

> ×
> 권장사항이 아니라 법정사항이다. 보험업법 시행령 설명의무에 따른다.

Chapter 2 · 일반보험 언더라이팅

● 일반보험의 언더라이팅 3단계

1. 언더라이팅 계획수립(PLAN단계)

① 위험에 대한 정확한 정보 확보

ㄱ. 소액계약의 경우 보험청약서로만 언더라이팅이 가능하지만, 고액계약(대형물건)은 Risk survey(사전 위험조사)가 필요함

※ 소액계약이라도 과거 손해이력이 있는 경우에는 Risk survey가 필요함

ㄴ. Risk survey의 조사대상

- 불량계약자 여부
- 과거 3년간의 손해율(손해이력)
- 동일사고 빈번여부
- 보험가입금액에서 동산의 비율과다여부(50% 이상여부)

필수예제

01 언더라이팅 시 과거 손해이력을 계약자의 과거 (   ) 손해율로 파악한다.

> 3년간

02 전체 보험가입금액에서 동산(재고자산)의 비중이 (   ) 이상이면 도덕적 위험이 높은 계약으로 판단한다.

> 50%

---

② 적정한 인수규정(언더라이팅 매뉴얼) 확립과 대안 마련

ㄱ. 인수규정(Underwriting manual)의 확립

- 인수규정은 합리적이고 공정해야 하며, 예외적 적용에도 대비하는 절차가 마련되어야 함
- 예외적 적용 : 물건 자체의 위험이 높아도 당 보험사와의 거래관계상 거절이 어려운 경우 재보험출재를 전제로 인수할 수도 있으며, 영업실적을 좌우할 수 있는 대형계약의 언더라이팅은 위험선택이 아니라 위험분산에 치중할 수밖에 없음

ㄴ. 대안 마련 : '인수가능성여부'와 '조건부인수'에 대한 체계적인 대안 마련

인수가능성여부		조건부인수	
위험인수	인수거절	보험조건	보험요율조건
PML, LOL 설정, Deductible 설정, 재보험 출재	역선택 평가	소손해면책, 공동보험, 부담보조건 등	요율등급 변경 등

03 인수규정(언더라이팅 매뉴얼)은 합리적이고 공정해야 하므로 어떠한 예외도 있을 수 없다. [O, ×]

> × 위험이 높은 물건이어도 거래관계가 돈독할 경우 인수할 수 있다.

04 영업실적을 좌우할 수 있는 대형계약의 언더라이팅은 위험선택이 아니라 (   )에 치중할 수밖에 없는 경우도 있다.

> 위험분산 언더라이팅의 예외에 해당된다.

05 조건부인수를 할 경우에는 보험조건이나 보험요율조건을 조정할 수 있는데, 자기부담금 설정규모를 상향조정한다든가, 일부 담보를 제외하는 것은 (   )에 해당한다.

> 보험조건

2. 언더라이팅 집행(DO 단계)

① 언더라이팅의 집행은 '위험인수, 위험거절, 조건부인수'를 결정하는 것을 말함

② 위험인수를 위한 언더라이팅

    ㉠ 보험가입신청 시 청약서 심사로 언더라이팅을 하는 것이 일반적이나, 대형계약은 Underwriting Insepection을 추가하는 것이 바람직함

        ※ 특히 해외재보험사에 출재하고 재보험협의요율을 사용하는 대형패키지보험의 경우 대상물건의 위험도조사 내용을 모두 보고해야 함

    ㉡ 화재보험계약을 인수할 때의 중요사항 – PML, LOL의 설정

        ● TSI, PML, LOL

TSI(Total Sum Insured)	PML(Probable Maximum Loss)	LOL(Limit Of Liability)
피보험자가 부보하고자 하는 가입금액	전손위험이 낮을 경우 추정최대손실(PML)을 부보기준으로 삼는 것이 일반적	보험자의 보상한도액을 보험가입금액보다 훨씬 작게 하여, 보험자와 계약자 간의 'win-win'관계를 도출할 수 있음

> **예시** 화재보험의 인수사례이다. '보험가입금액 100억원, PML 60억원(또는 60%), LOL 48억원' 일 경우,
>
> 1) 만일 전손이 발생한다면 보험자의 최대보상한도액은 100억원이다. 그런데, 이러한 전손가능성이 매우 낮은 보험목적이라면, 굳이 TSI 100억원으로 보험가입을 할 필요가 없다(∵ 계약자의 입장에서는 보험료의 과다지출).
> 2) 해당 보험목적의 추정최대손실(PML)[주1]은 60억원인데, 만일 보험목적이 공장물건이고 여러 공장동이 한 개 동이고 최대위험물건(Top Risk물건)과 거리를 더 둔다든가, 방화벽을 둔다든가, 자체 소방시설을 더 갖춘다든가 등의 보완을 할 경우 PML은 하락한다.

※ 주1 : 2012년 기준 전체 공장건물의 평균 PML은 58.83%이다(한국화재보험협회).

3) LOL의 설정취지는 TSI가 아닌 PML을 기준으로 부보하되 보험자의 보상책임(LOL)을 PML 보다 낮게 설정함으로서 보험자와 계약자 간의 win-win관계를 기대할 수 있다.

  ※ 보험자의 입장 : TSI보다 훨씬 작은 금액으로 보상책임액을 제한할 수 있으며, 대형계약의 경우 LOL이 설정되어야 재보험출재가 가능한 경우가 많아 대형계약의 LOL 설정은 필수적이다.

  ※ 계약자의 입장 : TSI로 부보하는 것보다 보험료비용을 훨씬 낮출 수 있다.

4) 그런데, 만일 보험사고가 LOL 이상으로 발생한다면 LOL을 초과하는 손해액은 계약자가 전적으로 부담하므로 계약자 입장에서는 지나치게 낮은 LOL을 설정하지 않도록 유의해야 한다.

  📷 동 예시에서 손해액이 70억원 발생하였다면 '보험자책임액 48억원, 계약자부담액 32억원'이 된다. 이처럼 손해액이 PML이상으로 발생하는 것을 PML Error라고 한다.

5) PML Error : PML은 부보의 기준으로서 PML이 언더라이팅에서 차지하는 중요성은 대형계약일수록 더 커진다. 따라서 PML을 조사·평가하는 Risk surveyor의 역할이 증가하는 것이며, 언더라이터의 입장에서는 PML Error를 고려하여 PML 적용을 좀 더 보수적으로 할 필요가 있다.

  ※ PML과 MPL : PML보다는 MPL의 금액이 크며, 일반적으로 PML을 부보기준으로 하지만, 매우 보수적으로 위험을 부보할 경우 예외적으로 MPL을 기준으로 한다.

PML	MPL
• Probable Maximum Loss • 주어진 상황[주1]에서 평균적으로 일어날 수 있는 손실의 최대금액	• Maximum Possible Loss • 최악의 상황[주2]에서 일어날 수 있는 손실의 최대금액

  ※ 주1 : '주어진 상황'이란 기본적인 소방시설, 소방기구가 정상적으로 작동하는 상황을 말한다.

  ※ 주2 : '최악의 상황'이란 기본적인 소방시설, 소방기구가 정상적으로 작동하지 않는 상황을 말한다.

ⓒ 화재보험계약을 인수할 때의 중요사항 – Deductible의 설정

• Deductible(공제액 또는 자기부담금 설정액)은 보험자에게는 소손해면책이, 보험계약자에게는 자기부담금이 된다.

• 자기부담금은 보험계약자의 도적적 위험을 방지하며, 자기부담금 설정액이 높을수록 계약자의 위험관리 의지도 높아지는 것이고 이에 대한 보상으로 보험료는 낮아지게 된다.

※ 대형계약일수록 Deductible의 설정은 필수적이다.

ⓓ 재보험출재(出再)

• 손해보험사는 재보험출재가 많으므로 손해보험사의 위험인수는 '위험보유 + 재보험출재'로 표현할 수 있다(즉 위험보유부분은 '인수한 원보험 – 재보험출재분'이다).

• 위험보유와 위험분산

위험보유의 원칙		위험분산의 종류	
안정성	수익성	재보험	공동보험(공동인수)
2원칙 중 '안정성'이 우선되어야 한다.		수직적 위험분산	수평적 위험분산

▶ **도해** : 수직적 위험분산(재보험), 수평적 위험분산(공동보험 I ; Co − Insurance I)

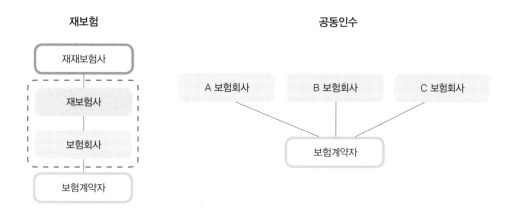

재보험

재재보험사

재보험사

보험회사

보험계약자

공동인수

A 보험회사 B 보험회사 C 보험회사

보험계약자

필수예제

06 언더라이팅의 목적인 역선택방지를 확실히 하기 위해 모든 언더라 이팅에 있어서 Underwriting Insepection을 추가하는 것이 바람 직하다. [○, ×]

× 소형계약은 청약서만 가지고도 언더라이팅이 가능하다. 언더 라이팅 인스펙션은 대형계약에 한해서 적용한다.

07 보험가입금액이 100억원인 보험목적에 대해서, 소방시설이나 소 방기구가 정상적으로 작동하는 상태를 가정하고 추정한 최대손실 액이 60억이라면 PML은 (   )이다.

60%(또는 60억원)

08 일반적으로 PML은 보험목적의 (전손/분손) 가능성이 매우 낮은 상 태에서 부보의 기준이 된다.

전손 전손가능성이 매우 낮거나 또 는 분손가능성이 매우 높은 상 태를 기준으로 한다.

09 PML이 70억원이라면 LOL은 70억원보다 (높게/낮게) 설정하는 것 이 옳다.

낮게

10 PML보다 LOL을 낮게 설정하는 이유는, (보험자/보험계약자)의 입장 에서는 보상책임액의 부담이 낮아지고 또한 재보험출재가 용이한 장점이 있기 때문이다.

보험자

11 PML이 50억원이고 LOL이 40억원인데, 손해액이 60억원 발생하였다면 보험자 책임액은 (   )이다.

> **40억원**
> LOL이 설정된 경우 보험자의 입장에서는 어떤 경우에도 LOL까지 보상하며 초과액은 보험계약자의 부담이다.

12 소방시설이나 소방기구가 제대로 작동하지 않은 상태에서의 최대 추정손실액을 (PML/MPL)이라고 한다.

> **MPL**
> 정상적으로 작동하는 상태에서의 추정최대손실액은 PML이다.

13 위험을 극단적으로 회피할 경우 보험료를 더 내더라도 (PML/MPL)로 부보한다.

> **MPL**

14 PML을 조사하고 평가하는 자는 (Underwriter/Risk surveyor)이다.

> **Risk surveyor**
> 언더라이터는 Risk surveyor가 평가한 PML을 PML Error를 고려하여 신중하게 상정하는 역할을 한다.

15 Deductible 금액을 상향조정하면 보험료는 (상승/하락)한다.

> **하락**

16 위험보유의 원칙에는 안정성과 수익성이 있는데 (   )이 우선되어야 한다.

> **안정성**

17 위험분산은 하나의 보험목적에 대해서 여러 보험사가 공동으로 인수하는 것을 공동보험이라 하는데 이는 (수평적/수직적)인 위험분산에 해당된다.

> **수평적**

18 원보험계약이 인수한 위험의 크기가 너무 클 때 원보험계약의 위험의 일부를 재보험사에 출재하여 위험을 분산할 수 있는데 이를 (수평적/수직적) 위험분산이라 한다.

> **수직적**

③ 위험거절을 위한 언더라이팅

　㉠ 도덕적 위험이 있거나 조건부인수도 어려운 경우 위험을 거절해야 함

　㉡ 인수거절 시 즉시 통보를 해야 함(계약갱신의 경우 갱신일 전일 또는 당일)

　　※ 즉시통보의 효과 : 계약자 입장의 위험공백을 최소화해주는 차원과, 보험회사의 언더라이팅부서와 영업조직 간의 마찰을 최소화하는 차원

19 보험자가 인수를 거절할 경우 보험계약자에 대한 통보는 3영업일 내로 해야 한다. [O, ×]

×
시행령에 따라 즉시 해야 한다. 갱신계약의 경우 갱신 전일 또는 당일에 한다. 이는 계약자의 보험공백을 최소화하고 영업조직과의 마찰을 최소화하기 위한 차원이다.

④ 조건부 인수를 위한 언더라이팅

　㉠ 언더라이팅의 목적이 위험물건에 대한 무조건적인 거절에 있는 것이 아니므로, 계약인수가 가능한 조건을 제시함

　㉡ 보험자가 제시한 인수조건을 계약자가 그대로 받아들이는 경우가 많지 않으므로, 인수의 예외적 적용이나 특수한 경우에 성립된다고 할 수 있음

20 보험자가 인수를 거절하지 않고 조건부인수를 제시할 경우, 보험계약자가 이를 받아들여 부담보계약으로 체결하는 경우가 일반적이다. [O, ×]

×
보험자가 제시한 조건으로 계약을 체결하는 경우는 매우 드물다.

3. 언더라이팅 평가 및 수정(SEE 단계)

① 언더라이팅 평가

　㉠ (원)보험사업에 대한 평가

손해율평가	합산비율평가
손해보험사업에 대한 평가 – 평가대상 : 손해율 (보험금/보험료), 사업비율	손해보험사업뿐 아니라 회사 자체의 사업비도 포함한 경영성과를 평가 – 평가대상 : 손해율 + 사업비율

예시 보험료 100억원, 보험금 70억원, 사업비 40억원일 때(현금주의를 가정함)

1) 손해율은 70%이다($\frac{70}{100} \times 100$). 사업비율은 40%이다($\frac{40}{100} \times 100$).
2) 합산비율은 110%이다(손해율70% + 사업비율 40%).
3) 종합평가 : 합산비율이 100% 이상이면 언더라이팅 결과가 만족스럽지 못한 것이다(100% 미만이라야 바람직함).
※ 합산비율의 의미는 '공통4 손해사정'에서 좀 더 세부적으로 학습함

　㉡ 영업수지평가 : 손익계산서 기준의 평가를 하고(보험료수입에서부터 보험금의 지급과 사업비지출을 고려), 손익발생의 원인을 언더라이팅 차원에서 규명하는 것

　cf) 원보험사업에 대한 평가는 일종의 '매출이익' 차원이고, 영업수지 평가는 '영업이익' 차원의 평가이다.

② 언더라이팅의 수정 : 언더라이팅의 결과가 만족스럽지 못할 경우 언더라이팅의 수정방안은 아래 3가지로 분류할 수 있다.

영업정책 수정	매뉴얼 수정	보험요율 수정
손해율 상승 → 영업정책 수정 ※ 영업조직개편, 판매방침 수정 등	손해율 상승 → 인수기준 수정 ※ 보험종목별 인수기준 강화 등	손해율 상승 → 보험요율 인상 ※ 예정률과 실적률의 괴리가 있을 경우 요율을 조정함[주1]

※ 주1 : 보험요율조정은 손해율은 과거 5년간, 사업비율은 과거 1년간의 실적률을 반영한 요율조정공식을 사용한다.

필수예제

21 원보험사업에 대한 평가는 수입보험료에 대한 보험금의 지출로 평가할 수 있는데 이를 (   )평가라고 한다.

> 손해율

22 원보험사업에 대한 평가로서 합산비율평가는 (   )과 사업비율평가를 합산한 것이다.

> 손해율
> 합산비율 = 손해율 + 사업비율

23 보험료 100억원, 보험금 60억원, 사업비 30억원일 경우 해당 보험사의 손해율은 (   ), 사업비율은 (   ), 합산비율은 (   )이다. 그리고 동사는 언더라이팅업무를 나름대로 잘 수행했다고 볼 수 있다.

> 60%, 30%, 90%

24 언더라이팅 결과의 평가는 두 측면으로 할 수 있는데, 두 측면이란 (   )와 (   )를 말한다.

> 원보험사업에 대한 평가, 영업수지평가

25 언더라이팅결과가 만족스럽지 못할 때의 언더라이팅 수정방법에는 (   ), (   ), (   )이 있다.

> 영업정책 수정, 매뉴얼 수정, 보험요율 수정

26 손해율이 급등하여 언더라이팅의 매뉴얼상 인수기준을 매우 강화시켰는데, 이는 언더라이팅의 수정방법 중 (   )에 해당한다.

> 언더라이팅 매뉴얼 수정

필수예제

27 손해율이 상승하여 보험요율의 (   )과 (   ) 간에 괴리가 생길 경우 보험요율을 조정해야 한다.

> 예정률, 실적률

28 보험요율을 조정해야 할 경우 손해율은 과거 (   )의 경험치, 사업비율은 과거 (   )의 실적치를 반영한 요율조정공식을 사용하여 조정한다.

> 5년, 1년

● 언더라이팅 시 유의해야 할 주요 보험계약조건

1. 자기를 위한 보험계약 VS 타인을 위한 보험계약

① 개념

계약자	피보험자	구분
본인	본인	자기를 위한 보험
본인	타인	타인을 위한 보험

※ 손해보험의 경우

② 임차인이 '임차건물에 대한 화재배상책임'을 부보하기 위한 화재보험 가입방법 비교

비교	계약자	피보험자	보험종류	구분
㉠	임차인	임차인	화재보험	피보험이익이 없으므로 무효가 될 수 있음
㉡	임차인	임대인 (건물주)	화재보험	대위권포기조항을 설정해야 임차인에게 구상권을 행사하지 않음
㉢	임차인	임차인	임차자 화재배상책임보험	가장 확실한 방법

㉠ 손해보험에서는 피보험이익이 없는 계약은 무효이다. 따라서 임차자가 자기를 위한 보험(피보험자 = 임차인)으로 건물화재보험에 가입하는 경우, 피보험이익이 없으므로 무효가 될 수 있다.

㉡ 임차자가 타인을 위한 보험으로 계약하는 경우(피보험자 = 건물주), 대위권포기조항을 설정해야 한다.

> ※ 임차자의 과실로 건물에 대한 배상책임이 발생하였을 경우 보험자는 건물주(피보험자)에게 보험금을 지급하고 계약자(임차인)에게 대위권을 행사할 수 있는데, 이렇게 되면 보험가입의 의미가 없다. 따라서 이 경우 계약자(임차인)을 대위권 행사대상에서 제외함이 적절하다(대위권포기조항 설정).

㉢ 임차자배상책임보험이 자기를 위한 보험이면서 보험가입목적에도 가장 부합된다.

29 임차인이 임차하고 있는 A건물(보험목적)에 대해 화재가 발생할 경우의 배상책임을 부보하기 위해 자기를 위한 보험으로 가입한다면 (   )에 가입하면 된다.

> 임차자배상책임보험

30 임차인이 임차하고 있는 보험목적에서 화재가 발생할 경우의 배상책임을 부보하기 위해 타인을 위한 보험으로 가입한다면 (임차인/임대인)을 피보험자로 하고, 임차인에 대한 (   )조항을 설정해야 한다.

> 임대인, 대위권포기

2. 보험기간

① 보험기간은 보험자가 보험금지급의 책임을 지는 기간을 말한다. 예를 들어 생명보험은 '초회보험료 납입 시부터 해지 시까지'이며, 자동차보험은 초회보험료 납입 시부터 마지막 날의 24시까지(최초계약의 경우)'이다.

② 보험기간의 종류

기간보험기간 (Time Policy)	구간보험기간 (Voyage Policy)	혼합보험기간 (Mixed Policy)
위험이 시간에 비례하는 경우	위험이 거리에 비례하는 경우	시간과 특정 목적이 혼합하는 경우
대부분의 보험(화재보험, 자동차보험, 상해보험 등)	운송보험(해상보험, 항공보험 등)	여행자보험(보험기간 중 여행목적 기간 중에 발생한 사고를 보상)

31 일반적인 보험기간과 특정목적이 존속하는 기간이 중복되어야 보험자의 책임이 발생하는 것은 (기간보험기간/구간보험기간/혼합보험기간)이다.

> 혼합보험기간

32 기간보험기간으로 담보하는 보험은 (화재보험/해상보험/여행자보험)이다.

> 화재보험
> 해상보험이나 운송보험은 구간보험, 여행자보험은 혼합보험기간이다.

3. 담보기준

① 담보기준의 개념 : 보험자의 책임이 개시되는 기준을 말함

② 3가지 담보기준[주1]

사고발생기준	배상청구기준	사고발견기준
보험기간 중 사고가 발생해야 보상이 됨	보험기간 중 배상청구가 제기되어야 보상이 됨	보험기간 중 사고가 발견되어야 보상이 됨
화재보험, 자동차보험, 상해보험 등 대부분의 보험	직업배상책임보험, 생산물배상책임보험 등	금융기관종합보험, 일부 범죄보험 등

※ 주1 : 대부분의 보험은 사고발생기준으로 보험자의 책임이 발생하지만 '⑦ 사고일자 확인이 곤란하거나, ⓒ 사고일자와 피해자손해가 현실화되는 기간이 긴 경우(long-tail)' 배상청구기준을 담보기준으로 함(배상책임보험에서 활용) - 실무적으로 하나의 손해사고기준을 정할 경우 나머지 두 개의 기준은 제한된다.

▶ **도해** : 배상청구기준

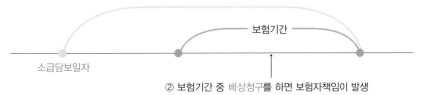

① '보험기간 이전의 일정시점부터 보험기간 만기 이전에 발생한 사고'에 대하여

소급담보일자

보험기간

② 보험기간 중 배상청구를 하면 보험자책임이 발생

필수예제

33 화재보험의 경우 보험자가 지급책임을 약정하는 기간방식은 (기간보험/구간보험/혼합보험)방식이며, 보험자책임이 개시되는 기준은 (사고발생기준/배상청구기준/사고발견기준)이다.

기간보험, 사고발생기준

34 보험기간 중에 발생한 손해에 대해서는 보험기간 이후에 청구해도 보상하는 것은 (사고발생기준/사고발견기준/배상청구기준)이다.

사고발생기준

35 사고일자의 확인이 곤란하거나, 사고일자와 피해자의 손해가 현실화되는 기간이 긴 long-tail 보험의 경우 (   )을 담보기준으로 한다.

배상청구기준

36 전문직업배상책임보험은 (   )으로 사고를 담보한다.

배상청구기준

필수예제

37 보험기간 중에 손해가 발견되어야 보상을 하는 보험은 ( )이 대표적이다.

> 금융기관종합보험(BBB)

4. 보험가입금액과 보상한도액

① 개념비교

보험가액(Insurable Value)	보험가입금액(Sum Insured)
법률상[주1] 최고보상한도액	약정상[주2] 최고보상한도액

※ 주1 : 법률상의 의미는 상법상 손해보험의 이득금지원칙에 따라, 보험목적이 전손이 되는 경우에도 그 보상액은 보험목적의 가액을 초과할 수 없다.

※ 주2 : 약정상의 의미는 보험목적의 가액이 2억원이라도 보험계약자가 가입한 보험가입금액이 1억원이라면 보험자와 계약자 간의 약정상 최고보상한도는 1억원이다.

필수예제

38 보험가입금액이 1억원, 보험가액이 2억원인 보험에서 보험자가 책임지는 법률상 최고보상한도액은 ( )이며 약정상 최고보상한도액은 ( )이다.

> 2억원, 1억원

② 보험가액을 확정할 수 없는 보험의 경우의 보험자책임액
   ㉠ 배상책임보험 : 제3자에 대한 손해배상책임(신체 또는 재물에 대함)은 그 특성상 가액을 평가할 수 없다(예외 : 보관자배상책임보험).
   ※ 따라서 배상책임보험에서는 사고당 보상가액(Limit of accident)으로 평가한다.
   ㉡ 인보험 : 생명보험이나 상해보험의 부보대상은 사람의 신체인데, 사람의 신체의 가액은 평가될 수 없다.
   ※ 따라서 인보험에서 생명의 보험가액은 무한이라 할 수 있는데, 보험계약상 책임한도액을 정액으로 정하게 된다(이를 관습상의 보험가입금액이라 함).

필수예제

39 보험가액을 확정할 수 없는 보험으로는 ( ), ( )이 있다.

> 배상책임보험, 인보험

40 배상책임보험은 보험가액을 확정할 수 없는 바 (　　　　　　　　　)으로 보상한다.

> 사고당 보상한도액

41 인보험에서 사망을 담보할 경우 보험가액은 무한이 되는데, 이때는 보험계약상 (　　　)으로 보험자의 책임을 제한한다.

> 정액
> 사망보험은 보험계약상 정액으로 보험자책임한도가 결정되는데, 이때의 정액을 관습상의 보험가입금액이라 한다.

③ 보험가입금액 VS 보상한도액

㉠ 개념비교

보험가입금액(Sum Insured)	보상한도액(Limit of Liability)
보험가액이 확정 가능한 경우	보험가액이 확정 불가능한 경우
모든 사고를 합하여 보험가입금액을 한도로 보상 (원칙적 비례보상원리 적용)	매사고당 보상한도액을 한도로 보상함 (원칙적 실손보상원리 적용)
화재보험 등 재물가액이 있는 대부분의 물보험	배상책임보험

예시1 보험가입금액 1억원, 보험사고로 4천만원의 보험금을 지급하였다면 → 이후 보험사고의 최대보상한도액은 6천만원이다(잔존보험가입금액으로 보상함).

예시2 매 사고당 보상한도액은 1억원이고 첫 번째 사고의 손해액이 3천만원이고, 두 번째 사고의 손해액이 1억 2천만원이라면 → 이 경우 피보험자가 수령하는 누적보험금은 1억 3천만원이다(매사고당 보상한도액 내에서 실제손해액을 지급한다).

㉡ 실무약관상 보험자책임액을 결정하는 3가지 형태

보험가입금액	보험가입금액 원칙, 예외적 보상한도액 적용	보상한도액
화재보험, 동산종합보험, 유리보험	패키지보험, 기계보험	금융기관종합보험, 범죄보험

42 보험자의 책임한도를 보험가입금액으로 결정하는 보험은 (비례보상/실손보상)의 원리가 적용된다.

> 비례보상
> 보상한도액은 실손보상원리

43 보험가입금액으로 보험자책임액을 결정할 경우, 보험자의 최대보상액은 보험가입금액을 초과할 수 (있다/없다).

> 없다

44 보험자의 책임한도를 결정함에 있어서 화재보험은 오로지 (보험가입금액/보상한도액)으로 하며, 금융기관종합보험은 오로지 (보험가입금액/보상한도액)으로 한다.

> 보험가입금액, 보상한도액

45 원칙적으로는 보험가입금액으로 보험자책임액을 결정하지만 예외적으로 보상한도액으로 보험자책임액을 결정하는 보험으로는 (   )이 있다.

> 기계보험

5. 보상하는 손해의 범위

① 보상하는 범위 : 약관상 보상 + 약관에 보상규정이 없어도 보상하는 손해

● 화재보험의 경우

약관에 명시된 손해				약관에 명시되지 않아도 보상하는 손해[주1]
화재손해			잔존물제거비용	필요유익한 사고처리비용 (손해방지비용, 손해산정비용 등)
직접손해	소방손해	피난손해		

※ 주1 : 손해방지비용 등은 보험자에 필요한 유익비용으로서 '보험금액 + 손해방지비용 등'이 보험가입금액을 초과하여도 지급한다(이는 약관상에 명시되지 않는 보상규정임).

② 약관에 명시되지 않아도 보상하는 비용('사고처리비용')의 종류

- 손해방지비용
- 잔존물보전비용(cf) 잔존물제거비용은 약관상 명시된 보상항목임)
- 제3자대위권보전비용(청구권대위의 경우 피보험자에게 권리행사보존의무가 부과)
- 기타협력비용(보험사에 협력하는 것이므로 일부보험이라도 전액지급함)
- 손해액산정비용 등

③ 보상한도

잔존물제거비용(한도 내 지급)	손해방지비용(한도초과 가능)
보험금 + 잔존물제거비용 ≤ 보험가입금액	보험금 + 손해방지비용 ≥ 보험가입금액

46 보험업법 규정상 모든 보험은 보험약관에 명시되지 않는 손해에 대해 보상할 수 없다. [O, ×]

> ×
> 손해방지비용 등은 보험자에게 필요유익한 비용을 피보험자가 지급한 것이므로 보험가입금액을 초과하여도 보상한다.

47 약관에 명시되지 않아도 보상하는 비용은 (   ),
   (   ), (   ), (
                    ), (   ) 등이 있다.

손해방지비용, 잔존물보전비용, 기타협력비용, 제3자대위보전비용, 손해액산정비용

48 (잔존물제거비용/잔존물보전비용)은 약관상 보상규정이 없다 해도 보상받을 수 있다.

잔존물보전비용

49 잔존물제거비용은 보험금과 합한 금액이 보험가입금액을 초과할 수 없지만, 손해방지비용은 보험금과 합한 금액이 보험가입금액을 초과할 수 있다. [○, ×]

○

6. 보험목적의 이전

① 소재지의 고정성과 이동성

보험목적의 고정성 → 고정위험 노출	보험목적의 이동성 → 이동위험 노출
건물, 구축물 등	동산

※ '전시품'의 경우 고정성과 이동성이 모두 있다고 봄

② 보험목적의 이전 시 약관상의 효과

㉠ 보험목적의 이전을 계약 후 알릴의무(통지의무)로 규정하는 약관

보험목적의 이전	통지의무 이행 시	위험이 감소된 경우 → 차액보험료 반환
		위험이 증가된 경우 → 1개월 내로 보험료증액을 청구하거나 계약을 해지할 수 있다.
	통지의무 불이행 시	보험목적의 위험이 현저하게 증가한 때에 그 사실을 안 날로부터 1개월 내 계약해지를 할 수 있다.

㉡ 보험목적의 이전 시 보험자의 사전동의를 요구하는 경우(아래 표는 '사전동의를 받지 않은 경우'를 말함)

보험목적의 이전	화재보험 영문약관	실효(즉, 영문약관은 보험목적 이전에 대해 보험자가 서면동의가 없을 경우 → 계약이전시점에서 실효)
	도난보험 국문약관	면책(즉, 보험계약은 실효되지 않지만 보험사고에 대해서는 면책)

※ ['영실국면'으로 암기] 영문약관의 경우 실효이며, 국문약관의 경우 실효는 아니지만 면책이다.

50 보험목적의 이전을 통지의무로 규정하는 약관에서 통지의무를 이행할 경우, 위험이 감소하면 차액보험료를 반환하고 위험이 증가한 경우 보험료증액을 청구하며, 계약해지는 할 수 없다. [○, ×]

×
계약해지도 가능하다.

51 보험목적의 이전을 통지의무로 규정하는 약관에서 통지의무를 불이행할 경우, 위험이 조금이라도 증가하였다면 계약을 해지할 수 있다. [○, ×]

×
위험이 현저하게 증가한 경우에만 해지 가능하다.

52 보험목적을 이전하고 보험자의 사전 서면동의가 없을 경우, 화재보험 영문약관은 계약이 (실효된다/실효되지 않으나 면책이 된다).

실효된다.
이때 실효될 경우 계약 전체가 아니라 해당 물건에 한해 실효가 된다.

53 보험목적을 이전하고 보험자가 사전 서면동의가 없을 경우, 도난보험 국문약관은 계약이 (실효된다/실효되지 않으나 면책이 된다).

실효되지 않으나 면책이 된다.

③ 담보지역의 위반
  ㉠ 보험목적이 고정위험을 가진 경우 : 담보지역 위반은 면부책의 문제뿐 아니라 계약 해지의 문제까지 발생한다.
  ㉡ 이동위험을 가진 보험목적의 경우 : 담보지역 위반은 면부책의 문제만 발생하고 계약 해지의 문제는 발생하지 않는다.

54 담보지역을 위반할 경우 고정위험의 보험목적은 면책이 될 수 있을 뿐 아니라 계약의 해지도 가능하다. [○, ×]

○

55 담보지역을 위반할 경우 이동위험의 보험목적은 면부책을 다툴 뿐, 보험계약의 존립은 다투지 않는다. [○, ×]

○
이동위험의 경우 면부책의 문제가 발생해도 계약존립의 문제는 발생하지 않는다.

7. 보험목적의 양도

① 보험목적 양도효과의 3가지 형태

상법 679조	상법 679조에 대한 특칙(상법 703조)	
⊙ 포괄승계 추정	ⓛ 보험자의 사후승인이 있어야 포괄승계	ⓒ 보험자의 사전승인이 없을 경우 계약이 자동종료

⊙ 보험목적양도 시 포괄승계를 추정하는 보험은 ⓛ과 ⓒ에 비해서 역선택의 우려가 높을 수 있다. 따라서 포괄승계 추정보험에서는 통지의무위반의 효과가 중요하다.

ⓛ 자동차보험의 경우, 보험자가 양수인의 통지를 받은 날로부터 10일 이내에 낙부의 통지를 하지 않으면 승낙된 것으로 간주한다(10일 승낙의제).

ⓒ 선박보험의 경우, 보험자의 사전승인이 없으면 계약이 자동종료된다. ⓛ과 ⓒ은 상법679조(양도 시 포괄승계 추정)의 예외규정인 바, 자동차보험과 선박보험은 운행자가 누군가에 따라서 위험의 변경정도가 크므로 상법상 이러한 특칙을 인정하고 있다.

② 사전승인 없는 보험목적양도의 효과

영문약관(FOC Form), 국문영업배상책임보험	국문약관
실효[주1]	계약 후 알릴의무(통지의무)

※ 주1 : 선박보험의 경우 보험자의 사전승인이 없는 경우 양도시점에서 계약이 종료된다.

③ 승계추정보험의 통지의무 위반의 효과

통지의무위반			
위험이 감소된 경우	위험이 변경되지 않은 경우	위험이 경미하게 증가된 경우	위험이 현저하게 증가된 경우
통지의무를 위반해도 계약에 아무런 영향이 없음			계약해지 가능[주1]

※ 주1 : 위험이 현저하게 증가된 경우에만, 보험자는 그 사실을 안 날로부터 1개월 이내에 계약을 해지할 수 있다.

▶ 도해

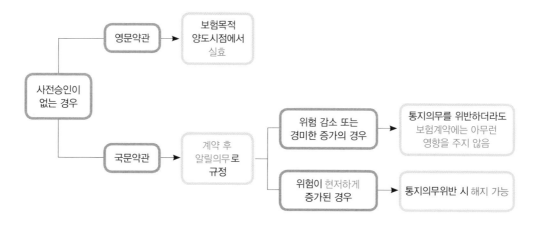

56 보험목적을 양도할 경우 보험종류에 따라 그 효과는 (
       ), 보험자승인이 있어야 포괄승계되는 경우, 보험자의 사전승인
   이 없을 경우 계약이 자동종료되는 경우의 3가지 형태로 나타난다.

포괄승계 추정

57 보험목적의 양도 시 포괄승계가 추정되는 보험에서 통지의무를 위
   반할 경우, 보험목적의 양도로 위험이 조금이라도 증가된다면 보
   험자가 계약을 해지할 수 있다. [O, X]

×
현저히 증가한 경우에만 해지
가 가능하다.

58 보험목적을 양도하고 통지의무를 이행하지 않은 경우, 양도로 보
   험목적의 위험이 감소하였다면 보험자는 위험감소에 대한 차액보
   험료를 반환해야 한다. [O, X]

×
양도 후 통지의무를 위반한 경
우 위험이 현저하게 증가된 경
우에만 해지가 가능하고, 나머
지의 경우 계약에 아무런 영향
을 주지 않는다.

8. 중복보험

[학습안내]
※ 중복보험은 '공통2 보험법'와 '공통3 손해보험 언더라이팅'에서 중복이 됩니다만, 그 중요성을 감안하여 핵
   심내용 위주로 반복 기술합니다(완전히 동일하지는 않으므로 두 파트의 내용을 모두 학습하시길 바람).

① 초과보험과 중복보험에 대한 상법규정이 존재하는 이유
   초과보험과 중복보험은 보험가입금액의 합이 보험가액을 초과하는 보험인데, 이는 손해보험의
   대원칙인 이득금지원칙을 위배하기 때문이다.

② 중복보험의 개념
   ㉠ 동일한 피보험이익(또는 보험계약의 목적)과 동일한 보험사고에 대하여,
   ㉡ 보험기간이 동일 또는 중복되는 수 개의 보험계약을 체결하여,
   ㉢ 보험가입금액의 합계가 보험가액을 초과하는 보험을 '중복보험'이라 한다.
      ※ 중복보험의 요건상, 보험계약자는 동일인일 필요는 없지만, 피보험자(피보험이익을 가진 자)는 반드시 동
        일해야 한다.

③ 중복보험의 효과
   ㉠ 사기로 인한 초과보험, 중복보험의 경우 → 계약무효이며, 보험자는 그 사실을 안 날까지 보험
     료를 징구할 수 있다.
   ㉡ 보험자 간의 책임액 부담방식 : 연대비례주의
   ㉢ 중복보험을 체결한 수 인의 보험자 중 1인에 대해 보험금청구권을 포기한 경우 : 보험계약자
     와 보험자 간의 통모방지차원에서 나머지 보험사의 책임액에 전혀 영향을 주지 않는다.
   ㉣ 중복보험 또는 병존보험에 대한 통지의무 부과 : 수 인의 보험자와 중복되는 보험을 체결하는
     경우 통지의무가 부과된다.

④ 중복보험의 보험금계산방식(계산 예시는 '공통2 보험법' 설명 참조)

보험금계산방식이 동일한 경우	보험자의 보험금계산방식이 다른 경우
보험가입금액 비례분담방식(보험가입금액 안분배분방식)	지급보험금 비례분담방식(독립책임액 방식)

⑤ 중복보험과의 차이점

중복보험과 공동보험[주1]의 차이	중복보험과 병존보험의 차이
수 인의 보험자와 계약을 체결하는 것은 동일하지만, 중복보험은 수 개의 계약을 체결하는 것이고 공동보험은 1개의 계약을 체결하는 것이다.	수 인의 보험자와 수 개의 보험계약을 체결하는 것은 동일하지만, 보험가입금액의 합계가 보험가액을 초과하면 중복보험, 초과하지 않으면 병존보험이다.

※ 주1 : 여기서의 공동보험은 Coinsurance Ⅰ, 즉 일반적인 의미의 공동보험을 말한다.

필수예제

59 중복보험이 되기 위해서는 기본적으로 보험의 목적이 동일해야 한다. [O, X]

> ×
> 피보험이익 또는 보험계약의 목적이 동일해야 한다.

60 중복보험의 되기 위해서는 보험기간이 동일해야 한다. [O, X]

> ×
> 보험기간이 반드시 동일할 필요는 없으며, 중복되는 기간이 있으면 된다.

61 수 인의 보험자와 1개의 보험계약을 체결하면 (   ), 수 개의 보험계약을 체결하면 (   )이 된다.

> 공동보험, 중복보험 또는 병존보험

62 수 인의 보험자와 수 개의 보험계약을 체결하되, 보험가입금액의 합계가 보험가액을 미달하면 (   )이 된다.

> 병존보험

9. 공제조항(Deductible)

① 공제조항의 의의

보험자 입장	보험계약자 입장
• 비효율성의 극복 : 소손해에서는 보험금보다 보험조사비용이 더 클 수 있다. • 보험계약자 등의 도덕적 위험을 경감 : 공제조항(자기부담금)이 높을수록 피보험자의 손해방지노력이 더욱 커지게 된다.	• 보험료인하 효과 : 자기부담금을 설정하는 만큼 보험료가 할인되는 효과가 있다. • 위험관리기법에 부합 : 저강도의 위험은 위험보유가 적절하다.

② 공제조항의 종류

　　㉠ 직접공제 : 일정금액(정액법) 또는 보험가입금액의 일정비율(정률법)을 정하고 그 금액을 초과 하는 부분만 보험자가 부담한다.

　　　　⑩ 손해액 1,000만원, 직접공제액 200만원이라면 보험자는 800만원을 부담한다.

　　㉡ 참여공제 : 총 손해액의 일정비율만큼 공제하고 그 초과액을 보험자가 부담한다.

　　　　⑩ 손해액 100만원, 참여공제율 20%라면 보험자는 80만원을 부담한다. ⑩ 국민건강보험공단에서의 자기부 담률 적용 또는 실손의료보험에서의 표준형(20%), 선택형(10%)

　　　cf) 직접공제의 정률공제율이 20%라면 이는 '보험가입금액×20%'를 말하며, 참여공제의 공제율이 20%라면 이는 '총손해액×20%'라는 점에서 차이가 있다.

　　㉢ 종합공제 : 누적 자기부담금을 적용하는 공제조항이다. 보험기간 전체를 기준으로 누적공제액 을 적용하여, 누적공제액을 초과하는 부분만 보험자가 부담한다.

　　　　⑩ 국민건강보험가입자 K씨(소득 1분위자)의 2014년도 총 자기부담금이 연 500만원이었다면, 소득 1분위자 의 본인부담상한선은 120만원(2014년 기준)이므로 380만원을 환급받게 된다.

　　　　⑩ 보기(누적공제액 50만원), 3차사고 시에 계약자의 자기부담금은 10만원이고 보험자 책임액은 40만원이 다. 이후부터는 전액 보험자가 책임진다.

사고횟수	사고별 손해액	보험자 책임액	피보험자 자기부담금
1차	10만원	0	10만원
2차	30만원	0	30만원
3차	50만원	40만원	10만원
4차	80만원	80만원	0원

　　　※ 공제한도액 : 50만원

　　㉣ 소멸성공제 : 정액의 기본공제액을 두고, 기본공제액을 초과하는 금액에 대해서 정률의 보상 비율(⑩ 105%, 110% 등)을 설정하는 방법이다. 손해액이 클수록 피보험자의 공제부담액이 줄 어들게 되며 손해액이 일정수준을 초과하면 공제액이 완전 소멸하므로 소멸성공제라고 한다.

　　　　⑩ 손해액 200만원, 기본공제액 20만원, 보상비율 105% → 보험자는 189만원 {(200만원 − 20만원) × 105% = 189만원}을 부담하고 피보험자는 11만원을 부담한다.

　　　[참고] 동 조건에서는 손해액이 420만원[주1] 이상일 경우 피보험자의 자기부담금(공제액)은 제로(0)가 된다.

　　　※ 주1 : (x − 20만원) × 1.05 = x, x = 420만원

　　㉤ 프랜차이즈공제 : 손해액이 공제액 이하이면 계약자가 전액부담, 손해액이 공제액을 초과하면 전액을 보험자가 부담한다(해상보험에서 주로 사용).

　　　　⑩ 손해액 200만원, 프랜차이즈공제액 50만원 → 보험자는 200만원을 부담한다.

　　　※ 소멸성공제와 프랜차이즈공제방식은 손해액이 일정수준을 상회할 경우 보험계약자의 자기부담금이 전혀 발생하지 않는다.

　　㉥ 대기기간(waiting period) : 면책기간이다. 암보험의 경우 최대 90일의 면책기간을 두는데 만 일 가입 후 80일 만에 암진단을 받는다면 진단보험금이 지급되지 않는다.

③ **공제조항의 예외** : 생명보험에서는 적용되지 않는다. 공제조항은 소손해에 적용하는 것이 취지인데 사망은 항상 전손이기 때문이다.

63 보험가입금액이 1,000만원, 공제액은 보험가입금액의 5%로 한 보험에서, 손해액이 80만원 발생하면 피보험자의 자기부담금은 (   )이며, 이는 공제조항 중 (   )에 해당하는 방식이다.

> 50만원, 직접공제
> 정률법에 해당한다.

64 실손의료보험에서 입원의료비 한도 5천만원, 표준형(20% 공제)에 가입할 경우, 손해액이 300만원이라면 피보험자의 자기부담금은 (   ), 보험자 책임액은 (   )이며 이는 공제조항 중 (   )에 해당하는 방식이다.

> 60만원, 240만원, 참여공제
> 직접공제의 정률법과 참여공제는 다르다.

65 국민건강보험 피보험자가 수술비포함 건강보험급여로 1,000만원을 납부하였는데, 동 피보험자는 가입자는 소득 8분위자로서 본인부담상한액은 303만원(2016년 기준)이다. 이 경우 피보험자는 (   )을 사후적으로 환급받게 되는데, 이러한 공제방식은 (   )에 해당한다.

> 697만원, 종합공제

66 손해액 300만원, 소멸성공제약관의 기본공제액 50만원, 보상비율이 110%라면 보험자책임액은 (   ), 피보험자 자기부담금은 (   )이다.

> 275만원, 25만원
> (300만원−50만원)×1.1=275만원. 즉 보험자부담액은 275만원(피보험자부담 25만원)이다.

67 손해액이 1,000만원, 프랜차이즈 공제액이 300만원인 경우 보험자 책임액은 (700만원/1,000만원)이다.

> 1,000만원

68 보험계약자의 자기부담금이 전혀 발생하지 않을 수도 있는 공제방식은 (   )방식, (   )방식이다.

> 소멸성공제, 프랜차이즈

69 생명보험의 사망 진단보험금에는 자기부담금을 설정할 수 없다. [O, ×]

> O
> 항상 전손이므로 소손해면책은 없다.

Chapter 3 → 손해보험 요율산정

1. 손해보험의 요율산정의 원칙

① 보험료산출의 3대 수리적 원리

대수의 법칙[주1]	수지상등의 원칙 (전체의 입장)	급부 · 반대급부의 원칙 (개별 보험계약자의 입장)
$P = \dfrac{R}{N}$ (P : 손해발생확률, N : 표본횟수, R : 표본횟수 중의 손해발생확률)	총보험료의 현재가치 = 순보험금의 현재가치	개인이 납부하는 총보험료의 현재가치 = 지급받는 총보험금의 현재가치

※ 주1 : 표본 N의 크기를 크게 할수록 R/N은 P로 수렴한다는 수리적 원리이다.

② 보험요율산정의 기본 3원칙 : '적공비'로 암기

적정성	비과도성	공정성
보험자의 입장에서, 보험사업이 유지될 수 있을 만큼 보험료가 충분해야 한다.	보험소비자의 입장에서, 보험가입을 회피하지 않도록 보험 료가 지나치게 높지 않아야 한다.	보험소비자 간의 입장에서, 부당한 차별이 없어야 한다.

필수예제

01 보험료는 너무 저렴해서는 안 된다. 즉, 보험료는 보험사업의 영속성을 유지할 정도로 충분해야 한다는 것은 보험요율산정의 3원칙 중 (　　　)을 말한다.

적정성

02 수지상등의 원리와 유사한 개념의 보험요율산정의 원칙은 (　　　)이다.

적정성

03 보험요율산정은 일반인의 이해력을 뛰어넘은 복잡한 수리과정을 거치는데, 그렇다고 해서 지나치게 높게 책정해서는 안된다는 것은 (　　　)의 원칙이다.

비과도성

04 계약자 간에 위험율의 차이가 명백함에도 불구하고 보험요율이 같다면 이는 보험요율의 3원칙 중 (　　　)을 위배한 것이다.

공정성

③ 보험요율산정 시 경영상의 요건('안적단손경'으로 암기)

⊙ 안정성 보험료가 빈번하게 변동한다면 혼란, 신뢰 저하	ⓒ 적응성[주1] 예정률과 실제율 간의 괴리발생 시 적절한 요율조정이 가능	ⓒ 단순성 보험상품의 가격이 이해하기 쉽도록 산정되어야 함
② 손실통제장려 사행계약을 유발하지 않는 요율체계로 손실방지를 촉진	⑩ 재정적 부담 고려(경제성) 계약자가 경제적으로 부담할 수 있는 수준의 요율체계	–

※ 주1 : 적응성은 손해보험요율에서 특히 유의해야 할 원칙이다. 그리고 적응성은 안정성과 개념상 상충된다.

필수예제

05 보험요율이 빈번하게 변경되면 보험소비자의 불신을 초래할 수 있어 보험제도의 유지·발전을 저해할 수 있다는 것은 보험요율의 경영상 요건 중에서 (   )에 해당한다.

> 안정성

06 보험상품 판매 시 보험소비자들이 보험가격을 쉽게 이해할 수 있고 또한 보험모집인이 요율에 대한 설명을 어렵지 않게 할 수 있도록 산정되어야 하는데 이는 보험요율의 경영상 요건 중에서 (   )에 해당한다.

> 단순성

07 보험요율산정의 경영상의 요건 중에서 안정성과 (   )은 개념상 상충이 된다.

> 적응성

2. 보험요율의 종류

● 분류에 따른 요율의 종류

인가기준	경쟁기준	적용기준	체계기준	성과기준
• 인가요율 • 비인가요율	• 협정요율 • 비협정요율	• 고정요율 • 범위요율	• 등급요율 • 개별요율	• 경험요율 • 소급요율 • 점검요율

※ 보험요율 : 보험가입금액에 대한 보험료의 비율(또는 보험가격을 보험단위에 대해 나타낸 것)을 말한다. 예를 들어 화재보험에서 건물에 대해 보험가입금액 1억원에 대한 보험요율이 0.02%라면 보험료는 '1억원 × 0.02% = 2만원'이다.

① 인가요율 : 자동차보험이나 화재보험 등 국민생활과 연관도가 높은 보험에 사용하는 보험요율로 엄격한 심사 후 보험료산출기관에서 산정한 요율

※ 인가요율 : 사전인가요율, 제출 후 사용요율, 사용 후 제출요율로 구분됨

cf) 비인가요율 : 감독당국의 규제를 받지 않는 요율인데, 이는 대수의 법칙이 적용되지 않는 신상품에 주로 사용되는 요율이다.

08 행정당국의 규제를 받지 않는 자유경쟁요율을 (   ) 이라 하며, 보험요율산정기관이 작성하고 인가기관의 엄격한 심사를 거친 후 사용하는 요율을 (   )이라 한다.

> 비인가요율, 인가요율

09 인가요율은 (   ), (   ), (   ) 의 3가지로 구분된다.

> 사전인가요율, 제출 후 사용요율, 사용 후 제출요율
> 사전인가요율이 가장 강한규제이다.

② 협정요율 : 손해보험사 간에 협정하는 요율이다. 요율의 자유경쟁에 따른 요율덤핑, 또는 부당하게 높은 요율로 계약자피해 등을 방지하기 위해 적용하는 요율로서 보험시장 공동의 안전을 위한 요율이다(우리나라에서는 협정요율이 아직 없으나, 필요할 경우 보험료산출기관이 제시한 참조순요율을 사용할 수 있음).

cf) 비협정요율 : 자유경쟁요율로서 보험사별로 독자적으로 사용하는 요율이다. 과당경쟁으로 인한 요율덤핑으로 보험사가 부실화될 수 있다(현재 우리나라 손해보험시장에 적용됨).
   ※ 비협정요율은 비인가요율과 동일한 개념이 아니다.

10 요율덤핑이나 과도한 요율을 막아 보험시장 공동의 안전을 위한 요율체계는 (   )이다.

> 협정요율

11 비협정요율과 비인가요율은 형식과 내용 면에서 동일한 요율이다. [○, ×]

> ×
> 자유경쟁요율이라는 점에서 형식은 동일하나, 비인가요율은 대수의 법칙이 적용되지 않아서 인가될 수 없는 요율을 말하며, 비협정요율은 보험사 간 협정을 하지 않은 요율을 말한다.

③ 고정요율 : 보험종류별로 하나의 요율로 고정하는 요율인데, 요율체계가 경직화되어 있는 것이 단점이다.

cf) 범위요율 : 표준요율을 중심으로 일정범위 이내에서 인상 또는 인하를 인정하는 요율체계이며 현재 대부분은 고정요율이 아닌 범위요율을 사용하고 있다.
   ※ 고정요율이나 협정요율의 경직화를 막으려는 취지에서 도입되었다.

12 고정요율이나 협정요율의 경직화를 막으려는 취지에서 도입된 요율체계를 (　　　　　)라 한다.

> **범위요율**
> 표준요율 중심으로 상하 일정 범위 내에서 변동을 인정하는 요율이다.

④ 등급요율과 개별요율

등급요율	개별요율[주1]
동일 등급에 속하는 위험에 대해 동일한 보험요율을 적용하는 방식 ※ 가계성보험에 많이 활용되는 요율이다.	보험목적별 위험도에 따라 개별적으로 요율을 산출하는 방식 ※ 등급요율의 단점을 보완하기 위해 사용한다.
(+) 간편하고 개별요율보다 적은 비용으로 요율산출이 가능하다. (−) 동일 등급에 속하면 평균요율을 적용하므로 집단 내 요율의 불공평성이 존재한다.	(+) 다수의 동질적 위험이 존재하지 않는 물건에 대해서 사용하기 적합하다. (−) 시간과 비용이 많이 소요된다.

※ 주1 : 개별요율은 매 위험등급에 보험목적물이 하나만 존재할 때 사용된다.

필수예제

13 (　　　　　)은 동일 등급에 속하는 모든 위험에 동일한 보험요율이 적용된다.

> **등급요율**

14 보험의 목적이 다수 있는 등급에 동일한 요율을 적용하는 것인 (　　　)이며, 동일등급 내에 오직 하나의 보험의 목적만이 존재할 때 적용되는 요율은 (　　　)이다.

> **등급요율, 개별요율**

15 간편하게 요율 적용을 할 수 있으나, 동일 집단 내에서 요율의 불공평성이 존재하는 요율은 (등급요율/경험요율)이다.

> **등급요율**
> 참고로 등급요율과 경험요율은 개념 범주가 다르다.

⑤ 경험요율, 소급요율, 점검요율

경험요율	소급요율[주1]	점검요율[주1]
각 위험의 과거손해실적(통상 3년)에 따라 차기보험료에 차등을 두는 방식 ※ 선박보험, 근재보험	경험요율의 일종이나, 보험기간 동안의 손해발생결과를 당해 보험료에 바로 반영시키는 방식	기준이 되는 보험요율을 산정한 후, 이를 기초로 각 위험의 특수성을 반영하여 최종요율을 산출하는 방식 ※ 화재보험, 기계보험
[사례] 자동차보험에서 과거 손해율에 따라 할증 또는 할인하는 것이 경험요율에 해당됨	(+) 요율의 적응성, 공정성에 부합되는 측면 (−) 경험요율에 비해서 복잡하고 비용이 많이 소요됨	(+) 위험의 특수성을 반영하므로 동일 특성을 가진 보험목적에 동일 요율을 적용할 수 있음(요율의 공정성). (−) 요율산출에 많은 비용이 듦

※ 주1 : 소급요율을 소급경험요율이라고도 하며, 점검요율(반드시 사전 점검이 있어야 하므로 점검요율이라 함)을 예정요율이라고도 함

필수예제

16 등급요율을 기초로 경험기간(통상 3년) 동안의 피보험자의 손해실적에 따라 상향 또는 하향 조정되는 요율체계는 (   )이다.

경험요율

17 자동차보험의 우량할인·불량할증요율처럼 과거 실적에 따라 요율이 변동이 되어 손실통제를 장려할 수 있는 요율체계는 (등급요율/경험요율)이다.

경험요율

18 보험기간 동안의 손해발생결과를 당해 보험료에 소급하여 반영시키는 요율체계를 (경험요율/소급요율)이라 한다.

소급요율(또는 소급경험요율)

19 보험기간 동안의 손해발생결과를 당해 보험료에 바로 반영을 시키면 보험요율산정의 3원칙 중 (   )에, 보험요율의 경영상 요건 중 (   )에 부합한다.

공정성, 적응성

20 보험요율의 경영상 요건 중 손해확대방지성에 가장 적합한 요율체계는 (   )이며, 적응성에 가장 부합하는 요율체계는 (   )이다.

경험요율, 소급요율

21 기준요율을 정한 후 각 위험의 특수성을 반영하여 최종요율을 산정하는 요율체계는 (　　　　)이다.

점검요율(또는 예정요율)

22 점검요율은 개별적인 위험의 특수성을 반영하므로 보험요율산정의 3원칙 중 (　　　)에 부합하나, 요율산출에 많은 비용이 든다는 단점이 있다.

공정성

3. 현행 손해보험 요율체계

① 참조순보험요율제도(2002년 4월 이후~)

순보험료	부가보험료
보험개발원에서 제시하는 순보험요율을 참조 + 보험사의 실적을 반영 → 참조순보험요율을 수정하여 사용	부가보험료는 2000.4월부터 완전 자율화

② 요율조정범위 : ±25%

　요율이 과도하게 변동하면 안정성(보험요율의 경영상 요건)을 위배하게 되므로 상하 25%로 제한하나, 자동차보험의 경우 예외를 적용함

③ 요율조정주기 : ±5% 초과 시 매년 조정을 원칙으로 함

④ 자사위험률을 사용하기 위한 요건

　㉠ 회사의 통계집적기간 : 3년[주1] 이상

　　※ 주1 : 개인전문 기본서(p92)에서는 통계집적기간을 '최근 5년'으로 기술하고 있는 점 등을 고려할 때, 공통 기본서(p66)의 3년은 5년의 오타로 추정됨

　㉡ 연평균 경과계약건수 : 1만건 이상

　㉢ 연평균 사고건수 : 96건(연령별 위험률을 위한 사고건수는 384건)

23 현행 우리나라 손해보험사의 요율체계는 보험료산출기관이 제시하는 순보험요율을 참조하고 자사의 실적을 반영해서 사용하는 (　　　　　　　)이다.

참조순보험요율제도

24 보험요율산정의 경영상 요건 중 안정성 차원에서 요율의 과도한 변동성을 방지하기 위해 요율변동의 최대폭을 (　　)로 한다.

±25%

25 요율조정은 요율이 (　　) 이상 변동할 경우 매년 조정하는 것을 원칙으로 하고 있다.

±5%

1. 장기손해보험의 특징

① 일반손해보험과의 비교

    ㉠ 보험기간 : 일반손해보험은 1년, 장기손해보험은 3년 이상이다.

    ㉡ 환급금 : 일반손해보험은 환급금이 없으나, 장기손해보험은 만기환급금이 있다.

    ㉢ 보험료구성 : 일반손해보험은 '위험보험료 + 부가보험료[주1]'이며, 장기손해보험은 '위험보험료 + 저축보험료[주2] + 부가보험료'이다.

        ※ 주1 : 일반손해보험의 부가보험료는 '사업경비 + 기업이윤'이며, 장기보험은 '신계약비 + 유지비 + 수금비'이다.

        ※ 주2 : 장기손해보험은 만기환급금이 있으므로 저축보험료를 부과한다.

    ㉣ 보험료납입주기 : 일반손해보험은 만기 1년이므로 일시납이 대부분이나, 장기보험은 만기가 길어서 다양한 납입방법 중 하나를 선택할 수 있다.

        ※ 일시납, 연납, 월납, 2개월납, 3개월납, 6개월납(4개월, 5개월납은 없음)

② 보험가입금액의 자동복원 : 1회 사고로 지급하는 보험금이 보험가입금액의 80% 미만이면 보험가입금액이 자동복원된다(장기보험의 가장 큰 특징).

필수예제

01 일반손해보험의 영업보험료는 '위험보험료 + 사업경비 + 기업이윤'으로 구성된다. [○, ×]

    ○

02 장기손해보험의 영업보험료는 '순보험료 + 부가보험료' 또는 '위험보험료 + 저축보험료 + 신계약비 + 유지비 + 수금비'로 구성된다. [○, ×]

    ○
    순보험료에서는 일반손해보험과 달리 저축보험료가 추가되고, 부가보험료에서는 기업이윤 항목이 없다.

03 장기손해보험은 만기환급금이 있는데 이를 위해 순보험료 중 (   )가 부과된다.

    저축보험료

04 장기손해보험은 3개월납이나 4개월납도 가능하다. [○, ×]

    ×
    4개월납, 5개월납은 없다.

05 장기손해보험은 1회 사고로 지급하는 보험금이 보험가입금액의 (   ) 일 경우 보험가입금액이 자동복원된다.

    80% 미만
    이하가 아닌 미만이다.

2. 장기보험 언더라이팅 관련제도

① 건강진단제도	② 계약적부	③ 보장제한부인수특별약관	④ 보험료할증 및 보험금감액 특별약관

① 건강진단제도 : 가장 객관적이고 적극적인 보험자의 언더라이팅 수단

    ㉠ 진단의, 촉탁의, 간호사에 의한 진단 : '진단의, 촉탁의'에 의한 진단이 '간호사'에 의한 진단보다 신뢰성이 높지만 비용부담이 있다.

    ㉡ 건강진단 항목 : 신장, 체중, 혈압, 혈액검사(혈당, 간기능, 콜레스테롤 등), 소변검사(당뇨, 단백뇨 등)

    ㉢ 유진단보험과 무진단보험

유진단 계약	무진단 계약
고액보장계약, 과거병력자 등의 계약을 대상	소액보장계약의 경우 보험금지급비용과 건강진단비용이 서로 상계 가능하다고 판단함

    ㉣ 무진단보험의 도입논리 : 비용절감차원뿐 아니라 고객편의차원에서 도입[주1]

    *주1 : 아래 기본서 설명을 볼 때 해석상의 애매함이 있으나, 실무상 '비용절감목적이 좀 더 크다'고 이해함이 바람직하다.

    [2022~2023 기본서 공통2, p70]

    ※ (중략) 무진단계약의 도입은 보험금지급비용과 건강진단을 함으로써 발생되는 비용을 상계처리 하고자 도입되었고, 건강진단의 생략으로 인한 전체 언더라이팅 처리과정이 단축됨에 따른 보험계약자의 만족도를 제고하는 차원에서 도입되었다. (후략)

필수예제

06 무진단보험 도입의 주목적은 (   )의 재무적 목적이라 할 수 있다.

> 비용절감

07 역선택을 확실히 차단하기 위해서 모든 계약을 유진단으로 하는 것이 바람직하다. [○, ×]

> ×
> 소손해의 경우 무진단이 유리할 수 있다.

---

② 계약적부

    ㉠ 계약성립 전에 피보험자를 방문하여 피보험자의 청약서 내용을 검증하는 절차이다.

       ※ 모든 계약적부가 방문으로만 이루어지는 것은 아니며, 비용절감을 고려하여 전화심사(텔레–언더라이팅제도)를 하기도 함

    ㉡ 계약적부는 모든 계약을 대상으로 하지는 않는다(∵ 비용측면 외에도 계약체결 소요기간이 길어질 경우의 불편함 제거 차원).

       ※ 고지의무위반의 개연성이 높은 계약, 부실판매경력이 있는 모집자 관련 계약 등

08 계약적부는 피보험자를 방문하여 청약서 내용을 검증하는 절차이므로 모든 계약에 대해서 방문으로 이루어진다. [O, ✕]

✕
비용절감 차원에서 전화로도 가능하다.

09 역선택 차단을 위해 모든 계약을 계약적부심사의 대상으로 한다. [O, ✕]

✕
고지의무위반의 개연성이 높은 계약부실 판매이력이 있는 모집자 계약 등을 대상으로 한다.

10 보험사는 회사가 필요 시 계약적부확인을 할 수 있다는 사실을 청약서상에 분명히 기재하고 고객의 서명을 받아야 한다. [O, ✕]

○

③ 보장제한부 인수 특별약관

특정신체부위·질병 부담보 특별약관	이륜자동차 운전 중 상해부보장 특별약관
• 표준체 이하의 질병병력자에게는 보험가입의 기회를 제공, 보험자에게는 보험판매 증대를 통한 수익창출의 기회가 된다. • 보장제한기간 : 1~5년 또는 전기간^{주1} • 납입보험료는 표준체와 동일하다.	• 위험이 높은 이륜자동차의 주기적 운전 중(또는 탑승 중) 사고는 면책으로 하고, 운전 중이 아닌 경우는 부책으로 함으로써 이륜자동차 운전자의 일반 상해의 보장공백을 해소하며, 보험자 입장에서도 틈새시장에서 수익을 제고할 수 있는 기회가 된다. • 50cc 미만의 이륜자동차를 포함한다.

※ 주1 : 특정신체부위·질병 부담보 특약은 부담보기간이 전기간도 가능하지만, '보험금감액특약'에서는 부담보기간이 5년을 초과할 수 없다(비교주의). 전기간부담보의 경우, 청약일로부터 5년간 해당질병에 대해 치료사실이 없을 경우 5년 이후부터는 예외적으로 보장이 가능하다.

11 특정신체부위·질병 보장제한부인수 특별약관은 정상가입이 어려운 표준체 이하의 질병병력자에게 할증보험료를 부과함으로써 보험자의 수익창출의 기회가 된다. [O, ✕]

✕
보장을 제한하는 대신 보험료 납입은 표준체와 동일하다.

12 특정신체부위·질병 보장제한부 인수 특별약관의 보장제한기간은 최대 전기간이 가능하다. [O, ✕]

○
부담보기간은 1~5년 또는 전기간이다.

13 이륜자동차 운전 중 상해부보장 특별약관은 주기적, 일회적 운전을 불문하고 이륜자동차로 인한 사고를 보상에서 제외하는 특별약관이다. [O, ✕]

✕
주기적인 운전으로 인한 사고에 한하여 보상하지 않는다.

④ 보험료할증 및 보험금감액 특별약관

㉠ 보험료할증으로 부보		㉡ 보험금감액으로 부보
체증성 질병	항상성 질병	체감성 질병
고혈압, 당뇨, 비만, 동맥경화 등	시력 · 청력장애, 만성기관지염, 류마티스	위궤양, 염증성 질환, 외상 등

[암기법] 고 · 당 · 비 · 체(체증성 질병), 항 · 시 · 만 · 류(항상성 질병), 나머지는 체감성 질병이다.

㉠ 보험료할증으로 부보
- 체증성 위험, 항상성 위험이 할증부보의 대상이다(보험기간 전 기간을 대상으로 함).
- 할증으로 부보한다고 함은 '표준체보다 높은 보험료(할증보험료)를 받고 표준체와 동일한 보험금을 지급하는 것'을 말한다.

㉡ 보험금감액으로 부보
- 체감성 위험을 대상으로 하며 보험금감액기간은 계약 후 5년 이내로 한다.
- 표준체와 동일한 보험료를 납부하며, 질병사망을 감액적용담보로 한다.

필수예제

14 보험료 할증으로 부보하는 질병은 (   ), (   )이다.

> 체증성 질병, 항상성 질병

15 체증성 질병에는 (   ), (   ), (   ) 등이 있다.

> 고혈압, 당뇨, 비만
> '고당비체'로 암기한다.

16 항상성 질병에는 (   ), (   ),
(   ) 등이 있다.

> 시력 · 청력장애, 만성기관지염, 류마티스
> '항시만류'로 암기한다.

17 보험료할증으로 부보한다고 함은 보험료를 표준체보다 높게 납부하고, 보험금은 표준체보다 적게 받는 것을 말한다. [○, ×]

> ×
> 표준체보다 높은 할증보험료를 내는 대신에 보험금은 표준체와 동일하다.

18 보험금감액으로 부보하는 대상은 (체증성/항상성/체감성) 위험이다.

> 체감성
> 체증성과 항상성은 보험료할증으로 부보한다.

19 보험금감액을 할 수 있는 기간은 계약 후 1년에서 (   )까지이다.

> 5년

20 보험금감액을 운영하는 대상담보는 질병사망뿐 아니라 질병수술, 질병입원 치료비를 포함한다. [○, ✕]

3. 장기손해보험(재물담보)의 요율산정기준

① 장기보험(재물담보)의 요율종류

주택물건 요율	일반물건 요율	공장물건 요율
단독주택, 연립주택, 아파트(3종류)	주택물건과 공장물건이 아닌 물건 (102 종류)	공장, 작업장 등 273 종류

② 재물담보의 요율구분

주택물건 요율	일반물건 요율
단독주택(다중주택, 다가구주택), 연립주택, 아파트	–
아파트 구내 부대시설 및 복리시설[주1]	아파트 단지 내 상가
주상복합아파트 주거용도 부분	주상복합아파트 상업용도 부분[주2]
주상복합아파트 부대시설	주상복합아파트 복리시설[주2]
–	주차장(주거 및 상업 공동으로 사용)

※ 주1 : '아파트의 단지 내 상가'는 주택물건에서 제외되며, 단지 내 상가를 제외한 아파트 구내 부대시설(주차장, 관리사무소, 경비실, 담장 등) 또는 복리시설(어린이놀이터, 유치원, 피트니스센터, 탁구장, 공용세탁소 등)은 주택물건에 포함됨

※ 주2 : 주상복합아파트는 주거용도와 상업용도를 구분하며, 일반 아파트와 달리 주상복합아파트의 복리시설은 일반물건요율을 적용함

21 아파트와 아파트 내의 모든 시설은 주택물건요율이 적용된다. [○, ✕]

22 아파트의 단지 내 상가는 (   ), 부대시설 및 복리시설은 (   )의 요율이 적용된다.

23 농가의 경우 일반적으로 주택 내에서 하는 작업 정도는 주택물건 요율을 적용하지만, 별동을 두어 양잠 등의 부업을 하는 경우 해당 별동은 일반물건요율을 적용한다. [O, X]

○

24 주상복합아파트는 방화구획여부와 상관없이 용도에 따라 주택물건과 일반물건을 구분한다. [O, X]

○
주거용도는 주택물건요율, 상업용도는 일반물건요율을 적용한다.

25 주상복합아파트도 일반아파트와 마찬가지로 부대시설 및 복리시설은 주택물건요율을 적용한다. [O, X]

X
주상복합아파트는 아파트와는 달리 부대시설은 주택물건으로, 복리시설은 일반물건으로 적용된다.

26 주상복합아파트에서 주차장을 주거 및 상업용도로 공동 사용할 경우에는 주택물건요율을 적용한다. [O, X]

X
일반물건요율을 적용한다.

③ 주택물건 적용 시 유의사항

㉠ 피아노교습소, 조산원 등 주택병용물건의 경우 내직 또는 출장치료 정도에 대해서만 주택물건요율을 적용함

cf) 주택을 변호사, 회계사사무실로 사용 시는 일반물건 요율을 적용함

㉡ 농어가 주택에서 농업 또는 어업을 평소수준으로 하면 주택물건 요율을 적용함. 단, 주택과는 별동을 두고 양잠이나 그 밖의 부업을 할 경우는 일반물건요율을 적용함

㉢ 건축 중인 건물은 공사완공 후 주택물건이 되는 것에 한해 주택물건요율을 적용함

27 농어가주택에서 농업 또는 어업을 할 경우 작업정도나 별동여부를 불문하고 주택물건요율을 적용한다. [O, X]

X
주택 내의 평소작업수준이면 주택요율, 별동을 둔 작업은 일반요율을 적용한다.

④ 일반물건

㉠ 주택물건과 공장물건이 아닌 물건은 일반물건요율을 적용한다.

㉡ 주택건물에 일시적으로 동산을 수용하는 경우 : 주택 및 가재도구에 대해서는 주택물건요율을 적용하지만, 주택 내에 일시적으로 동산을 수용하는 경우에는 주택물건요율에 재고자산할증요율을 부과한다.

© 주택건물에 변호사사무소, 대리점사무소를 설치한 경우는 일반물건요율을 적용한다.
② 공가(空家)에 가까운 별장은 가재도구가 항상 비치되어 있는 경우는 주택물건요율을 적용한다.
⑩ 방화구획이 있는 경우 각각의 물건으로 하여 각각의 요율을 적용할 수 있다.

필수예제

28 주택으로 사용하는 건물에 일시적으로 동산을 수용하는 경우는 일반물건 요율을 적용한다. [○, ×]

×
주택물건요율에 재고자산할증요율을 부가한다.

⑤ 공장물건
　　⊙ 공장물건요율은 공장, 작업장의 구내에 있는 건물, 공작물 및 이에 수용된 동산, 야적의 동산에 적용된다.
　　© 물리, 화학 등 생산 관련 연구소로서 공장 구외에 있으며 생산가공을 하지 않는 경우 일반물건요율을 적용한다.
　　© 작업기계의 설치가 완료 전인 신축 중 건물은 일반물건요율을 적용한다. 단, 어느 하나라도 작업을 개시한 경우는 공장물건요율을 적용한다.
　　② 같은 공장이라도 방화구획으로 위험이 분리된 경우에는 각각 다른 위험율을 요율에 반영할 수 있다.

필수예제

29 물리, 화학 등 생산관련 연구소는 공장 구외에 있다 하더라도 그 자체로 폭발위험이 있으므로 공장물건요율을 적용한다. [○, ×]

×
공장 구외에 있고, 생산가공을 하지 않으면 일반물건이다.

⑥ 신체손해배상특약부 화재보험[화보법개정(2017.10.19)으로 인한 기본서 개정사항]
　　⊙ 신체손해배상특약부 화재보험에 의무적으로 가입해야 하는 특수건물

연면적 1,000m²	바닥면적 2,000m²	연면적 3,000m² (일부는 바닥 면적)
국유건물(관공서 등)	학원	병원, 공장, 관광숙박업, 학교, 공연장, 방송국, 숙박업, 대규모점포 등[주1]
	일반음식점, 단란주점, 노래연습장, 게임장 등	
	[신설] 공중목욕탕, 영화관	[신설] 도시철도역사 및 시설
[신설] 실내사격장(면적구분 없음)		
16층 이상의 아파트, 11층 이상의 일반건물		

※ 주1 : 3,000m² 이상에서 바닥면적을 기준으로 하는 것 : 도시철도역사 및 시설, 대규모점포, 숙박업(나머지는 모두 연면적으로 기준으로 함)

ⓛ 담보범위 : 화재보험 보통약관상의 손해로 입힌 타인에 대한 신체손해와 대물손해를 보상함

대인손해[1]			대물손해(신설)
사망	부상	후유장해	
최고 1억 5천만원 (최저 2천만원)[2]	최고 3천만원 (상해 1급~14급)	최고 1억 5천만원 (장해 1급~14급)	1사고당 10억원

※ 주1 : 대인손해의 보상한도는 '자동차보험 대인배상1'과 동일함
※ 주2 : 사망 시 실손해액이 2천만원에 미달할 경우 2천만원을 정액 지급함

필수예제

30 (   ) 이상의 아파트와 (   ) 이상의 일반건물은 특수건물에 해당되어 신체손해배상특별약관에 의무적으로 가입해야 한다.

16층, 11층

31 관공서(국유건물)는 연면적 (   ) 이상, 학원은 바닥면적 (   ) 이상, 종합병원이나 공장은 연면적 (   ) 이상이 되면 의무적으로 신체손해배상책임특약에 가입해야 한다.

1,000m², 2,000m², 3,000m²
1국, 2학, 3종으로 암기한다.
(학원은 2,000m², 학교는 3,000m²임에 주의)

32 신체손해배상책임 특별약관은 화재보험 보통약관상의 화재손해를 보상하며, 타인의 신체에 입힌 손해에 대해서 사망 시 최고 (   ), 부상 시 최고 (   ), 후유장해 시 최고 (   )의 보상금을 지급한다.

1억 5천만원, 3천만원, 1억 5천만원

33 도시철도 및 역사시설은 관공서에 해당되어 연면적 1,000m² 이상일 경우 특수건물에 해당된다. [O, X]

×
바닥면적 3,000m² 이상(개정신설)

34 실내사격장은 면적을 불문하고 특수건물이 된다. [O, X]

○
실내사격장은 면적 구분이 없다(개정신설).

⑦ 다중이용업소 화재배상책임보험(2013.2.23.~) : 2021년 7월 법개정으로 다중이용업소에서 화재로 피해가 발생한 경우 영업주의 과실이 없어도 손해를 배상하는 '무과실책임주의'로 전환
  ㉠ 가입대상
    • 22개 업종 다중이용업소의 업주(22개 업종 : 음식점, 주점, 영화관, PC방, 학원 등)
    ※ '일반음식점, 휴게음식점, 제과점'은 '바닥면적합계가 지상 100m² 이상(1층 제외), 지하 66m² 이상일 경우 의무가입대상이다.
    • 보험자는 계약체결을 거부할 수 없으며, 소방방재청에 계약체결사실을 통지

ⓛ 담보범위 : 화재 및 폭발로 인한 제3자의 신체손해 및 재산손해를 보상함

인명피해		물적 피해
사망, 후유장해	부상	
1인당 최고 1억 5천만원	최고 3,000만원	1사고당 최고 10억원

ⓒ 보험회사의 의무 : 계약체결거부 금지, 동보험 외의 타보험 가입강요 금지, 보험계약 종료 시
다중이용업주에 대한 통지, 계약체결 시 소방방재청에 통지

※ 보상한도 비교

구분	신체손해배상특약(화보법)	화재배상책임보험(다중법)	가스배상책임보험(가스법)
사망	1억5천만원	1억 5천만원	8천만원
후유장해	1억 5천만원	1억 5천만원	8천만원
부상	3천만원	3천만원	1,500만원
대물(1사고당)	10억원	10억원	보험가입금액 한도

필수예제

35 특수건물 신체배상책임특약(신배책)과 다중이용업소 화재배상책임
모두 가입대상이 될 경우 의무적으로 가입해야 한다. [○, ×]

○
의무가입, 보험자도 체결 거부
금지

36 '신배책'의 대물사고보상한도는 사고당 (   )이며, 화재배상책
임보험의 대물사고 보상한도는 사고당 (   )이다.

10억원, 10억원

37 일반음식점, 휴게음식점, 제과점의 겨우 바닥면적 합계가 지상
(   ) 이상, 지하 (   ) 이상인 경우 의무가입이 대상이다.

100m², 66m²
각각 30평 이상, 20평 이상
이다.

38 '다중법'에 의해 화재배상책임보험을 체결할 경우, 계약의 체결사
실을 (   )에 통지해야 한다.

소방방재청

⑧ 재난배상책임보험

　ⓐ 가입대상 : 숙박업소, 경마장, 도서관, 음식점(1층 100m² 이상), 미술관, 물류창고, 여객자동차
터미널, 주유소, 지하상가, 장례식장, 15층 이하 아파트 등 19종
　　※ '화보법'상의 특수건물, '다중법'상의 다중이용업소는 가입대상에서 제외
　ⓑ 보장위험 : 재난배상책임보험 의무가입업소의 화재나 폭발, 붕괴사고로 인해 제3자 가입은 생
명, 신체 및 재산손해를 보상함
　　※ 보상한도 : 사망 및 후유장해 1억 5천만원, 부상 3천만원, 대물사고는 1사고당 10억원
　　※ 보상한도는 '화보법상의 신배책' '다중법상의 화재배상책임보험'과 동일함

39 15층 이하의 아파트는 '화재로 인한 재해보상과 보험가입에 관한 법률(화보법)'상의 특수건물로서 신체손해배상책임 특별약관에 가입해야 한다. [○, ×]

> ×
> 16층 이상의 아파트(특수건물)는 '신배책'에, 15층 이하의 아파트는 재난배상책임보험에 의무적으로 가입해야 한다.

40 재난배상책임보험의 보상한도는 사망 및 후유장해 시 (   ), 부상 시 (   ), 대물사고의 경우 1사고당 (   )이다.

> 1억 5천만원, 3천만원, 10억원
> 화보법상의 신배책, 다중법상의 화재배상책임보험, 재난배상 책임보험의 보상한도는 동일하다.

⑨ 건물의 구조급수

㉠ 요율적용을 위한 건물급수

(내 : 내화구조, 불 : 불연재료)

구분	기둥	지붕	외벽	사례
1급	내	내	내	철근콘크리트조(조적조) 슬라브즙
2급	내	불	내	철근콘크리트조(조적조) 스레트즙
3급	불	불	불	경량철판조 샌드위치판넬즙
4급	기 타			목조와즙, 천막즙

㉡ 화재보험요율산출시 유의점

- 외벽에 커튼월구조가 있고 그 재료가 불연재료(유리 등)일 경우, 해당 면적을 제외하고 급수를 산정할 수 있다.
- 외벽이 샌드위치판넬인 건물의 구조급수는 다른 주요구조부에 관계없이 3급을 적용한다.
- 건축 중 또는 철거 중인 건물은, 공사완성 후의 건물급수가 1급 또는 2급일 경우는 2급을 적용하고, 공사완성 후의 급수가 3급이면 3급, 4급이면 4급을 적용한다.
- 외벽이 50% 이상 결여된 무벽건물은 주요 구조부가 내화구조이면 1급을 적용하고, 지붕을 제외한 주요구조부가 불연재료인 경우 2급을 적용하고, 기타는 4급을 적용한다(일반건물과 적용이 다름).
- 야적 및 무벽건물에 수용하고 있는 동산의 경우 불연성은 2급 그 외는 4급을 적용하며, 옥외설비 및 장치의 경우 내화구조는 1급 · 불연재료 2급 · 가연재료 3급을 적용한다.
- 지하도 소재 물건이나 지하저장용 탱크는 2급을 적용하고, 대형화물형 컨테이너는 3급을 적용한다.

41 건물의 주요 구조부 중 지붕은 불연재료이고, 기둥이나 외벽은 내화구조인 건물은 (1급/2급/3급)에 해당한다.

2급

42 외벽이 철근콘크리트조에 지붕이 슬라브즙이면 (1급/2급/3급), 스레트즙이면 (1급/2급/3급)이다.

1급, 2급

외벽이 철근콘크리트조 또는 조적조이면서 지붕이 슬라브즙이면 1급, 스레트즙이면 2급이다.

43 외벽이 샌드위치판넬인 건물의 구조급수는 다른 주요구조부에 관계없이 (   )을 적용한다.

3급

44 건축 중 또는 철거 중인 건물은, 공사완성 후의 건물급수가 1급 또는 2급일 경우는 (1급/2급)을 적용한다.

2급

2급을 적용한다(보수적인 기준).

4. 청약서 심사포인트

상해보험	질병보험	재물보험
• 피보험자의 직업 및 직무 • 운전차량 • 부업 및 취미생활	• 최근 3개월 이내 진찰여부 • 최근 1년 이내 추가검사여부 • 최근 5년 이내 10대 질병의 진찰 또는 검사여부 • 최근 5년 이내, 7일 이상의 치료 또는 30일 이상의 투약 • 생활습관 또는 체격	• 건물의 구조 및 건축연도 • 영위업종 • 건물 내 타업종 • 소재지 • 사고경력

45 (ⓐ 피보험자의 직업, ⓑ 운전차량, ⓒ 부업 및 취미생활, ⓓ 생활습관 또는 체격) 중에서 상해보험의 청약서 심사포인트가 아닌 것은 (   )이다.

ⓓ

생활습관이나 체격은 질병보험의 청약심사포인트이다.

Chapter 5 · 자동차보험 언더라이팅

1. 자동차보험 언더라이팅 의의

① 자동차보험에서 역선택을 방지하는 3가지 방법

강제가입	Screening(걸러내기)	반복거래
• 위험이 높으면서도 책임보험가입을 회피하는 역선택자의 강제가입 → 역선택 방지 • 강제가입은 가입자 간의 소득의 강제이전이 발생하는데, 이는 역선택비용으로 간주됨	• 보험회사의 언더라이팅, 대출기관의 여신심사가 대표적인 예 • 비용이 들고 완전한 역선택방지가 어렵지만, 자원배분의 비효율해소에 많은 기여	동일한 보험사와 지속적으로 계약을 유지하는 경우 역선택 문제가 상당부분 해소

필수예제

01 자동차보험에서 역선택을 방지하는 3가지 방법은 (   ), (   ), (   )이다.

> 강제가입, Screening, 반복거래

02 자동차보험(책임보험)은 강제가입을 해야 하는데 이는 자동차보험의 언더라이팅에서 (   )과 (   )을 잘 조화시키는 것이 중요하다는 점을 시사한다.

> 수익성, 공익성
> 강제가입은 공익성이 있음을 의미한다.

03 은행이나 보험사의 대출심사는 (강제가입/Screening/반복거래)에 해당하는 역선택 방지수단이다.

> Screening(걸러내기)

② 자동차보험의 언더라이팅의 변천

　㉠ 전통적 언더라이팅(선별인수) VS 언더라이팅 Scoring System

전통적 언더라이팅(선별인수)	Scoring System
• 우량불량여부를 과거 실적손해율을 중심으로 판단하였기 때문에, 미래의 요율 변화요인을 반영하지 못한다. • 위험 factor를 2~4개 요인만으로 활용하므로 종합적인 위험도 평가에는 미흡하며, 선별인수의 대상이 많아지는 문제점이 있다. • 선별인수의 단점을 보완하기 위해 계약별 추가정보를 바탕으로 언더라이팅을 할 경우, 비효율성과 영업조직과의 마찰증가라는 문제를 발생시킨다.	• 많은 위험 factor(20개 이상)를 종합하여 계약의 위험도를 지수화한 것이 Scoring system이다. • 다차원적인 통계방식을 사용함으로써 선별인수의 단점을 완화시킨다. • 언더라이터의 주관에 의존하던 방식에서 객관적 지수를 근거로 판단하여 영업조직과의 마찰이 감소된다. • Scoring system의 결과가 정확한지에 대한 영업조직의 반발이 없지 않아, 전격사용보다는 기존 인수기준의 보조장치로 활용되는 편이다.

※ Scoring system은 단조로운 전통적 언더라이팅 방식을 개선하고자 한 것이나, 지나치게 많은 위험 factor 반영을 하여 Scoring system 결과의 정확도는 높지 않은 편이다. 따라서 전격적으로 도입, 사용되는 것보다는 기존 언더라이팅의 보조역할을 하는 수준으로 이해된다.

ⓒ 최근 언더라이팅 동향

차종 세분화에 따른 요율의 세분화	판매채널과 판매수수료 제도 활용 ⑩ 우량 · 불량 건에 대한 수수료 차별지급
비가격정책으로서의 Moral hazard 가능성이 높은 계약을 선별	계약체결단계에서의 인수절차 강화

필수예제

04 과거의 실적손해율을 바탕으로 우량, 불량물건을 구분하고 불량물건은 인수하지 않는 언더라이팅 방식은 (전통적 언더라이팅/Scoring system)이다.

> 전통적 언더라이팅

05 위험요인을 2~4개만으로 활용하므로 종합적인 평가가 미흡하며 선별인수대상이 증가하는 언더라이팅 방식은 (전통적 언더라이팅/Scoring system)이다.

> 전통적 언더라이팅

06 다차원적인 통계방식을 사용함으로써 선별인수의 단점을 완화시키고, 언더라이터의 주관에 의존하던 방식에서 객관적 지수를 근거로 판단하여 영업조직과의 마찰을 감소시키는 순기능이 있는 자동차보험의 언더라이팅 방식은 (   )이다.

> Scoring system

07 Scoring system은 그 정확도가 높고 순기능이 많아 현재 자동차보험의 언더라이팅에서 전격적으로 도입, 활용되고 있다. [O, ✕]

> ✕
> 정확도가 높지 않아 기존 인수시스템의 보조역할에 그치고 있다.

08 '모든 위험은 그 위험도에 상응하는 보험료를 부과한다'는 개념은 최근 언더라이팅 동향 4가지 중에서 (   )에 해당된다.

> 요율세분화 및 신요율 요소개발

09 다양한 대책을 마련하여 도덕적 위험 가능성이 높은 계약을 선별하는 것은 (가격정책/비가격정책)으로서 활용도가 높다.

> 비가격정책
> 비가격정책이므로 회사의 수지 개선에 도움이 되는 방법이다.

③ 공동인수제도(2018.6 기본서개정으로 신설)

　㉠ 공동인수제도 개요 : 개별 보험사로부터 가입거절당한 고위험운전자라도 보험사들이 사고위험을 공동으로 분담하는 방식을 통해 종합보험에 가입할 수 있도록 하는 제도이다.

　※ 공동인수제도

의무보험		임의보험				
대인1	대물책임	대인2	대물임의	자차	자손	무보
기존의 공동인수 담보						
공동인수대상 담보 확대 (개정: 2017.11.13)						

　㉡ 보험료의 배분 : 인수계약 보험료의 30%를 보유하고 나머지 70%는 타보험사의 시장점유율에 따라 배분한다.
　　• 개인용·업무용의 경우 '의무보험+대물 임의부분'은 배분대상에서 제외됨
　　• 영업용의 경우 '의무보험+대물 임의부분+대인2'는 배분대상에서 제외됨

　㉢ 공동계약의 담보한도 : 대물 5억원(일반계약 10억), 자손 부상 1,500만원(일반계약 5천만원), 무상 2억원(일반계약 5억원), 자동차상해담보는 가입불가(일반계약은 가능)

　㉣ 기타
　　• 보험요율 형평성 제고기능 : 고위험 계약자와 일반계약자를 분리하여 별도 운영함으로써, 일반계약자의 보험요율이 불합리하게 상승하는 것을 방지함
　　• 공동인수제도의 운영 근거 : 자배법에 근거하며, '자동차보험 불량물건 공동인수에 관한 상호협정'을 토대로 운영함

필수예제

10 공동인수계약을 체결하는 보험사는 매 계약마다 위험의 (　　)를 보유하고 나머지 (　　)는 다른 보험사들에게 배분한다.

> 30%, 70%
> 70%에 대한 배분은 시장점유율을 기준으로 한다.

11 개인용자동차보험의 경우 공동인수를 하더라도 의무보험부분과 대물 임의부분은 보험료를 배분하지 않으며, 보험료 할증대상도 아니다. [○, ×]

> ○

2. 자동차보험의 요율산출

① 보험요율관련 용어

㉠ **기본보험료** 순보험료 + 부가보험료를 말함	㉫ **특약요율** 특별약관을 첨부함에 따른 요율
㉡ **참조순보험료** 보험료산출기관에서 산출, 감독기관의 심사를 거쳐 보험사에서 참조하는 순보험료	㉭ **새차요율** 새차에 적용되는 요율로서 자차담보의 순보험료 산정에 기본이 되는 요율
㉢ **가입자특성요율** 교통법규위반에 대한 벌점 등 가입자별 특성을 반영한 요율	㉮ **중고차요율** 새차가 아닌 중고차로서 자동차연식에 따라 적용되는 요율
㉣ **적용보험료**[주1] 계약자가 최종적으로 지불하는 보험료	㉯ **일부보험요율** 자차담보가입 시 전부보험가입이 아닐 때 적용하는 요율
㉤ **특별요율** 자동차 구조가 동종 차종과 상이함으로써 발생하는 특별위험에 대한 요율	㉰ **차량모델등급요율** 차량모델별로 부여한 등급(모델에 따른 손해율을 반영)에 따라 적용되는 요율

※ 주1 : 적용보험료(대인배상Ⅰ) = 기본보험료 × 특약요율 × 가입자특성요율 × (우량할인 · 불량할증 + 특별할증요율) × 기명피보험자연령요율 × 특별요율 × (1 + 단체업체특성요율)

cf) '대인배상Ⅱ, 대물배상, 자기차량손해, 자기신체사고, 자동차상해, 무보험차상해'의 적용보험료는 대인배상Ⅰ에 '물적사고할증기준요율'을 추가하면 된다.

※ 에어백 특별할인, ABS 특별할인, 위험적재물 특별할증은 특별요율에 해당된다.

필수예제

12 자동차 구조가 동종 차종과 다름에 따라 추가되는 위험에 대해 부담하는 요율을 (특약요율/특별요율)이라 한다.

> 특별요율

13 특별약관을 첨부할 때 적용되는 요율은 (특별요율/특약요율)이다.

> 특약요율

14 기본보험료에 해당 계약의 요율요소를 모두 반영하여 산출한 금액으로서 보험계약자가 지불하는 최종적인 보험료를 (참조순보험료/적용보험료)라고 한다.

> 적용보험료

15 보험가입경력요율과 교통법규위반경력요율을 반영하는 요율은 (   )이다.

> 가입자특성요율

16 교통법규위반 경력을 반영하는 요율은 (   ), 사고경력을 반영하는 요율은 (   )이다.

> 가입자특성요율, 우량할인 · 불량할증요율

17 새차요율, 중고차요율, 일부보험요율, 차량모델등급요율은 기본보험료의 순보험료에 반영되는데, 자동차보험의 모든 담보를 대상으로 한다. [O, ×]

> ×
> 자기차량손해담보에만 적용되는 요율이다.

18 새차요율에서의 '새차'는 최초신규등록연도가 보험책임개시일로부터 6개월 이내인 자동차를 말한다. [O, ×]

> ○

19 자기차량손해담보에 가입 시 보험가입금액이 보험가액보다 적은 경우에 적용되는 요율은 (   )이다.

> 일부보험요율

② 자동차보험의 요율산출
    ㉠ 요율산출의 개념 : 수지상등원칙에 입각하여 현재의 요율이 미래의 손해액을 부담할 수 있도록 적정한 요율을 산출하는 것
    ㉡ 보험요율산정의 3원칙 : 적정성, 공정성, 비과도성
    ㉢ 요율산출방법

순보험료법	손해율법
보험요율을 처음 만들 때 사용	기존요율에 실제손해율을 반영하여 기존요율을 조정하는 데 사용
• 순보험료 $= \dfrac{\text{총손실금액}}{\text{총부보건수}}$ • 총보험료 $= \dfrac{\text{순보험료}}{(1-\text{사업비율})}$ • 순보험요율 $= \dfrac{\text{순보험료}}{\text{총보험료}}$	$\dfrac{(\text{실제손해율} - \text{기존손해율})}{\text{기존손해율}}$

> **예시** 보험계약자 수 100,000명, 향후 1년간 발생할 손실예상액 60억원, 사업비율 40%, 1년 후 실제손실율은 70%일 경우,
>
> 1) 순보험료는 얼마인가? 순보험료 = $\dfrac{60억원}{100,000}$ = 60,000원
>
> 2) 영업보험료는 얼마인가? 영업보험료 = $\dfrac{60,000}{1-0.4}$ = 100,000원
>
> 3) 손해율법을 따를 때, 1년 후 요율(1년 후 영업보험료)은 얼마인가?
>
> • 손해율법에 의한 요율의 변동 = $\dfrac{0.7-0.6}{0.6}$ = +16.67%
>
> • 즉, 손해율을 16.67% 상향해야 한다. 즉 100,000원(1 + 0.1667) = 116,670원
>
> • 또는 사업비율이 40%로 동일하다면, 순보험료율 70,000원($\dfrac{70억원}{100,000}$)
>
> (∴) 영업보험료 = $\dfrac{70,000}{1-0.4}$ ≒ 116,667원이다.

필수예제

20 순보험료가 381,300원이고 사업비율이 30%일 때 영업보험료는 ( )이다(10원단위 절사).

> 544,700원
>
> ($\dfrac{381,300}{1-0.3}$)

③ 우량할인 · 불량할증제도

㉠ 개별할인할증과 단체할인할증

개별할인 · 할증	단체할인 · 할증	
단체할인할증의 대상이 아니면 개별할인할증을 적용함	영업용	업무용
	10대 이상	50대 이상
평가대상기간(1년)	평가대상기간(3년)	
전전계약 보험기간 만료일 3개월 전부터 전계약의 보험기간 만료일 3개월 전까지[2]	역년기준 3년[1]	

※ 주1 : '역년기준 3년'이란 가입시점을 기준으로 과거 3년을 말하며, '해당 평가대상기간의 말일기준으로 익년 4/1부터 익익년 3/31까지 기간에 가입하는 계약'에 적용함

※ 주2 : 개별할인할증을 위한 평가대상기간

(전전보험계약의 만료일 3개월 전–전계약의 만료일 3개월 전)

㉡ 평가대상사고

미지급사고	평가대상기간 말일 현재 보험회사가 알고 있는 미접보사고	자기과실이 없는 사고[1]

– 청구포기사고, 대리운전업자나 자동차취급업자가 야기한 사고는 평가대상에서 제외됨(완화적용)

※ 주1 : 평가대상사고에 포함되는 '자기과실이 없는 사고'

> • 태풍, 홍수, 해일 등 자연재해로 인한 자기차량손해, 자기신체사고손해
> • 무보험자동차에 의한 상해담보 사고
> • 화재, 폭발, 낙뢰에 의한 자기차량손해 및 자기신체사고손해(단, 날아온 물체, 떨어지는 물체 이외의 다른 물체와의 충돌, 접촉, 전복 및 추락에 의한 화재나 폭발은 제외함)
> • 주차가 허용된 장소에서 주차 중 발생한 관리상 과실이 없는 자기차량손해사고('가해자불명사고'라고 함)
> • 기타 보험회사가 자기과실이 없다고 판단하는 사고

[참고] '자기과실이 없는 사고'에 대해서는 할증을 적용하지 않고 1년 할인유예 또는 3년 할인유예를 적용한다.

ⓒ 평가내용 : 사고내용별 점수

대인사고					자기신체사고 (또는 자동차상해)	대물사고	
사망	부상 1급	부상 2~7급	부상 8~12급	13급, 14급	–	물적 사고할증 금액 초과	물적 사고할증 금액 이하
4점	3점	3점	2점	1점	1점	1점	0.5점

※ 대인사고, 자기신체사고, 자동차상해, 물적 사고가 중복되어 사고점수가 중복될 경우에는 이를 구분하여 합산한다. 물적 사고는 대물사고, 자기차량손해를 말한다.

※ 대인사고의 피해자가 복수이어서 사고점수도 복수에 해당될 경우, 가장 높은 점수를 적용한다.

[예시] 대인 사망사고 1건, 대인 부상사고 2건, 자기신체사고, 물적사고할증금액 이하의 물적사고가 발생한 경우 사고점수는 5.5점(대인최고 4점 + 자손 1점 + 물적사고 0.5점)이다.

※ "과실비율이 50% 미만인 자기과실사고"는 사고내용별 점수가 가장 높은 사고 한 건에 대해서 누계점수에 합산하지 않는다.

필수예제

21 우량할인 · 불량할증 요율제도에서 단체할인할증의 대상이 되기 위해서는 1년간 평균유효대수가, 영업용자동차는 (　　) 이상, 업무용자동차는 (　　) 이상이어야 한다.

> 10대, 50대

22 우량할인 · 불량할증 요율제도에서 개별할인할증의 평가대상기간은, 전전계약의 만료일 (　　) 전부터 전계약의 만료일 (　　) 전까지의 기간이다.

> 3개월, 3개월

23 우량할인 · 불량할증 요율제도에서 단체할인할증의 평가대상기간은 역년 기준 (　　)이다.

> 3년

24 개별할인할증의 평가대상은 (　　　)이며, 단체할인할증의 평가 대상은 (　　　)이다.

사고점수, 순손해율

25 태풍, 홍수, 해일 등 자연재해로 인한 자기차량손해사고는 개별할 인할증의 평가대상사고에 포함된다. [○, ×]

○

26 청구포기사고, 대리운전업자 및 자동차취급업자가 야기한 사고는 평가대상사고에서 제외한다. [○, ×]

○

27 날아오는 물체나 떨어지는 물체가 아닌 다른 요인, 즉 다른 물체와 충돌이나 접촉을 통해서 발생한 화재로 인한 자기차량손해는 '자 기과실이 없는 사고'에서 제외된다. [○, ×]

○

28 물적 사고할증금액이 200만원이고 대물사고가 150만원, 자기차량 손해액이 60만원일 경우(동시발생 가정), 사고내용점수는 (　　　) 이다.

1점
물적 사고할증기준금액을 초과 하므로(대물 150 + 자차 60 = 210), 사고내용점수는 1점이다.

29 개별할인할증요율에 반영되는 사고내용별 점수 중에서, 사망과 부 상 1급은 (　　), 자기신체사고는 (　　), 물적사고할증기준금액 이 하 사고는 (　　)이다.

4점, 1점, 0.5점

30 사고내용별 점수에서 대인사고와 자기신체사고, 물적사고가 중복 될 경우에는 (이를 구분해서 합산한다/가장 높은 점수를 반영한다).

이를 구분해서 합산한다

31 대인사고 중 피해자가 복수일 경우 사고점수가 가장 높은 피해자 의 내용만을 반영한다. [○, ×]

○

④ 특별할증 적용대상 계약

　㉠ 개별할인할증 적용대상 계약

구분	대상계약	최고할증율
A그룹	ⓐ 위장사고야기자 ⓑ 자동차이용 범죄행위자 ⓒ 피보험자 변경으로 할증보험료를 적용할 수 없는 경우	50%
B그룹	승용차요일제 위반	8.7%

- 그룹별 할증대상이 중복될 경우에는, 각 그룹의 특별할증율을 합산하여 적용한다(즉, A + B = 50% + 8.7% = 58.7%).
- 대상계약의 평가기간은 최근 3년이다(최근 3년 : 전계약 만료일 3개월 전부터 과거 3년). 단, A그룹의 ⓒ 와 B그룹의 평가기간은 1년으로 한다.

　㉡ 단체할인할증 적용대상 계약 : 다음의 경우 특별할증율 50%를 적용함

- 최근 3년간 실적순손해율이 비사업용은 165%, 사업용은 140% 이상인 경우
- 소속업체 변경 자동차보험 계약

필수예제

32 자동차보험의 적용보험료 계산 시, 특별할증은 ( )에 합산하여 적용한다.

33 단체할인할증에 적용되는 특별할증율은, 최근 3년간 순손해율이 비사업용의 경우 ( ), 사업용의 경우 ( ) 이상인 경우 50%가 적용된다.

우량할인 · 불량할증
자동차보험 적용보험료 계산식
참조

165%, 140%

1. 위험보유

① 위험보유의 개념

  ㉠ 보험계약자 입장에서 위험전가는 보험자의 입장에서는 위험보유가 된다.

  ㉡ 보험자가 개별위험에 대해서 자기계산으로 보유하는 위험액의 크기를 자기보유한도액이라 한다(단, 보험사업의 존속에 영향이 없을 정도이어야 함).

  ㉢ 위험보유는 통상적으로 개별위험을 기준으로 결정한다.

  ㉣ 위험보유는 보험가입금액을 기준으로 정해지나, 특정 위험을 기준으로 전손가능성이 낮은 경우에는 PML(추정최대손실액)을 기초로 한다.

  ※ 선진국에서는 통계예측모델인 몬테카를로 시뮬레이션의 사용이 증가하고 있음

② 위험보유의 종류

개별위험보유	집적위험보유	총계위험보유
손해액이 하나의 위험으로부터 발생할 경우	손해액이 다수의 위험으로부터 발생할 경우[주1]	연간손해액의 일정기준을 대상으로 보유를 하는 경우[주2]

  ※ 주1, 2 : 집적위험은 해상보험이나 선박보험에서 주로 사용되며, 총계위험은 풍수해보험 등의 자연재해보험 또는 대재해보험에 주로 활용됨

③ 위험보유의 방법

언더라이터의 직관	일정기준에 의한 방법		
인수 경험이 풍부한 언더라이터의 직관을 통한 위험보유는 실제로 매우 정확하다.[주1]	㉠ 수입보험료 기준	㉡ 자기자본 기준	㉢ 유동자산 기준

  ※ 주1 : '언더라이터의 직관에 의한 보유는 주관성이 많아 정확하지 못하다'는 오답에 유의할 것

  ㉠ 수입보험료기준

   • 화재보험, 특종보험 등 : 1~3%

   • 해상보험 : 5%(해상보험은 전손위험이 많아 타보험보다 위험보유규모가 크다)

  ㉡ 자기자본기준(자본금과 잉여금을 합한 수준) : 0.5~1.5%

  ㉢ 유동자산기준(환금성 고려) : 약 10%

필수예제

01 (개별위험/집적위험/총계위험) 중 해상보험이나 선박보험에서 위험보유의 기준으로 이용되는 것은 (   )이다.

> 직접위험

02 위험보유의 방법 중 언더라이터의 직관으로 보유하는 것은 언더라이터의 주관성이 많이 반영되어 정확하지 못하다는 단점이 있다. [O, ×]

> ×
> 언더라이터의 직관은 실제로는 매우 정확하다.

03 위험보유를 결정할 기준으로 수입보험료를 택할 경우 화재보험이
나 특종보험은 수입보험료의 (   ), 해상보험은 수입보험료
의 (   )가 적정하다.

1~3%, 5%

04 위험보유를 결정할 기준으로 자본금과 잉여금을 합친 수준으로 할
경우는 (   )가 적정하다.

0.5~1.5%

05 유동자산을 기준으로 위험보유를 결정할 때는 유동자산의 (   )
정도가 적정하다.

10%

2. 재보험

① 재보험의 개념

　㉠ 재보험이란 보험자(원보험사)가 인수한 보험(원보험계약)의 일부 또는 전부를 다른 보험자(재보
험사)에게 넘기는 것을 말한다. 최근 산업발전으로 인해 위험이 대형화됨에 따라 재보험의 역
할은 더욱 중요해지고 있다.

　㉡ 원보험사가 재보험사에 위험의 일부를 맡기는 것을 출재(出再)라고 하고, 재보험사 입장에서
원보험사의 책임을 인수하는 것을 수재(受再)라고 한다.

② 재보험의 일반원칙

　㉠ 피보험이익의 존재 : 원보험계약이 해지되면 재보험계약도 자동으로 해지된다(원보험자의 피보험이익이
없어지므로).

　㉡ 고지의무의 이행(최대선의의 원칙) : 원보험계약에서 피보험자에게 고지의무를 부과하듯이, 재보험계약에
서는 원보험사에게 고지의무가 부과된다.

　㉢ 실손보상의 원칙 : 모든 재보험계약은 손해보험이므로 실손보상의 원칙을 지닌다. 즉 사고발생 시 재보험
자의 책임은 원보험사가 입은 손실에 한정되며, 원보험사는 보험계약자에게 지는 책임에 대해 입증해야
한다.

　㉣ 대위금액의 분담 : 재보험에 가입한 원보험사에게 이득금지의 원칙이 적용되므로, 원보험사가 대위권 행
사를 통해 손해액이 감소되었다면 그 감소액만큼 재보험사의 책임액도 줄게 된다.

③ 재보험의 기능

㉠ 원보험사의 위험인수능력 확대 : 재보험사를 통해 담보력 강화	㉢ 대형이재손실로부터의 파산보호 : 거대위험의 부보 를 통해 대규모손실 방지
㉡ 보험경영의 안정성 증대 : 위험분산을 통한 영업실 적의 급변동 방지	㉣ 보험회사의 재무구조 개선 : 재보험출재는 재보험 자산의 증가가 됨

필수예제

06 원보험계약이 해지되면 재보험계약도 자동으로 해지된다. [○, ✕]

○
피보험이익이 없어지기 때문

07 재보험출재를 위해서는 원보험사가 재보험사에게 고지의무를 이행해야 한다. [○, ✕]

○
출재사(원보험사)에게 고지의무가 부과된다.

08 원보험사가 대위권행사를 통해 손해액이 감소되었다 하더라도 재보험사의 책임액은 변화가 없다. [○, ✕]

✕
원보험사에게 이득금지원칙이 적용되므로 재보험사의 책임액도 줄어든다.

3. 재보험거래방식

① 재보험거래방식의 분류 : 절차상에 따라 '임의재보험/특약재보험'으로, 책임액분담 방식에 따라 '비례적 재보험/비비례적 재보험'으로 구분한다

임의재보험 (Fac)	특약재보험(Treaty)				
	비례적 재보험[주1]			비비례적 재보험[주2]	
	Quota Share	Surplus	Com. Q&S	XOL	Stop Loss

※ 주1 : 출재와 수재를 정해진 비율에 따라 배분함. 비례적 재보험에는 위의 3종류 외에 '의무적 임의재보험특약'이 추가됨
※ 주2 : 출재와 수재를 정함에 있어 어떠한 비례성이 없음

필수예제

09 재보험은 절차상의 차이에 따라 (   ), (   )
으로 구분하며, 책임분담방식에 따라 (   ),
(   )으로 구분한다.

임의재보험, 특약재보험, 비례적 재보험, 비비례적 재보험

㉠ 임의재보험 : 사전에 정해진 특약 없이 출재 시마다 임의로 결정하는 방식이다. 비표준위험이나 신규인수위험, 특약상 재보험자의 부담을 초과하는 위험에 적용된다.
  (+) 특약으로 출재가 곤란한 계약을 상호간 합의로 임의로 설정할 수 있음
  (−) 사무량이 많아지는 단점이 있고, 재보험자 입장에서는 역선택위험부담이 큰 편

ⓒ 특약재보험(Treaty)

- Quota Share Treaty(비례재보험특약) : 소규모 보험계약에 주로 활용
  - (+) 가장 기본적인 재보험거래방식으로 특약의 운영이 쉽고 업무처리가 간단함
  - (−) 출재사 입장에서 우량·불량물건을 구분해서 관리하기 어려움(재보험자의 입장에서는 원보험사의 역선택의 위험이 없다는 장점이 된다).
- Surplus Treaty(초과액재보험특약)
  - (+) line(출재사 보유한도액) 이하의 소규모위험에 대해서는 출재사 보유가 가능하여 보험료 유출 감소, 우량·불량물건의 차별적 보유가 가능하여 수익성에 도움이 됨
    - ※ 재보험사 입장에서는 불량물건 위주로 수재하는 경향이 있어 불리함
  - (−) 차별적 보유에 대한 노하우가 필요(경험 있는 언더라이터 필요), 추가적인 업무부담
- Com. Q&S(혼합특약) : Quota Share 와 Surplus Treaty를 혼합한 방식
  - (+) 출재사 입장에서 소형계약은 Quota share를 적용하여 재보험료를 절감할 수 있고, 중대형계약은 Surplus treaty를 적용하여 위험분산에 중점을 둠
  - (+) 재보험사 입장에서는 더 많은 계약을 수재할 수 있어 '특약균형'[주1]을 확보할 수 있음
  - (+) 실무적으로 가장 많이 사용되는 재보험거래방식
    - ※ 주1 : 재보험사 입장에서 소형계약과 대형계약을 고루 인수할 경우(특약균형), 그 자체로 위험분산효과를 기대할 수 있다.
- 의무적 임의재보험
  - (+) 출재사가 출재할 위험을 결정하면 재보험사를 이를 의무적으로 인수해야 함
  - (−) 출재사에게 일방으로 유리한 방식이므로, 출재·수재사 간의 오래되고 돈독한 거래관계가 뒷받침이 있어야만 가능함
- XOL(Excess of Loss; 초과손해액재보험특약) : Layering을 손해액[주2]으로 결정함
  - (+) 자연재해상의 여러 위험에 대해 대형손실이 발생할 수 있는 바, 사전에 정해둔 누적 위험을 초과하는 손해를 보상
- Stop Loss(초과손해율재보험특약) : Layering을 손해율[주3]로 결정함
  - (+) 경험률이 아직 증명되지 않는 농작물보험(Crop Insurance)이나 우박보험(Hail Insurance)에 활용됨
  - (+) 위험이 짧은 short-tail 종목에 적합함
    - ※ 주2, 3 : XOL에서는 손해액을 기준으로 출재를 하고 Stop Loss에서는 손해율로 한다.

예시1 비례재보험특약(Quota Share Reinsurance) : 무조건 20%를 원보험자가 보유, 80%를 출재한다.

구분	보험 A	보험 B	보험 C
보험금	500억원	200억원	150억원
원보험사 부담	100억원	40억원	30억원
재보험사 부담	400억원	160억원	120억원

(원보험사 : 재보험사 분담비율 = 20% : 80%)

예시2 초과액재보험특약(Surplus Treaty) : 1line에 해당하는 10억원을 원보험자가 보유하고, 3line에 해당하는 30억원까지 출재할 수 있다. 출재규모가 30억원을 초과할 경우(보험C), 초과분을 출재하기 위해서는 임의재보험방식으로 한다.

구분	보험 A	보험 B	보험 C	보험 D
보험금	40억원	30억원	50억원	8억원
원보험사 부담	10억원	10억원	10억원	8억원
재보험사 부담	30억원	20억원	30억원	0원

(1line = 10억원, 3line treaty)

▶ 도해

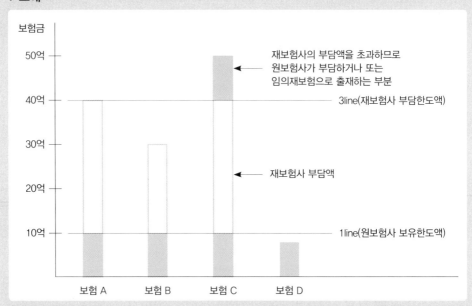

예시3 초과손해액재보험(Excess of Loss Cover ; XOL)방식 : 원보험자는 1st Layer의 40억원을 보유하며, 4개의 layer 합계 1,010억원을 출재하였음(Layer별로 다수의 재보험자가 참여하며 layer마다 리더가 있음)

4th Layer	550억원 초과 500억원	2nd Layer	100억원 초과 150억원
3rd Layer	250억원 초과 300억원	1st Layer	40억원 초과 60억원

예시4 비례적 재보험과 비비례적 재보험의 구분

비례적 **재보험**			비비례적 **재보험**	
비례재보험특약	초과액재보험특약	혼합특약	초과손해액 재보험	초과손해율 재보험

10 수재사의 입장에서 역선택위험의 부담이 큰 것은 (임의재보험/비례재보험특약)이다.

11 담보하는 모든 계약에 대하여 일정 부분을 무조건적으로 재보험출재를 하는 것은 (   )이다.

12 '60% Quota Share Treaty'에서 60%는 (보유비율/출재비율)을 의미한다.

13 예를 들어 '1 line 10억원, 3 line treaty'의 경우 재보험사의 최대손해액은 (   )이다.

14 예를 들어 '1 line 10억원, 4 line treaty'의 재보험방식일 때 원보험이 70억원이라면 (   )은 위험에 노출되는데 이 경우 임의재보험으로 출재하거나 또는 line의 규모를 늘려 전액 출재를 할 수 있다.

15 예를 들어 '1 line 10억원, 5 line treaty'의 재보험방식인데 원보험이 90억원이라면 30억원이 미출재되어 위험에 노출되는 바, 이때 line 규모를 (   )으로 증액하면 전액 출재를 할 수 있게 된다.

16 비례재보험특약(Quota Share Treaty)은 특약으로 정한 일정비율대로 무조건 출재하게 되어 우량, 불량물건을 구분하여 보유하지 못한다. 그러나 초과액재보험특약(Surplus Treaty)은 보유 시 우량위험과 불량위험에 대해 차별적으로 보유할 수 있어서 이를 위한 경험 있는 언더라이터가 있어야 한다. [○, ×]

17 소액계약은 Quota Share로, 중대형계약은 Surplus Treaty를 적용하는 재보험방식은 (   )이다.

임의재보험
수재사 입장에서 역선택위험이 가장 큰 것은 임의재보험이며, 가장 작은 것은 비례재보험특약이다.

비례재보험특약

출재비율
60% 출재를 의미한다.

30억원
1line 10억원 × 3line

20억원
70억원 − 10억원 − 40억원

15억원
15억원 + (15억원 × 5) = 90억원

○

혼합특약
비례 및 초과액재보험혼합특약은 실무에서 가장 많이 사용된다.

18 누적되는 위험을 기준으로 출재를 하여 대형손실을 예방할 수 있는 재보험방식은 ( ), ( )이다.

> 초과손해액재보험, 초과손해율재보험
> XOL은 손해액을 기준으로, Stop Loss는 손해율을 기준으로 담보한다.

19 Catastrophe Cover라고도 불리며, 지진이나 홍수, 폭풍 등처럼 자연재해로 인한 대형손실을 예방할 수 있는 재보험 방식은 ( )이다.

> 초과손해액재보험(XOL)

20 신상품의 경우 경험율이 증명되지 않으며, 농작물재해보험은 농작물의 특성상 위험의 예측이 쉽지 않은 데 이 경우 적합한 재보험출재방식은 ( )이다.

> 초과손해율재보험(Stop Loss)

21 (초과손해액재보험/초과손해율재보험)방식은 위험기간이 짧은 대표적인 Short tail 종목의 재보험에 주로 사용된다.

> 초과손해율재보험

22 재보험출재 시 위험의 자기보유한도를 line방식으로 하면 ( ), layer방식으로 하면 ( ) 혹은 ( )이다.

> 초과액재보험특약(Surplus T.), 초과손해액재보험특약(XOL), 초과손해율재보험특약(Stop loss)

23 'Quota Share, Surplus Treaty, Excess of Loss Cover, Stop Loss Cover' 중 비례적 재보험특약은 ( ), ( )이다.

> Quota Share(비례적재보험특약), Surplus Treaty(초과액재보험특약)

24 비비례적 재보험에는 ( ), ( )이 있다.

> 초과손해액재보험, 초과손해율재보험

25 초과액재보험은 (비례적/비비례적) 재보험이다.

> 비례적
> '초과액'은 비례적, '초과손해액', '초과손해율'은 비비례적 재보험이다.

단원 정리 문제

01 역선택의 유형 중 환경적 위험을 말하는 것은?

① 오토바이배달을 하는 직업을 제대로 알리지 않고 보험가입을 하였다.

② 암진단을 받은 상태에서 이를 고지하지 않고 보험가입을 하였다.

③ 사고를 유발할 의도에서 유사한 보험을 회사별로 다수 가입하였다.

④ 수입상태에 비해 과도한 보험료를 지출할 정도로 다수의 보험에 가입하였다.

정답 ①

환경적 위험은 직업적 위험을 말한다.

① 환경적 위험. ② 신체적 위험.
③ 도덕적 위험. ④ 재정적 위험

02 언더라이팅에 대한 설명 중 가장 적절한 것은?

① 언더라이팅과 마케팅 측면은 trade off 관계에 있다.

② 언더라이팅의 가장 큰 목적은 역선택의 차단이며 그런 점에서 계약적부심사가 언더라이팅 전체 절차에서 가장 중요하게 평가되고 있다.

③ 대부분의 보험사는 정확한 언더라이팅을 위해서 모든 질병보험에 대해 건강진단을 실시하고 있다.

④ 언더라이팅 결과 인수거절 건에 대해서는 승낙이 거절된 이유를 보험계약자에게 설명하는 것이 의무이다.

정답 ④

① 언더라이팅의 목적이 무조건 거절에 있는 것이 아니므로 상반관계가 아님

② 1차 단계인 '취급자에 의한 언더라이팅'이 가장 중요하다고 평가됨(정보의 비대칭을 위해서 가장 중요한 단계이기 때문)

③ 비용상의 문제로 선별 실시함

03 아래의 보험계약에서 부보한 물건의 화재로 400억원의 손해액이 발생하였다. 이때 보험자와 보험계약자의 책임금액을 옳게 연결한 것은?

> **보기** 보험가입금액 500억원, PML 300억원, LOL 240억원, 공제 (deductible)는 없다고 가정함

	보험자	보험계약자
①	240억원	60억원
②	240억원	160억원
③	300억원	100억원
④	400억원	0원

정답 ②

PML Error가 발생하면 LOL 이상의 손해액은 전적으로 보험계약자의 부담이다. 따라서, 언더라이터는 이 점을 유의하여 보수적으로 PML을 산정할 필요가 있다.

04 언더라이팅 방법은 '언더라이팅 계획수립 – 언더라이팅 집행 – 언더라이팅의 평가와 수정'의 3단계로 구분할 수 있다. 그렇다면 다음 중 3단계인 언더라이팅의 수정에 해당하지 않는 것은?

① 계약조건의 수정
② 보험요율의 수정
③ 언더라이팅 매뉴얼의 수정
④ 영업정책의 수정

정답 ①

계약조건의 수정은 2단계(언더라이팅의 집행)로, 거절위험의 조건부인수를 위해서 보험자가 보험계약자에게 보험조건을 수정제시하는 것을 말한다.

05 임차인이 임차한 건물로부터 발생하는 배상책임을 부보하기 위해, 임차인을 계약자로 하고 건물주를 피보험자로 하는 화재보험에 가입하였다. 이에 대한 설명으로 가장 거리가 먼 것은?

① 피보험이익을 가지는 자는 건물주이다.
② 임차인이 타인을 위한 보험의 형태로 가입한 것이다.
③ 손해발생 시 임차자배상책임보험과 동일한 효과를 갖기 위해서는 계약자를 대위권행사대상에서 제외하는 조항을 두어야 한다.
④ 피보험이익이 없으므로 무효가 될 수 있다.

정답 ④

'계약자 = 임차인, 피보험자 = 건물주'이므로 타인을 위한 보험이고, 피보험이익이 있으므로 무효가 되지는 않는다. 단, 동 보험의 형태에서 임차자가 건물에 대한 배상책임을 확실하게 부보하기 위해서는 ③처럼 대위권 포기조항을 설정하는 것이 적절하다(건물에 대해서 임차자배상책임보험을 가입하는 것이 합리적임).

06 담보기준과 보험종목을 옳게 연결한 것은?

① 화재보험 – 손해발견기준
② 상해보험 – 배상청구기준
③ 전문직업인배상책임보험 – 손해사고기준
④ 금융기관종합보험 – 손해발견기준

정답 ④

금융기관종합보험은 수표의 위조나 변조로 인한 손해, 직원의 부정행위로 인한 손해를 담보하는 보험인데, 사고 성격상 손해발생시기의 확인이 어려우므로 손해사고발견일자로 담보하는 것이 일반적이다.

※ 보험종목별 담보기준
• 손해사고기준 : 화재보험, 자동차보험, 상해보험 등 대부분의 보험
• 배상청구기준 : 전문직업인배상책임보험, 생산물배상책임보험 등
• 손해발견기준 : 금융기관종합보험(BBB), 범죄보험 등

07 보험가입금액(Sum Insured)에 대한 설명이다. 잘못된 것은?

① 약정상 최고보상 한도액을 말한다.
② 비례보상의 법리가 적용된다.
③ 손해사고발생 시 매 사고당 보험가액을 한도로 보상한다.
④ 화재보험은 보험자의 책임한도를 반드시 보상한도액이 아닌 보험가입금액으로 해야 한다.

정답 ③

보험가입금액(TSI)은 모든 사고에 대한 책임액을 말하며, 보상한도액(LOL)은 매사고당 보험자책임금액을 말한다(아래 표 추가설명 참조).

※ 보험가입금액 VS 보상한도액

보험가입금액	보상한도액
보험가액이 확정 가능한 경우	보험가액이 확정 불가능한 경우
모든 사고를 합하여 보험가입금액을 한도로 보상	매 사고당 보험가액을 한도로 보상
재물가액이 있는 대부분의 물보험	배상책임보험

08 보험사고에 따르는 비용에 대한 보상여부를 결정할 때, '약관에 보상기준이 없더라도 보상해야 하는 비용'에 속하지 않는 것은?

① 잔존물제거비용
② 손해방지·경감비용
③ 손해산정비용
④ 기타협력비용

정답 ①

②, ③, ④등(사고처리비용)은 보험자의 요구로 발생한 비용이고 이에 대해 피보험자의 의무이행은 보험금의 감소라는 유익한 결과를 가져오므로, 약관상 보상기준이 없어도 그리고 보험가입금액을 초과하더라도 보상한다.

반면, 잔존물제거비용은 본질적으로 사고처리비용으로 보지 않는데, 이는 피보험자가 잔존물을 제거한다고 하여 보험금이 감소되는 것이 아니기 때문이다(즉 잔존물제거비용은 약관에 명시되어야 함).

09 중복보험이 되기 위해서는 아래의 네 가지 요건을 모두 갖추어야 한다. 잘못된 내용은?

① 동일한 피보험이익과 동일한 보험사고에 대한 보험계약이어야 한다.

② 보험기간이 일치하여야 한다.

③ 수 인의 보험사와 수 개의 보험계약을 체결해야 한다.

④ 보험가입금액의 합이 보험가액보다 커야 한다.

정답 ②

보험기간이 일치 또는 중복되어야 한다. 일치는 완전히 동일한 것이며, 중복이란 조금이라도 일치하는 구간이 있음을 의미한다.

---

10 보기의 중복보험에서 손해액이 7억원이라면 B보험사의 책임분담액은 얼마인가?

> **보기** 보험가액 10억원인 화재보험(동일 목적)을 A보험사에 3억원, B보험사에 5억원, C보험사에 6억원을 가입하였다(각 보험사의 책임액 계산방식은 같다고 가정함).

① 1.5억원　　　　　② 2.5억원

③ 3억원　　　　　　④ 7억원

정답 ②

각 보험사의 지급보험금 계산방식이 동일하므로 보험가입액 비례분담방식을 적용하면 된다.

※ 계산방법(보험가입금액 비례분담방식)

- A보험사 분담액

$$= 7억원 \times \frac{3억원}{14억원} = 1.5억원$$

- B보험사 분담액

$$= 7억원 \times \frac{5억원}{14억원} = 2.5억원$$

- C보험사 분담액

$$= 7억원 \times \frac{6억원}{14억원} = 3억원$$

→ 총 7억원으로 손해액과 지급액이 일치함

---

11 보기의 소멸성공제약관에서 발생손해액이 500만원이라면 보험자와 보험계약자의 부담액은 각각 얼마인가?

> **보기** 약관상 공제한도액은 100만원이고, 100만원을 초과하여 발생하는 손해액에 대해서는 105%를 보상한다.

	보험자	보험계약자
①	400만원	100만원
②	420만원	80만원
③	500만원	0원
④	500만원	100만원

정답 ②

소멸성공제는 손해액이 클수록 계약자의 자기부담액이 감소하며, 일정금액 이상이면 자기부담액이 소멸되는 방식이다.

※ 소멸성공제약관 계산방식

- 발생손해액 500만원의 경우 → (500만 − 100만) × 1.05 = 420만원. 보험자 = 420만원, 계약자 80만원 부담

- 발생손해액 1,500만원의 경우 → (1,500만원 − 100만원) × 1.05 = 1,470만원. 보험자 = 1,470만원, 계약자 30만원 부담

12 보기의 경우 어떤 공제조항(Deductible)에 해당되는가?

> **보기** 국민건강보험 가입자 A가 부담한 2015년 건강보험적용 본인부담금은 400만원이었는데, 해당 가입자가 소득 8분위로서 소득 8분위 기준금액 303만원을 초과하는 97만원이 A에게 환급되었다.

① 직접공제 ② 종합공제

③ 참여공제 ④ 프랜차이즈공제

정답 ②

보험기간 중 누적 자기부담금(303만원)을 초과하는 손해(97만원)를 보험자가 전액 부담하는 것이므로 종합공제(aggregate deductible)에 해당한다. 국민건강보험과 재산보험에서 찾을 수 있다.

13 보기는 손해보험요율산정의 3원칙 중 어디에 해당하는가?

> **보기** 보험요율은 보험계약자의 위험의 크기나 예상손실의 규모에 따라 보험료에 차등을 둠으로써 보험계약자 간 형평성이 유지되도록 해야 한다.

① 적정성 ② 공정성

③ 비과도성 ④ 안정성

정답 ②

공정성이다.

※ 손해보험요율산정 기본 3원칙 : 적 · 공 · 비로 암기

• 적정성 : 보험자의 입장에서 보험사업이 유지될 만큼 보험료가 충분해야 한다(→ 수지상등원칙과 유사).

• 공정성 : 보험소비자 간 부당한 차별이 없어야 한다(→ 급부 · 반대급부 균등의 원칙과 유사).

• 비과도성 : 보험료가 지나치게 높지 않아야 한다.

14 다음 중 체증성 질병에 해당하는 것은?

① 고혈압, 당뇨, 비만, 동맥경화증, 정신병

② 시력 및 청력장애, 만성 기관지염, 류마티스, 관절염

③ 외상, 위궤양, 염증성 질환

④ 위암, 간암, 폐암

정답 ①

① 체증성 질병, ② 항상성 질병, ③ 체감성 질병이다. ① · ②는 할증으로 부보, ③은 보험금감액으로 부보하며, ④는 거절대상이다.

※ 암기법

• 고혈압 · 당뇨 · 비만 · 체증성 → 고당비체

• 항상성 · 시력 및 청력장애 · 만성기관지염 · 류마티스 → 항시만류

15 재물보험의 물건은 주택물건과 일반물건과 공장물건의 3가지로 분류되는데, 다음 중 주택물건으로 적용할 수 없는 것은?

① 주택병용물건 중 내직이나 출장치료 정도로만 활용되는 교습소나 조산원
② 주상복합건물에서의 주거용도 부분(방화구획여부와 관계없음)
③ 주상복합아파트에서의 아파트 부대시설을 제외한 기타 복리시설
④ 주택 내에서 평소에 하는 정도의 작업을 하는 농가 또는 어업자의 주택

16 장기보험의 재물담보에 적용되는 건물급수에 대한 설명이다. 가장 적절하지 않은 것은?

① 건물의 주요구조부 중 지붕이 불연재료이고 나머지가 내화구조이면 2급에 해당된다.
② 철근콘크리트나 조적조의 건물에 슬라브즙의 경우 1급에 해당된다.
③ 외벽이 샌드위치판넬인 건물의 구조급수는 다른 주요구조부에 관계없이 4급을 적용한다.
④ 건축 중 또는 철거 중인 건물은 공사완성 후의 건물급수가 1급 또는 2급일 경우 2급을 적용한다.

17 특수건물화재보험의 가입대상 물건이 아닌 것은?

① 연면적의 합계가 $1,000m^2$인 국유건물 및 부속건물
② 바닥면적의 합계가 $2,000m^2$인 학원
③ 연면적의 합계가 $2,000m^2$인 공장 또는 공연장
④ 연면적의 합계가 $3,000m^2$인 관광숙박업소

18 자동차보험의 언더라이팅에 대한 설명이다. 가장 적절하지 않은 것은?

① 특별약관을 추가할 때 적용되는 요율은 특약요율이다.

② 우량할인·불량할증제도에서 단체할인할증의 대상이 되기 위해서는 1년간의 평균유효대수가 영업용은 10대, 업무용은 50대 이상이어야 한다.

③ 개별할인할증에 적용되는 사고내용별 점수에서, 대인사고와 자기신체사고, 물적사고가 중복될 경우 가장 높은 점수를 반영한다.

④ 가입자특성요율은 보험가입경력요율과 교통법규위반요율을 모두 반영한다.

정답 ③

다른 종류의 사고(대인사고, 자기신체사고, 물적사고)가 중복될 경우에는 점수를 합산하고, 같은 대인사고에서 피해자가 복수일 경우는 사고점수가 가장 높은 피해자의 사고내용을 반영한다.

19 재보험에 대한 설명이다. 가장 거리가 먼 것은?

① 원보험계약이 해지되면 재보험도 자동적으로 해지된다.

② 재보험계약 시 원보험사(출재사)가 재보험자(수재사)에게 고지의무를 이행하지 않는다면 계약무효의 원인이 된다.

③ 모든 재보험계약은 손해보험이므로 원보험사는 재보험사로부터 실제손해액을 초과하는 보상을 받을 수 없다.

④ 원보험사가 파산한다면 원보험계약의 피보험자는 재보험자에게 보상을 청구할 수 있다.

정답 ④

피보험자의 계약은 원보험사와의 계약이기 때문에 재보험사에 청구할 수 없다.

20 재보험거래방식 중 비례적 재보험(Proportional Reinsurance)을 모두 묶은 것은?

> 보기
> ㉠ 비례재보험특약(Quota Share Treaty)
> ㉡ 초과액재보험특약(Surplus Treaty)
> ㉢ 초과손해액재보험(Excess of Loss Cover)
> ㉣ 초과손해율재보험(Stop Loss Cover)

① ㉠, ㉡   ② ㉡, ㉢

③ ㉢, ㉣   ④ ㉠, ㉣

정답 ①

㉠·㉡ → 비례적 재보험, ㉢·㉣ → 비비례적 재보험

※ 비례적 VS 비비례적(암기법 : 비비초, 비비초초)

비례적 재보험	비례재보험특약
	초과액재보험특약
비비례적 재보험	초과손해액재보험
	초과손해율재보험

PART

04

손해보험 손해사정

PART 04 손해보험 손해사정

Chapter 1 ● 손해사정 일반이론

1. 손해사정 개요

① 손해사정사 업무(보험업법 제188조)

  ㉠ 손해발생사실의 확인

  ㉡ 보험약관 및 관계법규 적용의 적정성 판단

  ㉢ 손해액 및 보험금의 산정(보험금의 지급×, 보상한도설정×)

  ㉣ ㉠~㉢과 관련한 업무와 관련된 서류의 작성·제출의 대행

  ㉤ ㉠~㉢과 관련한 업무수행과 관련된 보험회사에 대한 의견진술

필수예제

01 손해사정사의 업무는 사고발생 후 손해액을 사정하고 보험금을 지급하는 것이다. [O, ×]

> ×
> 손해액 및 보험금을 사정하나 지급 업무는 하지 않는다.

02 손해사정사는 해당 손해사정업무와 관련한 서류를 작성하고 제출한다. [O, ×]

> ×
> 서류 작성과 제출에 대한 대행 업무를 한다.

---

2. 손해사정사 제도

① 고용 또는 선임의무 : 보험회사는 손해사정사를 고용하여 손해사정업무를 담당하게 하거나, 손해사정사 또는 손해사정업자에게 그 업무를 위탁해야 한다.

② 손해사정사의 자격등록 : 금융감독원장이 실시하는 시험에 합격하고 실무수습을 마친 후 금융위원회에 등록해야 한다.

③ 손해사정업 : 손해사정업자는 2인 이상의 손해사정사를 두어야 한다.

④ 손해사정사의 의무

  ㉠ 보험회사로부터 사정업무를 위탁받은 손해사정사는 사정업무 수행 후 지체 없이 손해사정서를 보험회사에 발급하고 그 중요한 내용을 알려주어야 한다.

ⓛ 보험계약자가 선임한 손해사정사는 사정업무를 수행한 후 지체 없이 손해사정서를 보험계약자와 보험회사에 발급하고 그 중요한 내용을 알려주어야 한다.

⑤ 손해사정사의 금지행위(보험업법 제189조 3항)

㉠ 고의로 진실을 숨기거나 거짓으로 손해사정을 하는 행위	㉣ 정당한 사유 없이 손해사정업무를 지연하거나 또는 충분한 사유 없이 손해액이나 보험금을 산정하는 행위
㉡ 업무상 알게 된 보험계약자 등의 개인정보를 누설하는 행위	㉤ 보험사 또는 보험계약자에게 중복되는 서류나, 손해사정과 관련 없는 서류 요청으로 손해사정을 지연하는 행위
㉢ 타인으로 하여금 자기 명의로 손해사정업무를 하게 하는 행위	㉥ 보험금지급을 요건으로 합의서를 작성하거나 합의를 요구하는 행위

필수예제

03 손해사정사가 되기 위해서는 금융위원회가 실시하는 시험에 합격하고 그 실무수습을 마친 후 금융감독원에 등록해야 한다. [O, X]

× 시험은 금융감독원에서 실시하고 등록은 금융위원회에 해야 한다.

04 보험계약자가 선임한 손해사정사는 사정업무를 수행한 후 지체 없이 손해사정서를 보험회사에 발급하고 그 중요한 내용을 알려주어야 한다. [O, X]

× 보험계약자와 보험회사 양측에 사정서를 발급해야 한다.

05 불가피할 경우 손해사정사는 타인에게 자기 명의로 손해사정업무를 수행하게 할 수 있다. [O, X]

× 어떠한 경우라도 불가하다.

3. 손해사정절차

사고통지 접수 → 계약사항 확인 → 청약서 확인 → 약관의 면·부책내용 확인 → 사고조사 시기와 사고조사 방법 확정 → 현장조사 → 손해액 산정 → 보험금 산정 → 보험금 지급 → 대위 및 구상권 행사

필수예제

06 손해사정절차에서 '보험계약이 유효하고 보험사고가 담보되는 보험장소에서 보험자의 책임기간 내에 발생하였는지를 확인'하는 단계는 (   ) 단계이다.

계약사항 확인

필수예제

07 손해사정절차에서 '중복계약의 유무, 재보험사항 등'을 파악하는 것은 (   ) 단계이다.

청약서 확인

08 해당 사고가 담보손인에 의한 사고인지, 발생사고와 손해액 사이의 상당인과관계가 있는지를 확인하는 것은 (   ) 단계이다.

약관의 면책 · 부책내용의 확인

09 손해액 조사에 있어서 의사나 변호사, 감정인 등의 전문인이 참여하는 경우라도 손해액산정의 최종책임은 손해사정사에게 있다. [O, ×]

○

4. 이득금지의 원칙

① 이득금지원칙의 개념 : 손해보험은 재산상 손해를 보상하는 것이므로 실제 입은 재산상의 손해만을 보상한다는 것이 대원칙이다. 이득금지원칙에 근거한 보상원리를 '실손보상원리' 또는 '손해보상원리'라고 하는데, 현실적으로 3가지 용어 모두 같은 뜻으로 사용된다.

② 실손보상의 기준

보험가액(피보험이익의 값)	→ 손해가 발생한 때와 곳의 가액(손해가 발생한 때 = 손해 발생 직전)

※ **보험가액의 평가방법**
  (1) 이득금지원칙을 실현하는 기준으로서의 보험가액 평가방법
    보험가액은 '보험사고시 손해가 발생한 때와 곳의 가액'으로 정의된다. 이는 엄밀히 말하면 '미평가보험의 시가액(actual value price)'을 말한다. '시가액'으로 평가하고 보상을 해야 이득금지원칙이 실현된다.
    ※ 보험가액을 시가액으로 평가하는 보험을 '시가(時價)보험'이라 한다(대부분의 보험).
  (2) 이득금지원칙의 예외가 되는 보험가액 평가방법
    ㉠ 기평가보험 : 골동품이나 해상보험의 선박과 같이 시가액(actual value price)으로 평가하기 곤란한 경우, 보험자와 보험계약자 간의 약속으로 보험가액을 미리 정하는 데 이때의 보험가액을 '협정보험가액(agreed insurable value)'이라 하며 미평가보험의 상대개념으로 기평가보험이라 한다.
    ㉡ 재조달가액보험 : 시가액은 '재조달가액-감가상각액' 또는 '재조달가액-신구교환공제액'으로 정의되는데, 재조달가액(replacement price)은 시가액에서 감가공제를 하지 않은 가액을 말한다. 보험목적물의 특징상 동종 · 동능력의 보상을 원할 경우(㉘ 기계), 감가공제를 하지 않은 보상을 받아야 하므로 재조달가액보험이 필요하다. 그러나 이는 이득금지원칙에 위배되므로 제한적으로 예외가 인정된다.
    ※ 재조달가액 보험(또는 복원보험)이 제공되는 보험의 목적 : '건물, 동산, 시설, 공기구, 비품, 가재, 기계(화재보험의 보험의 목적)'에서 '동산(재고자산)'을 제외하고는 복원보험이 가능하지만, 주로 '기계'를 대상으로 한다(㉘ 특종보험으로서의 기계보험, 화재보험의 재조달가액담보 특약').
    ※ 재조달가액보험은 시가보험의 상대개념으로 신가보험이라고도 한다.

(3) 도해 : 보험가액의 평가방법

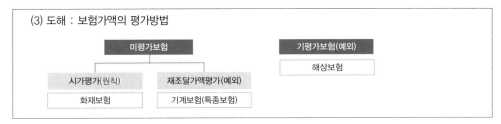

③ 이득금지원칙의 적용

㉠ 초과보험

사기로 인한 초과보험	선의의 초과보험
무효 & 그 사실을 안 날까지의 보험료 청구	보험금의 감액청구(보험자, 소급 가능) & 보험료의 감액청구(보험계약자, 소급 불가)

㉡ 중복보험

사기로 인한 중복보험	중복보험의 비례주의	중복보험계약의 통지의무
사기로 인한 초과보험의 규정을 준용함	보험자는 각자의 보험금액 한도 내에서 비례보상	수 개의 보험체결 시 통지의무 부과(병존보험에도 적용)

㉢ 기평가보험의 경우 : 기평가보험의 보험가액이 사고발생 시의 보험가액을 현저히 초과하는 경우에는 사고발생 시의 보험가액을 보험가액으로 정한다.

㉣ 보험목적에 대한 대위

잔존물대위	청구권대위(제3자대위)
보험목적 전부가 멸실하고, 보험금액의 전부를 지급한 보험자가 취득하는 권리	손해가 제3자에 의해 발생된 경우, 보험금을 지급한 보험자가 해당 금액을 한도로 제3자에 대해 가지는 청구권

㉤ 신구교환공제 : 보험목적물의 분손사고로 인해 새로운 재료를 사용하여 수리하거나, 중고부품을 새로운 부품으로 교환함으로써 보험사고 이후의 보험목적의 가치가 보험사고 직전보다 높아질 경우 피보험자는 결과적으로 이득을 보게 되며 이를 방지하기 위해 개별보험약관을 통해 그 증가된 금액만큼 공제를 하는 것을 말한다.

  ※ 신구교환이익을 명확히 판단하기 어려우므로, 보통보험약관에서는 신구교환공제에 대한 규정을 두기 어렵고 개별보험약관(자동차보험약관 등)으로 규정을 명시하고 있다.

㉥ 타보험조항 : 둘 이상의 보험계약이 동일한 손인을 담보할 경우 보험자 간 분담 여부 및 보상방법을 정해 놓은 약관조항을 말하며, 초과액 타보험조항과 균등액 타보험조항 등이 있다(타보험조항도 이득금지원칙을 준수하기 위한 수단에 해당).

㉦ 피보험이익이 없는 계약의 무효화 : 손해보험계약의 도박화를 방지하는 손해보험 계약의 대전제이다.

10 (   )은 보험의 도박화를 방지하기 위한 손해보험제도의 근간이다.

이득금지의 원칙
실손보상의 원칙이라고도 한다.

11 손해보험에서 보험자가 보상해야 할 손해액은 (　　　　　)을 기준으로 한다.

보험가액

12 하나의 보험계약의 보험금액이 보험가액을 현저히 초과하게 되면 (　　　　　), 수 개의 보험계약의 보험금액이 보험가액을 초과하게 되면 (　　　　　)이 된다.

초과보험, 중복보험

13 초과보험이 되면 그 계약은 무조건 무효가 된다. [O, ×]

×
사기일 경우에만 무효가 된다.

14 사기로 인한 초과보험은 (무효/해제/취소/해지)가 된다.

무효

15 중복보험의 보험자는 각자의 보험금액의 한도 내에서 (　　　　　)을 하며, 만일 어떤 보험자의 지급불능이 있다면 나머지 보험자가 (　　　)하여 책임을 진다.

비례보상, 연대

16 수 개의 책임보험을 체결할 때에도 중복보험의 규정이 준용된다. [O, ×]

○
책임보험에서도 중복보험규정이 준용된다.

17 일부보험의 비례주의는 이득금지의 원칙과 아무런 상관이 없다. [O, ×]

○
중복보험 비례주의와 차원이 다르다.

18 병존보험에서는 보험금액이 보험가액을 초과하지 않으므로 통지의무를 부과하지 않는다. [O, ×]

×
'물가하락 → 보험가액하락'이면 병존보험도 중복보험이 되므로 통지의무를 부과한다.

19 당사자 간에서 보험가액을 결정하는 기평가보험도 이득금지원칙에 의거하여 어떠한 경우에도 보험가액을 초과하는 보상을 할 수 없다. [O, ×]

×
현저한 초과가 아닐 경우 약간의 초과보상은 가능하다.

20 보험의 목적이 전부 멸실되었을 때, 보험금액의 전부를 지급한 보험자가 가지는 권리를 (잔존물대위/청구권대위)라고 한다.

> 잔존물대위

21 청구권대위는 피보험자가 (가해자/피해자)일 때 발생한다.

> 피해자
> 제3자에 의한 손해 발생을 전제로 한다.

22 신구교환공제는 (전손/분손) 시에 발생한다.

> 분손

23 신구교환공제는 (보통보험약관/개별보험약관)에서 명시적으로 규정하고 있다.

> 개별보험약관

24 둘 이상의 보험계약이 동일한 손해를 부담하는 경우에 보험자 간의 분담 여부 및 보상방법 등을 정해 놓은 약관조항을 (   )이라 한다.

> 타보험조항
> 동일한 손해에 대한 중복지급을 방지하기 위함이다.

④ 이득금지원칙의 예외('신, 기, 불, 생'으로 암기)

㉠ 재조달가액보험 (신가보험)	㉡ 현저한 차이가 나지 않는 기평가보험	㉢ 보험가액불변경주의	㉣ 생명보험

㉠ 재조달가액보험(신가보험, 대체가격보험 또는 복원보험)

- 시가보험과 신가보험의 비교

시가(時價, actual cash value)보험	신가(新價)보험
대체가격–감가공제액	대체가격

- 신가보험으로 보상을 하는 경우는 이득금지원칙에 위배되는바, 신가(대체가격)로 보상하지 않으면 보험목적을 가동할 수 없는 물건에 한하여 적용한다.
  ※ 기계, 공장, 건물 등에 대해 제공되며, 재고자산(상품, 재고품, 원재료 등)에 대해서는 제공되지 않는다(재고자산에 복원보험이 제공되지 않는 이유는 계속사용재가 아니라 교환재이기 때문).

㉡ 보험가액과 현저한 차이가 나지 않는 기평가보험
- 골동품과 같이 사고발생 시 보험가액의 산정이 어려운 보험목적에 대해서는 보험자와 보험계약자 간에 협의한 가격(협정보험가액)을 보험가액으로 한다.

- 보험처리방법

사고 시 보험가액과 협정보험가액에 현저한 차이가 있는 경우	사고 시 보험가액과 협정보험가액에 현저한 차이가 아닌 경우
사고 시 보험가액을 보험가액으로 함	약간의 초과이익이 발생할 수 있음

© 보험가액불변경주의 : 협정보험가액(기평가보험)으로 보험가액을 정하고 보험기간 동안 변경하지 않는 것을 말하는데, 주로 해상보험에서 이용된다. 그런데 물가 하락으로 보험가액이 협정보험가액보다 하락한다면, 실제손해액을 초과하는 이득이 발생할 수 있다.

② 생명보험 : 사람의 생명, 신체는 보험가액으로 정할 수 있는 대상이 아니므로 이득금지원칙이 적용될 수 없다.

필수예제

25 신가보험으로 제공될 수 없는 것은 (ⓐ 기계, ⓑ 공장, ⓒ 건물, ⓓ 재고품)이다.

ⓓ
재고품은 신가보험이 금지되어 있다.

26 이득금지원칙의 예외가 될 수 없는 것은 (ⓐ 복원보험, ⓑ 신가보험, ⓒ 재조달가액보험, ⓓ 시가보험)이다.

ⓓ
시가보험은 실손보상을 적용한다. 나머지 ⓐⓑⓒ는 같은 의미이다.

27 미술품의 협정보험가액이 1억원이다. 화재로 미술품이 전부 멸실되었으며 시가로 평가된 보험가액이 9,500만원이다. 이 경우 피보험자에게 지급되는 보험금액은 (1억원/9,500만원)이다. ※ 1억원과 9,500만원의 차이는 약관상의 현저한 차이가 아니라고 봄

1억원
약간의 초과이득이 발생할 수 있다.

28 보험가액불변경주의는 물가변동의 우려가 작거나, 운행기간이 짧아 보험가액의 변동가능성이 작은 보험목적물에 적합한데, 이에 해당하지 않는 것은 (ⓐ 선박보험, ⓑ 적하보험, ⓒ 운송보험, ⓓ 화재보험)이다.

ⓓ
화재보험은 이에 해당하지 않는다.

29 생명보험은 (기평가보험/미평가보험)이라 할 수 있다.

기평가보험
보험가액이 미리 정해져 있다.

5. 신구교환공제

① 신구교환공제의 적용은 이득금지원칙에 따른 것이다.

② 신구교환공제의 적용원칙 : 실무적으로 신구교환이익의 평가가 쉽지 않으므로, 신구교환으로 인한 가치가 현저히 증가한 경우에만 적용된다(아래 적용 예시).

> **예시1** 화재보험의 경우 : 건물의 일부를 신재료로 수리하고 그 수리로 인해 건물의 가치가 현저히 증가될 경우 신구교환공제를 한다.
>
> **예시2** 자동차보험의 경우 : 대물배상 또는 자차손담보에서 자동차를 수리하는 경우, 자동차 가격에 영향을 주는 지정된 주요부품(엔진 등)에 한하여 신구교환공제를 한다.
>
> **예시3** 해상보험의 경우 : 수리 후 가치증가발생을 판정하기 어려우므로 일반적인 경우는 신구교환공제가 없으며, 공동해손정산의 경우에는 신구교환공제를 한다.
>
> **예시4** 기계보험의 경우 : 기계보험은 기계의 가동 유지를 목적으로 하기 때문에 사고 직전 수준의 가동이 유지된다면, 그 가치가 증가하였다 해도 신구교환공제를 하지 않는다. 단, 이러한 보험은 항상 보험가액을 신품대체가격으로 유지해야 한다.

필수예제

30 신구교환공제약관은 이득금지원칙의 준수에 충실히 하는 차원에서 신구교환이익이 있다면 그 많고 적음을 따지지 않고 신구교환공제를 적용한다. [○, ×]

× 실무적으로 교환차익의 평가가 어렵기 때문에 교환차익이 현저히 클 경우에만 적용한다.

31 해상보험은 공동해손정산의 경우에만 신구교환공제를 한다. [○, ×]

○ 나머지는 모두 신구교환공제를 하지 않는다.

32 기계보험은 신구교환이익이 현저히 큰 경우에만 신구교환공제를 한다. [○, ×]

× 기계보험은 신구교환공제가 없다. 단, 보험가액을 신품대체가액으로 유지해야 한다.

33 신구교환공제가 전혀 적용되지 않는 보험은 (기계보험/화재보험/자동차보험/해상보험)이다.

기계보험 기계보험은 신가보험이다(이득금지원칙의 예외).

6. 타보험조항

① 타보험조항의 적용은 이득금지원칙에 따른 것이다.

② 타보험조항의 종류

비례책임조항	책임한도 분담조항	균등액분담 타보험조항	초과액 타보험조항	타보험 금지조항
중복보험의 보험가 입금액 안분 방식과 동일	중복보험의 독립책임액 방식과 동일	가장 낮은 책임한도 부터 순차적으로 균등하게 분담함	타보험에서 우선지급 후 그 초과분에 한해서 지급	타보험 가입은 담보위반이 됨

필수예제

34 보험가액이 10억원, A와 B 그리고 C보험에 각각 8억원, 7억원, 5억원의 보험가입을 하였다. 손해액이 5억원인 경우, A = 5억원 × $\frac{8}{20}$ = 2억원, B = 5억원 × $\frac{7}{20}$ = 1.75억원, C = 5억원 × $\frac{5}{20}$ = 1.25억원으로 보험자 간의 책임액을 분담하는 방식은 타보험조항 중 (   )에 해당한다.

> 비례책임조항

35 대부분의 배상책임보험은 (   )의 타보험조항을 택하고 있다.

> 균등액분담타보험조항
> 엄밀히 말하면 영문배상책임보험의 대부분에 해당한다.

7. 소손해면책

① 소손해면책의 필요성

㉠ 비경제성의 극복 : Σ소손해에 대한 조사비용>Σ보험금 → 소손해(Petty claim)에 들어가는 조사비용이 지급해야 할 보험금보다 더 클 수 있는데, 이 경우 공제(Deductible)를 두면 보험자에게는 비용의 절감, 보험계약자에게는 보험료 인하라는 상호이익의 측면이 있다.

㉡ '보험계약자의 주의력 집중 → 보험자의 손해율 하락'이라는 긍정적 효과를 기대할 수 있다(공동보험자 입장에서는 주의력 이완 방지).

㉢ 보험자에게 위험을 전가하는 '위험이전'은 '저빈도-고강도'의 위험인데, 소손해는 저강도의 위험이므로 공제(Deductible)를 통해 보험계약자가 부담하는 것(위험보유)이 보험이론에도 부합하다.

36 (   )은 '비경제성의 극복, 계약자의 보험료 절감, 보험자의 보험금부담감소, 공동보험자 입장에서의 주의력 이완방지, 위험관리기법상 위험보유'의 측면에서 그 필요성이 인정된다.

소손해면책 또는 공제조항

37 소손해는 경상비용으로 감당할 수 있으므로 보험계약자가 부담하는 것이 옳다는 것은, 위험관리기법상 (   )에 해당된다.

위험보유

② 소손해면책의 종류

㉠ 직접공제(정액공제)	㉣ 프랜차이즈공제
㉡ 참여공제(정률공제)	㉤ 소멸성공제
㉢ 종합공제	㉥ 대기기간

※ 추가하여 드물지만 분리공제가 있는데, 이는 손인별로 공제액을 별도 설정하는 방법을 말함

㉠ 직접공제 : 손해액의 일정금액 이하는 계약자부담, 손해액이 일정금액을 초과하면 초과분에 한해서 보험자가 부담한다(정액이 아닌 정률로 할 경우는 '보험가입금액 × 일정비율'로 함).

> **예시** 손해액 100만원, 직접공제 20만원 → 보험자는 80만원을 부담한다(계약자는 20만원 부담).

㉡ 참여공제 : '손해액의 일정비율' 이하는 계약자부담, '손해액의 일정비율'을 초과하면 그 초과분에 한해서 보험자가 부담한다.
   ㉾ 자동차의 자차손담보의 자기부담율 20% 또는 실손의료비보험에서의 자기부담율 20%(표준형)

> **예시** 손해액 100만원, 참여공제 20% → 보험자는 80만원을 부담한다(계약자는 20만원 부담).

㉢ 종합공제 : 보험기간 전체를 기준으로 공제금액을 정하는 바, 일정금액 이상의 종합공제액(누적 자기부담금)을 초과하는 경우에는 보험자가 전액 부담한다.

> **예시1** 손해액 100만원, 종합공제액 40만원 → 손해액이 40만원이 될 때까지는 자기부담, 40만원을 초과하는 60만원은 보험자가 전액 부담한다.
> **예시2** 국민건강보험가입자 K씨의 수술 2회를 포함하여 2014년도에 연간 500만원의 자기부담금을 부담하였다. 그런데 K씨는 소득 1분위자로서 본인부담상한선은 120만원이다. 따라서 380만원은 공단에서 부담(K씨에게 환급)한다. 이것은 종합공제와 같은 방식이다.

㉣ 프랜차이즈공제 : 손해액이 공제액 이하이면 계약자가 전액부담, 손해액이 공제액을 초과하면 전액을 보험자가 부담한다(해상보험에서 주로 사용).

> **예시** 손해액 100만원, 프랜차이즈 공제액 20만원 → 보험자는 100만원을 부담한다.

ⓜ 소멸성공제 : 정액의 기본공제액을 두고, 기본공제액을 초과하는 금액에 대해서 정률의 보상 비율을 설정하여(◎ 105%, 110% 등), 손해액이 클수록 피보험자의 공제부담액이 줄어드는 방법을 말한다.

> **예시** 손해액 100만원, 기본공제액 20만원, 보상비율 110% → 보험자는 88만원{(100만원 − 20만원) × 110% = 88만원}을 부담한다. 이 방식은 손해액이 클수록 보험자의 부담이 커지며, 손해액이 일정수준을 넘어서게 되면 계약자의 자기부담은 없어진다.

ⓗ 대기기간(waiting period) : 보험사고가 대기기간 후에 발생해야 보험자가 책임을 진다.

> **예시** 암보험의 면책기간은 90일이다. 손해액 2,000만원, 면책기간 중 암진단을 받는다면 → 보험자의 책임은 없다.

필수예제

38 손해액이 1,000만원이고 프랜차이즈공제액이 400만원이다. 이 경우 보험계약자의 자기부담금은 (   ), 보험자의 책임액은 (   )이다.

> 0원, 1,000만원

39 손해액이 2,000만원이고 기본공제액이 200만원, 보상비율이 110%이다. 이 경우 보험계약자의 자기부담금은 (   ), 보험자의 책임액은 (   )이다.

> 20만원, 1,980만원
> (2,000만원−200만원)×110% = 1,980만원.
> 즉 보험계약자는 20만원, 보험자는 1,980만원을 부담한다.
> ※ 보상액 = 1,980만원

40 피보험자가 더 높은 공제액(자기부담금, Deductible)을 선택할수록 보험료는 (상승/하락)한다.

> 하락

8. 열거담보와 포괄담보

① 개념비교 : 열거담보는 약관에 명시된 담보에 한해서 보상을 하며(positive system), 포괄담보는 면책담보로 명시된 것을 제외한 모든 위험에 대해서 보상한다(negative system).

② 열거담보 VS 포괄담보

열거위험담보	포괄위험담보
(+) 위험의 범위가 좁아 보험료가 싸다. (−) 담보범위가 좁다.	(+) 담보범위가 넓다. (−) 보험료가 비싸다.
보상을 받기 위해서는 피해자가 열거된 담보로부터의 손해임을 입증해야 한다.	보험자가 면책되기 위해서는 발생된 손해가 면책담보에 의한 것임을 입증해야 한다.

41 (   )는 존재할 것으로 예상하기 힘든 위험도 담보하므로 보험료가 비싸다.

포괄위험담보

42 열거담보의 입증책임은 (   ), 포괄담보의 입증책임은 (   )에 있다.

피보험자, 보험자

9. 보험기간, 보험계약기간, 보험료기간, 보상기간

① 비교

구분	내용
보험기간	보험회사의 책임이 시작되어 끝날 때까지의 기간 ※ 다른 약정이 없는 한 '최초보험료를 받은 때' 개시한다.
보험계약기간	보험계약이 성립해서 소멸할 때까지의 기간 ※ 계약의 성립 : 보험계약자의 청약과 보험자의 승낙으로 계약이 성립함
보험료기간	보험료 산출에 기초가 되는 위험의 단위기간(통상 1년) ※ 보험료불가분의 원칙 : 보험료기간은 최소한의 단위이므로 이 기간의 보험료는 원칙적으로 분할될 수 없다.
보상기간	보험자가 보상하는 손해의 지속기간(간접손해에 한함) ※ 기업휴지보험의 예 : 통상 12개월 한도이다.

▶ 도해

소급보험의 경우 '보험기간'이 '보험계약기간'보다 길다.

43 (   )은 통상 최초보험료를 받은 때로부터 개시된다.

보험기간
또는 책임기간, 위험기간이라고도 한다.

44 '최초보험료를 받은 때'는 (보험계약기간의 시기/책임개시의 시기)일 뿐이다.

책임개시의 시기

45 보험기간과 보험계약기간은 보통 일치하지만, (   ) 에서는 보험기간이 보험계약기간보다 길다.

> 소급보험

46 보험료불가분의 원칙과 가장 밀접한 것은 (보험계약기간/보험료기간) 이다.

> 보험료기간

47 실무적으로 보험료는 일할계산 또는 단기요율이 적용되므로 (   ) 은 의미가 없다.

> 보험료불가분의 원칙

48 기업휴지보험이나 대차료와 같은 간접손해를 담보하기 위한 손해의 지속기간을 (   ) 이라 한다.

> 보상기간

② 보험기간을 정하는 방법

기간보험(Time policy)	구간보험(Voyage policy)	혼합보험(Mixed policy)
시간상의 기간 예 2016.1.1~2016.12.31	구간상의 기간 예 출발에서 도착까지	시간 + 구간 = 혼합보험
화재, 자동차, 상해보험, 선박보험 등	항해보험, 농업보험 등	낚시보험, 스키보험, 여행자보험, 건설공사보험 등

※ '화.상.자'는 기간보험, 손해사고발생기준이라는 점에서 동일하다.

49 선박보험은 (기간보험/구간보험) 이다.

> 기간보험
> 예 ITC – Hulls

50 '거주지를 출발하여 거주지에 도착할 때까지'의 보험은 (기간보험/ 구간보험/혼합보험) 에 해당한다.

> 구간보험

51 '보험기간의 개시일과 공사개시일 중 늦은 시점부터 보험기간의 종료일과 공사완료일 중 빠른 시점까지'의 보험은 (기간보험/구간보험/혼합보험) 이다.

> 혼합보험
> 이 경우 건설공사보험에 해당한다.

③ 보험기간과 손해보상에 대한 학설

손해설	이재설(통설)	위험설
보험기간 중 발생한 손해만 보상한다는 설	보험기간 중 손해를 입고, 보험기간 만료 이후에 걸쳐 발생한 손해를 보상해야 한다는 설	보험기간 중 보험목적에 손인이 발생하고, 그 이후 손해가 발생한 경우 이를 보상해야 한다는 설

▶ 도해

손해설 — 보상 — 보험기간 만료일까지의 손해만 보상함

이재설(통설) — 보상 — 보험기간 내에 발생한 손해가 보험기간 후에도 지속될 경우(상당인과관계 있음) 보상함

위험설 — 보상 — 보험기간 내의 원인으로, 보험기간 후에 손해도 보상함

필수예제

52 보험자에게 가장 큰 부담이 되는 것은 (   )이며, 우리나라에서는 (   )이 통설이다.

> 위험설, 이재설

53 보험사고가 발생한 경우, 손해를 보험기간의 만료시점까지의 손해와 그 이후의 손해를 분리한 후 만료시점까지의 손해만을 담보한다는 설은 (손해설/이재설/위험설)이다.

> 손해설
> 현실성이 부족하다.

54 보험사고가 보험만기 전에 발생하고, 그 손해가 상당인과관계로 인해 만기 후까지 지속된다면 그 손해에 대해서도 보상을 한다는 설은 (손해설/이재설/위험설)이다.

> 이재설
> 현재 통설로 인정된다.

55 만일 보험기간 만료 직전에 이웃집에서 화재가 발생하고 그것이 원인이 되어 보험기간 만료 후에 보험목적물에 화재가 발생한 경우, 이를 보상한다는 설은 (손해설/이재설/위험설)이다.

> 위험설
> 이 경우 보험자의 부담이 매우 커지게 된다.

10. 보험계약의 해제, 해지, 무효, 취소

해제	무효	취소	해지
일단 유효하게 성립된 계약을 소급하여 무효로 하는 법률행위	당사자가 목적한 법률행위 자체의 효력이 발생하지 않는 것	강박, 착오 등으로 일단 유효하게 성립된 계약을 소급하여 소멸케하는 취소권자의 의사표시	장래에 한하여 계약의 효력을 상실시키는 것
계약성립 후 2개월 경과 시까지 초회보험료를 납입하지 않은 경우	• 사기로 인한 초과보험, 중복보험 • 15세 미만을 피보험자로 하는 사망보험	약관의 교부 · 설명의무 위반 시, 3개월 내로 취소 가능함	• 고지의무위반, 통지의무위반 등 • 계속보험료 미납입, 보험자 파산 시
환급할 보험료 없음	선의 − 무효가 아니며 보험료의 감액청구 가능(악의는 무효, 보험료의 환급 없음)	보험료 전액 환급	해지환급금 환급
의사표시 있어야 함	의사표시 없어도 성립	의사표시 있어야 함	의사표시 있어야 함
소급하여 효력소멸			장래에 한하여 소멸

필수예제

56 소급하여 그 효력이 소멸되는 것이 아니고 장래에 한해서만 효력이 소멸되는 법률행위는 (해제/무효/취소/해지)이다.

> 해지

57 의사표시가 없어도 법률행위가 인정되는 것은 (해제/무효/취소/해지)이다.

> 무효
> 의사표시를 함으로써 법률관계를 형성 · 확정짓는 것을 형성권이라 한다.

58 보험료전액이 환급되는 법률행위는 (해제/무효/취소/해지)이다.

> 취소

59 계약성립 후 (   )이 경과해도 초회보험료가 납입되지 않으면 보험자의 일방적인 의사표시로 계약이 (   )된다.

> 2개월, 해제

60 15세 미만자를 대상으로 한 사망보험은 (   )이다.

> 무효
> 무효에 해당되면 그 자체로 무효이므로 형성권의 대상이 아니다.

61 15세 미만자를 대상으로 한 상해보험은 무효이다. [○, ×]

> ×
> 사망보험의 경우에만 무효이다.

62 사기로 인한 초과보험은 무효이며, 이 경우 계약자는 보험료의 감액을 청구할 수 있다. [O, X]

×
무효에 해당되면 그 자체로 무효이므로 형성권의 대상이 아니다.

63 약관의 교부 · 설명의무 위반 시 계약성립일로부터 (   ) 내로 취소할 수 있으며, 이때 납입보험료의 전액을 환급받는다.

3개월

64 보험자가 약관의 교부설명의무를 위반했을 경우, 계약취소권자가 취소권을 행사하지 않으면 보험자의 의무위반행위의 효과가 소멸된다. [O, X]

×
취소권을 행사하지 않아도 위반행위의 효과가 소멸되지는 않는다. 이는 무효와는 다른 취소의 특징이다.

65 보험자가 파산할 경우 계약의 해지권자는 (보험자/보험계약자)이다.

보험계약자

66 고지의무위반, 통지의무위반, 위험유지의무위반, 계속보험료의 부지급의 경우 계약의 해지권자는 (보험자/보험계약자)이다.

보험자

11. 손익상계와 과실상계

손익상계	과실상계
이득금지원칙의 준수 차원	손해의 공평분담 차원
손익상계의 대상 : 산재보험금/공무원연금(단, 생명보험금이나 상해보험금은 손익상계의 대상이 아님)	불법행위(또는 채무불이행)가 있어야 하며, 피해자(또는 채권자)의 과실이 있어야 성립
※ 과실상계 후 손익상계가 원칙이다(단, 자동차보험의 경우 예외가 있다.[주1]).	

※ 주1 : 자동차보험 상실수익액 계산 시 예외적용(즉, 손익상계 후 과실상계)
  (1) 사망보험금 = (장례비 + 위자료 + 상실수익액)×과실비율
  (2) 상실수익액 계산 시 '월평균현실소득액 − 생활비'가 반영되는데 이때 생활비(현실소득액의 1/3)를 손익상계로 본다. 즉, 이 경우 손익상계가 먼저 되고 이후 과실상계가 된다.

67 (   )는 이득금지원칙의 실현차원이며 (   )는 손해의
공평분담 차원이다.

68 과실상계 후 손익상계를 하는 것이 원칙이며 이에 대한 예외는
없다. [○, ×]

69 손익상계의 대상이 아닌 것은 (ⓐ 공무원연금, ⓑ 산재보험금, ⓒ 가해
자의 직접보상금, ⓓ 생명보험금)이다.

손익상계, 과실상계

×
자동차보험의 상실수익액 계산
시에는 손익상계가 먼저 반영
된다.

ⓓ
생명보험, 상해보험은 제외된다.

Chapter 2 · 보험사고와 보험자의 책임

1. 보험사고와 인과관계

① 보험사고와 인과관계 : 보험금의 지급대상은 모든 사고가 아니라, 보험계약에서 담보하는 손인에 의한 사고('~로 생긴 손해')이어야 한다. 즉 손인과 손해 간에는 인과관계가 있어야 함을 말하며, 우리나라 보험계약에서는 상당인과관계설이 통설이다.

② 인과관계 학설의 종류

상당인과관계설(통설)	근인설	
어떤 결과의 원인이, 보편적이고 일반적인 경우에 부합시켜 보아도 동일한 결과를 가져올 경우, 상당인과관계라 한다.	보험의 담보손인은, 해당 사고의 가장 가까운 손인이 되어야 한다는 설이며, 근인설에는 최후조건설과 최유력조건설이 있다.	
우리나라의 보험계약이나 대부분의 법률행위에서 '상당인과관계설'을 통설로 한다.	**최후조건설**	**최유력조건설**
	시간상 근접한 원인	**가장 유력한 원인**
	영국해상보험은 근인설(최유력조건설)에 따른다.	

▶ 도해

필수예제

01 우리나라 보험계약 인과관계의 통설은 (   )이다.

상당인과관계설

02 영국해상법은 (상당인과관계설/근인설)에 따르고 있다.

근인설

2. 단일책임주의와 교차책임주의(예시)

구분	과실비율	손해액
A차량	70%	40만원
B차량	30%	60만원

① 단일책임주의(차액지급)

A차량 부담액	B차량 부담액
(40 + 60) × 0.7 − 40 = +30만원(지급)[주1]	(40 + 60) × 0.3 − 60 = −30만원(수령)[주1]

A차량 보험사가 B차량 보험사에 30만원(차액)을 지급한다.

※ 주1 : 산식에서 (+)는 지급을, (−)는 수취를 의미한다.

② 교차책임주의(대물배상액을 쌍방 지급함)

A차량 부담액	B차량 부담액
[대물배상] (60만원 × 0.7) = 42만원(지급)[주2]	[대물배상] (40만원 × 0.3) = 12만원(지급)[주3]
[자차손] 40만원 × 0.7 = 28만원	[자차손] 60만원 × 0.3 = 18만원
A차량 보험사 총부담액 : 70만원	B차량 보험사 총부담액 : 30만원

[비교]
1) **총부담액** : A사 부담은 70만원으로 양자가 동일함
   예 단일책임주의 : A = (40 + 60) × 0.7 = 70만원
2) **순부담금** : A사가 B사에게 30만원을 지급하는 것으로 양자가 동일함
   예 단일책임주의 : A사가 30만원 지급
   예 교차책임주의 : A사가 42만원 지급하고 12만원을 수령하므로 30만원 순지급

※ 주2 : 교차책임주의는 '상대차량(B)의 손해액×자차의 과실비율'로 지급한다.
※ 주3 : 교차책임주의는 '상대차량(A)의 손해액×자차의 과실비율'로 지급한다.

③ 양자의 의미 : 배상책임만 담보되어 있고 자기재물이 무담보인 경우는 단일책임주의에 의한 지급 보험금 산정이 불가하다. 즉, 자기재물담보가 전제되어야 하는 바, 그런 점에서 교차책임주의(자동차보험의 경우 대물손해와 자차손의 구분이 명확)가 합리적이다.

필수예제

03 쌍방의 손해액을 합산한 금액에 쌍방의 과실비율을 곱하여 자기분담금을 산출한 후, 자기손해액을 공제하고 차액만을 보상하는 방식은 (   )이다.

단일책임주의

04 교통승용구(자동차 또는 선박)의 충돌사고에 있어 쌍방과실이 경합한 경우, 각자가 상대방의 손해액에 자기 과실비율을 곱하여 산출된 금액으로 쌍방이 교차하여 배상책임을 부담하는 방식을 (   )라 한다.

교차책임주의

05 양자의 배상액을 상계하여 차액으로 보상하는 것은 (
　　　　　　), 상계를 하지 않고 각각의 과실비율대로 보상하는 것은
(　　　　　　　)이다.

단일책임주의, 교차책임주의

06 X, Y 두 차량의 손해액이 각 100만원, X와 Y의 과실비율은 7:3이
다. 이때 X가 Y에게 40만원을 보상하는 방식은 (　　　　　　)
이다. 그리고 X는 Y에게 70만원을 보상하고, Y는 X에게 30만원을
보상하는 방식은 (　　　　　　)이다.

단일책임주의, 교차책임주의

3. 사고발생기준과 배상청구기준

사고발생기준	배상청구기준
Occurrence Basis Policy (화재보험 등 대부분의 보험에서 사용)	Claims-made Basis Policy (주로 전문배상책임보험에 사용)
보험기간 중에 발생한 사고를 기준으로 보상하는 방식	보험기간 중에 피보험자에게 청구된 사고를 기준으로 보상하는 방식
사고발생시점을 명확히 확인할 수 있어야 하는 전제	사고발생시점의 확인이 어려운 경우(의약품사고, 건축내장재사고 등)에 사용

▶ 도해 : 배상청구기준

① '보험기간 이전의 일정 시점부터 보험기간 만기 이전에 발생한 사고'에 대하여

보험기간

소급담보일자

② 보험기간 중 배상청구를 하면 보험자책임이 발생

cf) 사고발생기준 : 보험기간 중 발생한 사고에 대해서 이후 보험금청구기간 내에 청구를 하면 보상한다.

07 보험기간 중에 보험사고가 발생했다면, 보험기간 후에 청구해도
보상하는 것은 (사고발생기준/배상청구기준) 담보이다.

사고발생기준

08 보험기간 중에 보험사고가 발생하지 않았더라도, 요건을 갖춘 경
우 보험기간 중에 청구하면 보상하는 방식은 (사고발생기준/배상청
구기준) 담보이다.

배상청구기준

09 의약품의 장기복용에 의한 사고와 같이, 손인과 손해가 시간적으로 근접해 있지 않아 사고발생시점의 확인이 어려운 경우에는 (   )의 담보가 적절하다.

배상청구기준

10 피보험자로부터 제기된 최초의 손해배상청구시점을 보험사고의 성립시점으로 해석함으로써 보험금지급에 따른 분쟁을 회피할 수 있는 것은 (   )이다.

배상청구기준

4. 보험금청구권의 상실조항(실권약관, Forfeiture Clause)

① 조항의 의의 : 허위청구 등 '보험계약의 최대선의의 원칙'을 위반하는 경우 보험금청구권을 상실시키는 것을 말한다.

② 유의점

　ⓐ 보험금청구권의 상실은 보험계약 자체의 해지사유는 아니다. → '고지의무위반'과 다르다.

　　※ 단, 자동차보험에서는 보험금의 사기청구 시 계약을 해지할 수 있다.

　ⓑ 보험금을 받을 수 있는 권리가 허위청구 등에 의해 상실되는 것이다. → 처음부터 보험금청구권이 발생하지 않는 '면책사유'와도 구분된다.

　ⓒ 보험금청구권의 상실조항은 해당 보험목적에 대해서만 적용된다(판례상 타 보험목적은 청구가 가능하다고 봄).

　ⓓ 보험금청구권조항에 대한 보험약관상의 설명의무는 없다(판례상).

필수예제

11 허위청구로 보험금청구권이 상실되면 보험계약도 해지된다. [O, ×]

×
해지되지는 않는다.

12 보험금청구권조항은 중요한 내용에 해당되므로 보험약관상 설명의무가 부과된다. [O, ×]

×
판례상 설명의무의 대상이 아니다.

5. 구상권행사(제3자에 대한 보험대위 또는 청구권 대위)

① **구상권행사의 의의** : 청구권자의 이중행사를 방지하고(이득금지원칙의 실현), 제3자에 대해 구상하여 회수하는 금액만큼 손해율이 낮아지며, 가해자에 대한 책임추구를 통해 손해방지효과를 촉진시키는 역할을 한다.

② **구상권행사의 포기** : 구상권을 포기하는 약관도 있다. **예** 자동차보험의 자차손은 기명피보험자가 정당하게 관리한 경우 기명피보험자에 대한 구상권을 행사하지 않음

▶ 도해

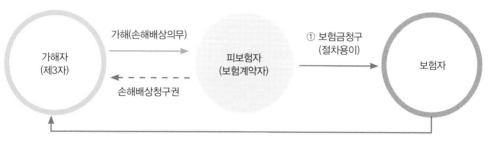

② 구상권행사(청구권대위)

③ **구상권행사의 효과** : 피보험자의 이중의 이득 방지, 손해율 하락을 통한 보험요율의 적정성 유지, 손해 방지를 촉진시킬 수 있다.

필수예제

13 이득금지원칙을 실현하는 차원에서 보험회사가 구상권행사를 포기하는 경우는 없다. [○, ×]

> ×
> 필요에 따라 '구상권불행사 특약 조항'을 넣는 약관이 다수 있다.

14 보험사의 구상권은 피보험자가 (피해자/가해자)일 때 발생한다.

> 피해자
> 구상권은 가해자인 제3자에 대한 청구권이다.

---

6. 면책약관이 필요한 이유

① **면책사유** : 보험자가 보험금지급책임을 면하는 사유를 말한다(아래 상해보험의 예시).

절대적 면책사유	상대적 면책사유
피보험자의 고의, 전쟁, 임신·출산 등	패러글라이딩, 스쿠버다이빙 등

※ '상대적 면책사유'는 추가보험료를 납부할 경우 부보가 가능할 수 있다.

② **면책사유가 필요한 이유**

인수불가능 위험	보험사의 경영안정	도덕적 위험 방지	보험료 인하 효과
자연마모, 감가상각 등은 인수불가하다.	전쟁 위험 등 위험이 너무 크면 보험사 경영상 담보가 불가하다.	고의사고를 방지한다(보험제도의 존립에 영향을 주는 기본적 요소).	면책사항이 많을수록 필요 없는 부보를 하지 않게 되어 보험료 인하 효과가 있다.

※ 추가로 '이중담보방지'를 이유로 들 수 있는데, 이는 타 보험과 겹치는 영역을 면책으로 함으로써 중복을 피하고 보험료의 절감 효과를 기대할 수 있다.

15 자연적인 마모나 자연발화, 감가상각 등을 면책사항으로 하는 것은 보험사의 경영안정차원이다. [○, ×]

×
경영안정은 거대위험을 면책사유로 하는 이유이며 자연마모 등은 인수 자체가 불가한 위험이기 때문이다.

7. 보험계약준비금

① 보험계약준비금은 책임준비금과 비상위험준비금으로 구성된다(비상위험준비금의 적립한도 : 당해 사업연도 보험료합계액의 100분의 50을 한도로 함).

보험계약준비금	
책임준비금	비상위험준비금
보험료적립금, 미경과보험료적립금, 지급준비금, 계약자배당준비금 등	보유보험료 × 적립기준율^{주1} × (35% ~ 100%)^{주2}

※ 주1(적립기준율) : 화재 5%, 해상 3%, 자동차 2%, 보증 15%, 특종 5%, 수재 6%
※ 주2(적립한도) : 화재 50%, 해상 50%, 자동차 40%, 보증 150%, 특종 50%, 수재 50%
※ 2016개정 : 보증보험이 종전 6%, 50%에서 15%, 150%로 변경되었음
※ 2017개정 : 수재보험의 적립기준율이 3%에서 6%로 변경되었음

② 지급준비금

㉠ 지급준비금을 세부적으로 설명하면(개인전문 장기 · 연금보험편 참조),
'지급준비금 = 개별추산액 + IBNR준비금 + 장래손해조사비 + 실효비금 + 미지급보험금'인데, 이때의 '개별추산액'을 '보통준비금'으로 본다.

보통준비금	IBNR준비금
보고는 되었으나 아직 지급되지 않은 손해에 대한 준비금	사고가 이미 발생하였으나 아직 보고되지 않은 손해에 대한 준비금

㉡ 지급준비금의 적립 순서는 'IBNR준비금 → 보통준비금 → 미지급보험금'이다.

16 보험계약준비금은 (   )과 (   )으로 구성된다.

책임준비금, 비상위험준비금

17 보험회사는 책임준비금은 (   )계정에 계상하며, 비상위험준비금은 (   )계정에 계상한다.

부채, 자본
자본 중 이익잉여금에 계상한다.

18 비상위험준비금은 생명보험에서도 계상해야 한다. [○, ×]

×
비상위험준비금은 손해보험에만 있다.

19 적립비율(적립기준율 및 적립한도)상 가장 높은 비상위험준비금을 적립해야 하는 보험종목은 (   )이다.

2016년 보증보험
개정으로 대폭 상향조정되었다.

20 외국보험사의 국내지점의 경우, 국내에서 계약한 보험계약에 대해서 적립한 책임준비금과 비상위험준비금에 상응하는 자산을 편의상 자국에서 보유해도 된다. [○, ×]

×
반드시 국내에서 보유해야 한다.

21 지급준비금은 보통준비금과 (   )으로 구분할 수 있다.

IBNR준비금

22 지급준비금의 적립할 때 가장 먼저 적립하는 것은 (보통준비금/IBNR준비금)이다.

IBNR준비금

23 (   )의 적립은 보험회사의 기간손익의 계산을 정확히 하는 의미에서 매우 중요하며, 일반적으로 기보고발생손해액과 경과보험료의 비율을 기준하여 적립한다.

IBNR준비금

24 IBNR준비금을 적립하지 않으면 책임준비금을 (과대평가/과소평가)하게 되어, 보험회사의 재무건전성을 악화시킨다.

과소평가

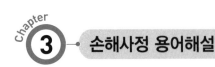

Chapter 3 · 손해사정 용어해설

1. 손해율, 사업비율, 합산비율

손해율		사업비율		합산비율	
현금주의	발생주의	현금주의	발생주의	100% 이하	100% 초과
$\dfrac{\text{지급보험료}}{\text{수입보험료}} \times 100$	$\dfrac{\text{지급보험료}}{\text{경과보험료}} \times 100$	$\dfrac{\text{사업비}}{\text{수입보험료}} \times 100$	$\dfrac{\text{사업비}}{\text{경과보험료}} \times 100$	언더라이팅 결과가 양호	언더라이팅 결과가 불만족

※ 현재 우리나라 보험사 실무상 사업비율은 발생주의방식으로 구한다(2018년 기본서 개정사항).

예시 보기의 경우 합산비율은 얼마인가?(손해율은 현금주의로, 사업비율은 보험사 실무방식에 따름)

If 수입보험료 100억원, 경과보험료 80억원, 보험금 70억원, 사업비 20억원

손해율	사업비율	합산비율	평가
$\dfrac{70억}{100억} = 70\%$	$\dfrac{20억}{80억} = 25\%$	70% + 25% = 95%	→ 합산비율이 100% 이하이므로 언더라이팅 결과가 양호함

필수예제

01 (　　　　　)지표는, 보험사고 발생 시 지급한 보험금을 계약자로부터 인수한 보험료로 나눈 비율을 말하며, 보험회사 경영실적과 보험요율산정 지표로서의 역할을 한다.

> 손해율

02 손해율은, 발생손실액을 경과보험료로 나누면 (발생주의/현금주의)가 되며, 발생손실액을 수입보험료로 나누면 (발생주의/현금주의)가 된다.

> 발생주의, 현금주의

03 보험사 실무방식에 따르면 사업비율은 발생경비를 (수입보험료/경과보험료)로 나눈다.

> 경과보험료

04 합산비율이 100% (이하/초과)이면 언더라이팅의 결과가 만족스러움을 나타낸다.

> 이하
> 산식구조상 낮을수록 양호하다.

2. 공동보험(Co-Insurance)

Co-Insurance Ⅰ	Co-Insurance Ⅱ
하나의 보험목적을 여러 보험자가 공동으로 인수하는 보험 → 위험이 큰 보험목적을 여러 보험사가 참여하여 분할인수하는 계약	부보비율조건부 실손보상이라 하며, 보험가입금액이 부보비율 이상이면 전부보험의 효과(아니면 일부보험이 됨)
각 보험사의 지위는 동등하며 번거로움을 덜기 위해 간사회사가 업무집행을 대행함	보험계약자에게 더 많은 혜택을 주면서라도 일정한 보험금액 이상의 가입을 권장함

※ Co-insurance Ⅰ(일반적인 의미의 공동보험)과 중복보험, 병존보험과의 비교

1) 공동보험(1)은 수 인의 보험자가 한 개의 보험계약을 체결하는 것이나, 중복보험이나 병존보험은 여러 개의 계약을 체결한다.
2) 공동보험(1)은 수 인의 보험자가 공동으로 하나의 계약을 체결하는 것이나, 중복보험이나 병존보험은 보험자 간에 서로 모른다는 점에서 차이가 있다.

※ Co-insurance Ⅱ(일부보험에서의 공동보험)

1) 80% 부보비율부 실손보상 시의 지급보험금 계산 : 손해액 × $\dfrac{보험가입금액}{보험가액 \times 80\%}$

   부보비율에는 50%, 60%, 70%, 80%가 있음(일반물건의 경우)
2) Co-Insurance Ⅱ를 두는 목적
   ㉠ 보험료감소효과 : 부보비율만큼 보험가입금액의 감소, 보험료 하락
   ㉡ 요율의 형평성 유지 : 전손보다는 분손위험이 더 많다는 점을 고려하면 전부보험 가입자는 일부보험가입자에 비해 보험료를 더 많이 부담하는 셈이 되는데, 공동보험(2)는 이러한 부분을 완화시켜 준다.
3) 공동보험비율(부보비율)이 올라가면 보험요율은 낮아진다.

필수예제

05 부보비율부 실손보상은 (Co-Insurance Ⅰ / Co-Insurance Ⅱ)에 해당한다.

> Co-Insurance Ⅱ

06 공동보험(1)의 경우 중복보험처럼 연대주의가 적용된다. [○, ×]

> ×
> 초과보험이 아니므로 계산상 연대주의가 필요 없다.

07 보험가액이 10억원이다. '80% 부보비율부 실손보상'특약이라면, 보험가입금액이 (   )이면 전부보험의 효과를 내게 된다.

> 8억원

08 약정한 공동보험(2)의 부보비율이 (높을수록/낮을수록) 보험요율이 높아진다.

> 낮을수록
> 낮을수록 보험지급액이 상승한다.

09 요율의 형평성 유지는 (소손해면책/일부보험으로서의 공동보험)의 효
과이다.

> 일부보험으로서의 공동보험

3. 병존보험

중복보험	병존보험
각 계약의 보험금 합계가 보험가액을 초과	각 계약의 보험금 합계가 보험가액에 미달
통지의무 부과, 연대비례주의	통지의무 부과, 비례주의

※ 공동보험 I 과 병존보험은 중복보험과 달리 연대주의가 적용되지 않는다(초과지급의 우려가 없으므로).

10 동일한 피보험이익에 대해 수 개의 보험계약을 체결하여 보험가입
금액의 합이 보험가액보다 크면 (   ), 작으면 (   )
이다.

> 중복보험, 병존보험

11 병존보험은 보험가입금액이 보험가액을 초과하지 않으므로 통지
의무가 부과되지 않는다. [O, ×]

> ×
> 물가하락으로 보험목적의 가액
> 이 하락하면 중복보험이 될 수
> 있다.

12 병존보험에서 통지의무를 부과하는 것은 이득금지원칙을 실현하
는 차원이다. [O, ×]

> O
> 물가하락으로 중복보험이 되면
> 이득금지원칙에 위배된다.

4. 신가(新價)보험

① 개요

㉠ 보험가액을 시가(Actual Cash Value)로 평가하느냐, 신가로 평가하느냐에 따라 시가보험과
신가보험으로 구분한다.

- 시가보험 : '보험사고가 발생한 때와 장소의 가액'을 말하며, '재조달가액 − 감가공제액'으로 보상받는 보
험이다.
- 신가보험 : 사고 직전의 가동능력 유지를 위해 재조달가격(신가, 대체가격)으로 보상받는 보험이다.

ⓛ 시가보험 VS 신가보험

시가(時價) 평가	신가(新價) 평가	
재조달가액 − 감가공제액	재조달가액	
일반적인 보험의 목적	신가보험 가능	신가보험 불가
	기계, 건물 등	동산(재고품, 상품)
화재보험 등	기계보험 등	

> **예시1** 신가보험(복원보험)이 허용되는 보험의 목적은?
> → 기계, 건물 등('건동시공비가계' 중 동산만 제외하고 복원보험이 가능함)
> **예시2** 기계에 대해서 복원보험으로 부보하기 위한 방법
>
> | 화재보험보통약관 + 재조달가액담보특별약관 | 기계보험(특종보험)에 가입 |
> |---|---|

② 이득금지실현의 원칙

　　㉠ 이득금지실현의 원칙상 손해보험은 시가보험으로 보상한다.

　　ⓛ 그러나, 보험의 목적을 사고직전의 가동능력유지를 목표로 하는 특수한 경우 이득금지실현원
　　　칙의 예외로서 신가보험을 인정한다.

③ '기계'에 대해 신가보험으로 담보하는 방법

화재보험 + 재조달가액담보특약첨부	기계보험(특종보험)
이 경우 대체가격으로 보상받으므로, 신가보험이 됨	대체가격으로 보상을 받되, 보험목적(기계)의 보험가액을 신가로 유지해야 하는 전제가 있음

필수예제

13 '보험사고가 발생한 때와 장소의 가액'은 보험가액의 (시가평가/신가평가)를 말한다.

　　시가평가

14 이득금지실현의 원칙상 (시가평가/신가평가)로 보상하는 것이 원칙이다.

　　시가평가

15 보험사고 직전의 가동능력을 유지하기 위해 보험에 가입할 경우는 (　　　　　)에 가입해야 한다.

　　신가보험
　　또는 재조달가액보험, 대체가격보험이라고도 한다.

16 화재보험에서 기계를 보험목적으로 하고 재조달가액담보특약을 첨부하면 (시가보험/신가보험)이 된다.

　　신가보험

17 신가보험은 이득금지실현원칙에 위배되므로, (   ) 등
  과 같이 오로지 가동유지를 목적으로 할 경우에만 예외적으로 인
  정된다.

> 기계보험

5. 전손과 분손

전손(Total Loss)	분손(Partial Loss)
피보험이익의 전부멸실[주1]	피보험이익의 부분멸실
[전부보험] 보험금액을 전액 보상 [일부보험] 보험금액을 전액 보상	[전부보험] 분손손해액을 전액 보상 [일부보험] 분손액에 대해서 비례보상
보험계약종료(보험목적 소멸 → 무조건 종료)	보험금액의 감액(체감주의) 또는 자동복원(전액주의)

※ 주1 : 전손에는 현실전손(actual total loss : 실제전손)과 추정전손이 있다.

현실전손	추정전손
보험목적의 실질적인 멸실(완전히 파괴, 본래의 기능을 완전히 상실한 경우)	보험목적의 수리비용이 보험가액을 초과하는 경우, 실제 전손은 아니지만 전손으로 인정함(→ 추정전손)

※ 추정전손의 성립요건
1) 보험목적의 점유박탈
2) 회복비용(수리비용)이 회복 후의 보험가액을 초과할 경우

18 선박보험의 경우 선박의 행방불명이 (   ) 이상 지속되면 현실전
  손으로 인정한다(상법 제711조).

> 2개월

19 보험목적이 전손되면, 전부보험과 일부보험의 구분 없이 보험가입
  금액이 전액 지급된다. [O, ×]

> ○
> 전손이 되면 전부보험이든 일부보험이든 보험가입금액만큼 보상받는다.

20 전부보험에서 분손이 나면, 분손의 손해액 전부를 보상한다.
  [O, ×]

> ○
> 일부보험은 손해액에 대해 비례보상한다.

21 보험사고 이후의 보험가입금액은 전손, 분손을 구분하지 않고 감
  액 또는 자동복원을 선택할 수 있다. [O, ×]

> ×

22 전손사고가 발생하면 복원주의를 택하고 있다고 해도 무조건 보험 계약은 소멸된다. [○, ×]

○
전손이 되면 계약은 무조건 소멸한다.

23 분손사고가 발생한 경우 지급한 보험금만큼 보험가입금액이 감액이 되는 것을 보험가입금액의 (   )라 한다.

체감주의

6. 보험금액의 변동(체감주의 VS 복원주의)

① 개념비교

체감주의	복원주의 중 전액주의
보험사고 후 지급보험금을 차감한 잔액이 이후의 보험금액이 됨	보험사고 후 지급보험금이 있더라도 다시 최초의 보험금액으로 자동복원이 됨[주1]
예 화재보험	**예** 자동차보험, 해상보험, 운송보험

※ 주1 : 복원주의에는 ㉠ 추가보험료를 내고 다시 최초의 보험가입금액으로 복원하는 '청구복원'과 ㉡ 추가보험 료의 납부 없이도 자동복원이 되는 '자동복원(전액주의)'의 두 가지가 있다.

② 보험계약자에 의한 청구복원의 요건

    ㉠ 보험의 목적이 수리나 복구로 보험가액이 회복되어야 한다.

    ㉡ 보험계약자가 복원되는 보험가입금액에 대해 잔존보험기간에 해당하는 보험료를 납입해야 한다.

    ㉢ 보험계약자의 청구와 보험자의 승인이 있어야 한다.

③ 복원보험의 사고 후 해지 : 전액주의보험은 사고 후 해지가 가능하나 단, 미경과보험료가 반환되지 않으므로 해지의 실익이 없다(상법 649조).

24 보험가액 1억원 · 보험가입금액이 1억원인 보험계약에서, 보험사고로 3천만원의 보험금을 지급하였다. 이 보험이 체감주의라면 이후의 보험금액은 (   )이 되며, 전액주의라면 (   )이 된다.

7천만원, 1억원

25 체감주의를 택하고 있는 보험종목은 (ⓐ 화재보험, ⓑ 해상보험, ⓒ 항공보험, ⓓ 자동차보험)이다.

ⓐ

26 보험계약자가 청구하여 복원하는 경우는 복원되는 보험금액에 대한 추가보험료를 납부하기만 하면 된다. [O, ×]

> ×
> 추가보험료 납부 외에도 보험목적의 보험가액 회복, 보험자 승인이 필요하다.

27 전액주의가 유지된다고 해도 보상한도액은 최초의 보험가입금액을 초과할 수 없다. [O, ×]

> ×
> 전액주의하에서 여러 번 사고가 발생하면 보상합계액이 보험금액을 초과할 수 있다.

28 보험사고 발생 후 보험금이 자동복원되는 전액주의 보험에서는 보험계약자가 계약을 해지할 수 없다. [O, ×]

> ×
> 해지는 가능하지만 전액주의보험은 미경과보험료의 반환청구권이 인정되지 않으므로 해지의 실익이 없다.

29 전액주의는 보험사고가 전손인지 분손인지를 따지지 않고 보험가입금액이 원상으로 복구되는 보험을 말한다. [O, ×]

> ×
> 전손이 되면 모든 계약은 소멸한다.

7. 추정손해액

PML (Probable Maximum Loss)	MPL (Maximum Possible Loss)
손해방지시설이나 기구(소방시설이나 소화장치)가 제대로 작동하고 있는 경우에 일어날 수 있는 최대손실액 → 추정최대손실	손해방지시설이나 기구가 제대로 작동하지 않는 최악의 경우에 일어날 수 있는 최대손실액 → 최대가능손실

- 전손가능성이 매우 낮은 보험목적의 경우 보상한도액(LOL)을 PML보다 낮게 설정하면 → 상호이익이 가능함
  [보험계약자] 보험료의 과다지출 방지 [보험자] 책임한도액 절감
- 해상보험 등 전손위험이 높은 경우는 MPL을 적용하고, 화재보험 등 전손위험이 낮은 경우에는 PML을 적용하여 부보하는 것이 합리적

※ MPL은 EML(Estimated Maximum Loss)로도 표현된다.

필수예제

30 손해방지시설이나 기구가 정상적으로 작동하지 않고 있음을 전제로 일어날 수 있는 최대손실을 (　　　　)이라 한다.

MPL(최대가능손실)

31 일반적인 경우는 (　　　　)로 부보하나, 계약자가 극단적인 위험회피형이거나 전손에 대비해야 하는 경우는 (　　　　)로 부보한다.

PML(최대추정손실), MPL(최대가능손실)

32 전손가능성이 낮은 화재보험에서는 (　　　　)으로 부보하는 것이 합리적이다.

PML(최대추정손실)

33 PML과 MPL로 각각 부보할 경우 보험료는 (　　　　)이 더 비싸다.

MPL

8. 간접손해

직접손해(Direct loss)	간접손해(Indirect loss)
담보손인의 직접적인 영향으로 보험목적에 생긴 손해	담보손인의 2차적인 영향으로 피보험자가 입은 경제적 손해

- 손해보험약관은 직접손해만을 보상하는 것이 일반적이다. 간접손해를 보상받기 위해서는 기업휴지담보특약 등 별도의 특약 가입이 필요하다.
- 간접손해의 종류 : ㉠ 건물이나 기계 등 재물손해가 선행되어 유발되는 기업휴지손해, ㉡ 화재로 인한 전기장치고장이 선행되어 발생한 냉동냉장손실, ㉢ 자동차대물사고 시 발생하는 대차료(휴차료, 영업손실 등) 등이 있다.
- 결과적 손해(Consequential Loss) : 위의 간접손해 중 ㉠, ㉡처럼 직접손해 후 필연적으로 발생하는 간접손해를 결과적 손해라 한다.

필수예제

34 담보위험의 2차적인 영향에 의해 피보험목적물에 생긴 손해를 간접손해라 한다. [○, ×]

×
피보험목적물이 아니라 피보험자이다. 간접손해의 주체는 피보험자이다.

35 직접손해의 결과 필연적으로 발생하는 간접손해를 (　　　　)라 한다.

결과적 손해
기업휴지보험 또는 냉동냉장손해 등을 말한다.

36 손해보험 보통약관에서는 간접손해는 담보하지 않는다. [○, ×]

○
간접손해를 담보하기 위해서는 특약을 첨부해야 한다.

37 간접손해를 담보하는 특별약관으로는 (   ),
   (   ) 등이 있다.

기업휴지손해담보특약, 냉동냉
장손해담보특약

9. 신용보험

구분	보증보험	신용(손해)보험
보험계약자/피보험자	채무자/채권자	채권자 /채권자
성격	타인을 위한 보험	자기를 위한 보험
담보위험	개별적인 채무불이행, 횡령이나 배임 · 절취 등 불법행위도 담보	채무자의 파산, 지급불능을 담보

cf) 신용생명보험은 채무자의 사망 시 사망보험금으로 채무를 상환하는 보험인데, 채무자의 사망보험료를 기준으로 보험료가 산출된다.

38 보험계약자가 채권자이며 상거래에 있어서 채무자의 채무불이행으로 인해 피보험자인 채권자가 입는 손해를 보상하는 보험은 (보증보험/신용보험)이다.

신용보험
계약자가 채권자이므로 신용
보험이다.

39 채무자의 총체적인 지급불능이 없더라도 피보험목적에 해당하는 거래에서의 채무불이행만 있어도 보험사고가 성립이 되는 것은 (   )이다.

보증보험

40 보상범위가 더 넓은 것은 (보증보험/신용보험)이다.

보증보험

41 보증보험은 (   ) 위한 보험이며, 신용보험은 (   )위한 보험이다.

타인을, 자기를

42 채무자가 사망할 경우 사망보험금으로 채무자의 채무를 상환하는 보험을 (신용보험/신용생명보험)이라 한다.

신용생명보험
신용보험은 신용손해보험을
말한다.

PART 04

손해보험 손해사정

단원 정리 문제

01 다음 중 손해사정업무에 속하지 않는 것은?

① 손해발생사실의 확인
② 보험약관 및 관련법규 적용의 적정여부
③ 손해액 및 보험금의 사정
④ 업무수행과 관련한 서류의 작성 및 제출

정답 ④

서류의 작성 및 제출에 대한 대행이 손해사정사의 업무이다(직접 작성 및 제출은 피보험자에 해당).

02 '이익이 없으면 보험도 없다'는 문구와 가장 거리가 먼 것은?

① 피보험이익
② 보험의 목적
③ 피보험자의 이중이득방지
④ 보험의 도박화 방지

정답 ②

'피보험이익이 없으면 계약은 성립되지 않는다'는 손해보험의 원리를 말한다. 여기서 '이익 = 피보험이익 = 보험계약의 목적'이다. 보험의 목적은 피보험물건을 말한다.

03 손해보상원칙(실손보상원칙)의 예외로 인정되는 것은?

① 피보험이익이 없는 계약의 무효
② 보험자대위 인정
③ 초과보험, 중복보험에 있어서의 보험금 감액청구권
④ 신가보험의 인정

정답 ④

신가보험(재조달가액보험, 복원보험)은 실손보상원칙(손해보상원칙, 이득금지원칙)의 예외이다.

04 다음 설명 중 옳은 것은?

① 병존보험은 중복보험이나 초과보험과 달리 보험금의 이중지급의 위험이 없으므로 통지의무가 부과되지 않는다.

② 선의의 초과보험에서는 보험료와 보험금의 감액을 청구할 수 있는데 모두 소급적용이 된다.

③ 책임보험에서는 보험가액이 존재하지 않으므로 수개의 책임보험에 가입한다고 해서 중복보험이 되지는 않는다.

④ 기평가보험에서 기평가된 보험가액과 사고시의 보험가액이 현저한 차이가 발생하지 않는 경우에는 피보험자는 실제 손해 이상의 이득을 얻을 수 있다.

정답 ④

기평가보험에서 보험가액의 차이가 현저하게 발생할 경우에는 이득금지원칙이 지켜지나, 현저하게 차이가 나지 않는 경우에는 이득이 발생할 수 있다.

① 병존보험에도 통지의무가 부과된다(∵ 물가하락으로 중복보험이 될 수 있음).

② 계약자의 보험료감액청구는 장래에 대해서만, 보험자의 보험금감액청구는 소급하여 적용된다.

③ 수 개의 책임보험에 가입할 경우 중복보험의 규정을 준용한다(특별규정).

※ 책임보험은 보험가액이 없으므로 중복보험의 원칙이 적용될 수 없는 바, 이 경우 이득금지원칙을 실현할 수 없으므로 특별규정을 적용한다.

05 다음 중 신구교환공제가 적용되는 경우는?

① 화재보험에서, 건물의 일부를 신재료로 수리하였을 경우 그 수리로 인하여 건물자체의 가치가 증가하였다고 인정될 경우

② 해상보험(선박보험)에서, 선박의 내항성유지를 위해 신재료로 수리한 경우

③ 특종보험(기계보험)에서, 보험목적이 분손되어 가동유지가 어려운 경우(단, 동 기계보험에서는 보험기간 중 보험가입금액을 신품대체가격으로 유지해 왔음)

④ 자동차보험에서 자기차량손해담보로 부품을 수리한 경우(부품은 자동차 가격에 영향을 주는 지정된 부품이 아님)

정답 ①

① 건물전체의 가치가 증가되었다고 인정되는 경우 → 신구교환공제 ○

② 해상보험에서는 공동해손정산의 경우가 아니면 → 신구교환공제 ×

③ 기계보험(특종보험) → 신구교환공제 ×

※ 단, 보험가액을 신품가격으로 유지해야 함

④ 자동차수리의 경우 엔진, 미션 등 자동차 가격에 영향을 주는 지정된 부품이 아니면 → 신구교환공제 ×

06 피보험자의 손실액이 9억이고 보험사별 보상책임액을 아래와 같이 결정한다면, 배상책임보험의 어떤 약관의 방식을 말하는가?

보험사	보험가입금액	보상책임액 (1차)	보상책임액 (2차)	보상책임액 (3차)	합계 (9억원)
A	1억원	1억원	–	–	1억원
B	3억원	1억원	2억원	–	3억원
C	6억원	1억원	2억원	2억원	5억원

※ 피보험자가 동일 피보험이익에 대해 A, B, C 보험사에 보험 가입함

① 비례책임조항
② 책임한도 분담조항
③ 균등액 분담조항
④ 초과액 타보험조항

정답 ③

균등액분담조항을 말한다(각 보험자는 여러 보험증권 중에서 가장 낮은 책임한도 내에서 균등하게 분담하고, 총 손해액이 지급될 때까지 나머지 보험회사들이 동일한 방법으로 균등하게 분담함).

① 비례책임조항은 중복보험의 보험가입금액 안분방식(계산방식이 동일한 경우)과 동일함
② 책임한도분담조항은 중복보험의 독립책임액 방식(계산방식이 다를 경우)과 동일함
④ 대인Ⅱ가 대인Ⅰ을 초과하여 보상하는 것과 같은 것처럼 타보험에서 먼저 보상하고 초과하는 부분에 대해서 보상하는 조항을 말함

07 소손해면책 방법 중 종합공제방식을 따를 때 빈칸이 옳게 채워진 것은?

사고횟수	사고별 손해액	보험자 책임액	보험계약자 자기부담금
1차	10만원	0	10만원
2차	20만원	0	20만원
3차	40만원	(㉮)	(㉯)
4차	50만원	50만원	0원

※ 종합공제액 : 40만원

	㉮	㉯
①	40만원	0원
②	30만원	10만원
③	20만원	20만원
④	40만원	40만원

정답 ②

보험계약자는 3차사고에서 10만원을 부담한다(∵ 누적으로 40만원까지 부담). 보험자는 종합공제액을 초과하는 금액 30만원을 부담해야 한다. 4차부터는 계약자가 자기부담금을 모두 부담했으므로 보험자가 전액 부담하게 된다.

08 프랜차이즈공제 약관이 적용되는 보험이다. 보기의 경우 보험자와 보험계약자의 부담액은?

> **보기** 공제액은 100만원이며, 190만원의 손해가 발생하였다.

	보험계약자	보험자
①	90만원	100만원
②	100만원	90만원
③	0원	190만원
④	145만원	145만원

정답 ③

프랜차이즈공제는 공제손해액을 초과하면 손해액 전액(공제액 전혀 없음)을 보상하는 공제이다. 해상보험에서 주로 사용되어 왔다.

※ 소손해면책의 종류

- 직접공제 : 정액 또는 정률로 자기부담금한도를 정하고 한도 내이면 계약자가 전액부담, 한도를 초과하면 초과분에 대해서 보험자가 부담(위의 지문 ②)
- 참여공제 : **예** 실손의료보험의 자기부담율 20%
- 종합공제 : 누적자기부담금을 초과할 경우 보험자가 전액부담함(**예** 국민건강보험의 소득분위 환급제도)
- 소멸성공제 : 손해액이 커질수록 보험자의 부담액은 커지고 계약자의 부담은 작아지는 방법
- 프랜차이즈공제 : 본 문제 참조
- 대기기간 설정 : 대기기간 설정도 소손해면책이라고 할 수 있음(암보험의 면책기간 90일)
- 분리공제 : 손해의 원인별로 공제액을 별도로 정함

09 열거위험담보계약에 대한 설명이다. 잘못된 것은?

① 존재여부조차 알 수 없는 위험까지 담보하는 대가로 비싼 보험료를 내야 한다.
② 약관에 열거된 사항이 아니면 보험자는 보상책임이 없다.
③ 포괄담보계약에 비해서 보상범위가 좁다.
④ 열거담보계약에서의 입증책임은 피보험자에게 있다.

정답 ①

①은 포괄위험담보계약의 단점이다.

10 빈칸이 옳게 연결된 것은? (순서대로)

> **보기** 소급보험에서는 (   )보다 (   )이 더 길다.

① 보험기간 – 보험계약기간
② 보험기간 – 보험료기간
③ 보험계약기간 – 보험기간
④ 보험계약기간 – 보험료기간

정답 ③

소급보험은 보험계약성립 전의 일정시점부터 보험기간의 끝 이내에 발생한 손해에 대해서 보상한다(보험기간이 보험계약기간보다 길다).

11 다음 중 보험료불가분의 원칙과 가장 밀접한 것은?

① 보험기간　　　　　② 보험계약기간
③ 보험료기간　　　　④ 보상기간

정답 ③

보험료불가분의 원칙은 보험료기간과 관련 있다. 보험료기간은 보험료산정의 기본단위(최소단위)이므로 원칙적으로 더 이상 나눌 수 없다는 것을 '보험료불가분의 원칙'이라 한다.

※ 보험기간 등의 용어정리
- 보험자가 그 기간 중에 발생한 보험사고에 대해 보험금 지급책임을 지는 보험계약상의 일정한 기간 → 보험기간(또는 책임기간, 위험기간)
- 보험계약이 성립한 때로부터 종료할 때까지의 기간 → 보험계약기간
- 보험자가 위험을 측정하여 보험료를 산출하는 데 기초가 되는 위험의 단위기간 → 보험료기간
- 간접손해를 담보하는 보험에 있어서 보험자의 보상대상이 되는 손해의 지속기간 → 보상기간

12 보기는 무엇을 말하는가?

> **보기** 일단 유효하게 성립한 계약을 보험자의 일방적인 의사표시로 보험계약을 소급적으로 소멸시키는 행위이다.

① 해제　　　　　　　② 해지
③ 무효　　　　　　　④ 취소

정답 ①

소급소멸이라는 점은 '해제, 취소, 무효'가 동일하지만, 무효는 보험자의 의사 표시가 없다. 취소는 보험자의 의사표시가 아니라 취소권자의 의사표시이다.

13 확정된 판례에 따른 손해배상액 산정의 순서가 맞는 것은?

① 책임유무판단 → 손해액산정 → 손익상계 → 과실상계
② 책임유무판단 → 손해액산정 → 과실상계 → 손익상계
③ 손해액산정 → 책임유무판단 → 손익상계 → 과실상계
④ 손해액산정 → 책임유무판단 → 과실상계 → 손익상계

정답 ②

불법행위로 인해 손해와 이득이 생기고 피해자에게도 과실이 있는 경우, '손해액산정 → 과실상계 → 손익상계'이다(대법원판례 1996.선고 95다24340). 단, 자동차사고 시 상실수익액 계산에는 예외적으로 손익상계가 먼저 적용된다.

14 보험사고에 따른 보상을 받기 위해서는 손인과 손해의 인과관계가 있어야 한다. 다음 중에서 우리나라 민법상 현재 통설로 받아들여지고 있는 것은?

① 어떤 결과에 대한 원인으로 생각되는 제 조건 가운데 어떤 특정한 경우가 아닌 일반적인 경우에 부합시켜보더라도 동일한 결과를 가져오는 경우의 인과관계를 말한다.

② 보험계약에서 담보되는 원인과 담보되지 않는 원인이 병합하여 손해를 야기시킨 경우에 그 손해가 보험사고로 보상되기 위해서는 담보되는 원인이 그 사고와 가장 가까운 원인이 되어야 한다는 설이다.

③ 시간적으로 손해에 가장 가까운 원인을 근인(近因)으로 보는 설이다.

④ 어떤 원인이 효과면에서 손해발생에 끼치는 영향이 지배적일 경우에만 근인(近因)이 될 수 있다는 설이다.

정답 ①

우리 민법은 상당인과관계설을 통설로 한다.
① 상당인과관계설(우리나라민법상 통설)
② 근인설
③ 근인설 중 최후조건설
④ 근인설 중 최유력조건설(영국 해상법상 통설)

15 보기의 사례에서 '교차책임주의'로 각 차량 보험자가 부담하는 금액은?

사고차량	과실비율	손해액
A차량	70%	400,000
B차량	30%	600,000

	A차량 부담액	B차량 부담액
①	42만원	12만원
②	12만원	42만원
③	40만원	60만원
④	60만원	40만원

정답 ①

교차책임주의(Cross Liability Basis)에서 각 보험사의 부담액은 아래와 같다.

• A차 보험사의 부담액 : 60만원 ×70% = 42만원

• B차 보험사의 부담액 : 40만원 × 30% = 12만원

cf) 만일 단일책임주의로 한다면, A차량이 B차량에게 30만원을 지급하면 된다(A차량 부담액 = 100만원 × 70% − 40만원 = 30만원, 즉 30만원 순지급이다).

16 보험금청구권 상실조항(이하 '실권약관'이라 함)에 대한 설명이다. 틀린 것은?

① 실권약관은 판례상 약관의 설명의무의 대상이 아니다.

② 보험목적 중 일부에 대해 허위청구를 하여 실권약관을 적용할 경우, 판례상 청구하지 않는 다른 보험목적의 보험금청구권까지 상실한다고 본다.

③ 보험금청구권을 상실한다고 해도 계약이 해지되는 것은 아니다.

④ 기존의 발생해 있는 보험금청구권을 상실한다는 의미에서 처음부터 보험금청구권이 없는 면책과 차이가 있다.

청구하지 않은 다른 보험목적까지 상실시키는 것은 아니다(대법원 판례).

17 빈칸이 잘못 연결된 것은?

보험계약준비금	(①)	보험료적립금, 미경과보험료적립금	
		(②)	보통준비금
			(③)
		• 계약자배당준비금 • 계약자이익배당준비금 • 배당보험손실보전준비금	
	(④)		

① 순보험료
② 지급준비금
③ IBNR준비금
④ 비상위험준비금

정답 ①

보험계약준비금 = 책임준비금 + 비상위험준비금

※ 비상위험준비금

㉠ 거대위험에 대비한 준비금으로서 손해보험사에게만 적용된다.

㉡ 손해보험사는 당해 사업연도의 보험료합계액의 100분의 50 범위 내에서 금융위가 정하는 기준에 따라 비상위험준비금을 계상해야 한다.

㉢ 비상위험준비금 적립기준 = 보험종목별 위험보험료 × 적립기준율(35% 이상)

252 토마토패스 www.tomatopass.com

18 합산비율(Combined Ratio)에 대한 설명으로 가장 적합한 것은?

① 합산비율은 자산운용수익을 포함한 모든 보험기업의 경영에 관한 종합성과를 나타내는 지표이다.

② 합산비율이 100%를 초과할 경우 보험자의 입장에서 언더라이팅 결과가 만족스러움을 뜻한다.

③ 합산비율의 구성이 되는 손해율은 발생손해액을 일정기준의 보험료로 나눈 비율을 말하는 데, 경과보험료를 분모로 한다면 발생주의 원칙을 따른 것이다.

④ 합산비율의 구성이 되는 사업비율은, 보험사 실무방식을 따를 경우 발생경비를 수입보험료로 나눈 것을 말한다.

정답 ③

① 합산비율=

손해율($\frac{발생손실액}{수입보험료(경과보험료)}$

$\times 100$) + 사업비율($\frac{발생손실액}{수입보험료}$

$\times 100$)

※ 합산비율은 자산운용수익을 포함하지 않는다.

② 합산비율이 100% 이하이어야 만족

③ 손해율산정 시 분모가 경과보험료 → 발생주의 입장

④ 보험사 실무방식에 따른 사업비율은 경과보험료를 분모로 한다.

19 전손과 분손, 보험금액의 복원에 대한 다음 설명 중 가장 적절하지 않은 것은?

① 보험목적물의 회복에 드는 비용이 회복한 후의 가액을 초과하는 경우 현실전손이 된다.

② 전부손실이 발생하면 어떠한 경우에도 보험금액의 복원은 불가하다.

③ 전액주의하에서는 사고가 여러 번 발생할 경우 보험금액보다 초과보상이 가능하다.

④ 보험금 지급 후 보험금액이 자동복원된 후에도 보험계약자는 언제든지 해지가 가능하다.

정답 ①

현실전손이 아니라 추정전손이다.

③ 사고 후 보험금액이 자동복원되는 것을 전액주의라 하며, 이 경우 보상합계액이 보험금액을 초과할 수 있다(→ 해상보험, 운송보험, 자동차보험, 항공보험).

④ 전액주의에서는 보험계약자가 언제든 해지가 가능하지만, 현행법상 미경과보험료의 반환청구권이 인정되지 않으므로 해지의 실익이 없다.

20 보증보험과 신용보험의 공통점은?

① 채무자를 보험계약자로 한다.

② 채권자를 보험계약자로 한다.

③ 채무자를 피보험자로 한다.

④ 채권자를 피보험자로 한다.

정답 ④

보증보험은 타인을 위한 보험이나, 신용보험은 자기를 위한 보험이다 (아래 표).

※ 보증보험과 신용보험의 비교

구분	보증보험	신용보험
보험 계약자	채무자	채권자
피 보험자	채권자	채권자
성격	타인을 위한 보험	자기를 위한 보험
담보 위험	개별적 채무불이행	채무자 지급불능

PART
05

보험회계 및 자산운용

PART 05 보험회계 및 자산운용

Chapter 1 · 보험회계

● 보험회계 총론

1. 보험회계 개요

① 원칙 : 한국채택국제회계기준(K-IFRS)을 따름(외감법 13조1항)

한국채택국제회계기준(K-IFRS) 적용	보험업감독규정 및 시행세칙 적용
원칙적인 사항(IFRS는 원칙 제시, 다양한 세부 선택권 부여)	• K-IFRS에서 규정하지 않은 회계처리사항 • 계정과목의 종류와 배열순서
• 책임준비금의 적정성 평가 • 비상위험준비금의 부채계상금지	• 비상위험준비금의 이익잉여금 계상 • 대손준비금의 이익잉여금 계상 • 보험계리기준 운용

필수예제

01 보험회사 회계는 국제적 정합성 차원에서 국제회계기준을 수용하되 재무건전성 확보라는 감독 목적의 달성을 위해, 원칙은 (K-IFRS/보험업감독기준)을 적용하며, 일부분에 있어서 (K-IFRS/보험업감독기준)을 적용한다.

K-IFRS, 보험업감독기준

02 '비상위험준비금 및 대손준비금의 자본계정 별도적립'과 '보험계리기준운영'은 (K-IFRS/보험업감독기준)에 의한 회계처리이다.

보험업감독기준

2. 타 업종과 다른 보험회계의 특징

이론적 특성	경영적 특성	재무보고의 특성[주1]
재무상태표를 더 중시함	공공성과 사회성이 강조됨	원가의 사후확정성 등

※ 주1 : 보험회계의 재무보고의 특성은 '원가의 사후확정성, 금융업과 일반제조업의 혼합적 성격, 보험상품급부의 다차원적 구조, 계약자에 대한 이익배당제도'가 있음

필수예제

03 감독목적회계의 기본적인 목표는 지급여력과 관련한 정보제공에 있으므로, 감독목적회계에서는 (재무상태표/손익계산서)가 더 중요시된다.

> 재무상태표

04 보험회계는 보험료수입(매출액)이 먼저 발생하고 보험금지급(매출원가)이 나중에 발생하는 특징이 있다. 이를 원가의 (   )이라 한다.

> 사후확정성

05 은행 예금은 전액 부채로 계상되고 보험사의 보험료는 전액 수익으로 계상된다. [○, ×]

> ×
> 보험료는 수익(매출)으로 계상되지만 일부는 사업비로 처분이 가능하다.

06 보험회계의 재무보고의 특성 중에 책임준비금제도와 가장 관련이 있는 것은 (   )이다.

> 원가의 사후확정성
> 보험금지급이 사후에 이루어지므로 책임준비금제도가 필요하다.

07 일반기업은 배당의 대상이 주주이나, 보험회사의 경우 배당의 대상은 (   )와 (   )이다.

> 주주, 계약자

3. 보험관련규제

① K-IFRS는 '외감법', 감독목적회계는 '보험업법 및 감독규정'의 법률을 따름
   ※ 보험회계는 일반회사와 달리 외감법과 보험업법, 두 규정에 따라야 한다.

② 재무제표 제출기한 : 장부폐쇄일로부터 3개월 이내에 금융위에 제출해야 함
   ※ 장부폐쇄일은 12월 31일이다(2013년 회계연도부터 적용).

③ 겸영업무, 부수업무의 구분계리
   ※ 구분계리 대상의 겸영업무 및 부수업무는 '직전 사업연도 매출액이 전체 수입보험료의 1천분의 1과 10억원 중 많은 금액'을 초과하는 업무를 말한다.
   ※ 또한 겸영·부수업무를 영위하기 위해서는 그 업무시작일 7일 전까지 금융위에 신고해야 한다.

④ 특별계정의 설정·운용 : 특별계정에 속하는 이익은 해당 계정의 보험계약자에게 분배되며, 일반계정자산과 구분하여 계리해야 함
   ※ 특별계정의 종류 : 연금저축보험계약, 퇴직보험계약, 변액보험계약, 장기손해보험계약, 자산연계형보험계약 (공시이율적용보험 제외)

필수예제

08 2013년부터 보험회사의 장부폐쇄일은 (   )로 변경되었다.

> 12월 31일
> 그 이전에는 3월 31일이었다.

09 직전사업연도의 매출액이 해당 보험회사 수입보험료의 (   ) 또는 (   ) 중 많은 금액을 초과하는 겸영업무 또는 부수업무는 보험업과 구분하여 계리해야 한다.

> 1천분의 1, 10억원

10 장기손해보험계약은 특별계정으로 운용해야 한다. [O, X]

> O

---

4. 보험회사의 재무제표

① 재무제표의 종류(K-IFRS) : '재손현자주'로 암기

재무상태표	포괄손익계산서	현금흐름표	자본변동표	주석
보험사는 K-IFRS와 감독목적회계의 두 가지 형태의 재무제표를 작성해야 한다.				

11 재무제표에 사용되는 계정과목과 배열에 대해서 구체적으로 규정하고 있는 것은 (K-IFRS/감독목적회계)이다.

> 감독목적회계
> IFRS는 원칙만 제시한다.

12 재무제표에 속하지 않는 것은 (ⓐ 재무상태표, ⓑ 포괄손익계산서, ⓒ 이익잉여금처분계산서, ⓓ 주석)이다.

> ⓒ
> ⓒ는 주석 내에 포함되어 있다.

② 재무상태표(구기준 : 대차대조표)
   ㉠ 보험회사의 재무상태표(감독목적회계)

자산	부채 및 자본
Ⅰ 운용자산 (현금 및 예치금, 유가증권, 대출채권, 부동산) Ⅱ 비운용자산 Ⅲ 특별계정자산(총액)	Ⅰ 책임준비금 Ⅱ 계약자지분조정 Ⅲ 기타부채 Ⅳ 특별계정부채(총액)
	자본금, 자본잉여금, 이익잉여금, 자본조정, 기타포괄손익누계액, 신종자본증권

   ㉡ 감독목적회계의 특징
     • 운용자산과 비운용자산을 명확히 구분, 재산운용실태를 명확히 파악할 수 있다.
     • 특별계정의 자산 및 부채는 총액으로 표시하여 일반계정과 구분하고 있으며, '특별계정별 재무상태표'를 별도로 작성하여 세부내용을 확인하도록 하고 있다.

13 보험회사 재무상태표에서 확인할 수 없는 것은 (ⓐ 비운용자산, ⓑ 계약자지분조정, ⓒ 기타포괄손익누계액, ⓓ 특별계정별 재무상태표)이다.

> ⓓ
> ⓓ는 별도로 작성한다.

14 기타포괄손익누계액은 (재무상태표/포괄손익계산서)의 계정이다.

> 재무상태표
> 포괄손익계산서에서는 기타포괄손익으로 반영된다.

③ 포괄손익계산서(감독목적회계)

생보사	손보사
Ⅰ 보험손익 　1. 보험영업수익 　2. 보험영업비용 Ⅱ 투자손익 Ⅲ 책임준비금전입액 Ⅳ 영업이익(또는 영업손실) Ⅴ 영업외손익 Ⅵ 특별계정손익 Ⅶ 법인세비용차감전순이익 Ⅷ 당기순이익 Ⅸ 기타포괄손익 Ⅹ 총포괄손익	1. 경과보험료 2. 발생손해액 · · 7. 보험영업이익 · 10. 투자영업이익 11. 영업이익(또는 영업손실) · 17. 당기순이익 18. 기타포괄손익 19. 총포괄손익

필수예제

15 생보사와 손보사의 포괄손익계산서의 양식은 동일하다. [○, ×]

　　×

16 보험회사 수익의 원천은 보험료인데, 매출액으로 계상된다. [○, ×]

　　×
　　보험료수입은 생보사에서는 보험영업수익, 손보사에서는 경과보험료로 인식한다.

17 생명보험회사회계는 영업이익을 주된 영업원천별로 나누어
　(　　　　　)과 (　　　　　)으로 구분한다.

　　보험손익, 투자손익

④ 현금흐름표, 자본변동표 : 감독목적회계는 현금흐름표와 자본변동표에 대해서는 그 작성방법을 별도로 정하고 있지 않고 K-IFRS기준에 따른다.

필수예제

18 감독목적회계에서는 재무제표 중 (　　　　　), (　　　　　)에 대해 작성방법을 별도로 두고 있지 않다.

　　현금흐름표, 자본변동표

19 재무제표 중 감독목적회계에서 가장 중요시하는 것은 (　　　　　)이다.

　　재무상태표

⑤ 연결재무제표, 개별재무제표, 별도재무제표

　　㉠ A와 B가 연결실체라면 → A가 B의 지분을 50%를 초과하여 이상 보유하고 있는 경우

연결재무제표 (주 재무제표)	별도재무제표 (부 재무제표)
A + B	A, B
A는 B에 대해 '지배적인 영향력'이 있음(B는 A의 종속회사)	

　　㉡ A와 C가 연결실체가 아니라면 → A가 C의 지분을 20% 이상 50% 이하로 보유하고 있는 경우

개별재무제표 (주 재무제표)	(부 재무제표 : 없음)
A(C에 대해서는 지분법처리)	–
A는 C에 대해 '유의적인 영향력'이 있음(C는 A의 관계회사)	

▶ **도해** : 지분율에 따른 지분법회계, 연결회계

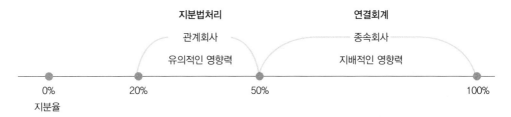

필수예제

20 두 회사가 지배·종속관계에 있을 경우 주 재무제표는 (　　　　　　　　　　), 부 재무제표는 (　　　　　　　　　　)이다.

연결재무제표, 별도재무제표

21 관계회사에 대한 지분투자는 (연결재무제표/별도재무제표/개별재무제표)를 통해 지분법처리를 한다.

개별재무제표

⑥ 주석 : 재무제표작성에 대한 근거와 재무제표에 표시되지 않는 추가적인 정보를 제공

● 재무상태표 회계

1. 의의 및 작성원칙

① 재무상태표의 의의 : A(자산) = L(부채) + C(자본) → 회계등식

　　※ 차변(자산) = 자금의 사용현황, 대변(부채 및 자본) = 자금의 조달현황

② 재무상태표의 작성기준

K-IFRS(범주별 작성)	감독목적회계(상품별 작성)
현금 및 현금성 자산, 금융자산, 투자부동산, 지분법 투자자산, 유형자산, 무형자산 등	(운용자산) 현금 및 예치금, 유가증권, 대출채권, 부동산 (비운용자산) 고정자산, 기타자산

필수예제

22 재무상태표에서는 자금의 조달원천은 (　　　　　　　)에서, 자금의 사용현황은 (　　　　)에서 확인한다.

> 부채 및 자본계정, 자산계정

23 감독목적회계는 효과적인 재무건전성감독을 위해 자산을 (범주별/ 상품별)로 표시한다.

> 상품별

24 감독목적회계는 생명보험회계의 부채를 (　　　　　　), (　　　　), (　　　　　　)로 구분한다.

> 책임준비금, 계약자지분조정, 기타부채
> 기계책으로 암기한다.

③ 재무상태표의 인식과 측정 : 감독목적회계와 일반회계(K-IFRS)의 자산, 부채, 자본의 금액은 일치하며, 다만 감독목적회계의 필요상 재무상태표의 계정과목이 좀 더 상세하게 표기된다.

　㉠ 자산(Asset) : 과거 사건의 결과로 기업이 통제하고 있고 미래 경제적 효익이 기업에 유입될 것으로 기대되는 자원

　㉡ 부채(Liability) : 과거 사건에 의해 발생하였으며 경제적 효익이 내재된 자원이 유출됨으로써 이행될 것으로 기대되는 현재의무

　㉢ 자본(Capital 또는 Equity) : 기업의 자산에서 모든 부채를 차감한 잔여지분

④ **총액표시** : 총액으로 표시한다(순액으로 상계표시할 경우 재무규모를 알 수 없음).

25 자산, 부채에 대한 인식과 측정은 감독목적회계와 국제회계기준이 동일하다. [○, ×]

> ○
> 감독목적회계도 원칙에 있어서는 국제회계기준을 수용하므로 동일하다.

26 재무상태표에서는 상계가 가능할지라도 경영규모를 명확하게 보고하기 위해 자산, 부채, 자본은 상계를 하지 않는 것을 원칙으로 한다. [○, ×]

> ○

2. 금융상품 총론(구기준 : K-IFRS 제1039호)

① 금융상품(financial instrument) : 거래당사자 일방에게 금융자산을 발생시키고 동시에 다른 거래상대방에게 금융부채나 지분상품을 발생시키는 모든 계약을 말한다.

② 금융상품 분류

금융자산(4가지 범주)	금융부채(2가지 범주)	지분상품
당기손익인식금융자산, 매도가능금융자산, 만기보유금융자산, 대여금 및 수취채권	당기손익인식금융부채, 기타금융부채	자본

㉠ 금융자산

당기손익인식 금융자산	매도가능금융자산	만기보유금융자산	대여금 및 수취채권
공정가치 평가		상각 후 원가로 후속측정	
평가손익 → 당기손익	평가손익 → 기타포괄손익	유효이자율로 할인한 현재가치측정 → (상각 또는 환입으로) 이자비용/이자손실	
손상차손인식 ×	손상차손 인식 ○(대여금 및 수취채권은 대손충당금 적립 필요)		

> **예시** A주식의 공정가치와 매도금액이 아래와 같을 때, 단기매매금융자산일 경우와 매도가능금융자산일 경우 각각의 회계처리는?
>
> | 취득원가 | 공정가치 | 매도금액 |
> |---|---|---|
> | 2015.12.10 | 2015.12.31 | 2016.4.20 |
> | 800만원 | 1,000만원 | 900만원 |
>
> → 1) 단기매매금융자산의 경우, 2015년에는 당기순이익 +200만원, 2016년에는 당기순손실 −100만원이다.
>   ※ 당기손익인식금융자산(단기매매금융자산 포함)은 공정가치로 평가하고 당기손익으로 인식한다.
> → 2) 매도가능금융자산의 경우, 2015년에는 기타포괄손익 +200만원, 2016년에는 당기순이익 +100만원이다.
>   ※ 매도가능금융자산의 경우 2015년 결산기에는 보유 중이므로 공정가치로 평가하고 기타포괄손익(+200만원)으로 반영한다. 2016년에 실제 매도하였으므로 그 차액(장부가 800만원 대비 +100만원)은 당기순이익으로 인식한다.

27 (   )이란 일방에게 금융자산을 발생시키고 다른 일방에게는 금융부채나 지분상품을 발생시키는 모든 계약을 말한다.

금융상품

28 K-IFRS 제1039호에 따를 때 금융자산은 (   ), (   ), (   ), (   )의 4가지로 분류한다.

당기손익인식 금융자산, 매도가능금융자산, 만기보유금융자산, 대여금 및 수취채권
'당·매·만·대'로 암기한다.

29 주로 단기간 내에 매매할 목적으로 취득하는 금융상품을 단기매매금융자산으로 분류하며, 이러한 단기매매금융자산과 당기손익인식지정금융자산으로 구성된 것은 (   )이다.

당기손익인식금융자산

30 채무증권으로서 주로 확정적인 이자수익을 목적으로 만기까지 보유하는 금융자산을 (   )이라 한다.

만기보유금융자산

31 당기손익인식금융자산, 만기보유금융자산, 대여금 및 수취채권이 아닌 금융자산을 (   )이라 한다.

매도가능금융자산

32 정기예적금, 예치금, 미수금, 미수수익, 구상채권, 임차보증금 등을 (   )이라 한다.

대여금 및 수취채권

33 공정가치(활성화된 시장에서 결정되는 가격)로 평가하고 평가손익이 발생했을 때 당기손익으로 인식하는 것은 (   ), 기타포괄손익으로 인식하는 것은 (   )이다.

당기손익인식금융자산, 매도가능금융자산

34 모든 금융자산은 손상차손을 인식한다. [○, ×]

×
당기손익인식자산은 당기손익 처리한다.

35 상각후원가로 후속측정하는 금융자산은 (   ),
   (   )이다.

> 만기보유금융자산, 대여금 및 수취채권

36 손상차손에 대해 대손충당금을 적립해야 하는 것은 (   ) 및
   (   )이다.

> 대여금, 수취채권

ⓒ 금융부채

금융부채		기타부채
당기손익인식부채	기타금융부채	
단기매매금융부채, 당기손익인식지정금융부채	미지급금, 차입금, 예수금, 임대보증금, 충당부채 등	선수금, 선수수익 등

37 금융부채에 속하지 않는 것은 (ⓐ 차입금, ⓑ 미지급금, ⓒ 임대보증금,
   ⓓ 선수금)이다.

> ⓓ
> 선수금은 기타부채에 속한다
> (∵ 돈으로 갚는 것이 아님).

38 금융부채에 속하지 않는 것은 (ⓐ 차입금, ⓓ 은행 예수금, ⓒ 사채, ⓓ
   미상각신계약비)이다.

> ⓓ
> 미상각신계약비는 자산이다(추후학습).

ⓒ 지분상품 : 거래상대방에 대한 현금 등 금융자산의 지급의무가 없거나 회피 가능한 금융상품을 의미한다(또는 자산에서 모든 부채를 차감한 후의 잔여지분).

③ 금융상품의 인식 및 제거

ⓐ 매매계약체결일을 적용한다. 단, 정형화된 매입의 경우 체결일이나 결재일을 선택하여 인식할 수 있다.

ⓑ 최초 인식 시의 공정가치로 측정하며, 취득과 직접 관련되는 거래원가는 공정가치에 가산하여 측정한다. 단, 당기손익인식금융상품의 경우 거래원가는 발생 시의 손익으로 인식한다.

ⓒ 금융상품의 제거 : 금융자산은 '계약상 권리가 소멸하거나, 금융자산을 양도한 경우'에, 금융부채는 '계약상 의무가 이행되거나 취소, 소멸된 경우' 제거한다.

39 유가증권 거래의 인식시점은 (체결일/결제일)을 적용할 것을 권장한다.

> **체결일**
>
> 좀 더 빠르게 인식하고자 한다 (상장주식의 경우 체결일은 T일, 결제일은 T+2일).

④ 금융상품의 공시 : '양적공시(시장R, 운영R, 유동성R 등) + 질적공시(리스크관리요건)'

⑤ 대손충당금의 적립(구기준 : K-IFRS 제1039호에 따름)

　㉠ 당기손익인식금융자산을 제외한 금융자산은 손상발생의 객관적 증거가 있는 경우 손상차손을 인식하며, '대여금 및 수취채권'의 경우 손상발생 시 대손충당금을 설정해야 한다.

　　※ 대여금 및 수취채권은 타 금융자산과는 달리 손상을 장부가액의 변동으로 처리할 수 없으므로 대손충당금 계정을 사용하여 손상차손을 인식한다.

　㉡ 개별평가와 집합평가의 구분

　　• 개별평가채권 : 차주(借主) 개별 건으로 회수가 가능한 채권

　　※ 대손충당금 설정액 = 장부가액 – 회수가능액

　　• 집합평가채권 : 신용위험이 유사한 포트폴리오별로 회수가능액을 측정하는 채권

　　※ 대손충당금 설정액 = 익스포저 금액×부도율×손실률

　㉢ 대손충당금 설정을 위한 대출채권의 평가방식

중요한 대출채권			중요하지 않은 대출채권		
손상된 경우	손상되지 않은 경우		손상된 경우	손상되지 않은 경우	
ⓐ 개별평가	ⓑ 개별평가	집합평가	ⓒ 개별평가	집합평가	ⓓ 집합평가

> ※ **평가방식**
> (1) 중요한 채권으로써 손상된 경우(ⓐ) : 무조건 개별평가(예외 없음)
> (2) 중요하지 않는 채권으로써 손상되지 않은 경우(ⓓ) : 무조건 집합평가(예외 없음)
> (3) 나머지(ⓑ, ⓒ 및 그 외)는 집합평가가 원칙이나 예외적으로 개별평가를 허용한다.
> 　• 중요한 채권으로서 손상되지 않은 채권 중 PF채권과 같은 특수금융여신(ⓑ) : 개별평가
> 　• 중요하지 않는 채권으로서 손상된 채권 중 제각채권(ⓒ) : 개별평가

※ 집합평가채권의 대손충당금 추정방식(바젤2모형) : 익스포저×부도율×손실율(→ 계산예시는 시험범위에서 제외)

40 금융자산 중 손상차손을 대손충당금으로 인식하는 것은 (　　　)이 유일하다.

> 대여금 및 수취채권

41 대손충당금 설정을 위한 자산의 평가방법에 있어서 무조건 개별평가로만 해야 하는 것은 (　　　　　)이다.

> 중요하면서 손상이 발생된 채권

42 중요한 채권인데 손상되지 않은 PF채권이라면 (개별평가/집합평가)를 해야 한다.

> 개별평가
> 예외적으로 개별평가를 한다.

⑥ 손상기준(제1039호에 따름) : '손상의 객관적인 증거가 되는 사건(아래)'이 반드시 발생되어 있어야 한다.

    ㉠ 금융자산의 발행자나 지급의무자의 중요한 재무적 어려움

    ㉡ 이자지급 또는 원금상환의 불이행이나 지연과 같은 계약위반

    ㉢ 차입자의 파산이나 기타 재무구조 조정가능성이 높은 상태가 됨

    ㉣ 차입자의 재무적 어려움으로 당초 차입조건의 불가피한 완화가 있는 경우 등

43 미래사건의 결과로 예상되는 손상차손은 아무리 발생가능성이 높더라도 손상차손으로 인식하지 않는다. [O, X]

> O
> 객관적인 사건이 있어야 한다.

⑦ 대손준비금

    ㉠ 보험회사는 보험업감독규정에 의거, 대손충당금 등을 적립해야 한다.

    ㉡ K-IFRS의 대손충당금 설정규모는 감독기준의 대손충당금에 비해 작으므로, 그 차액을 대손준비금으로 적립해야 한다.

> **예시** K-IFRS의 대손충당금 설정규모는 100억원, 감독목적회계상 대손충당금설정 규모가 180억원이라면 대손준비금은 (　　　　)이며, 이 금액은 자본계정의 (　　　　) 항목에 적립한다.
> → 80억원, 이익잉여금

44 일반회계기준상의 대손충당금의 설정규모가 감독목적회계의 대손충당금규모보다 작을 경우 그 차액을 (　　　　　　　)으로 적립해야 한다.

> 대손준비금

● 금융상품 총론(신기준 : K-IFRS 제1109호)

① K-IFRS 제1039호(구기준)와 제1109호(신기준)

    ㉠ '금융상품의 인식과 측정'에 관해 현재 사용되고 있는 기준서 K-IFRS 제1039호(구기준)는 2018.1.1부터 K-IFRS 제1109호(신기준)로 대체됨. 단, 2023.1.1에 전격 시행되는 2단계 국제보험회계기준인 'IFRS 17'과의 회계불일치 등의 부작용을 고려하여, 2022.12.31까지는 제1039호와 제1109호를 병행 적용하기로 함

    ㉡ 신기준(제1109호 또는 IFRS 9)은 금융상품의 범주를 3가지로 분류하고, 손상기준을 발생손실모형이 아닌 기대신용손실모형으로 하는 등 구기준(제1039 또는 IFRS 39)에 비해 큰 차이점을 보임

필수예제

45 우리나라 보험사들은 IFRS 17(보험계약)의 적용 전까지 금융상품에 대한 회계처리를 위하여 기준서 (   )와 기준서 (   )를 모두 적용해야 한다.

> 제1039호, 제1109호

② 제1109호와 제1039호의 차이

    ㉠ 금융자산의 범주변화(4가지 → 3가지)

K-IFRS 제1039호	K-IFRS 제1109호
• 당기손익인식 금융자산 • 매도가능 금융자산 • 만기보유 금융자산 • 대여금 및 수취채권	• 당기손익 - 공정가치측정자산 • 기타포괄손익 - 공정가치측정자산 • 상각후원가측정금융자산

[암기] '당 · 매 · 만 · 대', '당 · 기 · 상'

※ 제1109호의 분류기준(사업모형과 현금흐름특성의 2가지를 기준으로 분류함)

사업모형/현금흐름특성	원금과 이자만으로 구성 (채무증권, 대여금)	그 외의 경우 (지분증권[주1], 파생상품)
매매목적	당기손익 - 공정가치측정자산	
계약상 현금흐름수취&매매목적	기타포괄손익 - 공정가치측정자산	당기손익 - 공정가치측정자산
계약상 현금흐름수취	상각후원가측정자산	

※ 주1 : 지분증권의 경우 '당기손익 - 공정가치측정금융자산'로 분류되는 것이 원칙이지만 '기타포괄손익 - 공정가치측정금융자산'으로 선택할 수 있다(선택 후 취소불가).

필수예제

46 K-IFRS 제1109호에서 규정하는 금융자산은 (
　　　　　), (　　　　　　　　　　　　　　),
(　　　　　　　)이다.

> 당기손익 – 공정가치측정금융자산, 기타포괄손익 – 공정가치측정금융자산, 상각후원가측정금융자산

47 제1109호의 분류상, 사업모형이 '매매목적'에만 있는 금융자산은
(　　　　　　　　　)이다.

> 당기손익–공정가치측정금융자산

48 제1109호의 분류상 사업모형이 '계약상 현금흐름수취 또는 매매목적'에 있으며, 특정일에 원리금의 지급을 받는 형태의 금융자산은
(　　　　　　　)이다.

> 기타포괄손익–공정가치측정금융자산

49 K-IFRS 제1109호에서 규정하는 금융자산 중에, 사업모형이 '현금흐름 수취'에만 있는 것은 (　　　　　　　)이다.

> 상각후원가측정금융자산

ⓛ 금융자산(3가지 범주)의 재분류

K-IFRS 제1039호	K-IFRS 제1109호
일정조건 충족 시 재분류가 가능함	사업모형 변경 시에만 재분류가능

※ 제1039호에서는, 평가이익을 기록하고 있는 만기보유금융자산을 매도가능 금융자산으로 재분류함으로써 자본을 증가시키는 '자본부풀리기 꼼수'가 가능했지만, 제1109호 하에서는 사업모형변경의 전제 없이는 재분류가 불가함

필수예제

50 제1109호 하에서는 금융자산의 범주 간 재분류가 용이하지 않다.
[O, ✕]

> O

ⓒ 기타포괄손익의 재순환금지

K-IFRS 제1039호	K-IFRS 제1109호
매도가능금융자산 • 평가손익 → 기타포괄손익 • 매도 시 → 당기손익(즉, 재순환 O)	기타포괄손익–공정가치측정금융자산의 경우, 지분상품은 재순환이 금지된다(채무상품은 재순환O)[주1]

※ 주1 : '기타포괄손익–공정가치측정금융자산'에서의 채무상품과 지분상품의 차이(아래 표)

기타포괄손익 공정가치 측정금융자산(2종류)	
채무상품	지분상품
공정가치로 평가하고 그 평가손익은 기타포괄손익으로 인식함(동일함)	
제거 시에는 당기손익으로 인식함(재순환 가능)	제거 시에도 기타포괄손익으로 인식함(재순환금지)
손상차손 인식	손상차손 인식하지 않음

[참고] 지분상품의 경우 '당기손익 공정가치측정금융자산'으로 분류되는 것이 원칙이나, 선택에 의해 '기타포괄손익 공정가치측정금융자산'으로 지정할 수 있다(선택 후 취소 불가능). 그런데 이 경우는 매도 시(제거 시) 차익이 발생해도 당기순이익으로 인식할 수 없고, 기타포괄손익으로 인식해야 한다.

필수예제

51 당기손익 공정가치측정금융자산'은 공정가치로 측정하고 그 평가손익을 당기손익으로 인식한다. [O, ×]

○

52 '기타포괄손익 공정가치측정금융자산'은 공정가치로 측정하고 그 평가손익을 기타포괄손익으로 인식한다. [O, ×]

○

53 '기타포괄손익 공정가치측정금융자산'을 제거할 경우에는 채무상품이나 지분상품에 관계없이 모두 당기손익으로 인식한다. [O, ×]

×
채무상품은 당기손익으로, 지분상품은 기타포괄손익으로만 인식한다(지분상품은 재순환이 금지됨).

54 상각후원가측정금융자산은 상각후원가로 측정하고 상각 시 발생한 손익은 당기손익으로 인식한다. [O, ×]

○

ⓔ 손상기준의 변화^{주1}

K-IFRS 제1039호	K-IFRS 제1109호
발생손실모형	기대신용손실모형
손실발생의 객관적 증거가 있는 경우에만 인식함	향후 발생할 것으로 예상되는 신용손실을 인식함

※ 주1 : 발생손실모형은 한꺼번에 대손을 인식하게 되는 구조이지만, 기대손실모형은 점차적으로 손상을 인식하게 되어 발생손실모형에 비해 충격을 완화하는 의미가 있음

　🎯 채권에서 연체는 아직 발생하지 않았으나 신용등급이 투자부적격으로 하락한 경우, 구기준에서는 손상차손을 인식하지 않지만 신기준에서는 손상차손을 인식한다.

필수예제

55 채무회사의 회사채등급이 투자적격에서 투자부적격으로 변경되었으나 이자연체는 없는 경우, 손상을 인식하고 대손충당금을 쌓아야 하는 것은 (제1039호/제1109호)이다.

> 제1109호
> 제1109호는 '기대신용손실모형'이므로 대손충당금이 발생한다.

56 신기준의 손상차손인식은 (　　　　　　)에 따르는 데, 이는 구기준의 (　　　　　　)에 비해 손상차손인식이 완화된 것이다.

> 기대손실모형, 발생손실모형

ⓜ 손상차손의 인식대상 금융자산

구분	손상차손 인식여부
당기손익 – 공정가치측정금융자산	×
기타포괄손익 – 공정가치측정금융자산(지분상품)	×
기타포괄손익 – 공정가치측정금융자산(채무상품)	○
상각후원가측정금융자산	○

필수예제

57 기준서 제1109호(금융상품)에서는 손상차손의 인식대상 금융자산을
(　　　　　　　　　)과 (　　　　　　　　　　　　)
으로 한정하고 있다.

> 상각후원가측정금융자산, 기타포괄손익 공정가치측정금융자산(채무상품)

58 '기타포괄손익 공정가치측정금융자산(채무상품)'은 손상차손을 인식하되, (당기손익/기타포괄손익)에 반영한다.

> 기타포괄손익
> 상각후원가측정금융자산은 손상차손을 당기손실로 인식한다.

3. 자산의 계정과목별 회계처리

현금 및 예치금/유가증권/대출채권/유형자산/투자부동산/무형자산/미상각신계약비/재보험자산/보험미수금/구상채권/이연법인세자산/특별계정자산/기타자산

① 현금 및 예치금
 ㉠ 현금은 통화 및 통화대용증권을 포함하는 계정과목이다(유동성이 가장 높은 계정).
  • 현금에 포함 : 통화, 타인발행당좌수표, 자기앞수표, 송금수표, 우편환증서 등
  • 현금에 비포함 : 차용증서, 선일자수표, 자기발행당좌수표, 수입인지, 부도수표 등
 ㉡ 예치금 : 당좌예금, 보통예금, 정기예금, 해외제예금, 기타예금(CD, CMA, MMDA, 장기저축성
  보험료 등), 금전신탁, 선물거래예치금, 기타예치금, 외화예금
② 유가증권 : 지분증권과 채무증권이 있으며, 범주별 또는 상품별로 분류할 수 있다.

유가증권의 범주별 분류(K-IFRS기준)	유가증권의 상품별 분류(감독목적회계)
당기손익인식증권, 매도가능증권, 만기보유증권, 관계종속회사투자주식	주식, 국공채, 특수채, 금융채, 회사채, 수익증권, 외화유가증권, 기타유가증권(CP 등)

필수예제

59 (ⓐ 당기손익인식금융자산, ⓑ 매도가능증권, ⓒ 만기보유증권, ⓓ 대여금 및 수취채권)에서 유가증권의 범주별 분류에 포함되지 않는 것은 (   )이다.

> ⓓ
> '대여금 및 수취채권'은 유가증권이 아니라 대출채권(금융자산에 포함)이다.

60 (ⓐ 주식, ⓑ 국·공채, ⓒ 대출채권, ⓓ 기업어음)에서 유가증권의 상품별 분류에 포함되지 않는 것은 (   )이다.

> ⓒ
> 대출채권은 유가증권이 아니다(금융자산에 속함).

③ 대출채권 : 이자수취 등을 위해 원리금반환을 약정하고 자금을 대여하는 경우의 계정
 ㉠ 종류 : 콜론, 보험약관대출금, 유가증권담보대출금, 신용대출금, 어음할인대출금, 급보증대출금, 기타대출금
 ㉡ 인식 및 측정
  • 인식 : 대출절차가 완료되어 대출실행 시 재무상태표에 인식
  • 측정 : 최초인식 시 공정가치로 측정하며, 취득과 직접 관련된 거래원가는 공정가치에 가산한다(단, 당기손익인식증권은 비용처리). '대여금 및 수취채권'으로 분류되는 금융자산은 유효이자율법을 적용한 '상각후 원가'로 측정하며, 손상금액에 대해서는 대손충당금을 적립한다.

> **예시** 대출채권 100억원을 취득하는 거래비용(거래원가)이 1억원이다. 이 경우 대출채권의 공정가치는 (   )이다.
> → 101억원. 단, 당기손익인식증권이라면 공정가치에 거래원가를 합산하지 않고 1억원을 비용처리한다.

필수예제

61 취득과 관련된 거래원가는 공정가치에 가산한다. 단, (
)의 경우는 당기손실로 인식한다.

> 당기손익인식금융자산

④ 유형자산(Tangible Assets) : 물리적 형체가 있고, 1년을 초과하여 사용할 것이 예상되는 자산

　㉠ 종류 : 토지, 건물, 기계장치, 구축물, 건설 중인 자산 등

　㉡ 인식
　　• 인식요건 : 자산으로부터 발생하는 미래경제적 효익이 유입될 가능성이 높고, 자산의 원가를 신뢰성 있게 측정할 수 있어야 한다.
　　• 인식시점 : 유형자산의 원가는 발생시점(취득시점)에 인식하며, 후속적으로 수선, 증설 등과 관련하여 발생하는 원가를 포함하여 인식한다.

　㉢ 후속측정의 2가지 모형 : 하나를 택일하며, 유형자산의 분류별로 동일하게 적용한다.

원가모형	재평가모형
장부금액 = 원가 　　　　　　 − 감가상각누계액 − 손상차손누계액	장부금액 = 재평가일의 공정가치[주1] 　　　　　　 − 이후의 감가상각누계액 − 이후의 손상 　　　　　　 　차손누계액

※ 주1 : 재평가로 인한 공정가치변동은 증가 시 기타포괄손익으로, 감소 시 당기손실로 인식한다(아래 추가설명).

● 재평가모형 : 재평가로 인해 장부금액의 변동 시 회계처리방법

재평가로 인해 장부금액이 증가할 경우	재평가로 인해 장부금액이 감소할 경우
기타포괄손익으로 인식 & 재평가잉여금으로 자본에 가산(단, 종전에 재평가감소금으로 당기손실에 인식한 부분이 있다면 해당 금액만큼 당기순이익으로 가산함)	당기손실로 인식(단, 종전에 재평가잉여금으로 기타포괄손익을 인식한 부분이 있다면 해당금액만큼 기타포괄손익을 감소)

※ 재평가 시에는 개별로 하는 것이 아니라 '해당 유형자산 분류 전체'를 대상으로 한다.

예시 유형자산의 후속측정 − 재평가모형

재평가로 장부금액 증가 시	재평가로 장부금액 감소 시
1) 직전 재평가로 재평가증가액 100억원 발생 　→ 기타포괄손익 +100억원으로 처리 2) 차기 재평가로 재평가감소액 130억원 발생 　→ ㉠ 기타포괄손익 −100억원 　　 ㉡ 당기손익 −30억원	1) 직전 재평가로 재평가감소액이 100억원 발생 → 당기손익 −100억원으로 처리 2) 차기 재평가로 재평가증가액이 130억원 발생 　→ ㉠ 당기손익 +100억원 　　 ㉡ 기타포괄손익 +30억원

62 재평가로 잉여금이 발생하면 (   )으로 인식하여 자본을 (   )시키는 것이 원칙이다.

> 기타포괄손익, 증가

63 유형자산의 재평가모형에서 재평가로 자산이 증가된 부분은 (   ), 감소된 부분은 (   )로 인식한다.

> 기타포괄손익, 당기손실
> 보수적인 회계처리기준이다.

64 유형자산의 재평가모형에서 '장부가액 = 재평가일의 공정가치 − (   ) − (   )'이다.

> 이후의 감가상각누계액, 이후의 손상차손누계액
> '이후'는 재평가이후 시점을 말한다.

ㄹ) 감가상각
- 유형자산의 감가상각대상금액(취득가액+자본적지출액)은 내용연수에 걸쳐 체계적인 방법으로 배분한다.
- 유형자산의 잔존가치와 내용연수, 감가상각방법에 대해 적어도 매 회계연도 말에 재검토해야 한다.
- 해외 부동산의 감가상각도 국내 기준에 따라야 한다.
- 공정가치로 측정하는 투자부동산의 경우 감가상각을 하지 않는다(교환재로 보기 때문).

⑤ 투자부동산 : 후속측정모형에 원가모형이 권장된다(원가모형과 공정가치모형 중 선택 가능하며, 선택한 모형은 모든 투자부동산에 적용해야 함).

원가모형	공정가치모형
장부금액 = 원가 − 감가상각누계액 − 손상차손누계액	공정가치로 인식하고, 손익발생 시 당기손익 반영

65 공정가치모형에서 공정가치변동으로 손익이 발생한다면 (당기손익/기타포괄 손익누계액)에 반영한다.

> 당기손익

66 투자부동산에서 공정가치모형을 적용할 경우 감가상각을 하지 않는다. [O, ×]

> O

⑥ 무형자산(Intangible Assets) : 물리적 실체는 없지만 식별 가능하고 통제가 가능한 비화폐성 자산을 말한다. ⑳ 영업권, 소프트웨어, 개발비, 기타의 무형자산(회원권 등)

  ㉠ 연구비는 비용, 개발비는 자산(무형자산)으로 인식한다.

  ㉡ 하나의 프로젝트에서 연구비와 개발비의 구분이 어려울 경우에는 모두 연구비로 인식한다(보수적 회계기준).

  ㉢ 감가상각은 내용연수가 한정된 무형자산에 대해서만 한다. 내용연수가 비한정된 자산은 감가상각을 하지 않지만 손상검사는 수행한다.

필수예제

67 (연구단계/개발단계)에서 발생한 비용은 요건을 충족 시 무형자산으로 인식한다.

> 개발단계
> 개발비는 무형자산이다.

68 내용연수가 비한정인 무형자산은 (감가상각을/손상검사를) 하지 않는다.

> 감가상각을
> 손상검사는 매년 실시한다.

69 무형자산은 어떠한 경우에도 감가상각을 하지 않는다. [O, ×]

> ×
> 내용연수가 한정된 자산은 감가상각을 한다.

---

⑦ 미상각신계약비

  ㉠ 신계약비로 실제 지출된 금액 중 차기 이후에 회수될 금액을 말하며, 계약유지기간에 걸쳐 균등하게 상각하되, 최대상각기간은 7년이다.

  ㉡ 예정신계약비를 초과하는 신계약비는 당해연도에 비용처리한다. 또한, 보험기간이 1년 이하인 단기보험계약의 신계약비도 당기비용으로 처리한다(→ ㉡ 항목은 재무건전성 차원임).

  ㉢ 장기보험계약에서 당해연도 말 미상각신계약비가 순보험료식 보험료적립금과 해지환급금식 보험료적립금과의 차액보다 큰 경우에는 해지일이 속하는 회계연도에 전액 상각한다.

필수예제

70 미상각신계약비의 최대상각기간은 (   )이다.

> 7년

71 미상각신계약비는 (자산/부채)이다.

> 자산
> 신계약비 비용을 선급하고 상각기간을 자산으로 인식한다 (선급금과 유사).

⑧ 재보험자산

　　⊙ 개념 : 보험계약의 출재 시, 수재한 보험사가 적립한 책임준비금상당액이 출재사의 '재보험자산'이 되며, 재보험자산은 관련된 보험부채와 상계할 수 없다.

　　ⓛ 재보험자산의 손상평가에 따른 감액손실과 감액손실환입을 계상한다.

　　ⓒ 재보험자산의 손상평가는 재보험자 단위로 하며, 재보험자의 신용등급이 투자적격이 아닐 경우 해당 재보험자산의 전체가 손상된 것으로 본다.

필수예제

72 수재한 재보험사가 적립한 책임준비금은 원보험사의 (　　　　　) 이 된다.

재보험자산

73 원보험사가 재보험사에 출재할 경우 재보험자산과 책임준비금을 상계할 수 있다. [O, ×]

×

⑨ 보험미수금 : 보험거래로 인해 회수해야 할 보험료 및 보험금을 보험미수금이라 한다.

　　cf) 보험미수금은 자산항목이고, 보험미지급금은 부채항목이다.

⑩ 구상채권 : 보험금을 지급한 후 피보험자로부터 취득하는 구상물권의 대위권 또는 소유권이다.

　　※ 구상채권 = 평가일 기준 직전 1년간 순보험금 중 잔여분 × 경험률

필수예제

74 구상채권은 평가일 기준 직전 1년간의 순보험금 중 잔여분을 말한다. [O, ×]

×
구상채권 = 잔여분 × 경험률

⑪ 기타자산

　　⊙ 미수금 : 보험영업 이외의 거래에서 발생한 미수채권을 말한다.

　　ⓛ 보증금 : 건물 등의 임차를 위해 지급한 보증금 또는 전세금을 처리하는 계정이다.

　　cf) 임차보증금은 자산이며 임대보증금은 부채이다(임차보증금은 감가상각이 없음).

　　ⓒ 가지급보험금 : 손해액이 미확정된 상태에서 가지급한 보험금으로서 결산 시 원수보험금으로 대체된다.

　　ⓔ 특별계정미수금 : 특별계정의 보험금지급은 일반계정에서 선지급 후 특별계정에서 후정산하는 바, 결산시점에서 정산이 종결되지 않는다면 특별계정미수금이 발생한다.

75 미수금, 선급금은 (자산/부채)이고, 미지급금, 선수금은 (자산/부채)이다.

> 자산, 부채

4. 부채의 계정과목별 회계처리(책임준비금, 계약자지분조정, 기타부채, 특별계정부채)

① 생명보험의 책임준비금

 ㉠ 책임준비금의 개념 : 보험료 중에서 예정기초율대로 비용을 지출하고 계약자에게 장래에 지급할 보험금, 환급금, 계약자배당금 등에 충당하기 위해 적립하는 법정준비금(부채계정)이다.

 ㉡ 생보사의 책임준비금 : 보험료적립금, 미경과보험료적립금, 지급준비금, 계약자배당준비금, 계약자이익배당준비금, 배당보험손실준비금, 재보험료적립금, 보증준비금

1) 보험료적립금
- 유지 중인 계약에 대한 장래 보험금의 지급을 위해 적립하는 금액으로서 책임준비금의 대부분을 차지함(90% 이상)
- 보험료 및 책임준비금 산출방법서에 따라 계산한 금액으로 적립함
- 보험료적립금 적립방식의 변천과정 : 전기질멜식(1978이전) → 순보험료식(~1986) → K율방식(~1998) → 실질적해약환급식(~2000) → 표준책임준비금 제도(2000~현재)

2) 미경과보험료적립금
- 당해 납입한 수입보험료 중에서 사업연도 말 현재 기간이 경과하지 않은 보험료
- 미경과분은 보험계약자에게 반환해야 하는 성격을 지니므로 경과분과 미경과분으로 구분함

  ※ 미경과보험료적립금 $= \dfrac{m'-t}{m'} \times p$ (m′ : 납입주기, t : 납입경과월수, p : 영업보험료)

  예시 납입보험료 총액 9천만원(순보험료 7천만원, 부가보험료 2천만원)이고 결산기말 현재 4개월이 경과하였다. 이 경우 미경과보험료적립금은?

   → 미경과보험료적립금 $= \dfrac{m'-t}{m'} \times p = \dfrac{12-4}{12} \times$ 9천만원[주1] = 6천만원

   ※ 주1 : p는 순보험료가 아니라 영업보험료를 적용한다.

3) 지급준비금
- 보험사고가 발생하였으나 보험금 등과 관련한 분쟁 또는 소송 중에 있어 보험금 지급금액이 확정되지 않은 경우의 추정금액을 말함
- 지급준비금 = 기보고 발생손해액 + 미보고 발생손해액(IBNR) + 장래손해조사비 + 미지급보험금 + 실효비금

4) 계약자배당준비금
- 법령이나 약관에 의하여 계약자에게 배당하기 위한 목적으로 적립하는 금액
- 위험률차배당준비금(재원은 사차익), 이자율차배당준비금(재원은 이차익), 사업비차배당준비금(재원은 비차익), 장기유지특별배당준비금 등이 있음
- 장기유지특별배당준비금은 6년 이상 유효한 계약을 대상으로 지급하기 위한 준비금이다.

5) 계약자이익배당준비금
- 계약자지분 중에서 배당보험손실준비금과 계약자배당준비금을 적립한 후에도 남는 잉여금이 있을 경우 계약자이익배당준비금을 적립함
- 계약자배당준비금은 계약자별로 적립하나, 계약자이익배당준비금은 총액으로 적립함(계약자별로 확정하지 않음)
- 5년 이내에 계약자별로 배당하거나 계약자이익배당준비금 외의 책임준비금으로 대체해야 한다.

6) 배당보험손실보전준비금
- 배당보험의 손실을 보전할 목적으로 계약자배당준비금 및 계약자이익배당준비금에 우선하여 적립함
- 계약자지분의 30% 이내까지 적립하며, 적립 후 5년 이내에 배당보험계약의 손실을 우선 보전하고 그 잔여분은 계약자배당의 재원으로 사용함
- 배당관련 준비금의 적립순서 : 배당보험손실보전준비금 → 계약자배당준비금 → 계약자이익배당준비금

7) 재보험료적립금(재보험자산)
- 출재 시에는 '출재금액을 재보험자산'으로, 수재 시에는 '책임준비금 전액을 재보험료적립금'으로 적립해야 함

8) 보증준비금
- 변액보험계약에서의 GMDB, GMAB 등에 대한 보증을 위해 각 변액보험계약에서 납입한 보증료를 준비금 계정에 적립해 두는 것을 말함

필수예제

76 (   )은 장래의 사고에 대비한 준비금이며, (   )은 이미 발생한 사고에 대한 준비금이라 할 수 있다.

> 책임준비금, 지급준비금

77 책임준비금은 (자산/부채)계정에 계상된다.

> 부채

78 생명보험사의 책임준비금 중에서 가장 큰 비중을 차지하는 것은 (   )이다.

> 보험료적립금

79 보험료적립금을 적립하는 제도의 변천과정은 '(   ) → (   ) → K율방식 → 해지환급금식 → 표준책임준비금 제도'의 순서이다.

> 질멜식, 순보험료식
> 질멜식은 보통 보험산업 초기에 도입되는 방식이며 보험회사의 재무구조가 우량해 지면 순보험료식으로 변경되는 것이 일반적이다.

80 책임준비금 중에서 보험계약을 해지할 경우, 보험계약자에게 반환되어야 하는 반환금의 성격을 가지고 있는 것은 (   )이다.

> 미경과보험료적립금

81 이미 보험사고가 발생하였으나 보고되지 않은 손해액(미보고발생 손해액, INBR)에 대해서는 집계가 불가하여 지급준비금에 반영되지 않는다. [O, ×]

×
IBNR에 대해서는 회사의 경험율을 적용하여 추산하고 반영한다.

82 계약자배당준비금은 K-IFRS기준에 의해 적립하는 것이다.
[O, ×]

×
회계기준이 아닌 법령·약관에 의한다.

83 계약자이익배당준비금은 계약자별로 확정해서 적립한다. [O, ×]

×
계약자별이 아닌 총액으로 확정한다.

84 계약자이익배당준비금은 (계약자별/총액)으로 적립하며, 적립 후 (   ) 이내에 계약자에게 배당하거나 계약자이익배당준비금 외의 책임준비금으로 대체해야 한다.

총액, 5년

85 배당보험손실준비금은 적립 후 (   ) 이내에 배당보험의 손실 보전을 위해 우선 사용하고, 그 잔여분은 계약자배당의 재원으로 사용한다.

5년

86 ⓐ 계약자배당준비금, ⓑ 계약자이익배당준비금, ⓒ 배당보험손실 보전준비금을 적립하는 순서는 (   ) → (   ) → (   )이다.

ⓒ → ⓐ → ⓑ

87 위험률차배당은 실제 위험률이 (높아진/낮아진) 경우, 이자율차배당은 예정이율이 실제적립이율보다 (높은/낮은) 경우, 사업비차배당은 예정사업비율이 실제사업비보다 (높은/낮은) 경우, 그로 인한 효과를 계약자에게 지급하는 배당을 말한다.

낮아진, 낮은, 높은

■ **신국제보험회계기준(IFRS 17)에 따른 책임준비금의 측정 (2018.6 기본서 개정사항)**
(1) **신국제보험회계기준의 제정**
• IFRS 17(신국제보험회계기준, 종전 기준으로 'IFRS 4'의 2단계)의 의의
– 보험계약의 회계처리를 다루는 최초의 통일된 국제회계기준에 해당되며, 우리나라에서는 이에 대한 신회계기준서(제1117호)가 2017.6에 공표된 후 2023.1.1부터 국내에 시행될 예정임
– 국제보험회계기준의 1단계 기준이라 할 수 있는 'IFRS4'는 각국의 상황을 폭넓게 수용하다보니 국제적 비교가능성이 떨어지는 문제가 있었고, 따라서 통일된 기준의 필요성이 증가하였으며 이에 따라 IFRS 17이 제정됨
• IFRS 17의 특징
– 비교가능성 증대 : 국제적으로 통일된 단일의 회계기준, 산업별 일관성 유지
– 경제적 실질 반영 : 시가평가 강화
– 예측가능성 증대 : 폭 넓은 공시

예시 IFRS 17이 시행되면 기존회계 대비, 보험부채는 증가하고(∵ 원가평가에서 시가평가), 보험수익은 감소한다(∵ 보험계약서비스마진 만을 보험수익으로 인식).

필수예제

88 보험계약의 회계처리를 다루는 최초의 통일된 국제회계기준은 (IFRS 4 / IFRS 17)이다.

> IFRS 17

89 기존회계에서 IFRS 17로 전환될 경우 보험부채는 (　　　)하고, 보험수익은 (　　　)하는 것이 일반적이다.

> 증가, 감소
>
> 따라서 부채가 크게 증가하는 보험사의 경우 자본확충이 시급하다.

(2) **최초 인식시점의 측정**
• 보험계약의 측정모형 3가지 : 일반모형, 보험료배분모형, 변동수수료 모형
– 대부분 일반모형(General Model)을 적용함
• 보험계약부채의 측정요소(IFRS 17) : 음영부분을 회계상의 부채로 인식함

[현행 보험 충당부채]　　　　　　　　　　　　　　[IFRS 17의 보험부채]

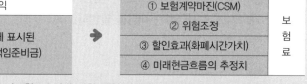

– 기존회계에서 보험부채는 '보험료수입에 대한 책임준비금'으로 인식하는데, 신회계에서는 '보험계약마진, 위험조정, 할인효과, 미래현금흐름의 추정치(①, ②, ③, ④)'의 합으로 인식한다.
– 신회계에서 보험부채는 '①, ②, ③, ④'로 구성되지만, ① (보험계약마진)은 장래에 보험회사에 이익으로 전환될 것이므로 신회계에서의 책임준비금은 '②, ③, ④'가 된다. 그리고, ① (보험계약마진 또는 계약서비스마진)은 지급여력비율 산정 시 가용자본이 된다.

※ IFRS 17의 보험부채의 구성요소

보험계약마진(CSM)	보험계약의 장래이익 (향후 이익으로 전환)	가용자본 (이익으로 전환하므로)
위험조정(RA)^{주1}	추정의 불확실성에 대한 추가부채 (비금융위험을 대상)	책임준비금 (이행현금흐름)
할인효과	화폐의 시간가치와 금융위험을 반영한 조정액	
미래현금흐름의 추정치	보험계약 이행에 따른 미래현금흐름의 추정치	

※ 주1 : IFRS 17에서는 위험조정(RA)에 대한 구체적인 산출방식을 규정하지 않고 있다.

예시 미래현금유출액의 현재가치 4,500원, 위험조정 800원이며,

(1) 보험료가 6,000원일 경우 →
- 보험계약마진 : '6,000원 − 4,500원 − 800원 = 700원', 즉 700원이다.
- 최초인식시점의 보험부채 : 유출액(4,500원 + 800원 + 700원) − 유입액 6,000원 = 0

(2) 보험료가 5,000원일 경우 →
- 보험계약마진 : '5,000원 − 4,500원 − 800원 = −300원' 즉, 보험계약마진은 없다.
- 최초인식시점의 순보험부채 : '유출액(4,500원 + 800원)−유입액 5,000원 = 300원(+300원은 '양의 이행현금흐름'에 해당됨). 신회계기준상 최초인식시점에서의 장부상 순부채는 0(제로)이 되어야 하므로 300원은 당기손실처리한다.

필수예제

90 보험부채의 구성항목은 (　　　　　　　), (　　　　），
(　　　　), (　　　　　　　)의 4가지로 구성된다.

> 미래현금흐름의 기대가치, 할인효과, 위험조정, 보험계약마진

91 보험부채의 구성항목 중 (　　　　)는 화폐의 시간가치 및 금융위험을 반영한 조정액을 말한다.

> 할인효과
> '할인'으로 표시하기도 한다.

92 보험부채의 구성항목 중 (　　　　)은, 미래현금흐름이 기대치와 다르게 나타날 경우 보험사가 이러한 불확실성을 부담하는 대가로서 보험계약자에게 추가로 요구하는 금액(비용)을 말한다.

> 위험조정
> 보험사가 위험을 추가로 부담하는 대가를 비용으로 요구하는 것이므로 보험부채에 가산된다.

93 IFRS 17에서는 보험부채의 구성항목 중 '위험조정'에 대한 구체적인 산출방식을 명시하고 있다. [○, ×]

> ×

94 IFRS 17하의 보험부채 구성항목 중 '미래현금흐름의 추정치, 할인 효과, 위험조정'을 합쳐서 (　　　　　)이라 한다.

이행현금흐름

95 IFRS 17하의 보험부채의 구성항목 중 (　　　　　)은 보험서비스 에 대한 대가로써 장래에 이익으로 인식한다.

보험계약마진(또는 계약서비스 마진)

96 보험계약의 최초인식시점에서 양(+)의 이행현금흐름이 나타난다면 동계약은 손실부담계약이 되므로 해당 금액을 즉시 (　　　　　) 로 인식해야 한다.

당기손실
이행현금흐름의 플러스는 현금 유출이 현금유입보다 많은 상 황을 말한다. 최초인식시점에 서는 보험부채가 0이므로 그 차액은 즉시 당기손실로 인식 한다.

97 보험계약마진(CSM)은 부채항목에 속하지만, 보험회사의 지급여력 비율산정 시 가용자본에 포함된다. [○, ×]

○

(3) 보험계약의 후속측정

• '매 보고기간 말 보험계약의 장부금액(후속측정)'은 '잔여보장에 대한 부채'와 '발생사고부채'의 합계액이 된다.

※ 매 보고기간 말 보험계약의 장부금액

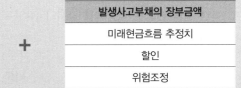

잔여보장부채의 장부금액		발생사고부채의 장부금액
미래현금흐름의 추정치		미래현금흐름 추정치
할인	+	할인
위험조정		위험조정
보험계약마진		

(→ 발생사고부채에는 '보험계약마진'이 없다. 보험계약마진은 장래에 인식하는 이익이므로 이미 발생된 사고에 대해서는 존재할 수 없기 때문이다).

98 보험계약부채에 대한 후속측정 시 장부금액은 (　　　　　)와 (　　　　　)의 장부금액으로 구성된다.

> 잔여보장부채, 발생사고부채

99 보험계약부채의 후속측정시 발생사고부채의 장부금액 구성항목은 '미래현금흐름의 추정치, 할인효과, 위험조정, 보험계약마진'으로 구성된다. [○, ×]

> ×
> 발생사고부채의 장부금액에는 보험계약마진이 없다.

---

(4) 보험료배분모형과 변동수수료 모형

• 보험료배분 모형

잔여보장부채	발생사고부채
보험료배분모형으로 측정[주1]	일반모형으로 측정

※ 주1 : '보험료배분모형'은 보험계약집합 내 계약의 보장기간이 1년 이하인 경우 주로 사용한다(여기서 보험계약집합이란 '종신보험' 또는 '연금보험' 등의 해당 보험종목에 속해있는 계약의 집합을 말함).

• 변동수수료 모형(접근법)
  – 적용방식 : 변동수수료가 발생하는 계약에 대해서 적용한다.
  ※ 변동수수료 : 보험보장뿐 아니라 자산관리서비스와 유사한 서비스에 대한 대가(예 변액연금보험에서 최저연금적립금 보증을 위한 보증수수료 등)를 말함
  – 적용대상 : 보험금 지급대상의 상당부분을 차지하는 항목이 공정가치(시가) 변동에 따라 변동할 것이 예상되는 요건 등을 충족한 계약('직접참가특성이 있는 보험계약')을 대상으로 함

---

100 IFRS 17의 보험계약측정 모형은 (　　　　　), (　　　　　), (　　　　　)의 3가지로 구성된다.

> 일반모형, 보험료배분모형, 변동수수료모형
> 대부분 일반모형으로 측정한다.

101 IFRS 17의 보험계약 측정모형 중 보험계약집합 내의 계약보장기간이 1년 이하인 경우에 사용할 수 있는 모형은 (　　　　　)이다.

> 보험료배분모형

102 보험료배분모형에서 보험금지급과 보험료수입의 시점차이가 1년 이하일 것으로 예상된다면 할인효과를 적용하지 않아도 된다. [○, ×]

> ○

103 보험보장뿐 아니라 자산관리서비스와 유사한 서비스에 대한 대가를 변동수수료라 하고, 변동수수료가 발생하는 계약(직접참가특성이 있는 계약)에 대해서 적용하는 보험계약측정 모형은 (   )이다.

변동수수료모형

② 손해보험의 책임준비금

    ㉠ 장기손해보험의 책임준비금 : 보험료적립금, 미경과보험료적립금, 지급준비금, 계약자배당준비금, 계약자이익배당준비금, 배당보험손실보험준비금

        ※ 생명보험과 달리 '재보험료적립금과 보증준비금' 항목이 없다.

    ㉡ 일반손해보험의 책임준비금 : 지급준비금과 미경과보험료적립금

    ㉢ 지급준비금의 추정방법

● 기보고발생손해액(Outstanding Loss)을 추정하는 4가지 방식

구분	추정 방법
개별추산법	사고항목별로 손해사정자가 개별적으로 추산함(해상, 항공보험 등 거액계약건에 적합)
평균평가법	일정기간 보험금지급의 증가율을 파악하여 그 추세로써 추산함
손해율평가법	예정손해율을 적용한 예정보험금에서 지급보험금을 차감하여 추산함
지급보험금 진전추이방식	사고발생시점 이후의 손해율변동을 총계적으로 분석하여 향후의 지급규모를 추산함

    • 미보고발생손해액(Incurred But Nor Reported) : 정률법(보고지연, 보험료수준 등 회사의 경험률을 고려하여 일정비율로 추산함)

104 생명보험의 책임준비금에는 있으나, 장기손해보험의 책임준비금에 없는 항목은 (   )과 (   )이다.

재보험료적립금, 보증준비금

105 일반손해보험의 책임준비금은 (   )과 (   )으로 구성된다.

지급준비금, 미경과보험료적립금

106 미보고발생손해액을 추정하는 방법은 (개별추산법/평균평가법/정률법)이 사용된다.

정률법

- **책임준비금의 적정성평가 (2018.6 기본서개정으로 내용 추가)**
  - **(1) 개요**
    - 국제회계기준은 각 국의 현행 책임준비금 평가방식을 인정하되, 보험사의 의무이행을 위해 매 보고 시점에 책임준비금의 적정성평가를 요구하고 있다.
    - 책임준비금으로 평가된 장부금액이 추정된 미래현금흐름과 비교하여 과부족이 발생할 수 있는데, 잉여분은 당기순이익으로 부족분은 당기손실로 인식한다.
  - **(2) 평가대상 책임준비금 : 보험료적립금, 미경과보험료적립금, 보증준비금**
  - **(3) 평가단위와 상계 및 추가적립**
    - 평가단위 및 추가적립방법

손해보험(3가지)			생명보험(3가지)		
일반손해보험 (자동차보험제외)	자동차보험	장기손해보험	금리확정형	금리연동형	실적배당형
미경과보험료적립금으로 추가적립			보험료적립금으로 추가적립		

  - 상계여부 : 손해보험에서는 책임준비금의 과부족이 발생할 경우 3가지 평가단위 상호 간의 상계는 불가하다(생명보험은 원칙상 가능함).

  예시 S손해보험사의 책임준비금 적정성을 평가한 결과, 자동차보험을 제외한 일반손해보험에서는 500억원의 잉여분이 발생하고 자동차보험에서는 200억원의 부족분이 발생하고 장기손해보험에서는 600억원의 부족분이 발생하였다. 이 경우,
  → 평가단위 상호 간의 상계는 불가하며, 아래와 같이 처리한다.
  ① 일반손해보험(자동차보험 제외)에 대해서는 잉여분 500억원에 대해서 당기순이익으로 인식한다.
  ② 자동차보험에 대한 부족분 200억원에 대해서는 미경과보험료적립금으로 200억원을 적립하고, 당기순손실 200억원을 인식한다.
  ③ 장기손해보험에 대한 부족분 600억원에 대해서는 보험료적립금으로 600억원을 추가적립하고, 당기순손실 600억원을 인식한다.

필수예제

107 책임준비금의 적정성평가는 (K-IFRS/감독목적회계)를 준수하는 차원이다.

K-IFRS

108 책임준비금의 적정성평가 대상은 (   ), (   ), (   )이다.

보험료적립금, 미경과보험료적립금, 보증준비금

109 책임준비금의 장부금액이 적정 책임준비금액에 미달된다면 그 부족분을 추가적립하고 동시에 (기타포괄손익/당기손실)로 처리한다.

당기손실
보수적인 회계처리에 해당된다.

110 책임준비금의 적정성을 평가하는 손해보험의 평가단위는 '일반손해보험(자동차보험 제외), 자동차보험, (   )'의 3개 단위이다.

장기손해보험(개인연금포함)

111 책임준비금 적정성 평가에 따라 잉여분이나 부족분이 발생할 경우 상계가 가능한 것이 원칙이지만, 손해보험의 3개 단위는 상호 간 상계가 불가하다. [O, ×]

○

③ 계약자지분조정

　㉠ 개념
　　• 계약자에 대한 포괄적 채무를 나타내는 계정으로, 궁극적으로 계약자에게 돌려주어야 할 비확정부채의 성격을 띤다(생명보험회계에서만 인정됨).
　　• 일반기업에서는 매도가능증권평가손익, 관계종속기업투자주식평가손익 등이 기타 포괄손익누계액에 전액 계상되지만, 보험회계에서는 매도가능증권평가손익 등의 일부를 계약자지분조정에 계상한다(주식회사 형태로 유배당상품을 판매하는 우리나라 보험사의 현실을 반영한 것).
　　• 계약자지분조정은 K-IFRS로도 인정하는 회계처리방식이다(보험회계 관행으로 인정).
　㉡ 계약자지분조정의 구성(음영 부분은 '기타포괄손익누계액'과 공유하는 부분)

계약자배당안정화준비금 (구 회계기준, 재평가차액 중 계약자의 몫)	매도가능금융자산평가손익 (미실현손익 중 계약자의 몫)
공익법인 출연기금 (구 회계기준, 재평가차액 중 계약자의 몫)	관계종속기업투자주식평가손익 (미실현손익 중 계약자의 몫)
재평가적립금 (구 회계기준, 재평가차익 중 계약자의 몫)	재평가잉여금 (신 회계기준, 계약자 몫으로 계상한 금액)

[참고] '계약자배당안정화준비금, 공익법인출연기금, 재평가적립금'의 3개 항목은 자산재평가법(2000.12.31폐지)에 따라 적립된 부분이며, 현재는 '재평가모형'에 의해 회계처리를 하고 있다(앞서 학습한 '유형자산의 재평가모형' 참조).

112 계약자에 대한 포괄적 채무로, 특정계약자에 대한 채무는 아니지만 궁극적으로 주주 이외의 자에게 돌려주어야 하는 비확정부채를 (   )이라 한다.

계약자지분조정

필수예제

113 자본계정의 기타포괄손익누계액을 구성하는 항목은 모두 계약자 지분조정의 항목에 해당된다. [O, ×]

×

114 계약자지분조정과 계약자배당준비금은 둘 다 부채계정에 속하며, 유배당상품에 국한된다는 공통점이 있다. [O, ×]

O

115 계약자지분조정은 K-IFRS에서 인정하나, 계약자배당준비금은 K-IFRS에서 인정하지 않아 법령이나 약관에 의해 적립된다. [O, ×]

O

④ 퇴직급여부채
　　㉠ 개념 : 미래 퇴사 시 지급할 퇴직급여를 충당하기 위해 적립하는 것으로 '퇴직급여충당부채'라고 함
　　㉡ 퇴직연금제도의 종류

확정급여형(DB)	확정기여형(DC)
기업은 매년 부담금을 충당부채에 적립하여 미래 퇴직급여를 지급할 의무가 있음	기업은 매년 부담금을 종업원에 지급하는 것으로 의무가 종료됨

필수예제

116 퇴직급여충당부채를 설정하는 퇴직연금의 유형은 (　　　　　) 이다.

확정급여형(DB형)

⑤ 특별계정부채
　　㉠ 퇴직연금과 변액보험의 경우 부채총액을 특별계정부채에 합산하여 총액으로 표시
　　㉡ 단, 퇴직연금과 변액보험을 제외한 나머지 특별계정운용상품(연금저축보험, 장기손해보험 등)은 일반계정과 계정과목별로 합산하여 표시

필수예제

117 재무상태표상의 특별계정부채에 총액으로 표시하는 특별계정운용상품은 (　　　　　), (　　　　　)의 2가지이다.

퇴직연금계약, 변액보험계약

⑥ 기타부채

    ㉠ 보험미지급금 : 보험영업거래에서 발생하는 미지급채무(미지급보험금 등)

    ㉡ 미지급금 : 보험영업 이외의 거래에서 발생한 미지급채무(주식매수대금 등)

    ㉢ 선수금 : 보험영업 이외의 거래에서 발생한 착수금, 계약금 등의 선수금액

    ㉣ 예수금 : 원천징수한 세금 등 지급시점보다 먼저 수입된 금액(소득세예수금 등)

    ㉤ 임대보증금 : 임차인으로부터 받은 보증금(**cf**) 임차보증금은 자산에 해당함)

    ㉥ 이연법인세부채 : 일시적 차이로 인해, 회계기준상 납부액이 법인세법 등의 법령상으로 납부해야 할 금액을 초과하는 경우 그 초과금액

       예1: 회계기준상 납부액 300, 세법상 납부금액이 200일 경우, 당기에 200을 납부하지만 과소납부액 100(법인세비용이 세법상 납부금액을 초과하는 금액 100)에 대해서는 차기에 추가로 납부해야 함. 즉 이연부채가 됨

       예2: 회계기준상 납부액 300, 세법상 납부금액이 500일 경우, 당기에 500을 납부하므로 과다납부한 200에 대해서는 추후 회수하거나 공제받을 수 있음. 즉 이연자산이 됨

필수예제

118 귀속할 과목이나 금액이 미확정된 일시적 자금의 수입액을 처리하기 위한 임시계정을 (   )이라 하며, 회사가 원천징수한 세금 등이 이에 해당된다.

예수금

119 선급금은 (   )이고 선수금은 (   )이다.

자산, 부채

---

5. 자본의 계정과목별 회계처리

자본계정	내용
자본금	• 1주당 액면금액에 발행주식총수를 곱하여 산출한 금액 • 채권자를 위해 회사가 보유해야 할 최소한의 담보액
자본잉여금	재무활동을 통해 창출한 잉여금(주식발행초과금))
이익잉여금	본연의 영업활동을 통해 창출한 잉여금(매년 반복되므로 기업가치결정에 있어 가장 중요함)
자본조정	자본계정을 감소시키는 항목(주식할인발행차금 등)
기타포괄손익누계액	기타포괄손익의 누계액(당기손익에 반영될 수 없으므로 자본에 반영)
신종자본증권	신종자본증권은 법적으로는 후순위채권처럼 채권이지만(부채계정), 자본의 성격이 강하여 자본계정으로 인정한다.

① (납입)자본금 : 자본금 = 액면금액 × 발행주식수

    ㉠ 무액면주의 경우 발행시가총액의 1/2 이상을 납입자본금으로 한다(참고 : 시험 범위 밖).

    ㉡ 상법상 자본충실의 원칙, 자본유지의 원칙에 적용되는 자본은 '자본금'을 의미한다.

※ 즉, '자본금, 상법상의 자본, 법정자본금, 납입자본금'은 모두 동일한 의미이며, 회사가 채권자를 위해 보유해야 할 최소한의 담보액을 의미하기도 한다.

cf) 불입자본 : 주주가 기업에 불입한 금액으로 자본금에 주식발행초과금을 가산하고 주식할인발행차금을 차감한 금액

필수예제

120 회사가 채권자를 위해 보유해야 할 최소한의 담보액과 같은 의미를 지니는 것은 (법정자본/불입자본)이다.

> 법정자본
> 불입자본은 주식발행초과금의 개념과 가깝다.

---

② 자본잉여금 : 증자 등 자본거래를 통해 발생된 잉여금

　㉠ 주식발행초과금 : 발행가액이 액면가를 초과할 경우 그 초과하는 금액을 주식발행초과금이라 한다(신주발행 시 비용을 차감한 금액). 그리고 주식배당이나 무상증자의 경우 '이익잉여금의 자본전입'에 불과하므로 주식발행초과금이 발생하지 않는다.

　㉡ 기타의 자본잉여금 : 합병차익, 감자차익, 자사주처분이익

　㉢ 자본잉여금은 자본금으로의 전입이나 결손금의 보전 이외에는 처분할 수 없다.

필수예제

121 자본잉여금은 이익배당의 재원으로 사용할 수 (있다/없다).

> 없다

122 액면가가 5천원이고 발행시가가 25,000원이다. 이때 자본금은 (　　　　)이 플러스되며, 주식발행초과금은 (　　　　)이 플러스된다.

> 5천원, 2만원

123 (　　　) 또는 (　　　)에서는 주식발행초과금이 발생할 수 없다.

> 무상증자, 주식배당

---

③ 이익잉여금 : 기업활동을 통해 얻은 이익 중에서, 배당금 등으로 사외유출되거나 결손보전에 사용되지 않고 사내에 유보된 이익

　㉠ 이익준비금 : 배당총액의 1/10 이상을 납입자본의 1/2에 달할 때까지 의무적으로 적립해야 한다(개정상법 2012).

　㉡ 기업합리화적립금 : 조세특례제한법상 세액공제(또는 소득공제)를 받았을 경우, 해당 금액은 당해 배당처분이 불가하고 의무적으로 적립해야 한다.

　㉢ 비상위험준비금 : 예정사고율을 초과하는 거대위험에 대비하여 적립하는 준비금으로 손해보험에만 존재한다(손해보험 6개 종목).

> 비상위험준비금 = 보유보험료 × 적립기준율^{주1} × (적립한도)^{주2}

※ 주1 : 화재 5% 해상 3% 자동차 2% 보증 15% 특종 5% 수재 6%
※ 주2 : 화 50% 해 50% 자 40% 보 150% 특 50% 수 50%

ⓔ 대손준비금 : K-IFRS는 회사의 경험률을 토대로 한 손실모형상의 평가금액만을 인정하고 감독규정에 따른 대손충당금을 인정하지 않아서 실제 대손충당금의 감소로 나타나고 있다. 이에 따른 재무건전성 악화를 방지하기 위해 '감독목적회계상의 대손충당금 − K-IFRS상의 대손충당금'을 대손준비금으로 계상한다.

ⓜ 임의적립금 : 의무적립(법정준비금)이 아니라, 회사의 정관이나 주총을 통해서 임의적으로 설정되는 적립금이다.

※ 법정준비금과 임의준비금(또는 법정적립금과 임의적립금)
　　• 법정준비금 : 이익준비금, 비상위험준비금, 대손준비금, 기업합리화준비금
　　• 임의준비금 : 임의적립금

필수예제

124 이익준비금은 배당총액의 (　　　　　)을 자본의 (　　　)에 달할 때까지 적립해야 하는 법정준비금이다.

> 10/100 이상, 1/2

125 비상위험준비금은 손해보험에만 존재한다. [○, ×]

> ○

126 비상위험준비금 적립에 있어서 자동차보험의 적립기준율은 (　　), 적립한도는 (　　)이다.

> 2%, 40%
> 특종보험은 5%, 50%이고 보증보험은 15%, 150%이다.

127 감독규정상의 대손충당금이 700만원이고, IFRS상 대손충당금이 300만원이라면, 대손준비금은 (　　　　　)이다.

> 400만원

128 기업본연의 활동을 통해 창출한 잉여금을 (　　　　　), 재무활동을 통해 창출한 잉여금을 (　　　　)이라고 한다.

> 이익잉여금, 자본잉여금

---

④ 자본조정 : 자본거래 중 최종결과가 미확정인 상태의 항목 또는 자본을 감소시키는 항목을 말한다.
　ⓐ 주식할인발행차금 : 증자 시 액면가에 미달하는 금액을 말한다.
　ⓑ 자기주식 : 자사주매입은 납입자본금을 줄어들게 하는 효과가 있다(자본의 공동화).
　ⓒ 자기주식처분손실 : 자사주매매차익은 자본잉여금에, 매매차손은 자본조정에 계상한다.
　ⓓ 주식선택권 : 자본조정에 계상한다(자사주매입과 유사한 논리).

129 자사주를 매입하면 (   )에, 자사주처분이익은 (   )에, 자사주처분손실은 (   )에 계상된다.

> 자본조정, 자본잉여금, 자본조정

130 액면가 5천원, 발행가격 4천원이라면 주식할인발행차금은 (   )이다.

> −1천원

예시 아래 보기에서 자본조정 계정과목의 총금액은 얼마인가?

> 주식발행초과금 100억원, 자기주식 50억원, 자사주처분이익 10억원, 자사주처분손실 5억원, 주식선택권 30억원

→ '자기주식 50억원 + 자사주처분손실 5억원 + 주식선택권 30억원 = 85억원'
※ 참고로 주식발행초과금(100억원), 자사주처분이익(10억원)은 자본잉여금에 속한다.

⑤ 기타포괄손익누계액

　㉠ 개념 : 미실현손익으로 당기순이익에 포함되지 않지만, 재무적 자원의 변동에는 분명하므로, 손익계산서상에는 '기타포괄손익'으로, 재무상태표상에서는 '기타포괄손익누계액'으로 계상된다.

　㉡ 종류

매도가능금융자산평가손익	해외사업환산손익
관계·종속기업투자주식평가손익	현금흐름회피파생상품손익
재평가잉여금	특별계정 기타포괄손익누계액

※ 음영 부분은 '계약자지분조정'으로도 배분되는 항목이다.

131 손익계산서상 당기손익금융자산의 평가손익은 (   )으로, 매도가능금융자산의 평가손익은 (   )으로 계상된다.

> 당기손익, 기타포괄손익

132 매도가능금융자산의 평가이익은 주주에게 배당으로 처분할 수 있다. [O, ×]

> ×
> 미실현손익은 주주 처분이 불가하다.

133 (ⓐ 계약자안정화배당준비금, ⓑ 계약자배당준비금, ⓒ 주식발행초과금, ⓓ 재평가잉여금) 중 기타포괄손익누계액에 속하는 것은 (   )이다.

> ⓓ
> ⓐ, ⓑ는 부채, ⓒ는 자본잉여금, ⓓ는 기타포괄손익누계액이다.

● 손익계산서 회계

1. 의의 및 작성원칙

① 손익계산서의 의의 : 일정기간 동안의 기업의 경영성과를 측정하기 위한 재무제표

　※ 재무상태표는 일정시점(stock 통계), 손익계산서는 일정기간(flow 통계)의 통계이다.

② 수익 및 비용의 인식

　㉠ 발생주의 회계 : 현금입출입 기준이 아니라 거래의 발생을 기준으로 계상하며, 모든 수익과 비용은 그것이 발생한 시기에 정당하게 배분되도록 한다.

　　※ 단, 미실현손익의 경우 당기손익에 산입하지 않는다.

　㉡ 수익과 비용 대응의 원칙 : 모든 수익과 비용은 정확히 대응되어야 한다. 〈예〉 매출액－매출원가
　　단, 보험회계에서는 비용이 사후에 확정되는 특성이 있어 개별적 대응 대신 포괄적 대응을 하고 있다.

　㉢ 총액주의 : 수익과 비용항목을 상계해서는 안 된다.

필수예제

134 (　　　　　)는 재무상태표와 함께 가장 기본적인 재무제표로써, 일정기간 동안의 영업활동을 통한 기업의 경영성과를 측정하기 위한 동적인 재무제표이다.

> 손익계산서
> 보험회사는 포괄손익계산서로 작성·공표한다.

135 손익계산서는 수익비용대응의 원칙에 따라 개별적 대응을 하는 것이 원칙이나 원가의 사후확정성에 따라 보험회사는 포괄적 대응을 하고 있다. [○, ×]

> ○

136 재무상태표는 상계가 불가하지만, 손익계산서에서는 수익과 비용 간의 상계가 가능하다. [○, ×]

> ×
> 재무상태표, 손익계산서를 불문하고 상계를 인정하지 않는다.

2. 보험회사의 수익과 비용의 계정과목

① 생명보험의 영업이익

보험영업수익 − 보험영업비용 = 보험손익, 보험손익 + 투자손익 − 책임준비금전입액 = 영업이익	
보험영업수익	**보험영업비용**
보험료수익(개인보험료 + 단체보험료) 재보험수익(재보험금수익 + 재보험수수료수익 + 재보험자산손상차손환입)	지급보험금(보험금비용 + 환급금비용 + 배당금비용) 재보험비용(재보험료비용 + 재보험금비용 + 재보험료수수료 비용 + 재보험자산손상차손) 사업비(이연신계약비, 신계약비, 유지비 등)

㉠ 재보험거래를 제외한다면 생명보험회계에서 보험손익은 '보험료수입에서 보험금이나 환급금을 지급하고 사업비를 차감'하여 계산된다.

㉡ 재보험거래가 포함된다면 '출재사로서의 출재보험료, 수재보험사로서 지급하는 수재보험수수료와 수재보험금'은 (−), '출재사로서 받는 출재보험수수료와 출재보험금, 수재사로서 받는 수재보험료'는 (+)가 된다.

※ 여기서 (−)는 보험영업비용, (+)는 보험영업수익을 말한다(재보험거래의 메커니즘은 추후 학습).

> **예시** 생명보험회계이다. 보기의 경우 영업이익은 얼마인가?
>
> > 보험영업수익 800억원, 보험영업비용 600억원, 투자영업수익 400억원, 투자영업비용 300억원, 책임준비금전입액 200억원
>
> → (보험영업수익 − 보험영업비용) + (투자영업수익 − 투자영업비용) − 책임준비금
> = (800억 − 600억) + (400억 − 300억) − 200억 = 100억원
> → 보험손익(200억) + 투자손익(100억) − 책임준비금(200억) = 영업이익(100억원)

필수예제

137 생명보험회계에서 '보험영업수익−보험영업비용=보험영업이익'이다. [O, ×]

> ×
> 보험손익이다. 보험영업이익은 손해보험회계의 용어이다.

138 보험손익이 400, 투자손익이 300, 책임준비금환입액이 100이라면 생명보험회사의 영업이익은 (   )이다.

> 800
> 400+300+100=800. 책임준비금전입액은 (−)이지만, 환입액은 (+)이다.

139 보험영업비용에 포함되지 않는 것은 (ⓐ 지급보험금, ⓑ 재보험비용, ⓒ 사업비, ⓓ 유가증권평가손실)이다.

> ⓓ
> 유가증권평가손실은 투자영업비용이다.

● 손익계산서 정리 : 생명보험 VS 손해보험(영업이익이 나오기까지의 단계에 유의할 것)

생명보험 손익계산서	손해보험 손익계산서
Ⅰ. 보험손익 　1. 보험영업수익 　2. 보험영업비용 Ⅱ. 투자손익 　1. 투자영업수익 　2. 투자영업비용 Ⅲ. 책임준비금전입액(또는 책임준비금환입) Ⅳ. 영업이익(또는 영업손실)	Ⅰ. 경과보험료 Ⅱ. 발생손해액 Ⅲ. 보험환급금 Ⅳ. 순사업비 Ⅴ. 보험료적립금증가액 Ⅵ. 계약자배당준비금증가액 Ⅶ. 보험영업이익 Ⅷ. 투자영업수익 Ⅸ. 투자영업비용 Ⅹ. 투자영업이익 Ⅺ. 영업이익(또는 영업손실)

예시 손해보험회계이다. 보기의 경우 영업이익은 얼마인가? (손해보험의 손익계산서의 세부내용은 추가로 이어짐. 본 예시에서는 '영업이익'이 산출되는 단계를 생명보험의 단계와 비교하여 이해하고자 함)

> 경과보험료 100억원, 발생손해액 30억원, 보험환급금 20억원, 순사업비 10억원, 보험료적립금 증가액 15억원, 계약자배당준비금증가액 5억원, 투자영업수익 70억원, 투자영업비용 40억원

→ 경과보험료 – 발생손해액 – 보험환급금 – 순사업비 – 보험료적립금증가액 – 계약자배당준비금증 가액 + 투자영업수익 – 투자영업비용
　= 100억 – 30억 – 20억 – 10억 – 15억 – 5억 + 70억 – 40억
　= 50억원
→ 영업이익은 50억원이다. 영업이익 이하의 단계는 생명보험과 손해보험이 같다.

필수예제

140 '경과보험료 – 발생손해액 – 보험환급금 – 순사업비 – 보험료적 립금증가액 – 계약자배당준비금증가액 = (　　　　　　　)'이다.

> **보험영업이익**
> 생보회계의 보험손익과 같은 개념이다.

② 손해보험의 영업이익

　㉠ 보험영업이익과 영업이익

　　경과보험료 – 발생손해액 – 보험환급금 – 순사업비 – 보험료적립금증가액 – 계약자배당준비금증가액
　　= 보험영업이익, 보험영업이익 +투자영업이익(투자영업수익 – 투자영업비용) = 영업이익

> ※ 구성항목 설명
> 경과보험료(ⓒ → ⓐ), 발생손해액(ⓒ → ⓑ), 보험환급금(ⓒ → ⓒ), 순사업비(ⓒ → ⓓ), 보험료적립금 증가액, 계약자배당준비금증가액(계약자배당준비금/계약자이익배당준비금/배당보험손실준비금)

ⓒ 경과보험료와 발생손해액

    ⓐ 경과보험료 = 수입보험료[주1] − 지급보험료[주2] + 전기이월미경과보험료 − 차기이월미경과보험료 − (미경과보험료적립금 관련)재보험자산감액손실 + 재보험자산감액손실환입

      ※ 주1 : 수입보험료 → 원수보험료, 수재보험료, 해지환급금 환입

      ※ 주2 : 지급보험료 → 출재보험료, 해지환급금

    ⓑ 발생손해액 = 순보험금[주1] + 손해조사비 + 차기이월지급준비금[주2] − 전기이월지급준비금[주2] + (지급준비금 관련)재보험자산감액손실 − (지급준비금 관련)재보험자산감액손실환입

      ※ 주1 : 순보험금 = 지급보험금 − 수입보험금 − 구상이익

      ※ 지급보험금 : 원수보험금, 수재보험금

      ※ 수입보험금 : 출재보험금

      ※ 주2 : 전기이월지급준비금 = 지급준비금환입, 차기이월미지급준비금 = 지급준비금적립

예시1 손해보험회계이다. 경과보험료는 얼마인가?(재보험자산감액손실 · 환입은 미경과보험료에 대한 것임)

수입보험료 700억원, 지급보험료 200억원, 전기이월미경과보험료 100억원, 차기이월미경과보험료 150억원, 재보험자산감액손실 120억원, 재보험자산감액손실환입 30억원

→ 경과보험료 = 수입보험료(700억) − 지급보험료(200억) + 전기이월미경과보험료(100억) − 차기이월미경과보험료(150억) − 재보험료자산감액손실(120억) + 재보험료자산감액손실환입(30억)

    = 360억원

예시2 손해보험회계이다. 경과보험료는 얼마인가? (단위 : 억원)

원수보험료 100, 출재보험료 40, 수재보험료 30, 전기이월미경과보험료 20, 차기이월미경과보험료 10

→ 경과보험료 = 원수보험료 100 + 수재보험료 30 − 출재보험료 40 + 전기이월미경과보험료 20 − 차기이월미경과보험료 10 = 100

예시3 손해보험회계이다. 발생손해액은 얼마인가?(재보험자산감액손실 · 환입은 지급준비금에 대한 것임)

순보험금 300억원, 손해조사비 10억원, 전기이월지급준비금 40억원, 차기이월지급준비금 70억원, 재보험자산감액손실 50억원, 재보험자산감액손실환입 10억원

→ 발생손해액 = 순보험금(300억) + 손해조사비(10억) − 전기이월지급준비금(40억) + 차기이월지급준비금(70억) + 재보험자산감액손실(50억) − 재보험자산감액손실환입(10억) = 380억원

예시4 손해보험회계이다. 발생손해액은 얼마인가? (단위: 억원)

원수보험금 300, 수재보험금 200, 출재보험금 100, 지급준비금환입 150, 지급준비금적립 50, 손해조사비 50

→ 발생손해액 = 원수보험금 300 + 수재보험금 200 − 출재보험금 100 − 지급준비금환입 150 + 지급준비금적립 50 + 손해조사비 50 = 350

---

141 '경과보험료 = 원수보험료 + (㉮) − (㉯) + 전기이월
미경과보험료 − 차기이월미경과보험료'이다.

> ㉮ 수재보험료, ㉯ 출재보험료
> 출재보험료는 재보험료의 지급, 수재보험료는 재보험료의 수취이다.

142 (ⓐ 원수보험료, ⓑ 출재보험료, ⓒ 수재보험금, ⓓ 전기이월미경과보험료) 중에서 경과보험료에 반영되지 않는 것은 ( )이다.

> ⓒ
> 수재보험금은 발생손해액에 반영된다.

143 '발생손해액 = 원수보험금 + (㉮) − (㉯) + 차기이월
지급준비금 − 전기이월지급준비금'이다.

> ㉮ 수재보험금, ㉯ 출재보험금
> 수재보험금은 재보험금의 지급(비용증가), 출재보험금은 재보험금의 수취(비용감소)이다.

144 (ⓐ 원수보험금, ⓑ 출재보험금, ⓒ 수재보험금, ⓓ 만기환급금) 중에서 발생손해액에 반영되지 않는 것은 ( )이다.

> ⓓ
> 만기환급금은 '보험환급금'에 반영된다.

ⓒ 보험환급금 : 만기환급금, 개인연금지급금, 계약자배당금, 장기해지환급금
　　※ 지급보험금(원수보험금, 수재보험금)과 다르다.

145 (ⓐ 만기환급금, ⓑ 계약자배당금, ⓒ 장기보험의 해지환급금, ⓓ 수재보험금) 중에서 보험환급금에 반영되지 않는 것은 ( )이다.

> ⓓ
> 수재보험금은 '발생손해액'에 반영된다.

ⓓ 순사업비 : 지급경비−수입경비

지급경비	수입경비
급여, 퇴직급여, 복리후생비, 일반관리비, 수재보험수수료, 수재이익수수료 등	출재보험수수료, 출재이익수수료[주1], 대손충당금환입 등

※ 주1 : 재보험출재가 있을 경우 '수입경비'도 발생하게 된다. 이를 이해하기 위해, 재보험거래의 메커니즘은
아래와 같다(표1).

[표1] 재보험관련 항목의 현금흐름

출재사 입장		수재사 입장	
수익(+)	비용(−)	수익(+)	비용(−)
출재보험수수료	출재보험료	수재보험료	수재보험수수료
출재이익수수료	−	−	수재이익수수료
출재보험금	−	−	수재보험금

[출재사 입장] 출재 시 출재보험료를 지급하고(−), '출재보험수수료와 출재이익수수료'를 수취한다(+). 그리고 사고 시 재보험사로부터 출재보험금을 수취한다(+). → '주고, 받고, 받고'

[수재사 입장] 수재사 수재보험료를 수취하고(+), '수재보험수수료와 수재이익수수료'를 지급한다(−). 그리고 사고시 출재보험사에게 수재보험금을 지급한다(−). → '받고, 주고, 주고'

필수예제

146 재보험거래관련 항목 중에서 순사업비에 지급경비로 반영되는 항목은 (   ), (   )이 있으며, 수입경비로 반영되는 항목은 (   ), (   )이 있다.

> 수재보험수수료, 수재보험이익수수료, 출재보험수수료, 출재보험이익수수료

ⓒ 투자영업손익
- 투자영업수익 : 이자수익, 배당금수익, 임대료수익, 수수료수익, 금융자산처분이익, 유가증권평가이익, 유가증권손상차손환입, 지분법평가이익, 부동산처분이익, 외화차익, 외화환산이익 등
- 투자영업비용 : 이자비용, 유가증권평가손실, 유가증권손상차손, 지분법평가손실, 부동산처분손실, 감가상각비, 재산관리비, 외회차손, 외화환산손실 등

ⓔ 영업이익(또는 영업손실) 이하 단계는 생명보험과 손해보험의 양식이 동일하다.
   ※ 영업이익 + (영업외수익 − 영업외비용) + 특별계정이익 = 법인세차감전순이익 − 법인세 = 당기순이익 + 기타포괄손익 = 총포괄손익

필수예제

147 보험회계에서 제조업의 매출액이라 할 수 있는 것은, 생명보험에서는 (   ), 손해보험에서는 (   )이다.

> 보험영업수익, 경과보험료

148 손해보험회계에서는 영업이익의 원천을 (   )과 (   )으로 구분한다.

> 보험영업이익, 투자영업이익
> 생보회계에서는 보험손익과 투자손익이다.

ⓜ 영업외손익
- 외환차손익, 외환환산손익 : 투자영업손익이나 영업외손익에 모두 반영될 수 있다. 자산운용차원에서 발생한 것이면 투자영업수익 또는 투자영업비용에 반영되며, 자산운용차원이 아닌 영업거래상 발생한 것이라면 영업외손익에 반영된다.
- 유형자산처분손익(부동산처분손익 제외) : 부동산처분손익은 자산운용상의 손익이므로 투자영업손익에 반영되지만, 부동산을 제외한 유형자산(예 차량운반구, 비품 등)의 처분손익은 영업외손익에 반영된다.

149 자산운용차원이 아닌 외환차익은 (투자영업이익/영업외수익)에 반
영된다.

영업외수익

150 부동산처분손실은 투자영업비용에 반영되지만, 차량운반구 등의
유형자산처분손실은 (   )에 반영된다.

영업외비용

ⓗ 기타포괄손익
• 당기순이익(실현손익) + 기타포괄손익(미실현손익) = 총포괄손익
• 기타포괄이익의 종류 : 매도가능증권평가손익, 관계종속기업투자주식평가손익, 재평가잉여금, 해외사업
환산손익, 현금흐름회피파생상품평가손익, 특별계정기타포괄손익

151 기타포괄손익에는 (   ), 관계 ·
종속기업투자주식평가손익, 해외사업환산손익, 현금흐름회피파
생상품손익, 특별계정기타포괄손익, 재평가잉여금이 있다.

매도가능금융자산평가손익

③ 손익의 구분

유배당이익		무배당이익	자본계정이익
90%	10%		
계약자지분	주주지분		

※ 유배당상품에서 손실이 발생한 경우는, 전액 주주지분으로 인식한다.

152 유배당상품으로부터 발생한 이익금의 전액을 계약자지분으로 인
정한다. [O, ×]

×
10%는 주주지분으로 인정한다.

153 유배당이익의 (   )는 배당보험손실보전준비금, 계약자배
당준비금, 계약자이익배당준비금의 재원이 된다.

90%

154 유배당상품에서 손실이 난 경우도 계약자와 주주의 부담을 90% : 10%로 배분한다. [O, ×]

> ×
> 유배당상품손실은 주주가 전액 부담한다.

155 보험회사 유배당상품의 손익이 각각 +100억원, -100억원으로 가정할 때, 주주지분으로 인식하는 금액은 각각 (　　), (　　) 이다.

> +10억원, -100억원
> 이익의 10%, 손실의 100%를 주주지분으로 인식한다.

④ 재보험회계

　㉠ 재보험자는 적정 준비금의 정립을 위해 원보험자가 통보하는 정보뿐 아니라 자체적인 지급준비금 추정기법을 개발할 필요가 있다.

　㉡ 재보험회계처리

구분	보험료	보험금	사업비	자산 또는 부채
출재 시	출재보험료 (재보험료비용)	출재보험금 (재보험금수익)	출재보험수수료 출재이익수수료 (재보험사업비수익)	재보험자산 (재보험자가 적립한 책임준비금)
수재 시	수재보험료 (재보험료수익)	수재보험금 (재보험금비용)	수재보험수수료 수재이익수수료 (재보험사업비비용)	책임준비금 (재보험자의 부채)

> **예시1** 재보험출재사의 현금흐름
> 1) 수재사에 재보험료를 납입하는 것은 (　　　),
> 2) 보험사고 발생 시 수재사로부터 받은 보험금은 (　　　),
> 3) 출재보험에 대한 이익 및 수수료일부를 반환받는데, 이는 (　　　), (　　　)의 항목에 해당된다.
> 　→ 차례대로 '출재보험료(-), 출재보험금(+), 출재이익수수료(+), 출재보험수수료(+)'이다.

> **예시2** 재보험수재사의 현금흐름
> 1) 출재사로부터 재보험료를 수수하는 것은 (　　　),
> 2) 보험사고 발생 시 출재사에 지급하는 보험금은 (　　　),
> 3) 수재보험에 대한 이익 및 수수료일부를 반환하는데, 이는 (　　　), (　　　)의 항목에 해당된다.
> 　→ 차례대로 '수재보험료(+), 수재보험금(-), 수재이익수수료(-), 수재보험수수료(-)'이다.

　㉢ 재보험에 출재할 경우 미경과보험료에 대한 적립부담이 감소하여 재무구조가 개선되는 효과 (자산은 동일, 부채는 감소)가 있다.

156 원보험자는 출재를 통해 보험계약상의 책임을 전가하였으므로, 재보험회사가 적립하는 책임준비금을 (재보험자산/책임준비금)으로 계상해야 한다.

재보험자산

157 '출재보험료, 수재보험료, 출재보험금, 수재보험금, 출재보험수수료, 수재보험수수료' 중에서 현금흐름이 (+)인 것은 ( ), ( ), ( )이다.

수재보험료, 출재보험금, 출재보험수수료

158 재보험에 출재할 경우 미경과보험료에 대한 적립부담이 감소하여 재무구조가 개선되는 효과가 있다. [O, ×]

○
보유보험료의 감소(자산감소)는 재보험자산의 증가(자산증가)로 상쇄되며, 미경과보험료적립금 규모가 감소하므로 부채가 감소한다(따라서 재무구조가 개선됨).

3. 특별계정회계

① 특별계정의 의의 : 특정 보험계약의 손익을 구별하기 위해 별도로 설정한 계정을 통해 운영함으로써 보험계약자 간 형평성과 경영투명성을 제고시키는 것이 장점

● 특별계정의 2종류

수급권 보장을 위함[주1]	실적의 투자자귀속을 위함[주2]
연금저축, 장기손해보험, 퇴직연금(원리금보장형)	변액보험, 퇴직연금(실적배당형)

※ 주1 : 손익구조는 일반계정과 동일하지만 계약자의 수급권 보장을 위해 별도로 운용
※ 주2 : 손익구조 자체가 일반계정과 다름(실적의 완전한 투자자 귀속). 운용수익의 투명한 귀속을 위함

159 '장기손해보험, 변액보험, 퇴직연금(실적배당형)' 중 계약자의 수급권보장을 위한 특별계정은 ( )이다.

장기손해보험

② 특별계정별 재무제표 계상방법

특별계정 재무제표	수급권보장을 위한 특별계정			실적의 투자자귀속을 위한 특별계정	
	연금저축보험	장기손해보험	퇴직연금 (원리보장형)	퇴직연금 (실적배당형)	변액보험
재무상태표	단순합산	단순합산	총액표시○	총액표시○	총액표시○
손익계산서	단순합산	단순합산	총액표시○	총액표시×	총액표시×

※ 재무상태표의 총액표시 : 특별계정자산, 특별계정부채(특별계정 총계)
※ 손익계산서의 총액표시 : 특별계정수익, 특별계정비용(특별계정원리금보장형 총계), 즉 손익계산서의 특별계정
 총액표시에는 '실적배당형 특별계정'은 제외된다.
※ 퇴직보험도 퇴직연금과 같은 방법(원리금보장형과 실적배당형으로 구분)으로 처리하지만, 2005년 이후 판매
 중지이므로 퇴직연금 위주로 이해하면 된다.

> 예시 A손해보험사의 특별계정이 아래와 같을 때 재무상태표와 손익계산서에 총액으로 표시되는 금액은?
>
> | 구분 | 특별계정자산 | 특별계정부채 | 특별계정수익 | 특별계정비용 |
> |---|---|---|---|---|
> | 연금저축보험 | 300 | 150 | 100 | 50 |
> | 퇴직연금(원리금보장형) | 200 | 120 | 80 | 40 |
> | 변액보험 | 400 | 250 | 150 | 60 |
>
> → 연금저축보험은 일반계정에 합산된다. 퇴직연금(원리금보장형)은 재무상태표와 손익계산서에 모두
> 총액으로 표시되며, 변액보험은 재무상태표에서만 총액으로 표시된다.
> • 재무상태표에 표시되는 금액 : 특별계정자산 600, 특별계정부채 370
> • 손익계산서에 표시되는 금액 : 특별계정수익 80, 특별계정비용 40

필수예제

160 연금저축보험(생손보사), 손해보험의 장기손해보험, 퇴직보험(원리
 금보장형)을 특별계정으로 운영하는 이유는 (계약자의 수급권 보장/
 실적의 계약자 귀속)에 있다.

계약자의 수급권 보장

161 연금저축보험과 장기손해보험은 재무상태표와 손익계산서 모두
 일반계정과 계정과목별로 단순합산하여 계상한다. [○, ×]

○

162 퇴직연금, 변액보험은 (   )과(   )로 재무상
 태표에 총액으로 표시한다.

특별계정자산, 특별계정부채

163 원리금보장형에 해당하는 퇴직연금을 손익계산서에 계상 시에는,
 별도의 손익계산서를 (   ), (   )으로 일반계
 정의 손익계산서에 총액으로 계상한다.

특별계정수익, 특별계정비용

164 변액보험은 재무상태표에서는 총액으로 기재되지만, 손익계산서
에서는 계상되지 않는다. [O, X]

○

4. 국제회계기준(K-IFRS : 한국채택국제회계기준)

① 국제회계기준의 특징

다수 국가의 공동참여를 통해 제정	원칙중심(원칙과 방법론 제시, 세부선택)[주1]
연결재무제표 중심(실체 위주의 정보제공)	공정가치평가(실제가치 위주의 정보제공)[주2]

※ 주1 : 국제회계기준도입 시 기업 간 재무정보의 비교가능성은 낮아진다(IFRS는 원칙만 제시하고, 세부기준
은 기업 스스로의 판단과 선택으로 재무제표를 작성함).

※ 주2 : 공정가치평가를 할 경우 재무구조의 변동성이 커진다(시가평가를 하므로).

② 국제회계기준의 도입 필요성 : 회계기준의 국제적 정합성 충족(회계기준의 전 세계적 통용 가능), 회
계 투명성에 대한 신뢰도 제고 등이 있음

③ 국제회계기준(K-IFRS)은 2011년부터 상장회사 전체에 대해 의무도입

   ㉠ 비상장기업은 자율선택이 가능하나, K-IFRS를 선택한 후에는 재변경 불가함

   ㉡ 보험회사는 상장, 비상장 구분 없이 2011년부터 K-IFRS를 도입함

④ 국제회계기준도입에 따른 영향

도입효과	K-IFRS	K-GAAP
공시기간 단축	각 결산 후 90일 내	120일 이내 (자산 2조원 이상은 90일 내)
연결총자산 감소	50% 초과를 대상	30% 초과를 대상
연결범위 증가	자산 100억원 미만도 포함	자산 100억원 미만은 제외

165 국제회계기준을 도입할 경우 기업 간 재무정보의 비교가능성이
   높아진다. [O, X]

X

166 2017년 현재 보험회사는 상장기업에 한해서 K-IFRS를 도입하고
   있다. [O, X]

X
보험사는 비상장기업도 의무적
으로 도입하고 있다.

167 국제회계기준을 도입하면 공시기한이 (연장/단축)되며, 연결총자
   산은 (증가/감소)하나, 연결대상회사는 (증가/감소)한다.

단축, 감소, 증가

1. 자산운용의 개요

① 자산운용의 중요성

　㉠ 보험회사는 안정적 경영을 위해 상품의 예정이율보다 높은 자산운용수익률을 달성해야 한다.

　㉡ 글로벌 초저금리의 영향으로 운용환경이 악화되고 있는 바, 자산운용의 중요성은 더욱 커지고 있다.

② 보험회사 자산운용의 원칙 : 안정성, 수익성, 유동성, 공공성

　※ 손해보험은 만기 1년의 보험상품이 다수이므로(일반손해보험, 자동차보험), 생명보험에서 비해 보험금지출에 대한 대비가 더 필요함. 따라서 유동성원칙이 더 중요

필수예제

01 보험회사의 자산운용 원칙은 타 자산의 운용 3원칙과 달리 ( )이 추가된다. ... 공공성

02 보험회사 자산운용의 4원칙 중, 생명보험 대비 손해보험사에게 특히 더 중요한 원칙은 ( )이다. ... 유동성

---

2. 자산운용규제

① 규제원칙의 변화 : 열거주의(Positive system) → 포괄주의(Negative system)

　※ 보험산업의 공공성을 고려하여 자산운용에 최소한의 제한을 부여하고 있다. 포괄주의로 규제원칙이 전환되면서 규제의 강도가 완화되었다고 할 수 있다.

필수예제

03 보험산업의 자산운용에 대한 규제원칙이 ( )에서 ( )로 전환되면서 규제의 강도가 완화된 것으로 해석된다. ... 열거주의, 포괄주의

---

② 자산운용금지대상

㉠ 업무용이 아닌 부동산의 소유	㉣ 당사의 주식을 사도록 하기 위한 대출
㉡ 당사의 임직원에 대한 대출	㉤ 투기목적의 자금 대출
㉢ 운용의 안정성을 크게 해하는 행위 (외국환 및 파생상품거래 등)	㉥ 정치자금 대출

※ 음영 부분은 특히 더 중요한 부분

04 보험회사는 임직원에 대한 대출을 자기자본의 10%까지 할 수 있다. [O, ×]

× 당해 임직원에 대한 대출은 금지된다.

05 보험회사는 비업무용부동산을 총자산의 2%까지 소유 가능하다. [O, ×]

× 비업무용부동산은 소유 금지된다.

06 당해 보험회사의 대주주가 발행한 증권을 매입하는 것은 금지된다. [O, ×]

× 제한적으로 허용된다(표1 참조).

③ 보험회사자산운용비율규제(표1)

비율규제의 대상	일반계정	각 특별계정
대주주 및 자회사에 대한 신용공여	Min(자기자본 × 40%, 총자산의 2%)[주1]	특별계정자산의 2%
대주주 및 자회사가 발행한 채권 및 주식에 대한 투자	Min(자기자본 × 60%, 총자산의 3%)[주2]	특별계정자산의 3%
동일 자회사에 대한 신용공여	자기자본의 10%	특별계정자산의 4%
동일 개인 or 법인에 대한 신용공여	총자산의 3%	특별계정자산의 5%
동일 법인이 발행한 유가증권	총자산의 7%	특별계정자산의 10%
업무용 부동산의 소유	총자산의 25%[주3]	특별계정자산의 15%
외국환 또는 외국 부동산의 소유	총자산의 30%[주4]	특별계정자산의 20%
파생상품거래 위탁증거금의 합계액	총자산의 6%	특별계정자산의 6%

※ 주1, 주2 : 예시

P보험사의 총자산이 1조원이고 자기자본이 4천억원일 경우,
• 대주주에 대한 신용공여한도 : Min(4천억원×40%, 1조원×2%) = 200억원
• 대주주가 발행한 증권에 대한 매입한도 : Min(4천억원×60%, 1조원×3%) = 300억원

※ 주3, 주4 : 예시

Q보험사의 총자산이 1조원이고 특별계정자산이 1천억원일 경우,
• 국내부동산 매입한도 : 일반계정은 2,500억원(1조원×25%), 특별계정은 150억원(1천억원×15%)
• 해외부동산 매입한도 : 일반계정은 3,000억원(1조원×30%), 특별계정은 200억원(1천억원×20%)

필수예제

07 대주주 및 자회사에 대한 신용공여는 보험회사 자산운용원칙상 금지된다. [○, ×]

×
신용공여는 일정 금액까지 허용된다.

08 업무용 부동산은 총자산의 (   ), 특별계정자산의 (   )까지 소유 가능하다.

25%, 15%

09 외국 부동산은 총자산의 (   ), 특별계정자산의 (   )까지 소유 가능하다.

30%, 20%

④ 대주주에 대한 자산운용규제

 ㉠ 대주주의 정의 : 보험회사의 최대주주와 주요주주를 말한다.
  • 최대주주 : 본인과 그 특수관계인의 지분율이 가장 높은 자
  • 주요주주 : 지분율이 10% 이상인 자
 ㉡ 대주주와의 거래금지와 거래제한

거래금지 대상	거래제한 대상(③ – 표1 참조)
• 대주주가 타 회사에 출자하는 것을 지원하기 위한 신용공여 • 당사에 현저하게 불리한 조건으로 거래하는 행위 • 자산의 무상양도	• 대주주에 대한 일정 금액 이상의 신용공여 • 대주주가 발행한 증권을 일정 금액 이상 취득(일정 금액 내의 거래도 이사회의 사전결의를 거쳐야 하고, 7일 이내에 금융위에 보고해야 함)

▶ **도해** : 대주주의 거래가능행위(제한적) VS 대주주의 금지행위

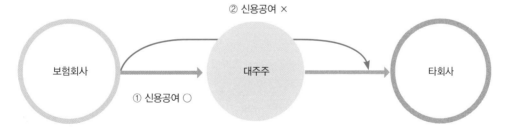

① 신용공여○ : 대주주에 직접 신용을 공여하는 것은 제한적으로 가능하다.
 ※ 제한적이라 함은 'Min(자기자본의 40%, 총자산의 2%)'을 말한다.
 cf) 대주주가 발행하는 주식이나 채권을 매입하는 것도 제한적으로 가능하다.
 ※ 제한적이라 함은 'Min(자기자본의 60%, 총자산의 3%)'을 말한다.
 [참고] 402, 603으로 암기
② 신용공여× : 대주주가 타 회사 출자를 함에 있어 이를 지원하는 신용공여는 불가하다.

필수예제

10 대주주가 타 회사에 출자하는 것을 지원하는 신용공여는 자기자본의 40%, 총자산의 2%까지 가능하다. [O, X]

×
금지 대상이다.

11 대주주가 발행한 주식은 매입할 수 있으나, 대주주가 타 회사를 인수하기 위한 자금을 지원해서는 안 된다. [O, X]

○

⑤ 자회사 관련규제
    ㉠ 자회사 : 보험회사가 '의결권 있는 주식을 15%를 초과하여 소유하는' 타 회사
    ㉡ 자회사를 소유하기 위해서는 금융위의 승인 또는 신고를 필요로 한다. 대주주가 비금융주력자인 경우 보험회사는 은행법에 의한 금융기관을 소유할 수 없다(금산분리의 원칙).
    ㉢ 자회사와의 거래금지행위 : 자산의 무상양도 또는 보험회사에 현저히 불리한 조건의 거래/자회사의 임직원에 대한 대출을 금지한다(약관대출 및 소액대출은 허용).

필수예제

12 보험회사가 의결권 있는 타사의 주식을 (   )를 초과하여 보유하면 해당 회사는 자회사가 된다.

15%

13 당해 보험회사의 임직원에게는 대출이 불가하지만, 자회사의 임직원에 대한 대출은 원칙적으로 허용된다. [O, X]

×
자회사 임직원에 대해서도 대출 금지가 원칙이나 소액대출, 약관대출은 허용된다.

⑥ 자산운용제한에 대한 예외 : 자산운용의 제한비율 초과 시, 그 이유가 보험회사 자산가격의 변동 등 보험회사의 자의가 아닌 경우는, 한도초과일로부터 1년 이내에 처분 등을 통해 비율을 준수해야 한다.
⑦ 기타 보험회사에 대한 자산운용 관련 규제
    ㉠ 특별계정의 설정·운용의무 및 구분계리의무
    ㉡ 자금지원 관련 금지행위 : 의결권 있는 주식의 교차보유, 또는 교차신용공여 등
    ㉢ 불공정한 대출 금지 : 대출을 조건으로 보험가입을 요구하는 행위 등
    ㉣ 타인을 위한 채무보증 금지 : 보험사의 자산으로 타인을 위한 담보제공 등

ⓜ 자금차입의 제한 : 재무건전성기준의 충족 또는 적정유동성유지를 위한 경우에만 차입이 허용
되며, 차입방법은 4가지이다.

> ※ 보험회사가 차입할 수 있는 방법 4가지
> • 사채발행 : 직전분기말의 자기자본을 한도로 함
> • 후순위차입 : 차입만기 5년 이상, 차입만기 중 상환불가 등의 요건을 충족
> • RP매도
> • 은행 당좌차월

필수예제

14 자산운용의 제한비율을 초과하였을 경우 한도초과일로부터 (   ) 이내에 처분 등을 통해 적정비율 이내로 맞추어야 한다.

1년

15 보험회사가 후순위차입을 경우 차입기간 또는 만기가 (   ) 이상 이어야 하고, 만기 전에는 상환불가 등의 요건을 충족해야 한다.

5년

Chapter 3 · 재무건전성 감독

● 재무건전성규제

1. 자산건전성규제 개요

① 자산건전성규제의 2단계 : 자산의 건전성을 먼저 분류 → 분류별 대손충당금 적립

② 미예상손실에 대한 손실흡수력을 확보하는 제도 → 자기자본규제, 예상손실에 대한 손실흡수력을 확보하는 제도 → 자산건전성규제

● 자산건전성규제 VS 자기자본규제

예상된 손실(Expected Loss)	예상되지 않은 손실(Unexpected Loss)
대손충당금 적립 → 자산건전성규제	자기자본확충 → 자기자본규제

※ 건전성규제대상 자산 : 대출채권, 유가증권, 미수금, 미수수익 등

필수예제

01 예상 위험에 대해서 대손충당금을 적립하는 것을 (자산건전성규제/자기자본규제)라 한다.

자산건전성규제

02 예상되지 않는 위험에 대해서 자기자본을 쌓는 것을 (자산건전성규제/자기자본규제)라 한다.

자기자본규제

03 대손충당금의 적립이 충실할 경우 자산건전성이 양호하다고 할 수 있다. [O, ×]

×
대손충당금은 부실실현 시 충격완화를 목적으로 하는 것이며, 자산건전성에 미치는 영향은 매우 미미하다(실질 자기자본이 많을수록 자산건전성이 양호해 짐).

2. 자산건전성 분류기준

① 자산건전성을 분류하는 3가지 기준 : 채무상환능력기준, 연체기간, 부도여부

※ 자산건전성에 따른 5단계 자산의 분류 : 정상, 요주의, 고정, 회수의문, 추정손실

② 5단계 대손충당금 적립기준(최저적립비율)

정상	요주의	고정	회수의문	추정손실
0.5%	2%	20%	50%	100%

• '고정 이하 = 22.5%'로 암기
• 부동산 PF의 경우 일반 자산에 비해 위험성이 높으므로 좀 더 높은 적립비율을 적용(정상 : 0.9%, 요주의 : 7%)

[참고] 은행의 대손충당금 적립비율 '0.85%, 7%, 20%, 50%, 100%'

③ 자산건전성분류기준 - 1. 채무상환능력기준

구분	채무상환능력기준
	경영내용, 재무상태 및 미래현금흐름 등을 감안할 때 →
정상	채무상환능력이 양호하여 채권회수에 문제가 없는 것으로 판단되는 거래처에 대한 자산
요주의	채권회수에 즉각적인 위험이 발생하지 않았으나 향후 채무상환능력의 저하를 초래할 수 있는 잠재적인 요인이 존재하는 것으로 판단되는 거래처의 자산
고정	향후 채무상환능력의 저하를 초래할 수 있는 요인이 현재화되어 채권회수에 상당한 위험이 발생한 것으로 판단되는 거래처의 자산 ※ 회수의문 및 추정손실 채권 중 회수예상가액 해당분 포함
회수의문	채무상환능력이 현저히 악화되어 채권회수에 심각한 위험이 발생한 것으로 판단되는 거래처에 대한 자산 중 회수예상가액 초과분
추정손실	채무상환능력의 심각한 악화로 회수불능이 확실하여 손실처리가 불가피한 것으로 판단되는 거래처에 대한 자산 중 회수예상가액 초과분

※ 암기 : 양 · 잠 · 상 · 심 · 회

[예시1] 분류기준별 대손충당금(최소적립한도)

채무상환능력기준	금액	충당금적립 (최소한도)
채무상환능력이 양호하여 채권회수에 문제가 없는 것으로 판단되는 거래처에 대한 자산	500억원	2.5억원
채권회수에 즉각적인 위험이 발생하지 않았으나 향후 채무상환능력의 저하를 초래할 수 있는 잠재적인 요인이 존재하는 것으로 판단되는 거래처의 자산	400억원	8억원
향후 채무상환능력의 저하를 초래할 수 있는 요인이 현재화되어 채권회수에 상당한 위험이 발생한 것으로 판단되는 거래처의 자산 ※ 회수의문 및 추정손실 채권 중 회수예상가액 해당분 포함	300억원	60억원
채무상환능력이 현저히 악화되어 채권회수에 심각한 위험이 발생한 것으로 판단되는 거래처에 대한 자산 중 회수예상가액 초과분	200억원	100억원
채무상환능력의 심각한 악화로 회수불능이 확실하여 손실처리가 불가피한 것으로 판단되는 거래처에 대한 자산 중 회수예상가액 초과분	100억원	100억원

예시2 보기에서 고정자산, 추정손실, 회수의문에 해당하는 금액은 얼마인가?

채무상환능력기준	금액
채무상환능력이 양호하여 채권회수에 문제가 없는 것으로 판단되는 거래처에 대한 자산(500억원)	정상 : 500억원
채권회수에 즉각적인 위험이 발생하지 않았으나 향후 채무상환능력의 저하를 초래할 수 있는 잠재적인 요인이 존재하는 것으로 판단되는 거래처의 자산(400억원)	요주의 : 400억원
향후 채무상환능력의 저하를 초래할 수 있는 요인이 현재화되어 채권회수에 상당한 위험이 발생한 것으로 판단되는 거래처의 자산(300억원) ※ 회수의문 및 추정손실 채권 중 회수예상가액 해당분(?)	고정 : ?
채무상환능력이 현저히 악화되어 채권회수에 심각한 위험이 발생한 것으로 판단되는 거래처에 대한 자산(200억원) ※ 이 중 회수예상가액(120억원)	회수의문 : ?
채무상환능력의 심각한 악화로 회수불능이 확실하여 손실처리가 불가피한 것으로 판단되는 거래처에 대한 자산(100억원) ※ 이 중 회수예상가액(70억원)	추정손실 : ?

→ 1) 고정자산 : 300억원 + 120억원 + 70억원 = 490억원

　　※ 120억원 → 회수의문자산 중 회수예상가액, 70억원 → 추정손실자산 중 회수예상가액

　2) 회수의문 : 80억원(회수의문자산 중 회수예상가액 초과분)

　3) 추정손실 : 30억원(추정손실자산 중 회수예상가액 초과분)

필수예제

04 자산건전성을 분류하는 기준은 (　　　　　　　　),
(　　　　), (　　　　)의 3가지가 있다.

> 채무상환능력에 따른 기준, 연체기간, 부도여부

05 채무상환능력 또는 연체기간에 따라 자산건전성을 5단계를 순서대로 분류하면, (　　), (　　　), (　　), (　　　　), (　　　　)이다.

> 정상, 요주의, 고정, 회수의문, 추정손실

06 현재 채권회수에 즉각적인 위험은 발생하지 않았으나 향후 채무상환능력의 저하를 초래할 수 있는 잠재적 요인이 존재하는 것으로 판단되는 거래처의 자산은 (　　　)로 분류된다.

> 요주의
> '양·잠·상·심·회'로 암기하도록 한다.

07 채무상환능력이 양호하여 채권회수에 문제없는 것으로 판단되는 거래처에 대한 자산은 (　　)으로 분류되며, 이에 대한 대손충당금 적립한도는 (　　)이다.

> 정상, 0.5%

④ 자산건전성분류기준 – 2. 연체기간에 따른 건전성 분류

정상	요주의	고정	회수의문	추정손실
1개월 미만	1개월~3개월	3개월 이상 ※ 회수예상가액 합산(㉠ + ㉡)	3개월~12개월 (회수예상가액초과분 – ㉠)	12개월 이상 (회수예상가액초과분 – ㉡)

> **예시** **연체금액 10억원, 연체기간이 9개월, 회수예상가액이 8억원일 경우,**
> (1) 고정자산은 얼마인가?
>   → 연체기간이 3개월 초과분 중에서 회수예상가액이 고정자산이다. 즉, 고정자산은 8억원, 회수의문은 2억원이다.
> (2) 고정자산과 회수의문자산에 대한 대손충당금 적립한도는 얼마인가?
>   → 고정자산은 '8억원×20% = 1억 6천만원', 회수의문자산은 '2억원×50% = 1억원'이다.

필수예제

08 연체기간이 2개월인 자산은 (   )로 분류되며, 이에 대한 대손충당금적립한도는 (   )이다.

> 요주의, 2%

09 연체기간이 10개월인 자산은 고정자산이다. [○, ×]

> ×
> 이 중 회수예상가액은 '고정', 회수예상가액초과분은 '회수의문'이다.

---

⑤ 자산건전성분류기준 – 3. 부도여부에 따른 건전성 분류

고정	추정손실
최종부도, 파산, 청산진행, 폐업 등의 사유로 채권회수에 심각한 위험에 존재하는 것으로 판단되는 자산 중,	
회수예상가액 부분	회수예상가액 초과분

필수예제

10 부도여부에 따라 건전성을 분류할 때는 (   ), (   )의 2단계로 분류한다.

> 고정, 추정손실

3. 자본적정성평가

① 우리나라의 지급여력제도 : RBC(Risk Based Capital) 제도 – 2009년 4월부터 도입(종전은 EU 방식의 지급여력제도였음)

    ㉠ 지급여력제도는 예상치 못한 손실에 대비하기 위해 적정수준의 자기자본을 확충·유지하는 것을 말한다.

    ㉡ 지급능력(Solvency) + 추가보유해야 하는 순자산 = 지급여력(Solvency margin)

② 지급여력비율 = $\dfrac{\text{지급여력금액}}{\text{지급여력기준금액}} \times 100$

    ㉠ 분모의 지급여력기준금액은 시장위험, 신용위험, 운용위험을 반영하므로 위험에 기초한 비율이 된다(RBC의 사전적 개념).

    ㉡ 분자의 지급여력금액은 보험회사의 순자산을 기준으로 산출하는데, 실질자기자본(순자산 ± 유동성)의 개념이라 할 수 있다.

    ※ 책임준비금 → 지급능력, 실질자기자본(순자산 ± 유동성) → 지급여력금액

    ㉢ 지급여력기준금액은 보험회사에 내재된 보험, 금리, 시장, 신용, 운영리스크의 규모를 측정하여 산출한 금액으로서 보험회사가 보유해야 할 적정잉여금을 의미한다.

    ※ 지급여력기준금액에 반영되는 리스크에서 유동성리스크는 제외된다.

    ㉣ 현행 법규상 보험회사는 지급여력비율을 100% 이상 유지해야 한다(→ 100%가 안 된다고 해서 바로 퇴출되는 것이 아니라, 적기시정조치를 당하지 않고 정상적인 영업을 하기 위해서는 지급여력비율이 100% 이상이어야 한다는 의미).

필수예제

11 (자산건전성규제/지급여력규제)는 '예상치 못한 손실에 대비하기 위해 적정수준의 자기자본을 확충·유지하는 것'을 말한다.

> 지급여력규제
> 또는 지급여력제도라 한다.

12 지급여력제도는 예상치 못한 손실에 대비하기 위해 적정수준의 대손충당금을 적립하는 것을 말한다. [○, ×]

> ×
> 자기자본을 유지하는 것이다.

13 보험회사가 보험계약자나 피보험자에 대해 보험금을 지급할 수 있는 총체적인 능력을 (ⓐ)이라 하고, (ⓐ) 외에도 예상치 못한 손실에 대비할 수 있는 적정수준의 자기자본을 유지해야 하는데 이를 (ⓑ)이라 한다.

> ⓐ : 지급능력, ⓑ : 지급여력

14 현행 법규상 보험회사가 지급여력비율을 100% 이상 유지하지 못할 경우, 지급불능으로 보고 퇴출조치된다. [○, ×]

> ×
> 적기시정조치를 당한다.

③ 지급여력금액 및 지급여력기준금액의 산정

지급여력비율 = $\dfrac{지급여력금액}{지급여력기준금액} \times 100$		
지급여력금액 산정(분자항목)		지급여력기준금액 산정 (분모)
합산항목	차감항목	
[기본자본] (1) 자본금과 자본잉여금(누적적우선주 및 신종자본증권 발행금액 제외) (2) 이익잉여금(대손준비금 제외) (3) 기타포괄손익누계액 (4) 신종자본증권 발행금액 중 자기자본의 25% 이내의 금액 (5) 저축성보험료 중 해지 시 환급될 금액을 초과하여 적립된 금액 (6) 기타 손실보전에 사용될 수 있다고 감독원장이 인정하는 항목 [보완자본] (1) 대손충당금 및 대손준비금(정상, 요주의 限) (2) 신종자본증권 발행금액 중 자기자본의 25%를 초과하는 금액 (3) 계약자이익배당준비금, 계약자배당안정화준비금, 배당보험손실준비금 (4) 비상위험준비금관련 이연법인세부채	(1) 미상각신계약비 (2) 영업권 (3) 이연법인세자산 (4) 주식할인발행차금 (5) 자기주식 (6) 기타 손실보전에 사용할 수 없다고 감독원장이 인정하는 항목	보험위험액, 금리위험액, 시장위험액, 운용위험액을 반영하여 산출함(아래산식)

  ㉠ 지급여력금액 = 순자산(자본금 + 자본잉여금 + 이익잉여금 + 기타포괄손익누계액) + 합산항목 (보완자본) − 차감항목(자산성이 없는 자본)
    ※ 순자산을 기본으로 하고 유동성의 유무를 고려한 실질 자기자본이라 할 수 있다.
  ㉡ 지급여력기준금액 = $\sqrt{보험위험액^2 + [(금리위험액 + 신용위험액)^2 + 시장위험액^2]}$ + 운영위험액
    ※ 유동성위험액은 고려되지 않음(지급여력금액 자체가 유동성을 반영하기 때문)

필수예제

15 자본금, 자본잉여금, 이익잉여금, 기타포괄손익누계액 그리고 신종자본증권 발행금액 중 자기자본의 (   )의 금액은 기본 자본에 해당된다.

> 25% 이내
> 25% 초과금액은 보완자본으로 분류된다.

16 기본자본은 주로 자기자본계정의 항목을 말하며, 보완자본은 부채계정에 있으면서도 유동성에 도움을 주는 항목이 해당된다. [O, ✕]

> ○
> 예를 들어 계약자배당준비금은 부채계정에 속하지만 준비금만큼 유동성에 도움이 되므로 합산항목이 된다.

17 보완자본 중 대손충당금은 자산건전성분류상 (　　), (　　)에 한해서 합산항목으로 인정된다.

> 정상, 요주의

18 미상각신계약비는 자산계정에 속하므로 기본자본에 해당된다.
　　[O, ×]

> ×
> 자산이지만 이미 현금을 지출한 것이므로 차감항목에 속한다.

19 주식발행초과금은 합산항목, 주식할인발행차금은 차감항목이다.
　　[O, ×]

> O

20 (이연법인세자산/이연법인세부채)는 차감항목이다.

> 이연법인세자산
> 당기에 법인세를 과다납부 시 이연법인세자산이 되는데, 이 경우 유동성이 유출되었으므로 차감항목이 된다.

21 영업권은 자산계정에 속하지만 무형의 자산으로서 현재의 유동성이 도움이 되지 않으므로 차감항목이 된다. [O, ×]

> O

22 지급여력기준금액에서 반영하는 위험 중, 보험계약의 인수 및 보험금지급과 관련하여 발생하는 위험은 (　　　　　), 이자율변동과 관련한 자산가치하락위험을 (　　　　　), 상대방의 계약불이행위험은 (　　　　　), 주가 등 시장변수의 변동에 의한 자산가치하락위험은 (　　　　　)에 해당된다.

> 보험리스크, 금리리스크, 신용리스크, 시장리스크
> 여기에 운영리스크가 추가된다.

23 지급여력기준금액에서 반영하는 위험 중, 불완전판매, 주문실수 등으로 발생할 수 있는 손실위험은 (보험리스크/금리리스크/신용리스크/시장리스크/운영리스크)이다.

> 운영리스크
> Operating Risk이다.

④ 적기시정조치

○ 적기시정조치의 주요 발동요건 : 지급여력비율 또는 위험기준 경영실태평가등급

기준	경영개선권고	경영개선요구	경영개선명령
지급여력비율	100% 미만~50% 이상	50% 미만~0% 이상	0% 미만
위험기준 경영실태평가 (RAAS) 등급	종합 3등급이상 & 1) 자본적정성부문이 4등급 이하 2) 보험 · 금리 · 투자리스크부문 중 2개 이상이 4등급 이하인 경우	종합등급이 4등급 이하	등급없음

○ 적기시정조치(Prompt Corrective Action)의 개요

- 적기시정조치는 지급여력비율과 경영실태평가 등급을 기준으로 3단계로 나누어 취해지며, 부실화 징후가 있는 금융회사의 건전성을 회복하기 위한 강제수단이다.
  ※ 지급여력비율과 경영실태평가등급 외에도 '거액의 금융사고가 부실채권의 발생으로 지급여력비율이나 경영실태평가등급의 요건에 해당될 것이 명백하다고 판단될 경우' 적기시정조치가 취해진다.
- '권고 → 요구 → 명령'으로 갈수록 더욱 강도 높은 적기시정조치를 이행해야 한다.
- 적기시정조치가 발동되면 해당 보험회사는 시정조치에 대한 이행계획을 포함한 경영개선계획을 금융위에 제출하여 승인을 얻어야 한다.
- 적기시정조치의 단계별 조치 내용이 아니라도, 보험계약자의 이익 보호를 위해 필요하다고 인정되는 경우 금융위원회는 긴급조치를 내릴 수 있다.

필수예제

24 적기시정조치는 지급여력비율과 경영실태평가등급 두 기준에 의해 발동되며, 다른 기준은 없다. [O, ×]

× 거액의 금융사고가 부실채권의 발생도 적기시정조치의 요건이 될 수 있다.

25 적기시정조치로 발동되는 조치는 (   ), (   ), (   )가 있다.

경영개선권고, 경영개선요구, 경영개선명령

26 지급여력비율이 60%이면 (   )의 조치가 내려진다.

경영개선권고

27 지급여력기준금액이 1,000억원, 지급여력금액이 400억원일 때 취해지는 적기시정조치는 (   )이다.

경영개선요구 지급여력비율이 40%이다.

4. 위험기준 경영실태평가제도(RAAS)

(1) 도입취지 : 종전의 '경영실태평가제도'와 '리스크평가제도'를 통합하였음(2011.4월 평가제도의 일원화 및 간소화 차원)

- 보험회사의 평가대상 리스크를 7개 부문으로 구분 → 계량평가 후 등급부여 → 결과에 따라 감독 및 검사수준을 차별화하여 적용 → 보험사 재무건전성 확보

(2) 평가대상 및 주기

① 평가대상 : 보험업법상의 모든 보험회사(민영보험사)를 대상으로 하되, 일부 예외가 인정된다.

[예외] 영업개시 후 2년 미경과 보험사, 소규모 보험사, 정리절차 중인 보험사

② 평가주기 : 업무보고서(매분기)를 기준으로 평가함

③ 평가부문별 가중치

평가부문(7개)	생보사	손보사	재보험사 등
경영관리 리스크[주1]	20점	20점	20점
보험 리스크[주2]	15점	20점	25점
금리 리스크	15점	10점	–
투자 리스크	15점	15점	20점
유동성 리스크	5점	5점	5점
자본적정성[주3]	20점	20점	20점
수익성	10점	10점	10점

※ 주1 : 경영관리리스크 : 경영진이나 내부통제의 적정성과 관련하여 발생하는 리스크

※ 주2 : 보험리스크 : 보험계약의 인수 또는 보험금지급과 관련하여 발생하는 리스크

※ 주3 : 자본적정성 : 지급여력비율이 100%에 미달하여 규제를 받게 될 리스크

필수예제

28 위험기준 경영실태평가제도의 평가대상 7개 부문은 (   ), (   ), (   ), (   ), (   ), (   ), (   )이다.

> 경영관리리스크, 보험리스크, 금리리스크, 투자리스크, 유동성리스크, 자본적정성, 수익성

29 평가대상 7개 부문 중에서 생보사와 손보사 모두 가중치가 최고점수(20점)로 반영되는 항목은 (   ), (   )이다.

> 경영관리리스크, 자본적정성
> 손보사의 경우 보험리스크도 최고점수로 가중반영된다.

30 평가대상 7개 부문 중에서 생보사와 손보사 모두 가중치가 최저점수(5점)로 반영되는 항목은 (   )이다.

> 유동성리스크

31 지급여력비율이 100%에 미달하여 적기시정조치를 받을 수 있는 위험은 평가대상 7개 부문 중에서 (   )에 해당된다.

자본적정성

32 평가절차에서 부문별 계량평가와 비계량평가의 평점은 6:4로 가중 평균하여 부문등급을 부여한다. [○, ×]

○

33 위험기준 경영실태평가등급이 3등급 이상으로서 (   ) 부문이 4등급 이하인 경우 또는 (   ), (   ), (   ) 부문의 평가등급 중 2개 이상이 4등급 이하인 경우, 경영개선권고가 발동된다.

자본적정성, 보험리스크, 금리리스크, 투자리스크

34 위험기준 경영실태평가 제도의 종합등급이 4등급 이하이면 (   )의 적기시정조치가 발동된다.

경영개선요구

단원 정리 문제

01 보험회계의 특징과 가장 거리가 먼 것은?

① 손익계산서보다 재무상태표를 더 중요시한다.

② 수익비용 대응의 원칙에 따라 매출(보험료수입)에 대한 매출원가를 즉시 인식한다.

③ 보험상품의 판매는 매출(보험료수입)로 계상되고 일부는 보험자의 사업비로 처분이 가능하다.

④ 보험상품의 급부는 일반 금융상품과 달리 위험률, 사업비율을 동시에 고려하여 계산된다.

> **정답 ②**
> 보험료수입(매출)에 대한 원가는 사후에 확정되므로 이에 대비하여 보험회사는 책임준비금을 쌓도록 하고 있다(원가의 사후확정성).

02 보험업감독규정에 의한 보험회계와 관련된 설명이다. 틀린 것은?

① 우리나라 보험회계는 국제회계기준(K-IFRS)의 적용을 원칙으로 하되, 동 기준에서 정하지 않는 회계처리와 일부 항목에 대해서 보험업감독규정을 따른다.

② 보험업감독규정은 재무건전성 유지보다는 국제정합성 충족에 더 큰 목적을 두고 있다.

③ 일반목적회계(K-IFRS)는 범주별로, 감독목적회계는 상품별로 한다.

④ 보험회계는 외감법 등 일반공시목적에 따른 법률뿐 아니라 보험업법의 근거규정이 추가된다.

> **정답 ②**
> 일반목적회계 → 국제적 정합성 충족, 보험업감독규정 → 재무건전성 강화

03 보험회사의 재무상태표에서 볼 수 없는 것은?

① 책임준비금　　　　② 특별계정자산

③ 특별계정부채　　　④ 특별계정별 재무상태표

> **정답 ④**
> 특별계정 자산 및 부채는 일반계정자산 및 부채와 분리하여 총액으로 구분표시하고, 특별계정별 재무상태표는 추가적으로 작성한다. 즉, 보험사의 재무상태표에서는 특별계정의 자산과 부채가 총액으로 표시된다.

04 보험회사의 재무상태표상에서 자본계정에 포함되지 않는 것은?

① 자본잉여금 ② 이익잉여금
③ 총포괄손익 ④ 기타포괄손익누계액

정답 ③

총포괄손익은 포괄손익계산서 항목이다.

05 보험회사의 포괄손익계산서에서 볼 수 없는 것은?

① 매출총이익 ② 영업외수익
③ 기타포괄손익 ④ 총포괄손익

정답 ①

매출총이익은 일반 제조업의 기준이며 생보사에서는 보험손익에 해당된다.

06 감독목적회계에서 부채계정에 속하지 않는 것은?

① 비유동부채 ② 기타부채
③ 계약자지분조정 ④ 책임준비금

정답 ①

유동부채와 비유동부채로 구분하는 것은 제조업의 기준이다. 감독목적회계에서는 부채를 '책임준비금, 계약자지분조정, 기타부채'로 구분한다.

07 공정가치로 평가하고 평가손익을 기타포괄손익으로 반영하는 금융자산을 묶은 것은?(K-IFRS 제1039호에 따름)

보기
ㄱ 당기손익인식금융자산 ㄴ 매도가능금융자산
ㄷ 만기보유금융자산 ㄹ 대여금 및 수취채권

① ㄱ ② ㄴ
③ ㄷ, ㄹ ④ ㄴ, ㄷ, ㄹ

정답 ②

ㄱ은 평가손익을 당기손익으로 반영하고, ㄷ, ㄹ은 상각 후 원가로 측정하므로 평가손익이 발생하지 않는다.

08 기타포괄손익 공정가치측정금융자산에 대한 설명으로 가장 적절하지 않은 것은?(K-IFRS 제1109호에 따름)

① 사업모형으로 분류할 때 계약상 현금흐름 수취와 매매 둘 다 목적으로 한다.

② 공정가치로 평가하고 평가손익을 기타포괄손익으로 인식한다.

③ 기타포괄손익 공정가치측정금융자산을 제거할 경우 채무상품과 지분상품을 구분하지 않고 당기손익으로 인식한다.

④ 기타포괄손익 공정가치측정금융자산의 손상차손은 채무상품만 인식한다.

정답 ③

제거 시 채무상품은 당기손익으로 인식하고(재순환가능), 지분상품은 기타포괄손익으로 인식한다(재순환불가).

09 유형자산의 후속측정에 대한 내용으로 가장 거리가 먼 것은?

① 기업은 원가모형이나 재평가모형 중 하나를 회계정책으로 선택하여 유형자산의 분류별로 동일하게 적용한다.

② 원가모형은 최초 인식한 원가에서 감가상각누계액과 손상차손누계액을 차감한 금액을 장부가액으로 한다.

③ 재평가모형은 재평가일의 공정가치에서 이후의 감가상각누계액과 이후의 손상차손누계액을 차감한 금액을 장부가액으로 한다.

④ 자산의 장부금액이 재평가로 인해 증가된 경우에는 당기순이익으로 인식하는 것이 원칙이다.

정답 ④

유형자산에 대한 재평가방식(아래)

재평가로 인한 장부가액의 감소	재평가로 인한 장부가액의 증가
당기손실로 인식한다. 단, 재평가잉여금잔액이 있을 경우는 기타포괄손익으로 인식 – 기타포괄손익누계액이 감소하게 된다.	기타포괄손익으로 인식한다. 단, 당기손실로 인식한 재평가감소액이 있다면, 그 금액을 한도로 당기순이익으로 인식한다.

10 미상각신계약비에 대한 설명이다. 틀린 것은?

① 부채계정에 속한다.

② 보험계약의 인수실적에 비례하여 지출되는 비용으로서 실제 지출된 금액 중 차기 이후에 회수될 신계약비를 말한다.

③ 계약유지기간에 걸쳐 균등하게 상각하되, 계약유지기간이 7년을 초과할 경우에는 상각기간을 7년으로 한다.

④ 보험기간이 1년 이하인 단기보험계약으로 인해 발생한 신계약비는 발생 시 당기비용으로 처리한다.

정답 ①

자산계정이다. 비용이 먼저 지출되고(모집수수료 등), 이연기간 동안 보험료에 대해 상각을 하여 회수하는 개념이므로 자산에 포함된다.

※ 미상각신계약비의 최대상각기간은 7년이다.

11 생명보험의 책임준비금 중 계약자이익배당준비금을 뜻하는 것은?

① 수입보험료 중에서 사업연도 말 현재 기간이 경과하지 않은 보험료를 말한다.

② 법령이나 약관에 의해 계약자배당에 충당할 목적으로 적립하는 금액인데 위험율차배당준비금, 이자율차배당준비금, 장기유지특별배당준비금 등으로 구분한다.

③ 당해 회계연도에 발생된 배당상품의 계약자지분을 재원으로 하여 장래의 계약자배당으로 사용하고자 총액으로 적립하는 금액이다.

④ 법령 등에 의해 배당보험계약의 손실을 보전할 목적으로 적립하는 금액이다.

정답 ③

① 미경과보험료적립금, ② 계약자배당준비금, ③ 계약자이익배당준비금, ④ 배당보험손실준비금

※ 유배당보험계약의 배당준비금 적립순서 : 유배당보험의 계약자지분을 재원으로 하여,

㉠ 배당보험손실준비금 적립 : 계약자지분의 30% 내로 적립하여 향후 5년 이내 배당보험에서 발생할 손실을 우선 보전함

㉡ 계약자배당준비금의 적립 : 3이원에 의한 차익을 적립함

㉢ 배당보험손실준비금과 계약자배당준비금을 적립하고도 잉여금이 있는 경우에 '계약자이익배당준비금'을 적립함

---

12 일반손해보험의 책임준비금을 구성하는 것을 모두 묶은 것은?

보기
㉠ 보험료적립금 ㉡ 미경과보험료적립금
㉢ 지급준비금 ㉣ 보증준비금

① ㉠, ㉡   ② ㉡, ㉢
③ ㉢, ㉣   ④ ㉠, ㉣

정답 ②

참고로, 보험료적립금은 일반손해보험에는 없고(저축보험료가 없으므로), 보증준비금은 생명보험에만 있는 책임준비금항목이다.

---

13 다음 중 계약자지분조정에 포함되는 항목이 아닌 것은?

① 계약자배당 안정화준비금
② 계약자배당준비금
③ 공익법인 출연기금
④ 매도가능금융자산 평가손익

정답 ②

계약자지분조정은 비확정부채를 말하는데 ②의 계약자배당준비금은 책임준비금의 항목으로서 비확정부채가 아니다.

14 다음 중 기업합리화적립금에 해당하는 것은?

① 당기배당액의 10% 이상의 금액을 자본의 1/2에 달할 때까지 적립해야 하는 금액을 말한다.

② 기업이 조세특례제한법의 규정에 의해 세액공제나 소득공제를 받은 경우 해당액은 배당금지급 등의 처분을 못 하고 내부유보를 의무화하는데, 이때의 적립금을 말한다.

③ 예측불가능한 위험으로 인한 보험영업상의 손실을 보전하기 위해 적립하는 금액이다.

④ 보유자산에 대한 대손충당금 적립액이 일정금액에 미달하는 경우 그 차액을 적립하는 금액이다.

① 이익준비금
② 기업합리화적립금
③ 비상위험준비금
④ 대손준비금

---

15 기타포괄손익누계액에 속하지 않는 것은?

① 매도가능금융자산 평가손익
② 당기손익금융자산 평가손익
③ 해외사업환산손익
④ 현금흐름회피 파생상품평가손익

정답 ②

당기손익금융자산의 평가손익은 당기순손익으로 인식한다.

※ 기타포괄손익누계액은 미실현 손익이어서 주주에게 분배될 수 없으므로 손익계산서상에는 기타포괄손익에 계상되며, 재무상태표상에서는 기타포괄손익누계액(자본계정)에 계상된다.

---

16 손익계산서상 보험영업비용에 속하지 않는 계정과목은? (생명보험회계)

① 지급보험금   ② 재보험비용
③ 사업비   ④ 외화환산손실

정답 ④

외화환산손실은 투자영업비용 또는 영업외비용에 속한다.

---

17 다음 빈칸을 적절하게 연결한 것은?

보기 원보험자가 재보험자에게 출재를 하면, 재보험자는 이에 대한 (   )을/를 적립해야 하고, 이는 원보험자의 재무상태표상에서 (   )로/으로 계상된다.

① 책임준비금 – 재보험자산   ② 책임준비금 – 재보험부채
③ 재보험자산 – 책임준비금   ④ 재보험부채 – 책임준비금

정답 ①

재보험사가 수재를 하면 보험금지급의무를 지므로 '책임준비금'을 적립해야 한다. 그리고 이는 원보험자의 입장에서는 자산이 되므로 '재보험자산' 과목으로 계상한다.

18 보험회사의 자산운용 금지대상이 아닌 것은?

① 업무용 부동산의 소유

② 투기를 목적으로 하는 자금의 대출

③ 정치자금의 대출

④ 임직원에 대한 대출

정답 ①

업무용 부동산의 경우 비율규제는 받지만 소유는 가능하다(비업무용은 소유 불가).

19 대주주와의 거래를 금지하는 것으로 모두 묶은 것은?

> **보기**
> ㉠ 대주주가 타 회사에 출자하는 것을 지원하기 위한 신용공여
> ㉡ 대주주와의 거래에서 보험회사에 현저하게 불리한 조건으로 행하는 매매, 교환, 신용공여, 재보험출재 등
> ㉢ 대주주가 발행한 주식을 취득하는 행위

① ㉠

② ㉠, ㉡

③ ㉡, ㉢

④ ㉠, ㉡, ㉢

정답 ②

㉠, ㉡은 금지행위, ㉢은 일정금액의 제한은 있으나 금지행위는 아니다.

20 보기의 경우 취해지는 적기시정조치는?

> **보기** 지급여력금액 900억원, 지급여력기준금액 2,000억원

① 경영개선권고

② 경영개선요구

③ 경영개선명령

④ 적기시정조치가 발동되지 않음

정답 ②

지급여력비율이 45%(900/2,000)이므로 경영개선요구에 해당된다.

• 100% 이하~50% 이상 → 경영개선권고

• 50% 미만~0% 이상 → 경영개선요구

• 0% 미만 → 경영개선명령

보험심사역
F/I/N/A/L

:

실 / 전 / 모 / 의 / 고 / 사

PART **01** | **손해보험이론 및 약관** [001~020]

001 손해의 가능성을 새롭게 창조하거나 증가시키는 상태를 무엇이라 하는가?

① 위험   ② 위태   ③ 손인   ④ 손해

002 다음 설명 중 가장 적절한 것은?

① 인간의 기질이나 체질은 물리적 위태이다.

② 기강적 위태는 의식적 행동을 수반하는 것이다.

③ 화재보험에서 자동차에 대한 보장을 제외하는 것은 면책손인에 해당된다.

④ 납입하는 보험료와 지급받는 보험금 사이의 비등가성이 원인이 되는 것은 정신적 위태이다.

003 도덕적 위험을 방지하기 위한 대책이다. 가장 거리가 먼 것은?

① 위험선택자에 대한 고지의무 부과

② 위험유지의무 부과

③ 더 높은 공제금액의 부과

④ 재산보험에서의 공동보험비율의 상향

004 다음 설명 중 틀린 것끼리 연결한 것은?

> **보기** ㉠ 순수위험은 위험발생의 불확실성이 있으나 투기위험은 위험발생의 불확실성이 없다.
> ㉡ 순수위험은 위험의 범위가 한정되나, 투기위험은 위험의 범위가 한정되지 않는다.
> ㉢ 순수위험이라고 해서 무조건 부보가 가능한 것은 아니다.
> ㉣ 순수위험은 개인이나 기업이 손해를 입으면 사회는 언제나 같은 손해를 입게 된다.

① ㉠, ㉡   ② ㉡, ㉢   ③ ㉢, ㉣   ④ ㉠, ㉣

005 위험관리의 목적으로서 '손해발생 후의 목적'으로 분류할 수 없는 것은?

① 생활의 유지(존속)

② 소득의 안정성

③ 지속적인 성장

④ 외부로부터 주어진 책임의 경감

006 보기에 해당하는 위험관리 방법은?

> **보기** • 가장 용이한 위험관리기법이다.
> • 목적 달성을 포기하거나 비효율적 수단으로 대체해야 한다.

① 위험회피　　　② 손실통제　　　③ 위험전가　　　④ 위험보유

007 다음 설명 중 가장 적절하지 않은 것은?

① 종속보험회사는 순수캡티브, 이익캡티브, 단체캡티브로 구분된다.

② 종속보험회사를 이용하는 것이 재보험가입에는 유리하다.

③ 보험계약자의 입장에서 보험을 위험의 결합이라고 한다.

④ 상법에서는 말하는 손해방지의무는 보험사고를 예방하는 것은 포함하지 않고 사고 후의 손해확대를 방지하는 것만을 말한다.

008 보기와 가장 관련이 깊은 보험계약의 법적 성질은?

> **보기** 매매계약이나 운송계약에 비용을 추가하여 덤으로 위험을 보장하는 것은 보험계약이 될 수 없다.

① 불요식 낙성계약　　　　② 부합계약

③ 계속적 계약　　　　　　④ 독립계약

009 손해보험회사의 주요 업무로 분류되지 않는 것은?

① 언더라이팅업무　　　　② 손해사정업무

③ 보험금지급업무　　　　④ 재보험업무

010 다음 중 '손해보험경영의 원칙'에 해당하는 분류는?

① 위험의 분담, 위험대량의 원칙, 급부·반대급부의 원칙, 수지상등의 원칙, 이득금지의 원칙

② 경제상의 불안정 경감, 피해자의 보호, 신용의 보완, 종업원의 복지, 판매촉진과 소비자서비스, 방재에의 기여

③ 위험대량의 원칙, 위험동질성의 원칙, 위험분산의 원칙

④ 비과도성, 적정성, 공정성

011 손해보험에 대한 다음 설명 중 옳은 것은?

① 손해보험의 계약당사자는 보험자와 피보험자이다.

② 보험수익자는 생명보험에만 있는 보험계약의 요소이다.

③ 보험계약의 목적이 없는 손해보험계약은 무조건 무효이다.

④ 원보험이 생명보험이면 이를 위한 재보험도 생명보험으로 본다.

012 보험증권에 대한 내용이다. 가장 거리가 먼 것은?

① 보험증권은 요식성이 있으나 수표나 어음처럼 요식성이 강하지 않기 때문에 법정기재사항을 누락해도 효력 유지에는 아무런 영향이 없다.

② 보험자는 보험금을 지급함에 있어 보험증권을 제시하는 자에 대해 악의 또는 중과실 없이 지급하면 면책이 된다.

③ 보험자는 보험계약자가 보험료를 납부하지 않을 경우에는 보험증권을 교부하지 않아도 무방하다.

④ 보험증권에 관한 이의를 제기할 수 있는 기간을 보험증권의 교부가 있는 날로부터 2주일 내로 정한 약관조항은 유효하다.

013 약관의 법적성질이 부합계약이라고 할 수 있는 것을 모두 묶은 것은?

> **보기** ㉠ 보통보험약관
> ㉡ 특별보통보험약관
> ㉢ 특별보험약관

① ㉠   ② ㉠, ㉡   ③ ㉠, ㉢   ④ ㉠, ㉡, ㉢

014 약관에 대한 내용이다. 가장 적절하지 않은 것은?

① 계약내용에 약관규정을 포함시키기로 합의하였기 때문에 약관의 구속력이 발생한다는 것은 의사설이다.

② 당사자의 구체적인 의사가 없어도 일정거래권 내에서는 법규와 같은 구속력을 갖는다는 것은 규범설이다.

③ 우리나라는 판례상 의사설을 통설로 하고 있다.

④ 기존 보험계약이 있는 상태에서 보험자가 새로운 약관을 만들 경우 새 약관은 어떠한 형태로도 구약관(기존약관)에 영향을 미치지 못한다.

015 보기에 대한 내용으로 옳은 것은?

> **보기** '이 편의 규정은 당사자 간의 특약으로 보험계약자 또는 피보험자나 보험수익자의 불이익으로 변경하지 못한다.' (상법 제638조)

① 보험가액 불변경주의를 말한다.

② 보험약관에 대한 행정적 규제를 말한다.

③ 계약자유의 원칙이라고 할 수 있다.

④ 국제성이 강한 보험에는 적용되지 않는다.

016 보기는 보험약관의 해석 원칙 중 어디에 해당하는가?

> **보기** 특별보험약관은 보통약관에 우선한다.

① POP 원칙   ② 수기문언우선의 원칙

③ 계약당사자 의사우선의 원칙   ④ 합리적 기대의 원칙

017 생명보험 표준약관상 보험자가 '보험약관의 교부 · 설명의무'를 부담하는 때는?

① 보험계약을 체결할 때

② 보험계약을 청약할 때

③ 보험계약이 성립될 때

④ 보험책임기간이 개시될 때

018 다음 설명 중 가장 적절하지 않은 것은?

① 금융위원회는 국무총리 산하의 회의체 행정기관이며, 9명의 위원으로 구성된다.

② 자본시장의 불공정거래 조사는 증권선물위원회의, 금융기관의 업무 및 재산상황에 대한 검사는 금융감독원의 업무이다.

③ 금융분쟁조정위원회의 조정안을 수락하는 경우 재판상 화해의 효력이 발생하며, 이후는 어떠한 경우에도 법적 다툼은 할 수 없다.

④ 금융위원회는 상호협정의 체결, 변경 또는 폐지를 명하거나 그 협정에 따를 것을 명하려면 미리 보험조사협의회와 협의해야 한다.

019 다음 설명 중 가장 적절하지 않은 것은?

① 약관 해석에 대한 법원 판결과 공정거래위원회의 결정이 일치하지 않을 경우 법원 판결이 우선한다.

② 보험개발원은 보험약관의 이해도 평가기준 및 평가결과를 홈페이지에 연 2회 이상 공시해야 한다.

③ 보험회사가 부정한 방법으로 보험업의 허가를 받은 경우, 금융위는 보험회사에 6개월 이내의 영업의 전부정지를 명할 수 있다.

④ 손해보험회사는 금융감독원으로부터 '손해보험회사의 보험금지급의무'를 위한 출연금 납부통보를 받은 날로부터 1개월 이내에 금융감독원에 출연금을 납부해야 한다.

020 다음 설명 중 가장 적절하지 않은 것은?

① 보험협회의 설립은 의무사항이 아니다.

② 보험요율산출기관은 순보험료율 산출을 위하여 필요한 교통법규위반에 관한 개인정보는 해당 개인의 동의를 받지 않고서도 해당 기관장으로부터 제공받을 수 있다.

③ 선임계리사가 되기 위해서는 보험계리업무에 5년 이상 종사한 경력이 있어야 한다.

④ 보험계리를 업으로 하려는 법인은 2인 이상의 상근 보험계리사를 두어야 한다.

021 보험계약에 대한 설명이다. 가장 거리가 먼 것은?

① 보험계약자의 최초보험료 납부여부나 보험증권의 교부는 계약 성립의 요건이 아니다.

② 보험증권을 받은 날로부터 15일 이내에 청약철회가 가능하다.

③ 보험회사는 낙부통지는 발송주의인데, 30일째 거절통지를 하고 31일째 보험계약자에게 도달이 되는 경우 승낙의제가 된다.

④ 청약 후 30일이 경과하면 승낙이 의제된다.

022 타인을 위한 보험계약에 대한 설명이다. 옳은 것은?

① 보험계약자와 보험수익자가 다른 손해보험계약을 타인을 위한 보험이라 한다.

② 타인을 위한 보험계약에 대한 의사합치는 묵시적인 것이라도 무방하나, 계약 성립 시까지는 타인의 존재를 정하여야 한다.

③ 보험계약자가 타인을 위한 보험계약의 체결 권한을 타인으로부터 위임을 받았는지의 여부는 중요하지 않으므로, 보험계약자가 타인의 위임이 없었다는 것을 보험자에게 고지하지 않아도 타인의 대항력에는 아무런 영향이 없다.

④ 타인을 위한 보험계약에서는 보험계약자가 그 타인의 동의를 얻지 못하거나, 보험증권을 소지하지 못하면 그 계약을 해지할 수 없다.

023 소급보험의 특성이다. 가장 거리가 먼 것은?

① 청약 전 사고도 담보한다.

② 계약 성립 전 사고도 담보한다.

③ 주관적 우연성을 요건으로 이미 발생한 사고도 담보한다.

④ 보험청약 시보다 보험개시시점이 더 빠르다.

024 부활요건에 해당하지 않은 것은?

① 계속보험료의 부지급으로 인한 해지계약이어야 한다.

② 해지환급금이 지급되지 않은 상태이어야 한다.

③ 보험금이 지급되지 않은 상태이어야 한다.

④ 보험계약자의 청구와 보험자의 승낙이 있어야 한다.

025 고지의무에 대한 설명으로 옳은 것은?

① 보험계약자, 피보험자, 보험수익자는 보험계약을 체결함에 있어 중요한 사항을 보험회사에 고지해야 한다.
② 보험대리점은 고지수령권이 인정되나, 보험설계사는 계약체결대리권이 없어 고지수령권이 없다.
③ 전문적 지식을 가진 보험자가 서면으로 질문한 사항은 중요한 사항으로 간주한다.
④ 고지의무는 계약의 청약 시에 이행되어야 한다.

026 고지의무 위반 시 보험자의 해지권에 대한 학설 중 보험계약자에게 가장 유리한 것은?

① 상법 단독적용설
② 민법 단독적용설
③ 상법, 민법 중복적용설
④ 절충설

027 다음 설명 중 가장 적절하지 않은 것은?

① 위험이 현저하게 변경되거나 증가됨을 통지한 경우 통지일로부터 1개월 내로 보험료의 증액을 청구하거나 보험계약을 해지할 수 있다.
② 위험이 현저하게 변경되거나 증가됨을 통지하지 않은 경우, 보험자는 그 사실을 안 날로부터 1개월 내로 보험계약을 해지할 수 있다.
③ 보험계약자 등의 고의나 중과실로 위험이 현저하게 변경되거나 증가된 경우에는 보험자는 그 사실을 안 날로부터 1개월 내로 보험계약을 해지할 수 있다.
④ 보험사고발생의 통지를 게을리하여 손해가 증가한 부분이 있으면, 그 증가분에 대해서 보험자는 면책이다.

028 상법상 피보험자의 중대한 과실로 발생한 사고에 대해서 보험자의 책임이 발생하는 것을 모두 묶은 것은?

보기	㉠ 생명보험	㉡ 상해보험
	㉢ 선박보험	㉣ 화재보험

① ㉠　　　　　　② ㉠, ㉡　　　　　　③ ㉠, ㉡, ㉢　　　　　　④ ㉠, ㉡, ㉢, ㉣

029 재보험에 대한 설명이다. 틀린 것은?

① 재보험은 손해보험이지만, 보험업법상의 예외로 생명보험회사도 생명보험의 재보험을 겸영할 수 있다.

② 원보험자가 위험률이 특히 높은 보험종목의 위험을 인수하고 이를 재보험에 출재하여 원보험자의 재정적 곤란으로부터 구제받을 수 있는데, 이는 양적인 분산기능을 말한다.

③ 원보험자가 장소적으로 편재한 다수의 위험을 인수 시 이를 공간적으로 분산하여 위험을 줄일 수 있는데 이것은 장소적 분산기능을 말한다.

④ 재보험계약에는 상법상의 책임보험에 관한 규정이 준용된다.

030 보험계약자 등의 불이익변경금지의 원칙에 대한 설명이다. 가장 거리가 먼 것은?

① 보험계약자에게 불이익이 되도록 변경된 약관에 의해 계약이 체결된 경우 보험계약자 보호를 위해 약관 전체가 무효가 되는 규정이다.

② 이 원칙의 가장 중요한 존재근거는 보험계약의 부합계약성이다.

③ 보험자에 대해서는 강행규정, 보험계약자에 대해서는 상대적 강행규정이다.

④ 해상보험, 재보험 등 기업보험에는 적용되지 않는 규정이다.

031 피보험이익의 요건에 해당하지 않는 것은?

① 경제성   ② 적법성
③ 확정성   ④ 보상성

032 보험가액 불변경주의의 의미와 가장 거리가 먼 것은?

① 해상보험   ② 배상책임보험
③ 기평가보험   ④ 기업보험

033 동일한 피보험이익과 동일한 보험사고에 대해 A, B, C, D의 4개 보험에 각각 2억 5천만원의 보험가입금액으로 가입하였다(보험가액 12억원). 이 보험은 어떤 보험인가?

① 전부보험   ② 중복보험
③ 병존보험   ④ 일부보험

034 중복보험의 내용이 아래와 같다. 만일 보험계약자가 B보험사에 대한 보험금청구권을 포기할 경우, 나머지 보험사의 지급액은 얼마인가?(보험금계산방식은 보험가입금액 안분방식으로 함)

구분	A보험사	B보험사	C보험사
보험가입금액	4억원	4억원	2억원

(손해액 1억원, 보험가액 8억원)

① A가 4천만원, C가 2천만원을 지급한다.

② A가 6천만원, C가 4천만원을 지급한다.

③ A가 5천만원, C가 2천5백만원을 지급한다.

④ A가 7천5백만원, C가 2천5백만원을 지급한다.

035 보험목적을 양도 시 포괄승계가 추정되는 상법 679조의 예외를 설명한 것이다. 틀린 것은?

① 자동차보험은 양수인의 통지일로부터 보험자가 10일 이내로 낙부통지를 하지 않으면 승낙이 된 것으로 본다.

② 선박보험은 양수인의 통지일로부터 보험사가 10일 이내로 승낙하지 않으면 승낙이 된 것으로 본다.

③ 인보험은 양도할 수 없다.

④ 전문직업배상책임보험은 양도할 수 없다.

036 목적물대위에 대한 설명이다. 틀린 것은?

① 보험자가 보험금액의 전부를 지급했을 때에만 대위권이 발생한다.

② 보험목적의 전부가 멸실해야 하며, 만일 잔존물에 금전적가치가 조금이라도 남아 있는 경우는 전부멸실로 보지 않는다.

③ 목적물대위에서 보험자에게 이전되는 권리는 보험목적의 소유권 등 모든 권리를 포함하는데, 일부보험의 경우는 비례주의로 그 권리가 계산된다.

④ 권리이전의 시기는 보험사고가 발생한 때가 아니라 보험금액을 전부 지급한 때이다.

037 보험업법에 대한 설명 중 옳은 것은?

① 보험업법은 보험자와 보험계약자의 계약관계를 규율하는 법이다.

② 보험업을 경영하려는 자는 보험종목별로 영위 7일 전에 금융위에 신고해야 한다.

③ 보험업법은 민영보험, 공영보험, 공제사업 등 모든 보험업에 대한 규제를 총괄한다.

④ 보험업에 대한 감독은 공시주의, 준칙주의, 실질적 감독주의가 있는데 우리나라를 비롯한 전세계의 대부분의 국가는 실질적 감독주의를 택하고 있다.

038 화재보험과 해상보험을 영위하고자 한다. 갖추어야 하는 최저자본금은?

① 150억원   ② 200억원

③ 250억원   ④ 300억원

039 보험업법 제3조에는 '누구든지 보험회사가 아닌 자와 보험계약을 체결하거나 중개 또는 대리하지 못한다'고 규정하며, 이에 대한 예외로 시행령 제7조에 '보험회사가 아닌 자와 보험계약을 체결할 수 있는 경우'를 나열하고 있다. 시행령 7조의 내용으로 틀린 것은?

① 외국보험회사와 수출적하보험계약을 체결하는 경우

② 국내에서 취급하지 않는 보험종목에 관해서 외국보험회사와 보험계약을 체결하는 경우

③ 국내에서 취급하는 보험종목에 대해 2곳 이상의 보험회사의 가입거절로 인해 부득이하게 외국보험회사와 보험계약을 체결하는 경우

④ 외국에서 보험계약을 체결하고, 보험기간이 경과하기 전에 국내에서 그 계약을 지속시키는 경우

040 금융기관보험대리점에서 모집할 수 있는 상품이 아닌 것은?(손해보험의 경우)

① 개인연금보험

② 일반화재보험

③ 신용손해보험

④ 개인장기보장성 보험 중 제3보험(주계약으로 한정하고 저축성특별약관과 질병사망특별약관이 제외된 상품에 한함)

41 언더라이팅에 대한 설명이다. 가장 적절하지 않은 것은?

① 정보의 비대칭을 보완하는 가장 효과적인 수단은 모집자에 의한 최초 언더라이팅 단계이다.

② 보험의학은 임상의학에 비해 훨씬 엄격하게 적용된다.

③ 계약적부심사는 피보험자 등이 청약서상에서 알린 내용을 검증하는 절차이다.

④ 계약의 적부심사는 모든 보험계약이 체결되기 전에 피보험자를 직접 방문하여 이루어진다.

042 역선택의 유형 중 환경적 위험에 해당하지 않은 것은?

① 직업   ② 운전여부   ③ 음주여부   ④ 취미

043 PML(Probable Maximum Loss)에 대한 설명이다. 가장 적절하지 않은 것은?

① PML은 Risk surveyor마다 그 평가금액이 다르게 나타날 수 있다.

② LOL은 PML보다 낮아야 한다.

③ PML에러가 발생하여 PML 이상의 손해가 발생하면 PML 이상의 모든 금액은 보험계약자의 부담이 되므로 PML설정을 신중하게 해야 한다.

④ 대형물건일수록 PML의 중요성이 커진다.

044 언더라이팅 결과 위험이 표준치보다 높아 조건부인수를 결정하였다. 이러한 조건부인수의 내용으로 적합하지 않은 것은?

① 소손해면책 규모를 늘린다.

② Coinsurance Ⅱ(공동보험2)의 조건으로 인수한다.

③ 보험금을 감액한다.

④ 특정 위험에 대해 5년간 부담보조건을 설정한다.

045 '보험기간 중 사고가 발생되어야 보상한다'는 담보기준을 가진 보험종목을 모두 묶은 것은?

㉠ 화재보험   ㉡ 자동차보험
㉢ 금융기관종합보험   ㉣ 의사배상책임보험

① ㉠   ② ㉠, ㉡
③ ㉠, ㉡, ㉢   ④ ㉠, ㉡, ㉢, ㉣

046 보험가입금액과 보상한도액에 대한 설명이다. 가장 적절한 것은?

① 보험가입금액은 실손보상, 보상한도액은 비례보상의 법리를 따른다.

② 배상책임보험의 경우 보험가입금액으로 보상한다.

③ 보상한도액은 매사고당 지급하는 한도액인데, 보상한도액으로 보상하는 경우에도 이득금 지원칙은 반드시 준수되어야 한다.

④ 사망보험은 보험가액이 무한하므로 보험자의 책임한도액은 정액으로 정할 수밖에 없는데, 이때 정액으로 정하는 금액을 관습상의 보험가입금액이라 한다.

047 중복보험의 요건이다. 틀린 항목의 수는?

㉠ 보험의 목적이 동일해야 한다.
㉡ 보험기간이 동일해야 한다.
㉢ 수 인의 보험자와 하나의 계약을 체결해야 한다.
㉣ 보험가입금액의 합계가 보험가액보다 커야 한다.

① 1개   ② 2개   ③ 3개   ④ 4개

048 보기의 경우 보험자부담액은 얼마이며, 이는 어떤 공제조항에 해당하는가?

• 국민건강보험 피보험자가 2016년도 건강보험급여로 지출한 비용이 500만원이다.
• 동 피보험자는 소득8분위에 해당되며, 소득8분위자의 본인부담상한액은 303만원이다.

	보험자부담액	공제조항		보험자부담액	공제조항
①	197만원	직접공제	②	197만원	참여공제
③	197만원	종합공제	④	250만원	소멸성공제

049 과당경쟁으로 인해 보험자파산의 문제가 발생할 수 있는 보험요율제도의 종류는?

① 인가요율 – 협정요율

② 비인가요율 – 비협정요율

③ 협정요율 – 개별요율

④ 개별요율 – 점검요율

050 보험요율을 성과에 따라 구분할 경우에 해당되는 요율의 하나이다. 무엇을 말하는가?

> **보기** • 보험기간 동안에 손해발생결과를 당해 보험료에 바로 반영시키는 방식이다.
> • 특히 요율의 적응성에 부합된다.

① 경험요율　　　　② 소급요율　　　　③ 점검요율　　　　④ 예정요율

051 보험료할증특약에 대한 설명이다. 가장 거리가 먼 것은?

① 체증성질병과 항상성질병을 대상으로 한다.

② 보험료할증을 적용하는 기간은 최대 5년까지이다.

③ 표준체보다 높은 보험료를 받고 표준체와 동일한 보험금을 지급한다.

④ 질병사망, 의료비, 일당 등의 담보를 대상으로 보험료할증을 적용한다.

052 다음 중 항상성 질병에 해당하는 것은?

① 고혈압, 당뇨, 비만, 동맥경화증, 정신병

② 시력 및 청력장애, 만성 기관지염, 류마티스, 관절염

③ 외상, 위궤양, 염증성 질환

④ 위암, 간암, 폐암

053 재물보험에 대한 언더라이팅에 대한 설명이다. 가장 적절하지 않은 것은?

① 아파트의 복리시설은 주택물건요율이 적용되지만, 주상복합아파트의 복리시설은 일반물건요율이 적용된다.

② 건물 내에 일시적으로 가재 이외의 동산을 수용하는 경우에는 일반물건요율을 적용한다.

③ 외벽이 샌드위치판넬인 건물의 구조급수는 다른 주요구조부에 관계없이 3급을 적용한다.

④ 건축 중 또는 철거 중인 건물은 공사완성 후 건물급수가 1급 또는 2급인 경우 2급을 적용한다.

054 특수건물화재보험의 가입대상 물건의 요건으로 옳은 것은?

① 11층 이상의 아파트 및 부속건물

② 16층 이상의 일반건물

③ 바닥면적의 합계가 $2,000m^2$인 학원

④ 연면적의 합계가 $2,000m^2$인 종합병원

055 자동차보험 언더라이팅에 사용되는 Scoring system에 대한 내용이다. 가장 거리가 먼 것은?

① 보다 정교한 언더라이팅을 위해 언더라이팅 factor를 반영하고 계약의 위험도를 수치화한 것이 언더라이팅 scoring system이다.

② 언더라이터의 경험에 의존한 기존의 방식보다 객관적인 지수로 위험도를 판단함으로써 업무효율 개선이라는 긍정적 효과를 가져 왔다.

③ 너무 많은 언더라이팅 factor가 반영됨에 따른 에러(본질과 다른 언더라이팅결과)가 발생하여 영업조직의 반발이 나타나는 등의 문제점이 존재하였다.

④ 전통적 언더라이팅에 비해서는 언더라이팅의 효율성이 획기적으로 개선되었으므로 전면적으로 사용되고 있다.

056 자동차보험 요율의 종류이다. 보기에 해당하는 것은?

> **보기** 자동차의 구조나 운행상태가 동종 차종과 상이한 자동차의 특별위험에 대하여 적용하는 요율이다.

① 참조순보험료   ② 가입자특성요율

③ 특약요율   ④ 특별요율

057 보기에 대한 설명이다. 가장 적절하지 않은 것은?

> **보기** 보험계약자 수 200,000명, 향후 1년간 발생할 손실예상액 120억원, 사업비율 40%, 1년 후 실제 손실율은 70%

① 이 보험의 순보험료는 60,000원이다.

② 이 보험의 영업보험료는 100,000원이다.

③ 1년 후의 요율은 현재의 요율보다 16.67% 감소되어야 한다.

④ 요율조정방법에 있어서 순보험료법은 보험요율을 처음 만들 때 사용되며, 손해율법은 실제손해율을 반영하여 기존요율을 조정하는 데 사용된다.

058 위험보유를 결정하는 방법에 대한 설명이다. 가장 적절하지 않은 것은?

① 언더라이터의 직관에 의존하는 방법은 주관적인 면이 많이 반영되므로 특수한 경우에만 권장된다.

② 수입보험료를 기준으로, 해상보험은 5%의 보유가 권장된다.

③ 자본금과 잉여금을 기준으로 할 때, 둘을 합친 금액의 0.5~1.5%를 최고보유액으로 권장한다.

④ 유동자산을 기준으로 할 때, 유동자산의 10%를 최고보유액으로 권장한다.

059 원보험사는 적정보유액 외의 모든 위험에 대해 재보험출재를 하고자 한다. 필요할 경우 임의재보험 출재방식을 사용한다고 할 때, 임의재보험이 필요한 부분은?

> **보기** ㉠ 원보험 130억원
> ㉡ 원보험사의 적정보유액 5억원(1Line=5억원), 20Line 출재

① 5억원　　　　② 10억원　　　　③ 25억원　　　　④ 30억원

060 초과손해율재보험(Stop Loss Cover)에 대한 설명이다. 가장 적절하지 않은 것은?

① 손해율로 layering을 한다.

② 아직 경험률이 증명되지 않은 신상품이나 손해의 양태가 어떠한 방향으로 발전할지에 대한 예측이 쉽지 않은 농작물재해보험에 주로 사용된다.

③ 위험기간이 긴 long-tail 종목에 보다 적합하다.

④ 비비례적 재보험(Non-proportional Reinsurance)방식이다.

061 손해사정절차에서 보기는 어떤 단계를 말하는가?

> **보기** 보험계약이 유효하고 보험사고가 담보되는 보험장소에서 보험자의 책임기간 내에 발생하였는지를 확인

① 계약사항 확인　　　　　　　　② 청약서 확인
③ 약관의 면부책 내용 확인　　　　④ 현장조사

062 이득금지원칙을 실현하는 수단이 아닌 것은?

① 초과보험에서의 보험금액 감액　　② 중복보험에서의 비례주의
③ 일부보험에서의 비례주의　　　　④ 제3자에 대한 대위

063 이득금지원칙의 적용에 대한 내용이다. 가장 적절하지 않은 것은?

① 보험금액이 보험가액을 현저하게 초과한 경우, 보험료는 장래에 대해서만 감액할 수 있고 보험금은 소급하여 감액할 수 있도록 하고 있다.
② 초과보험계약이 보험계약자의 사기로 인해 체결된 때에는 그 계약은 무효로 하며, 그 사실을 안 날까지의 보험료를 청구할 수 있다.
③ 동일한 보험계약목적과 동일한 사고에 관하여 수개의 보험계약이 동시에 또는 순차로 체결된 경우에 그 보험금액의 총액이 보험가액을 초과한 때에는 보험자는 각자의 보험금액의 한도 내에서 연대책임을 진다.
④ 이득금지원칙을 준수하는 차원에서 중복보험은 통지의무가 부과되지만, 병존보험에는 통지의무가 부과되지 않는다.

064 신구교환공제가 전혀 적용되지 않는 보험은?

① 기관기계보험　　　　　　　　② 화재보험
③ 해상보험　　　　　　　　　　④ 자동차보험

065 자동차보험의 대인배상Ⅰ과 대인배상Ⅱ의 관계와 가장 밀접한 타보험조항은?

① 비례책임조항　　　　　　　　　② 책임한도분담조항

③ 균등액분담조항　　　　　　　　④ 초과액타보험조항

066 '보험사고가 난 때와 곳의 가액'을 가장 정확히 표현한 것은?

① 기평가보험

② 보험가입금액

③ 피보험목적물의 재조달가액 – 감가공제액

④ 보상한도액

067 소손해 면책을 두는 이유와 가장 거리가 먼 것은?

① 소손해처리에 따른 비용과 시간의 절감

② 보험금의 절감

③ 공동보험자 입장에서의 주의력 이완 방지

④ 보험계약자 측의 경상비용으로 부담 가능

068 소손해 면책의 한 종류이다. 보기의 경우 보험자의 4차사고 시 지급책임액은?

보기
- 누적공제액(종합공제액) : 1,000만원
- 1차사고 손해액 : 200만원
- 2차사고 손해액 : 300만원
- 3차사고 손해액 : 600만원
- 4차사고 손해액 : 700만원

① 0원　　　　② 100만원　　　　③ 700만원　　　　④ 800만원

069 소손해 면책의 한 종류이다. 보기의 경우 보험계약자의 자기부담액은?

보기　기본공제액 100만원, 보상비율 110%, 손해액 800만원

① 0원　　　　② 20만원　　　　③ 30만원　　　　④ 100만원

070 포괄위험담보계약에 대한 설명이다. 틀린 것은?

① 존재 여부조차 알 수 없는 위험까지 담보하는 대가로 비싼 보험료를 내야 한다.

② 포괄위험담보는 면책사항을 결정할 때에도 포괄적으로 규정한다.

③ 피보험자는 손해의 발생 사실만 입증하면 된다.

④ 불필요한 위험이 중복 가입될 가능성이 많다.

071 보기와 가장 가까운 것은?

> **보기** 기업휴지손해담보특약, 냉동냉장손해담보특약

① 보험기간   ② 보상기간   ③ 보험료기간   ④ 보험계약기간

072 다음 중에서 무효가 되는 것을 모두 묶은 것은?

> **보기** ㉠ 사기로 체결된 초과보험이나 중복보험
> ㉡ 타인의 서면동의가 없는 타인의 사망보험
> ㉢ 15세 미만자를 피보험자로 하는 사망보험
> ㉣ 15세 미만자를 피보험자로 하는 상해보험

① ㉠   ② ㉠, ㉡   ③ ㉠, ㉡, ㉢   ④ ㉠, ㉡, ㉢, ㉣

073 보기는 무엇을 말하는가?

> **보기** • 원칙적으로 법률행위가 무능력 또는 사기, 착오로 인해 행해진 것을 이유로 일단 유효하게 성립한 법률행위의 효력을 후에 소멸하게 하는 특정인의 의사표시를 말한다.
> • 의사표시권자는 보험자가 아닌 보험계약자이다.
> • 소급하여 소멸된다.

① 해제   ② 해지   ③ 무효   ④ 취소

074 보험기간과 관련된 손해배상문제에 대한 학설이다. 이 중 우리나라에서 통설로 받아들이고 있는 것은?

① 보험의 목적에 보험사고가 발생한 경우 보험기간의 만료 시점까지의 현실적 손해만 분리하여 보상한다는 설이다.

② 보험자가 부담하는 위험이 보험기간 만료 전에 발생하고 그 당연한 결과로 보험의 목적에 만기 후 사고가 발생하더라도 그 손해를 보상해야 한다는 설이다.

③ 보험기간 만료 전에 보험사고로 인한 손해가 일부 발생한 경우 그 사고의 불가피한 경과로서 보험기간 만료 후에 발생한 손해에 대해서는 보상해야 한다는 설이다.

④ 보험기간 전에 발생한 사고라도 보험기간 중에 청구하면 보상해야 한다.

075 보기의 경우, A차량의 입장에서 단일책임주의와 교차책임주의상의 지급액은 얼마인가?

사고차량	과실비율	손해액
A차량	70%	400,000
B차량	30%	600,000

	단일책임주의	교차책임주의
①	30만원	12만원
②	30만원	42만원
③	60만원	12만원
④	60만원	42만원

076 배상청구기준의 담보기준에 대한 설명이다. 가장 적절하지 않은 것은?

① 보험기간 중에 최초로 피보험자가 청구한 사고를 기준으로 보험자의 보상책임을 정하는 방식이다.

② 사고의 행위와 그 결과가 반드시 시간적으로 근접해 있지 않은 사고를 담보하기에 적합하다.

③ 주로 생산물배상책임보험, 전문직업배상책임보험에서 사용되는 담보기준이다.

④ 최근의 손해성적을 표준으로 보험료를 산출할 수 없다는 단점이 있다.

077 다음 설명 중 가장 적절한 것은?

① 보험계약준비금은 지급준비금과 비상위험준비금으로 구분된다.

② 보험료적립금은 재무상태표일 현재 유지되고 있는 계약에 대해 장래의 보험금 등의 지급을 위해 적립해야 하는 금액으로 보험료적립금이 영(0)보다 적은 경우에는 영(0)으로 처리한다.

③ 비상위험준비금은 손해보험과 생명보험 모두를 적립해야 하는데, 당해 사업연도 보험료합계액의 100분의 50의 범위 내에서 적립해야 한다.

④ 보험사고는 이미 발생되었으나 아직 보험회사에 통보되지 않은 손해를 미경과보험료적립금이라 한다.

078 보험사고 후 보험금액을 복원함에 있어서 보험계약자의 청구에 의한 복원요건을 나열한 것이다. 가장 적절하지 않은 것은?

① 보험의 목적인 수리나 복구로 보험가액이 회복되어야 한다.

② 보험계약자가 복원되는 보험금액에 대해서는 잔존보험기간에 해당하는 보험료를 납부해야 한다.

③ 보험계약자의 청구와 보험자의 승인이 있어야 한다.

④ 직전 보험금지급금액이 보험가입금액의 80% 미만이어야 한다.

079 다음 설명 중 가장 적절하지 않은 것은?

① 전손사고가 발생하면 체감주의, 전액주의를 막론하고 보험계약은 소멸된다.

② 손해방지시설과 장치 등이 제대로 작동하는 것을 전제로 추정한 최대손실액을 PML이라 한다.

③ 기업휴지손해나 냉동냉장손해를 결과적 손해라 한다.

④ 신용보험은 채무자의 단순한 채무불이행만 있어도 보험사고가 성립한다.

080 빈칸을 옳게 연결한 것은?

> 보기 ( )에서는 통상 채무자의 파산이나 근본적인 지급불능상태가 없더라도 단순한 채무불이행만 있으면 보험사고가 성립되지만, ( )에서는 파산 또는 지급불능의 사실이 발생함으로써 생기는 채권회수불능의 위험을 담보한다.

① 보증보험 – 신용손해보험   ② 보증보험 – 신용생명보험

③ 신용손해보험 – 보증보험   ④ 신용생명보험 – 보증보험

081 감독목적회계차원에서 수행되는 회계처리방식이 아닌 것은?

① 재무건전성 확보에 중점을 두는 회계

② 대손준비금의 별도 인식

③ 비상위험준비금의 부채 계상

④ 보험계리기준 운용

082 보기에 대한 설명으로 가장 적절하지 않은 것은?

> **보기** · A기업은 B기업의 지분을 55% 보유하고 있다.
> · B기업은 C기업의 지분을 13% 보유하고 있다.
> · A기업은 C기업의 지분을 25% 보유하고 있다.

① A와 B는 주재무제표로서 연결재무제표를 작성해야 한다.

② A와 B는 각각 부재무제표로서 별도재무제표를 작성해야 한다.

③ A는 C에 대해서 개별재무제표를 통해 지분법 회계처리를 해야 한다.

④ A와 C는 각각 부재무제표로서 별도재무제표를 작성해야 한다.

083 보험회사 재무상태표상의 자산항목에 속하는 것은?

① 미경과보험료적립금　　　　　　② 미상각신계약비

③ 계약자지분조정　　　　　　　　④ 특별계정부채

084 빈칸을 옳게 연결한 것은?(차례대로)

> **보기** 공정가치로 평가하고 평가손익을 기타포괄손익으로 인식하는 금융자산은 K-IFRS 제1039호에서는
> (　　　　　　　　　　), 제1109호에서는 (　　　　　　　　　　　　　　)이다.

① 매도가능금융자산, 기타포괄손익 공정가치측정금융자산

② 매도가능금융자산, 상각후원가측정금융자산

③ 기타포괄손익 공정가치측정금융자산, 당기손익인식금융자산

④ 기타포괄손익 공정가치측정금융자산, 매도가능금융자산

085 대손충당금 설정을 위한 평가에는 개별평가와 집합평가가 있다. 그렇다면 집합평가를 하는 것은?

> **보기** ㉠ 개별적으로 유의적이지 않고 손상되지 않은 채권
> ㉡ 개별적으로 유의적이지 않지만 손상된 제각채권
> ㉢ 개별적으로 유의적인 자산이면서 손상되지 않은 PF채권
> ㉣ 개별적으로 유의적인 자산이면서 손상된 자산

① ㉠

② ㉠, ㉡

③ ㉠, ㉡, ㉢

④ ㉠, ㉡, ㉢, ㉣

086 유형자산에 대한 최초인식 후의 측정을 재평가모형으로 한다. 재평가에 대한 정보가 아래와 같을 경우, 당기의 회계처리로 옳은 것은?

> **보기** • 직전 재평가 시 재평가감소액이 30억원 발생하여 당기손실로 인식하였다.
> • 당기에 재평가증가액이 50억원 발생하였다.

① 당기에 당기순이익으로 50억원을 인식한다.

② 당기에 당기순이익으로 30억원, 기타포괄손익으로 20억원을 인식한다.

③ 당기에 기타포괄손익으로 30억원을 인식한다.

④ 당기에 기타포괄손익으로 50억원을 인식한다.

087 미상각신계약비에 대한 설명이다. 틀린 것은?

① 예정신계약비를 한도로 하는 미상각신계약비는 유지기간 동안 균등하게 상각하되, 최대상각기간은 10년이다.

② 예정신계약비 한도를 초과하는 신계약비는 당해연도에 비용처리한다.

③ 보험기간이 1년 이하인 단기보험계약으로 인해 발생한 신계약비는 당기의 비용으로 처리한다.

④ 당해 회계연도 말 미상각신계약비가 순보험료식 해지환급금과 해지환급금식 보험료적립금과의 차액보다 큰 경우에는 해지일이 속하는 회계연도에 전액 상각한다.

088 계약자지분조정의 구성항목이 아닌 것은?

① 계약자배당안정화준비금

② 매도가능금융자산평가손익

③ 관계종속기업투자주식평가손익

④ 해외사업환산손익

089 생명보험계약의 책임준비금에 대한 설명이다. 가장 적절한 것은?

① 준비금 적립 시 객관적이고 보수적인 기초율을 사용하기 위해 표준해지환급금 제도를 도입하였다.

② 계약자배당준비금은 K-IFRS기준상으로 적립하는 준비금이다.

③ 계약자이익배당준비금은 계약자지분 중 30% 이내에서 적립하며, 적립 후 5년 이내에 배당보험에서 발생한 손실을 우선적으로 보전한다.

④ 보험계약을 출재한 경우 수재사는 출재보험료에 대해서 책임준비금을 적립해야 하며, 이에 해당하는 금액은 출재사의 재보험자산이 된다.

090 책임준비금의 적정성평가에 대한 설명이다. 틀린 것은?

① 책임준비금 적정성평가의 평가단위는 생명보험과 손해보험이 다르다.

② 손해보험의 평가단위는 일반손해보험(자동차보험 제외), 자동차보험, 장기손해보험(개인연금 포함)의 3개 단위이다.

③ 책임준비금 적정성 평가에 따라 잉여분이나 부족분이 발생할 경우 상계가 가능한 것이 원칙이지만, 손해보험의 3개 단위는 상호간 상계가 불가하다.

④ 책임준비금 적정성 평가결과, 추가로 적립하는 부분은 모두 미경과보험료적립금으로 계상한다.

091 IFRS 17에 의하면, 보험계약을 최초인식 시 보험계약부채의 4가지 구성요소가 아닌 것은?

① 미래현금흐름의 추정치   ② 할인

③ 위험조정   ④ 이행현금흐름

092 다음 자료를 사용하여 계산한 재무상태표상의 자본총계는?

> **보기** 자본금 10,000원, 자기주식 2,500원, 사채 6,000원, 예수금 3,000, 이익준비금 3,500원, 주식할인발행차금 1,200원

① 9,800원   ② 11,000원   ③ 12,300원   ④ 13,500원

093 K손해보험사의 결산자료이다. 보기의 자료를 이용할 경우 경과보험료는 얼마인가?

> **보기**
> • 수입보험료 100억원
> • 지급보험료 60억원
> • 전기이월미경과보험료 50억원
> • 차기이월미경과보험료 43억원

① 37억원　　　　　　　　　　② 43억원

③ 47억원　　　　　　　　　　④ 50억원

094 재보험거래에 있어서 비용으로 인식하는 항목이 아닌 것은?

① 출재보험료　　　　　　　　② 출재보험금

③ 수재보험수수료　　　　　　④ 수재보험금

095 다음 중 특별계정운용의 용도가 '수급권의 보장'이 아닌 것은?

① 연금저축보험　　　　　　　② 장기손해보험

③ 퇴직연금 원리금보장형　　　④ 변액보험

096 별도로 작성된 특별계정의 수익과 비용을 회사 전체의 손익계산서에 총액으로 기재하는 대상은?

① 장기손해보험　　　　　　　② 퇴직연금 원리금보장형

③ 퇴직연금 실적배당형　　　　④ 변액보험

097 보험회사가 그 대주주와의 거래를 함에 있어 금지대상이 아닌 것은?

① 대주주가 발행한 주식에 대해 투자를 하는 것

② 대주주가 타 회사를 인수할 때 그 인수자금을 지원하는 것

③ 대주주와의 거래조건이 당해 보험회사에 현저하게 불리한 조건인 것

④ 대주주에게 자산을 무상으로 양도하는 것

098 보험회사의 자산운용규제와 관련된 내용이다. 가장 적절하지 않은 것은?

① 국내부동산에 투자할 경우 일반계정은 총자산의 25%, 특별계정은 특별계정자산의 15%를 한도로 투자할 수 있다.

② 보험회사는 자회사가 아닌 타회사에 투자할 경우 의결권 있는 발행주식총수의 15%를 초과하여 투자할 수 없다.

③ 보험회사가 자산운용의 제한비율을 초과한 경우, 한도를 초과한 날로부터 6개월 이내에 처분 등을 통하여 비율한도를 준수해야 한다.

④ 보험회사는 대출을 조건으로 차주의 의사에 반하여 보험가입을 강요하는 행위를 해서는 안 된다.

099 아래 표는 자산의 건전성을 채무상환능력기준으로 분류한 것이다. 5가지 종류의 자산 중 '정상, 요주의, 고정' 자산의 대손충당금 적립한도의 합계액은 얼마인가?

채무상환능력기준	금액
채무상환능력이 양호하여 채권회수에 문제가 없는 것으로 판단되는 거래처에 대한 자산	500억원
채권회수에 즉각적인 위험이 발생하지 않았으나 향후 채무상환능력의 저하를 초래할 수 있는 잠재적인 요인이 존재하는 것으로 판단되는 거래처의 자산	400억원
• 향후 채무상환능력의 저하를 초래할 수 있는 요인이 현재화되어 채권회수에 상당한 위험이 발생한 것으로 판단되는 거래처의 자산 • 회수의문 및 추정손실 채권 중 회수예상가액 해당분	300억원
채무상환능력이 현저히 악화되어 채권회수에 심각한 위험이 발생한 것으로 판단되는 거래처에 대한 자산 중 회수예상가액 초과분	200억원
채무상환능력의 심각한 악화로 회수불능이 확실하여 손실처리가 불가피한 것으로 판단되는 거래처에 대한 자산 중 회수예상가액 초과분	100억원

① 60억원　　　　② 68억원　　　　③ 70억5천만원　　　　④ 100억원

100 다음 중 지급여력금액 산정 시 합산항목이 아닌 것은?

① 기타포괄손익누계액　　　　② 주식할인발행차금

③ 계약자배당안정화준비금　　　　④ 후순위채무액

PART **01** | **손해보험이론 및 약관** [001~020]

001 다음 설명 중 틀린 것끼리 연결한 것은?

> **보기** ㉠ 위태는 우연한 사고발생의 불확실성 또는 가능성을 말한다.
> ㉡ 위험이 현실화되는 일련의 과정에서 손해는 마지막 과정에 속한다.
> ㉢ 졸음운전은 정신적 위태이다.
> ㉣ 화재로 인해 건물이 손상된 경우 화재는 위험의 과정 중 손해에 해당한다.

① ㉠, ㉡　　　　　　　　　　　　② ㉡, ㉢

③ ㉢, ㉣　　　　　　　　　　　　④ ㉠, ㉣

002 부담보손인과 면책손인을 두는 이유가 아닌 것은?

① 담보의 필요성이 작아서 보험계약에 포함시키면 보험료만 인상시키는 결과가 될 수 있기 때문이다.

② 도덕적 위태를 증가시킬 수 있어 부보대상으로 적절하지 않기 때문이다.

③ 타 보험종목에서 주로 취급하는 부보대상이기 때문이다.

④ 손해액보다 보험처리비용이 더 많을 수 있기 때문이다.

003 도덕적 위험의 방지대책과 가장 거리가 먼 것은?

① 책임보험에서 보상한도액 또는 상해보험에서 보험가입금액을 낮춘다.

② 재물보험에서 공동보험비율을 낮춘다.

③ 신구교환공제를 적용한다.

④ 타인의 사망보험계약은 반드시 서면동의를 받도록 한다.

004 보험가입가능(Insurable risk) 요건 중 무엇을 말하는가?

> **보기** 손실가능성이 어느 정도 측정될 수 있어야 한다는 것은, 보험가입가능요건 중 (　　　　　)의
> 요건에 해당된다.

① 다수의 동질적 위험

② 명확하고 측정 가능한 손실

③ 충분히 크지만 대재난이 아닌 손실

④ 확률적 측정 가능성

005 손실의 규모가 작고 손실의 빈도가 큰 경우 가장 적합한 위험관리 방법은?

① 위험회피　　　　　　　　　　　② 위험보유

③ 손실통제　　　　　　　　　　　④ 위험이전

006 자가보험을 이용하는 이유와 가장 거리가 먼 것은?

① 부가보험료를 절감할 수 있어 위험비용을 낮출 수 있다.

② 자가보험은 자체적으로 운영하는 보험이므로, 대수의 법칙이 적용되지 않는 위험도 부보
하여 운영할 수 있다.

③ 보험가입과 달리 보험료가 사외로 유출되지 않아 유동성에 도움이 되고 투자운용이익도
얻을 수 있다.

④ 위험관리에 대한 관심이 높아져 사고예방효과를 기대할 수 있다.

007 보험업법에 따른 보험의 분류에 속하지 않는 것은?

① 손해보험　　　　　　　　　　　② 인보험

③ 생명보험　　　　　　　　　　　④ 제3보험

008 손해보험의 기능과 가장 거리가 먼 것은?

① 경제적 불안정의 제거　　　　　② 피보험자의 보호

③ 신용의 보완　　　　　　　　　　④ 방재에 기여

009 보험계약의 법적성질에 대한 설명이다. 보기는 어디에 해당하는가?

> **보기** 보험료의 선지급이 없어도 보험계약은 유효하게 성립한다.

① 불요식 낙성계약 ② 유상쌍무계약
③ 부합계약 ④ 상행위

010 손해보험계약의 요소와 관련한 설명이다. 가장 적절하지 않은 것은?

① 보험사고는 계약상 보험회사가 보험금지급책임을 구체화시키는 사고를 말한다.
② 보험계약자와 보험자가 계약당사자이며, 피보험자와 보험수익자는 보험계약의 이해관계자이다.
③ 피보험이익의 개념은 손해보험에서만 인정된다.
④ 피보험이익의 평가액은 약정상 최고보상한도액이다.

011 자동차책임보험을 분류한 것 중 옳은 것은?

① 영리보험 ② 임의보험 ③ 기업보험 ④ 공보험

012 보험증권에 대한 내용이다. 가장 적절한 것은?

① 보험증권은 요식증권이므로 법정사항의 기재를 누락할 경우 보험증권의 효력은 발생하지 않는다.
② 보험계약을 청약하고 최초보험료를 납부한 경우에는 지체 없이 보험증권을 발행, 교부해야 하는데, 이를 위반하는 경우 보험계약자는 계약을 취소할 수 있다.
③ 보험증권을 멸실, 훼손하더라도 보험금을 청구하는 데는 아무런 문제가 없다.
④ 보험증권에 이의를 제기할 수 있는 기간은 보험증권의 교부가 있는 날로부터 1개월 이내로 해야 한다.

013 보기의 내용에 해당하는 약관은?

> **보기** 보통보험약관을 변경하거나 추가 또는 배제하는 약정을 할 때 사용되는 약관이다.

① 보통보험약관 ② 특별보통보험약관
③ 특별보험약관 ④ 부가약관

014 상법상 '보험계약자 등의 불이익변경금지'의 원칙이 적용될 수 있는 보험은?

① 주택화재보험

② 해상보험

③ 운송보험

④ 재보험

015 보험약관의 교부 · 설명의무에 대한 설명이다. 가장 적절한 것은?

① 약관의 교부 · 설명의무를 부담하는 시점은 '보험계약이 성립되는 때'이다.

② 약관의 모든 내용에 대해서 보험자는 계약자가 이해할 수 있도록 설명해야 한다.

③ 약관의 교부 · 설명의무의 위반 시, 보험계약자는 보험계약 성립일로부터 3개월 이내에 그 계약을 취소할 수 있으며, 취소하면 계약은 해제된다.

④ 약관의 교부 · 설명의무를 위반한 보험자는 보험계약자의 취소여부와 관계없이 당해약관을 계약내용으로 주장할 수 없다.

016 약관해석원칙에 대한 설명이다. 틀린 것은?

① 약관에서 정하고 있는 사항에 관하여 사업자와 고객이 약관의 내용과 다르게 합의한 사항이 있을 때에는 그 합의사항을 약관에 우선하여 해석한다.

② 보험증권의 일반적 해석원칙을 모두 적용해 보아도 약관상 문구가 여전히 애매할 경우에는 그 의미는 작성자에게 불이익하게 해석해야 한다.

③ 보험약관의 문언은 전문가의 수준이 아닌, 보통의 평균적 시민이 이해하는 바와 같이 해석되어야 한다.

④ 보통보험약관은 특별보험약관에 우선하여 해석한다.

017 금융위원회에 대한 설명이다. 가장 적절하지 않은 것은?

① 국무총리 산하의 합의체 의결기관이다.

② 3인 이상의 위원의 요구가 있거나 또는 위원장이 단독으로 회의를 소집할 수 있다.

③ 금융위의 의결은 재적위원 과반수의 출석과 출석위원 과반수의 찬성으로 의결한다.

④ 금융위원회의 소관사무에는 금융에 관한 정책 및 제도에 관한 사항, 금융업에 대한 인허가에 관한 사항, 자본시장의 불공정거래조사 등이 있다.

018 빈칸에 들어갈 수 없는 것은?

> 보기
> • 우리나라의 보험료산출기관은 (   )이다.
> • 손해보험사는 제3자 보험금지급보장의무를 준수하기 위해 일정한 금액을 (   )에 출연해야 한다.
> • 보험협회가 보험계약에 관한 사항을 비교, 공시하는 경우에는 대통령령으로 정하는 바에 따라 (   )를 구성해야 한다.
> • 금융위원회는 상호협정의 체결이나 변경 또는 폐지의 인가를 하거나 협정에 따를 것을 명하려면 (   )와 협의해야 한다.

① 보험개발원
② 손해보험협회
③ 보험조사협의회
④ 공정거래위원회

019 손해보험회사의 제3자 보험금지급보장의무가 적용되지 않는 보험은?

① 가스배상책임보험
② 자동차보험 책임보험부분
③ 자동차보험 임의보험부분
④ 화재보험

020 선임계리사에 대한 다음 설명 중 가장 적절한 것은?

① 선임계리사를 선임하기 위해서는 금융위의 사전승인을 받아야 한다.
② 선임계리사의 임명은 이사회결의로, 해임은 주총의 보통결의로 한다.
③ 선임계리사는 보험계리업무에 5년 이상 종사한 경력이 있어야 한다.
④ 선임계리사를 선임한 후에는 선임의 다음연도부터 연속되는 3사업연도가 끝나는 날까지 해임할 수 없다.

PART **02** | **보험법** [021~040]

021 다음 설명 중 가장 적절한 것은?

① 보험계약자가 청약의 의사를 표할 경우, 보험자는 초회보험료의 지급이 없어도 30일 이내에 그 상대방에게 낙부의 통지를 해야 한다.
② 승낙 전 사고에 대한 보험자의 책임은 법정책임이다.
③ 청약 후 30일이 경과하면 승낙이 추정된다.
④ 보험계약의 부활의 경우는 다른 약정이 없을 경우 낙부의 통지를 15일 이내로 해야 한다.

022 타인을 위한 보험계약에 대한 설명이다. 가장 적절한 것은?

① 보험계약자는 타인의 위임을 반드시 받고 계약을 체결해야 한다.

② 피보험자뿐 아니라 보험계약자도 보험사고 발생 시 보험금의 지급을 청구할 수 있다.

③ 보험계약자의 해지권은 피보험자의 동의를 얻거나, 보험증권을 소지해야 행사할 수 있다.

④ 타인은 반드시 구체적으로 명시되어야 한다.

023 소급보험에 대한 설명이다. 가장 적절하지 않은 것은?

① 소급보험은 보험계약의 성립 전의 일정 시점부터 보험기간이 시작되는 보험이다.

② 승낙 전 사고는 계약 성립 전의 사고를 담보하지만, 소급보험은 계약의 성립을 전제로 청약 전 사고에 대해서도 담보할 수 있다.

③ 보험계약 성립 전에 보험사고가 이미 발생하였더라도 계약당사자 쌍방과 피보험자가 이를 몰랐다면 보험자의 책임은 면할 수 없다.

④ 통신이 발달하지 못한 과거에는 해상보험 위주로 소급보험이 존재하였으나, 오늘날은 사장된 보험으로서 그 법적인 근거조항도 존재하지 않는다.

024 보험사고와 보험계약의 해지에 대한 설명이다. 옳은 것은?

① 보험사고는 보험계약당사자가 마음대로 조종할 수 없을 뿐 아니라 발생가능성이 있어야 하는데, 이를 우연성이라 한다.

② 우연성은 보험계약의 필수적인 요소로, 우연성을 충족하지 못할 경우, 즉 고의사고에 대해서 보험금을 지급하는 보험은 없다.

③ 보험사고가 발생하기 전에는 보험자는 언제든지 계약의 전부 또는 일부를 해지할 수 있다.

④ 보험사고가 발생하여 보험금을 지급한 후에 보험금액이 자동 복원되는 보험의 경우 보험계약자는 사고 발생 후에도 언제든지 보험계약을 해지할 수 있으며, 이때 미경과보험료에 대한 반환청구권은 인정되지 않는다.

025 계약순연부활제도에 대한 설명이다. 틀린 것은?

① 실효된 계약의 연체보험료를 납부하지 않고 실효기간만큼 보험기간을 늦추어 계약을 부활하는 것을 말한다.

② 계약순연부활의 경우 일반 부활과는 달리 고지의무가 부과되지 않는다.

③ 보험금 지급 사유가 이미 발생한 계약은 계약순연부활이 허용되지 않는다.

④ 과거에 계약순연부활을 한 번이라도 한 계약은 더 이상의 계약순연부활은 인정되지 않는다.

026 고지의무의 이행 시기는?

① 보험계약 청약 시　　　　　　② 보험계약의 성립 시까지

③ 보험계약의 승낙 시까지　　　④ 책임개시 시점까지

027 고지의무 위반 시 보험자의 해지권 행사에 대한 내용이다. 틀린 것은?

① 해지권은 형성권이므로, 보험자가 일방적으로 고지의무자에게 해지통보를 하면 된다.

② 해지권은 보험사고발생의 전과 후를 불문하고 행사가 가능하다.

③ 해지권을 행사하면 계약의 효력은 장래에 대해서 소멸하며, 보험자의 책임도 장래에 한하여 소멸된다.

④ 해지권은 보험자 스스로 포기할 수 있는데, 포기의 의사표시는 명시적이든 묵시적이든 관계없다.

028 위험유지의무에 대한 설명이다. 옳은 것은?

① 위험의 변경의 정도가 현저할 경우 위험유지의무가 부과된다.

② 위험유지의무 위반 시 통지의무가 부과된다.

③ 위험유지의무 위반 시 보험자는 보험료의 증액청구는 없이 1개월 내의 해지권의 행사여부만 선택할 수 있다.

④ 위험유지의무자에는 보험계약자, 피보험자, 보험수익자가 있다.

029 원보험계약과 재보험계약 간의 관계에 대한 법률적인 내용이다. 가장 거리가 먼 것은?

① 원보험자는 원보험료의 지급이 없음을 이유로 재보험료의 지급을 거절할 수 없다.

② 재보험료의 지급이 없다고 해서 재보험자는 직접 원보험계약자에게 재보험료의 지급을 청구할 수 없다.

③ 원보험계약의 보험계약자는 원보험자로부터 보상을 받지 못한다고 해서 재보험자에게 직접 보험금을 청구할 수 없다.

④ 재보험은 책임보험의 일종으로서 손해보험에 속하므로, 생명보험회사는 생명보험의 재보험을 겸영할 수 없다.

030 다음 중 보험계약의 해지사유에 해당하는 것은?

① 사고발생통지의무를 위반한 경우

② 중복보험의 통지의무를 위반한 경우

③ 병존보험의 통지의무를 위반한 경우

④ 선박미확정의 적하예정보험의 통지의무를 위반한 경우

031 초과보험여부를 결정하는 보험가액의 산정시기는 (   )이다. 빈칸에 알맞은 것은?

① 보험계약 청약 시

② 보험계약 승낙 시

③ 보험사고 발생 시

④ 평가가 필요한 때

032 중복보험 요건을 잘못 나열한 것을 서로 연결한 것은?

보기 ㉠ 동일한 보험목적
ⓛ 동일한 보험사고
ⓒ 동일한 보험기간
㉣ 보험금액의 합계가 보험가액을 초과

① ㉠, ⓛ   ② ⓛ, ⓒ   ③ ㉠, ⓒ   ④ ⓛ, ㉣

033 아래의 상법상 조항이 충족되기 위한 요건을 설명한 것이다. 틀린 것은?

보기 피보험자가 보험목적을 양도한 때에는 양수인은 보험계약의 권리와 의무를 승계한 것으로 추정한다(상법 제679조)

① 양도 당시 보험계약이 유효하게 존속하고 있어야 한다.

② 양도 대상 보험목적은 물건에 한한다.

③ 보험목적에 대한 물권적, 채권적 양도가 있어야 한다.

④ 보험목적을 양도 시 유상 또는 무상은 불문한다.

034 피보험이익의 요건에 대한 설명이다. 가장 적절하지 않은 것은?

① 개인의 감정적 이익이나 주관적 이익은 피보험이익으로 볼 수 없는데, 이는 피보험이익의 요건 중 경제성을 위배하는 것이다.

② 피보험이익은 선량한 풍속 기타의 사회질서에 반하지 않는 적법한 것이어야 하는데, 적법성은 당사자의 선의나 악의를 따지지 않는다.

③ 피보험이익은 반드시 현존하는 이익일 필요는 없고 장래의 이익이어도 좋지만, 보험사고 발생시에는 확정될 수 있는 이익이어야 한다.

④ 복권에 당첨될 수 있는 금액을 피보험이익으로 할 수 없는 것은 적법성을 위배하기 때문이다.

035 보험자대위와 관련하여 보기에 대한 설명으로 옳은 것은?

> **보기** 보험가입금액 5천만원, 보험가액 1억원, 손해액 1억원, 잔존물가액 1천만원

① 보험자는 보험금액을 1억원 지급하고 1천만원의 잔존물소유권을 취득한다.

② 보험자는 보험금액을 5천만원 지급하고 1천만원의 잔존물소유권을 취득한다.

③ 보험자는 보험금액을 5천만원 지급하고 500만원의 잔존물소유권을 취득한다.

④ 보험금액의 전부를 지급하는 것이 아니므로 잔존물의 소유권을 취득할 수 없다.

036 배상책임보험의 특징과 가장 거리가 먼 것은?

① 피보험자의 과실을 담보하며 중과실은 담보하지 않는다.

② 가해자가 입증책임을 진다.

③ 보험가액이 존재하지 않는다.

④ 피보험자의 전 재산을 보험목적으로 한다.

037 보험업법에 대한 내용이다. 틀린 것은?

① 외국보험회사 등이 국내사무소를 설치하는 경우에는 그 설치한 날로부터 30일 이내에 금융위에 신고해야 한다.

② 외국보험회사의 영업기금은 30억원 이상으로 한다.

③ 보험회사가 자본감소를 결의할 경우 사전에 금융위의 승인을 받아야 하며, 주주총회의 특별결의를 받아야 한다.

④ 주식회사가 상호회사로 전환할 경우 기금의 총액을 300억원 이상으로 해야 한다.

038 보험업법상 겸영 허가에 대한 내용이다. 가장 거리가 먼 것은?

① 생명보험의 보험종목 전부를 영위하는 자는 제3보험의 허가를 받은 것으로 본다.

② 손해보험의 보험종목 전부를 영위하는 자는 제3보험을 허가를 받은 것으로 본다.

③ 생명보험에 대한 재보험을 허가받기 위해서는 생명보험의 보험종목 전부를 영위해야 한다.

④ 제3보험에 해당하는 보험종목별로 허가를 받은 자는 해당 보험종목의 재보험에 대한 허가를 받은 것으로 본다.

039 외국보험회사의 국내사무소가 할 수 없는 금지행위를 나열한 것이다. 해당하지 않는 것은?

① 보험업을 경영하는 행위

② 보험계약의 체결을 중개하거나 대리하는 행위

③ 국내 보험시장에 관한 조사 및 정보수집

④ 국내사무소의 설치 목적에 위반되는 행위로서 대통령령으로 정한 행위

040 보험모집에 대한 내용이다. 틀린 것은?

① 보험회사의 임직원도 보험모집을 할 수 있으나, 대표이사와 사외이사, 감사 및 감사위원은 제외된다.

② 보험설계사는 보험계약체결권의 대리권을 가지고 있지 않으며 따라서 고지수령권이 없지만, 보험자가 작성한 영수증을 보험계약자에게 교부하는 경우 보험료수령권은 인정된다.

③ 보험대리점의 영업보증금은 3억원, 법인보험대리점은 5억원의 범위 안에서 보험회사와 협의하여 결정할 수 있다.

④ 보험중개사의 영업보증금은 개인은 1억원, 법인은 3억원 이상으로 한다.

PART 03 | 손해보험 언더라이팅 [041~060]

041 언더라이팅에 대한 내용이다. 가장 적절하지 않은 것은?

① 언더라이팅은 피보험자 및 피보험물건의 위험평가 및 선택, 가입조건의 결정, 보험요율의 결정 등 일련의 계약체결의 전 과정을 의미한다.

② 택시운전자의 경우 환경적 위험이 높다.

③ 모집자보고서는 보험계약자를 대상으로 가입설계서, 상품설명서 등의 중요한 내용을 설명한 후, 보험계약자가 그 내용을 충분히 설명을 듣고 이해했다는 의미의 자필서명을 반드시 받도록 하고 있다.

④ 취급자가 중요한 내용을 충분히 설명하지 않았거나, 보험약관을 교부하지 않은 경우에는 계약성립일로부터 3개월 이내에 계약의 취소권을 행사할 수 있도록 하고 있다.

042 언더라이팅 시 업종 이외의 사항 중 종합적으로 검토해야 할 사항들이다. 가장 적절하지 않은 것은?

① 해당 계약자의 과거 손해사항 및 과거 3년간의 손해율

② 해당 계약취급자의 연간 실적 현황

③ 각 목적물별 가입금액 중 부동산의 가입금액이 차지하는 비율이 50% 이상 되는지의 여부

④ 갱신 건의 경우 전년도 및 전전년도 인수심사여부

043 보기에 대한 설명으로 가장 적절하지 않은 것은?

> **보기**
> • 보험가입금액(TSI) 500억원
> • PML 300억원
> • LOL 200억원

① 동 물건은 분손이 확실시되는 물건이다.

② PML은 언더라이팅 수행의 가장 기초적이고도 중요한 감안요소이므로, 언더라이터의 인수경험을 최대한 이용하여 PML을 정확히 추정해 내는 것이 매우 중요하다.

③ LOL이 PML보다 낮게 설정되어 있으므로 LOL의 설정 취지에 부합한다.

④ 만일 400억원의 손해액이 발생한다면, 보험자는 200억원만 보상하면 된다.

044 언더라이팅의 'PLAN−DO−SEE' 단계 중 SEE단계의 내용이다. 가장 거리가 먼 것은?

① 손해율이 70%, 합산비율이 110%라면 언더라이팅의 강도를 완화할 필요가 있다.

② 손해율이 특히 높은 보험종목에 대한 판매방침의 수정이 필요하다.

③ 부지점별, 보험종목별 손해율을 반영하여 인수제한을 강화하거나 완화하는 등의 언더라이팅 매뉴얼을 수정한다.

④ 보험요율의 예정률과 실적률의 괴리가 있을 경우 요율조정을 하는데, 요율조정에 반영되는 손해율은 과거 5년간 평균치에 안전율을 감안하고, 사업비율은 최근 1년간의 실적을 반영해야 한다.

045 다음 중 혼합보험이라고 볼 수 없는 보험은?

① 운송보험

② 낚시보험

③ 해외여행보험

④ 건설공사보험

046 다음 중 손해사고기준을 담보기준으로 하지 않는 보험은?

① 화재보험

② 자동차보험

③ 금융기관종합보험

④ 상해보험

047 보기의 경우 두 번째 사고에 대한 보험지급액은?

> 보기
> • 화재보험, 보험가입금액이 1억원(전부보험)
> • 최초 사고 시 보험금지급액은 2천만원이다. 두 번째 사고 시 손해액이 1억원이다(사고처리비용 등 기타의 지급액은 없다고 가정함).

① 8천만원

② 1억원

③ 1억 2천만원

④ 정답 없음

048 약관상의 보상규정이 없어도 원칙적으로 보상해야 하는 항목으로 모두 묶은 것은?

> 보기
> ㉠ 손해방지비용
> ㉡ 기타협력비용
> ㉢ 잔존물보전비용
> ㉣ 잔존물제거비용

① ㉠

② ㉠, ㉡

③ ㉠, ㉡, ㉢

④ ㉠, ㉡, ㉢, ㉣

049 보험목적 양도의 승계추정보험에서 통지의무를 위반할 경우(상법 679조), 상법상 보험자가 취할 수 있는 조치와 가장 거리가 먼 것은?

① 위험이 감소된 경우에는 차액보험료를 반환한다.

② 위험이 변경되지 않는 경우 계약에 아무런 영향이 없다.

③ 위험이 경미하게 증가된 경우에는 계약에 아무런 영향이 없다.

④ 위험이 현저하게 증가된 경우에는 계약을 해지할 수 있다.

050 아래와 같은 중복보험에서 A보험사와 B보험사가 지급할 보험금은 얼마인가?

> **보기** 공장화재보험, 보험가액 2천만원, 보험가입금액은 보험 A가 1천만원, 보험 B가 2천만원, 손해액 800만원(A, B 보험사의 지급보험금 계산방식이 다름)

	A보험사	B보험사		A보험사	B보험사
①	200만원	600만원	②	267만원	533만원
③	400만원	400만원	④	400만원	800만원

051 보기의 경우 보험자부담액은 얼마이며, 이는 어떤 공제조항에 해당하는가?

> **보기**
> • 실손의료보험 입원치료비특약에 가입(보험가입금액 5천만원, 표준형)
> • 입원기간 청구대상 치료비 100만원. 단, 약관상 공제율은 표준형 20%, 선택형 10%이다.

	보험자부담액	공제조항		보험자부담액	공제조항
①	80만원	직접공제	②	80만원	참여공제
③	90만원	참여공제	④	100만원	프랜차이즈공제

052 보기는 손해보험요율의 경영상 요건 중 어떤 성질을 말하는가?

> **보기**
> • 예정손해율과 실제손해율의 괴리가 커질 경우 요율을 조정해서 균형을 이루어야 한다.
> • 손해보험요율을 산출할 때 특히 유의해야 하는 원칙이다.

① 안정성(stability)

② 적응성(responsiveness)

③ 단순성(simplicity)

④ 손해확대방지성(promotion of loss control)

053 보기의 요율종류에 해당하는 것은?

> **보기**
> • 자유경쟁요율로서 보험사별로 독자적으로 사용한다.
> • 요율덤핑, 과도한 보험료 등으로 보험자파산 또는 계약자에 대한 피해가 생길 수 있다.
> • 우리나라 손해보험시장에 적용된다.

① 비인가요율　　② 비협정요율　　③ 범위요율　　④ 개별요율

054 빈칸에 알맞은 것은?

> **보기** ( )은 위험의 특수성을 반영하는 요율체계인데, 동일특성을 가진 보험목적에 대해 동일한 요율을 적용할 수 있어서 요율의 공정성에 가장 부합하는 요율체계이다.

① 경험요율 ② 소급요율
③ 점검요율 ④ 등급요율

055 기간이 경과함에 따라 위험의 크기와 정도가 점차 증가하는 신체적 위험의 유형은?

① 고혈압, 당뇨, 비만, 동맥경화증, 정신병
② 시력 및 청력장애, 만성기관지염, 류마티스, 관절염
③ 외상, 위궤양, 염증성 질환
④ 위암, 간암, 폐암

056 보험금감액특약에 대한 설명이다. 가장 거리가 먼 것은?

① 체감성 질병만을 대상으로 한다.
② 보험금 감액기간은 1년에서 5년이다.
③ 질병사망에 대해서만 적용할 수 있다.
④ 표준체의 보험료를 내고 보험금을 삭감하거나, 표준체보다 할증보험료를 내고 표준체의 보험금을 받는 것을 선택할 수 있다.

057 다음 중 일반물건의 요율이 적용되는 물건의 수를 합산 숫자는?

> **보기** ㉠ 아파트 구내의 부대시설 ㉡ 아파트 구내의 복리시설
> ㉢ 아파트 단지 내 상가 ㉣ 주상복합아파트의 복리시설

① 0개 ② 1개 ③ 2개 ④ 3개

058 자동차보험요율 관련 용어에 대한 설명이다. 틀린 것은?

① 기본보험료는 보험계약 체결 시 보험계약자가 최종적으로 지불해야 할 보험료를 말한다.
② 가입자특성요율은 기명피보험자의 보험가입경력 및 교통법규위반경력에 따라 적용되는 요율을 말한다.

③ 특약요율은 특별약관을 첨부하여 체결하는 보험계약에 대해 적용하는 요율을 말한다.

④ 특별요율은 자동차의 구조, 용도 등에 있어서 동종의 차량과 상이한 자동차의 특별위험에 대해 적용하는 요율을 말한다.

059 원보험사는 적정보유액 외에 모든 위험에 대해 재보험출재를 하고자 한다. 미출재금액이 없도록 하기 위해서는 1line의 금액을 어떻게 조정해야 하는가?

> **보기** ㉠ 원보험 90억원
> ㉡ 원보험사의 적정보유액 10억원. 5line 출재

① 5억원　　　　　② 15억원　　　　　③ 20억원　　　　　④ 30억원

060 재보험거래방식 중 비비례적 재보험(Proportional Reinsurance)을 모두 묶은 것은?

> **보기** ㉠ 비례재보험특약(Quota Share Treaty)　　㉡ 초과액재보험특약(Surplus Treaty)
> ㉢ 초과손해액재보험(Excess of Loss Cover)　　㉣ 초과손해율재보험(Stop Loss Cover)

① ㉠, ㉡　　　　② ㉡, ㉢　　　　③ ㉢, ㉣　　　　④ ㉠, ㉣

PART 04 | 손해보험 손해사정 [061~080]

061 손해사정사 업무 및 자격제도에 대한 설명이다. 가장 적절한 것은?

① 손해사정사의 업무는 사고발생 후 손해액을 사정하고 보험금을 지급하는 것이다.

② 손해사정사는 금융위원회가 실시하는 시험에 합격하고 실무수습을 마친 후 금융감독원에 등록해야 한다.

③ 보험계약자가 선임한 손해사정사는 사정업무를 수행한 후 지체 없이 손해사정서를 보험계약자에게 발급하고 그 중요한 내용을 알려주어야 한다.

④ 손해사정사는 어떠한 경우에도 타인이 자기 명의로 손해사정업무를 수행하게 해서는 안 된다.

062 이득금지의 원칙을 실현하기 위한 수단에 대한 설명이다. 가장 적절한 것은?

① 초과보험이 되면 그 계약은 무조건 무효이다.

② 중복보험에서는 통지의무를 부과하지만, 병존보험에서는 통지의무를 부과하지 않는다.

③ 일부보험의 비례주의는 이득금지원칙과 아무런 상관이 없다.

④ 기평가보험의 경우 이득금지원칙에 의거하여 어떠한 경우에도 보험가액을 초과하는 보상을 할 수 없다.

063 이득금지의 원칙이 적용되지 않는 경우를 나열한 것이다. 가장 거리가 먼 것은?

① 신가보험

② 기평가보험에서 보험금액이 보험가액을 현저히 초과하는 경우

③ 보험가액 불변경주의

④ 생명보험

064 복원보험(신가보험 또는 재조달가액보험)이 제공되지 않는 보험의 목적은?

① 건물   ② 공장

③ 기계   ④ 상품

065 신구교환공제에 대한 내용이다. 가장 적절하지 않은 것은?

① 보험목적의 전손사고로 인하여 새로이 수리하거나 중고 부품을 새 부품으로 교체한 결과 보험목적물의 가치가 보험사고 직전보다 높아졌다면 신구교환공제를 적용하여 교환차익을 공제하게 된다.

② 신구교환이익을 금전으로 평가하는 것이 쉽지 않아 신구교환공제의 명시규정을 두는 보통보험약관은 없다.

③ 신구교환공제는 신구교환으로 보험목적의 가치가 현저하게 증가한 경우에만 공제대상으로 한다.

④ 신구교환공제를 적용하지 않는 것이 이득금지원칙의 예외가 된다.

066 타보험조항 중에서 보기에 해당하는 것은?

> **보기** 다른 보험계약이 없었다면 각 보험자가 보상책임을 부담해야 할 금액을 먼저 산정한 후 각 보험금의 총보험금에 대한 비율에 따라 손해를 분담한다.

① 초과액 타보험조항   ② 균등액 분담조항

③ 책임한도 분담조항   ④ 비례책임조항

067 손해액이 100만원이고 프랜차이즈 공제액이 20만원이다. 보험자의 지급금액은?

① 0원   ② 20만원

③ 80만원   ④ 100만원

068 '화재보험'의 담보방식(열거주의 또는 포괄주의)에 대해 잘못 설명한 것은?

① 필요한 위험만 선택하여 가입할 수 있다.

② 보험료가 상대적으로 싸다.

③ 위험이 누락될 가능성이 있다.

④ 보험자가 입증해야 한다.

069 다음 중 '보험료기간'을 의미하는 것은?

① 보험자가 그 기간 중에 발생한 보험사고에 대해 보험금 지급책임을 지는 보험계약상의 일정한 기간

② 보험계약이 성립한 때로부터 종료할 때까지의 기간

③ 보험자가 위험을 측정하여 보험료를 산출하는 데 기초가 되는 위험의 단위기간

④ 간접손해를 담보하는 보험에 있어서 보험자의 보상 대상이 되는 손해의 지속기간

070 다음 중 기간보험(Time Policy)에 해당하는 것은?

① 선박보험   ② 낚시보험

③ 여행자보험   ④ 건설공사보험

071 의사표시가 없어도 법률행위가 인정되는 것은?

① 해제   ② 무효

③ 취소   ④ 해지

072 다음 중 손익상계에 해당하지 않는 것은?

① 산재보험금

② 공무원연금

③ 자동차보험의 상실수익액 계산 시 '현실소득액 – 생활비율'에서의 생활비율에 해당하는 금액

④ 상해보험금

073 보험사고와 인과관계를 규명하는 학설 중에서 영국해상법이 통설로 받아들이는 것은?

① 상당인과관계설   ② 근인설 중 최후조건설

③ 근인설 중 최유력조건설   ④ 손해설

074 실권약관(보험금청구권의 상실조항, Forfeiture Clause)에 대한 설명이다. 옳은 것은?

① 허위청구 등으로 보험금청구권이 상실될 경우 보험계약도 효력이 상실된다.

② 보험금청구권의 상실조항은 보험계약의 중대한 사항에 해당되므로 약관상 설명의무의 대상으로 본다.

③ 보험목적물 중 일부에 대해 허위청구를 하여 보험금청구권의 상실조항이 발동될 경우 다른 목적물의 보험금청구권까지 상실된다.

④ 자동차보험에서는 약관에 보험금청구권 상실조항이 없더라도 보험금청구에 사기행위가 있었을 때에는 보험계약을 해지할 수 있다.

075 구상권행사의 효과와 가장 거리가 먼 것은?

① 부당이득방지를 통한 형평성 확보

② 공동보험자 입장에서 주의력 이완 방지

③ 손해율을 낮추어 보험요율의 적정성 유지

④ 손해방지촉진효과

076 지급준비금의 적립 순서가 옳은 것은?

① 보통준비금 → IBNR준비금 → 미지급보험금

② IBNR준비금 → 보통준비금 → 미지급보험금

③ IBNR준비금 → 미지급보험금 → 보통준비금

④ 미지급보험금 → IBNR준비금 → 보통준비금

077 일반적 의미의 공동보험(Coinsurance I)에 대한 설명이다. 틀린 것은?

① 하나의 보험목적물에 대해 수인의 보험자가 공동으로 보험을 인수한다.

② 보험자 간의 횡적분산이라고도 한다.

③ 중복보험과 마찬가지로 각자의 보험금 한도 내에서 연대주의가 적용된다.

④ 업무집행의 간소화를 위해서 간사회사를 둔다.

078 전손(Total Loss)에 대한 설명이다. 틀린 것은?

① 피보험이익이 전부 멸실된 경우이다.

② 전손이 되면 보험계약은 무조건 소멸된다.

③ 선박보험에서 선박의 존부가 2개월 이상 불명일 경우에는 상법상 추정전손이 된다.

④ 전부보험이든 일부보험이든 보험가입금액을 전액 보상한다.

079 전액주의를 따르지 않는 보험은?

① 화재보험   ② 자동차보험

③ 항공보험   ④ 해상보험

080 최대추정손해액에 대한 설명이다. 틀린 것은?

① 손해방지시설이나 기구가 정상적으로 작동하지 않고 있음을 전제로 일어날 수 있는 최대 손실을 MPL이라 한다.

② 일반적인 경우는 PML로 부보하나, 계약자가 극단적인 위험회피형인 경우 MPL로 부보한다.

③ 전손가능성이 낮은 화재보험에서는 PML로 부보하는 것이 합리적이다.

④ PML과 MPL로 각각 부보할 경우 보험료는 PML이 더 비싸다.

081 다음 중 한국채택국제회계기준을 수용하는 보험회계의 처리기준은?

① 손익계산서보다 재무상태표를 더 중요시한다.

② 범주별이 아닌 상품별로 표시한다.

③ 비상위험준비금의 부채계상을 금지하였다.

④ K-IFRS의 대손충당금 적립규모를 대손준비금으로 보완하고 있다.

082 재무상태표의 회계처리와 관련한 다음 설명 중 가장 적절하지 않은 것은?

① 재무상태표의 차변은 자금의 운용현황을, 대변은 자금의 조달현황을 보여준다.

② 자산, 부채, 자본의 각 계정항목은 서로 상계하지 않고 총액으로 표시하는 것을 원칙으로 한다.

③ 금융자산이나 금융부채를 재무상태표에 인식함에 있어서 매매결제일로 인식할 것이 권장된다.

④ 자산과 부채에 대한 인식과 측정에 있어서는 K-IFRS기준과 감독목적회계 간의 차이가 없다.

083 보험회사 재무상태표에 표시되는 정보가 아닌 것은?

① 납입자본금　　　　　　　　　② 기타포괄손익누계액

③ 기타포괄손익　　　　　　　　④ 계약자지분조정

084 대여금 및 수취채권에 대한 설명으로 맞는 것을 모두 묶은 것은?

> 보기
> ㉠ 공정가치로 평가한다.
> ㉡ 상각 후 원가로 후속측정한다.
> ㉢ 평가손익을 기타포괄손익에 계상한다.
> ㉣ 손상차손을 인식하고 대손충당금을 적립한다.

① ㉠, ㉢　　　　② ㉡, ㉣　　　　③ ㉢, ㉣　　　　④ ㉡, ㉢, ㉣

085 보기의 경우 적립해야 할 대손준비금은 얼마이며, 대손준비금은 자본계정의 어떤 항목에 적립하는가?

> **보기**
> • K-IFRS기준상 대손충당금은 200억원이다.
> • 감독규정의 건전성분류상 적립한 대손충당금은 500억원이다.

① 300억원, 자본잉여금　　　　　　② 300억원, 이익잉여금

③ 700억원, 자본잉여금　　　　　　④ 700억원, 이익잉여금

086 보기에 해당하는 금융자산은?(K-IFRS 제1109호에 따름)

> **보기**
> • 해당 금융자산을 후속측정할 때, 공정가치로 측정하고 이에 따른 평가손익을 기타포괄손익으로 인식한다.
> • 해당 금융자산을 제거할 때에는 기 인식된 기타포괄손익누계액을 재분류조정으로 자본에서 당기손익으로 재분류한다.

① 당기손익 공정가치측정금융자산

② 기타포괄손익 공정가치측정금융자산(채무상품)

③ 기타포괄손익 공정가치측정금융자산(지분상품)

④ 상각후원가측정금융자산

087 다음 중 자산항목에 속하지 않는 것은?

① 예치금　　　　　　　　　　② 미상각신계약비

③ 개발비　　　　　　　　　　④ 보험미지급금

088 보기에 따를 때, 당기의 배당보험손실준비금의 적립한도는 얼마인가?

> **보기**
> • 당기의 유배당상품으로부터 발생한 이익은 10억원이다.
> • 계약자이익배당준비금으로부터 발생한 손익은 없다고 가정한다.

① 2.7억원　　　　② 3억원　　　　③ 5억원　　　　④ 9억원

089 IFRS 17에 입각하여 보험계약부채를 후속측정을 할 경우, 발생사고부채의 장부금액에 포함되지 않는 것은?

① 보험계약마진   ② 할인

③ 위험조정   ④ 이행현금흐름

090 K-IFRS 기준에 따라 책임준비금의 적정성을 평가할 때, 그 평가대상에 속하지 않는 것은?

① 보험료적립금   ② 미경과보험료적립금

③ 지급준비금   ④ 보증준비금

091 계약자지분조정의 개념이다. 가장 거리가 먼 것은?

① 유배당상품의 미실현손익을 계약자지분조정으로 배분하는 것을 말한다.

② K-IFRS기준이 아닌 감독목적회계상의 회계처리 방법이다.

③ 미실현손익을 장래의 귀속자별로 구분하여 표시하는 데 의의가 있다.

④ 부채항목에 속한다.

092 보기에서 '자본조정' 계정과목의 합계금액은 얼마인가?

> **보기** 자본금 10,000원, 주식발행할인차금 1,000원, 자기주식 3,000원, 자기주식처분손실 500원, 재평가잉여금 4,000원, 주식선택권 1,500원

① 1,500원   ② 4,000원   ③ 5,000원   ④ 6,000원

093 P생명보험사의 손익계산서 정보가 보기와 같다. 당사의 '영업이익'은 얼마인가?

> **보기** 보험영업수익 80억원, 보험영업비용 50억원, 투자영업수익 70억원, 투자영업비용 30억원, 책임준비금전입액 50억원

① 20억원   ② 30억원   ③ 70억원   ④ 120억원

094 K손해보험사의 결산자료이다. 보기의 자료를 이용할 경우 경과보험료는 얼마인가?

> **보기** 원수보험료 100억원, 출재보험료 50억원, 수재보험료 30억원, 전기이월 미경과보험료 20억원, 차기이월 미경과보험료 40억원, 지급보험금 10억원

① 50억원　　　② 60억원　　　③ 70억원　　　④ 80억원

095 일반기업회계기준(GAAP)에서 국제회계기준(K-IFRS)으로 변경함에 따라 나타나는 영향이다. 가장 거리가 먼 것은?

① 재무제표의 작성주체가 개별기업에서 연결실체로 변경된다.
② 공시기한이 단축된다.
③ 연결총자산이 증가한다.
④ 종속기업의 수가 증가한다.

096 특별계정으로 운용하는 변액보험의 경우, 보험회사의 일반 재무상태표에 '특별계정 총액'으로 표시해야 하는 대상을 옳게 묶은 것은?

① 특별계정자산, 특별계정부채
② 특별계정수익, 특별계정비용
③ 특별계정자산, 특별계정수익
④ 특별계정부채, 특별계정비용

097 보기의 경우, 보험회사의 대주주가 발행한 주식을 매입할 수 있는 한도는 얼마인가?

보험회사	대주주인 회사
자기자본 2천억, 총자산 1조원	자기자본 5천억, 총자산 8천억

① 240억원　　　② 300억원　　　③ 1,200억원　　　④ 3,000억원

098 보험회사의 자산운용 금지대상이 아닌 것은?

① 비업무용부동산의 취득
② 자회사 임직원에 대한 보험계약대출
③ 대주주가 다른 회사에 출자하는 것을 지원하기 위한 신용공여
④ 당해 보험회사에 현저하게 불리한 조건으로 매매, 교환, 신용공여 또는 재보험계약을 체결하는 행위

099 보기에서 '고정자산'에 해당하는 금액은?

채무상환능력기준	금액
채무상환능력이 양호하여 채권회수에 문제가 없는 것으로 판단되는 거래처에 대한 자산(500억원)	정상 : 500억원
채권회수에 즉각적인 위험이 발생하지 않았으나 향후 채무상환능력의 저하를 초래할 수 있는 잠재적인 요인이 존재하는 것으로 판단되는 거래처의 자산(400억원)	요주의 : 400억원
향후 채무상환능력의 저하를 초래할 수 있는 요인이 현재화되어 채권회수에 상당한 위험이 발생한 것으로 판단되는 거래처의 자산(300억원) ※ 회수의문 및 추정손실 채권 중 회수예상가액 해당분(?)	고정 : ?
채무상환능력이 현저히 악화되어 채권회수에 심각한 위험이 발생한 것으로 판단되는 거래처에 대한 자산(200억원) ※ 이 중 회수예상가액(120억원)	회수의문 : ?
채무상환능력의 심각한 악화로 회수불능이 확실하여 손실처리가 불가피한 것으로 판단되는 거래처에 대한 자산(100억원) ※이 중 회수예상가액(70억원)	추정손실 : ?

① 300억원   ② 370억원   ③ 420억원   ④ 490억원

100 보기는 위험기준 경영실태평가 제도에서 평가하는 7개 부문 중 무엇을 말하는가?

> **보기** 보험회사에 예상치 못한 손실이 발생하고 이를 충당할 수 있는 적정수준의 자기자본을 보유하지 못함으로써, 지급여력비율이 규제수준에 미달하게 될 위험이다.

① 자본적정성   ② 보험리스크
③ 경영관리리스크   ④ 수익성

PART **01** | 손해보험이론 및 약관 [001~020]

001 위험에 대한 다음 설명 중 가장 적절하지 않은 것은?

① 도로 결빙과 같이 손해 발생 가능성을 새롭게 만들어내는 자연적이고도 물리적인 조건을 물리적 위태라 한다.

② 인간의 체질, 기질은 물리적 위태이다.

③ 보험자가 담보에서 제외하는 손인은 면책손인이다.

④ 예기치 않은 화재가 발생하여 건물이 손상되었을 경우에서 손인은 화재이다.

002 도덕적 위험을 방지하는 손해보험차원만의 대책이 아닌 것은?

① 초과보험에서의 보험금 감액

② 피보험이익이 없는 계약의 무효화

③ 보험자대위제도 활용

④ 손해사정업무의 강화

003 다음 설명 중 옳은 것은?

① 도덕적 위태나 정신적 위태나 모두 면책이다.

② 15세 미만자를 피보험자로 한 사망보험계약을 무효로 하는 것은 도덕적 위험을 방지하는 인보험만의 대책에 해당된다.

③ 역선택을 방지하기 위해 법률상 보험계약자, 피보험자, 보험수익자에게 고지의무를 부여한다.

④ 순수위험과 투기위험은 전조가 없이 위험이 발생한다는 측면에서는 동일하다.

004 보기에 대한 설명으로 가장 적절한 것은?

> **보기** 공장폭발사고가 발생하여 A공장이 파괴되고, 폭발로 인한 화재로 인해 B상가에 전손의 화재손해가
> 발생하였다.

① A, B 모두 '위험보편의 원칙'에 의해 보상이 된다.

② A는 '위험개별의 원칙'에 의해 보상이 되지 않으며, B는 '위험보편의 원칙'에 의해 보상이
된다.

③ A는 '위험보편의 원칙'에 의해 보상이 되지 않으며, B는 '위험보편의 원칙'에 의해 보상이
된다.

④ A, B 모두 '위험개별의 원칙'에 의해 보상을 하지 않는다.

005 위험관리기법(위험회피, 위험보유, 손실통제, 위험전가)에 대한 설명이다. 가장 거리가 먼 것은?

① 위험회피는 가장 용이하게 위험관리를 할 수 있으나 대신 상당한 비효율을 감수해야 하는
단점이 있다.

② 위험부담이 크지 않거나 다른 대안이 없을 경우는 위험보유가 적절하다.

③ 손실통제는 안전벨트 착용과 같이 사고 후의 손실규모를 줄이는 위험관리방법을 말하며,
손실예방수단은 포함하지 않는다.

④ 보험에 가입하는 것은 보험계약자에게는 위험전가, 보험자에게는 위험결합이 된다.

006 보험계약법에 따른 보험의 분류는?

① 손해보험, 정액보험

② 물보험, 인보험

③ 손해보험, 인보험

④ 손해보험, 생명보험, 제3보험

007 다음 설명 중 가장 적절하지 않은 것은?

① 수지상등의 원칙이 보험가입자 전체의 관점이라면 급부·반대급부균등의 원칙은 보험가
입자 개개인의 관점에서 본 보험수리적 원칙이다.

② 손해보험 중 배상책임보험은 피보험자가 아닌 피해자 보호가 주목적이다.

③ 약관의 존재이유가 되는 보험계약의 법적 성질은 부합계약성이다.

④ 매매계약이나 운송계약에 비용을 추가하여 덤으로 위험을 보장하는 것은 보험계약의 상행
위성을 위배하므로 보험계약이 될 수 없다.

008 보기에 대한 설명으로 가장 적절한 것은?

> **보기** · 화재보험에 가입하고 보험사고가 발생하여 보험금을 수령하였다.
> · 보험계약 현황 : 보험가입금액 5천만원, 보험가액 1억원, 전부손해 발생

① 보험자는 법률상 최고한도액인 1억원을 지급한다.

② 보험자는 법률상 최고한도액인 5천만원을 지급한다.

③ 보험자는 약정상 최고한도액인 1억원을 지급한다.

④ 보험자는 약정상 최고한도액인 5천만원을 지급한다.

009 손해보험 경영의 3원칙 중에서 '위험분산의 원칙'과 가장 거리가 먼 것은?

① 재보험

② Coinsurance I

③ Coinsurance Ⅱ

④ 지역적 인수제한

010 보험증권의 법적 성질에 대한 설명이다. 틀린 것은?

① 보험증권에 법정사항의 기재를 결하거나 또는 그 밖의 사항을 기재하여도 보험증권의 효력에는 아무런 영향이 없는데, 이는 보험증권의 강한 요식증권성을 말한다.

② 증권의 기재가 계약의 성립과 계약의 내용에 대해 사실상의 추정력을 갖는다는 것은 보험증권의 증거증권성이다.

③ 보험자는 보험금의 지급이나 기타의 급여를 지급함에 있어서 보험증권을 제시하는 자에 대하여 악의 또는 중과실 없이 지급하면 면책이 되는데, 이는 보험증권의 면책증권성을 말한다.

④ 보험증권의 유가증권성에 대해서는 긍정설과 부정설이 있는데, 해상보험증권에 한하여 제한적으로 인정된다는 부분긍정설이 통설로 인정된다.

011 빈칸에 가장 적절한 것은?

> **보기** 보험증권의 교부의무를 위반할 경우 (　　　　　　　　　　　).

① 보험계약자는 보험계약성립일로부터 3개월 내로 보험계약을 취소할 수 있다.

② 보험계약자는 그 사실을 안 날로부터 3개월 내로 보험계약을 취소할 수 있다.

③ 보험계약자는 보험계약성립일로부터 1개월 내로 보험계약을 해지할 수 있다.

④ 그 효과에 관한 규정은 없다.

012 특별보통보험약관에 대한 설명으로 틀린 것은?

① 보통보험약관을 보충하기 위해 세부적인 약관을 필요로 할 경우 이용되는 약관이다.

② 보통보험약관과 마찬가지로 부합계약성의 법적 성질을 지닌다.

③ 보통보험약관보다는 우선하여 해석한다.

④ 해상보험 등 기업보험에서 주로 이용되는 약관이다.

013 보기는 약관 구속력에 대한 학설 중 어디에 해당하는가?

> **보기** 약관의 내용을 몰랐어도 당사자를 구속하는 것으로 본다.

① 의사설   ② 계약설   ③ 규범설   ④ 손해설

014 약관의 교부설명의무에 대한 내용이다. 틀린 것은?

① 보험자가 약관의 교부 · 설명의무를 부담하는 시점은 보험계약을 체결하는 때이다.

② 약관의 교부 · 설명의무를 이행하였음을 입증하는 책임은 보험자가 진다.

③ 약관의 교부 · 설명의무 위반 시 보험계약자는 보험계약이 성립한 날로부터 3개월 내로 보험계약을 취소할 수 있다.

④ 약관의 중요한 내용은 보험계약자가 이해할 수 있도록 설명해야 한다.

015 관련 법규에 명시된 약관의 필수기재사항이 아닌 것은?

① 보험회사의 보험금지급의무

② 보험계약의 취소 원인

③ 보험회사의 면책사유

④ 보험회사의 의무의 범위 및 그 의무 이행의 시기

016 약관규제법상의 약관해석원칙상 작성자불이익의 원칙을 설명한 것이다. 틀린 것은?

① 불명확하게 표시한 자는 이에 대한 책임을 스스로 부담해야 한다는 법언에서 유래된 원칙이다.

② 보험자와 계약자가 약관에 대해 합의한 내용이 약관의 내용과 다를 경우에 적용되는 원칙이다.

③ 보험계약이 부합계약임에 따르는 해석원칙이라고 할 수 있다.

④ 약관해석원칙 중 가장 최종적으로 적용되는 원칙이다.

017 금융분쟁조정위원회에 대한 설명이다. 틀린 것은?

① 조정위원회는 위원장 1인을 포함하여 35인 이내의 위원으로 구성한다.

② 금융감독원장은 분쟁조정의 신청을 받은 날로부터 30일 이내에 조정위원회에 회부해야 하며, 조정위원회는 회부받은 날로부터 30일 이내에 이를 심의하여 조정안을 작성해야 한다.

③ 재의요구 시 재의결 요건은 '구성위원의 2/3 이상의 출석과 출석위원 2/3 이상의 찬성'이다.

④ 당사자가 조정안을 수락할 경우 당해 조정안은 재판상 화해의 효력을 지니는데, 재판상 화해 이후에는 법적다툼은 불가하다.

018 상호협정에 대한 설명이다. 틀린 것은?

① 타 보험사와 공동의 업무를 진행하기 위해 타 보험사와 체결하는 협정을 말한다.

② 상호협정을 체결할 경우 금융위의 사전 인가를 받아야 한다.

③ 금융위는 상호협정의 체결, 변경 및 폐지의 인가를 내거나 협정에 따를 것을 명하려면 금융감독원과 협의해야 한다.

④ 현재 시행 중인 보험사 간의 상호협정은 생명보험보다 손해보험사가 더 많다.

019 보험업법의 규정이나 명령 위반 시 금융위원회가 보험회사에 취할 수 있는 제제에 속하지 않는 것은?

① 6개월 이내의 영업의 전부정지

② 회사에 대한 주의 또는 경고

③ 임직원에 대한 주의, 경고, 문책의 요구

④ 위반명령에 대한 시정명령

020 빈칸에 알맞은 것은?

> **보기** 손해보험회사는 (   )로부터 출연금 납부통보를 받은 날로부터 (   ) 이내에 출연금을 납부해야 한다.

① 손해보험협회, 1개월   ② 손해보험협회, 3개월

③ 금융감독원, 1개월   ④ 금융감독원, 3개월

021 다음 설명 중 옳은 것은?

① 보험자가 계약자의 청약 후 30일 이내에 낙부의 통지를 발송하지 않으면 승낙으로 추정한다.

② 보험청약일로부터 15일 이내에 아무런 조건 없이 계약을 철회할 수 있다.

③ 승낙 전 보험사고에 대한 보험자책임은 법정책임이다.

④ 타인을 위한 보험계약을 체결하기 위해서는 타인의 존재를 계약 성립 전에 정해야 한다.

022 보험계약의 부활요건을 모두 묶은 것은?

> **보기** ㉠ 계속보험료의 부지급으로 인한 계약의 해지일 것
> ㉡ 해지환급금이 미지급된 상태일 것
> ㉢ 보험계약자의 청구와 보험자의 승낙이 있을 것
> ㉣ 과거에 부활을 한 계약이 아닐 것

① ㉠

② ㉠, ㉡

③ ㉠, ㉡, ㉢

④ ㉠, ㉡, ㉢, ㉣

023 고지의무가 부과되지 않는 자는?

① 보험계약자

② 피보험자

③ 보험수익자

④ 피보험자의 대리인

024 고지의무에 대한 설명이다. 옳은 것은?

① 고지의무는 상법상 의무로 고지의무를 위반할 경우 손해배상책임을 진다.

② 고지의무는 계약 성립 시까지 이행해야 한다.

③ 고지의무자의 불고지나 부실고지가 있으면 고지의무위반의 요건이 충족된다.

④ 보험회사의 계약해지권은 고지의무 위반 사실을 안 때로부터 반드시 보험사고 발생 전에 행사되어야 한다.

025 보험계약자 등이 의무를 불이행할 경우, 그 효과가 보기와 다른 것은?

> **보기** 보험자는 그 사실을 안 날로부터 1개월 이내에 계약을 해지할 수 있다.

① 위험의 현저한 변경 또는 증가 시의 통지의무 위반

② 위험유지의무 위반

③ 보험목적 양도 시의 통지의무 위반

④ 선박미확정의 적하예정보험의 통지의무 위반

026 생명보험 표준약관상 보험자의 해지권 또는 취소권 행사가 가능한 경우이다. 틀린 것은?

① 보험자가 고지의무 위반 사실을 안 날로부터 1개월 이내

② 보험금지급사유가 발생하지 않은 경우 책임개시일로부터 2년 이내

③ 계약체결일로부터 3년 이내

④ 뚜렷한 사기사실에 의해 보험계약이 성립되었음을 회사가 증명하는 경우에는 보장개시일 로부터 10년 이내

027 보기를 뜻하는 재보험의 종류는?

> **보기** • 미리 정한 비율로 출재를 하므로 재보험자의 입장에서 역선택의 가능성이 적다는 장점이 있다.
> • 신규판매보험종목이나 신설보험자의 경우 주로 사용된다.

① Quota Share
② Surplus Treaty

③ Excess of Loss
④ Stop Loss Cover

028 다음 설명 중 옳은 것은?

① 보험에 부쳐지는 대상을 보험계약의 목적이라 한다.

② 밀수품을 분실하여 발생한 손실은 피보험이익이 될 수 없는데, 이는 피보험이익의 경제성 을 위반하기 때문이다.

③ 피보험이익의 가액을 보험가입금액이라 한다.

④ 동일한 보험의 목적이라도 피보험이익이 다르면 서로 다른 계약이 된다.

029 다음 중 보험가액이 보상최고한도액이 되는 것을 모두 묶은 것은?

> **보기** ㉠ 중복보험   ㉡ 초과보험
> ㉢ 병존보험   ㉣ 일부보험

① ㉠   ② ㉠, ㉡

③ ㉠, ㉡, ㉢   ④ ㉠, ㉡, ㉢, ㉣

030 우리 상법이 택하고 있는 중복보험의 보상방식은?

① 우선주의   ② 비례주의

③ 연대주의   ④ 연대비례주의

031 보험목적의 양도효과가 적용되지 않은 것을 나열한 것이다. 틀린 것은?

① 인보험   ② 자동차보험

③ 전문직업배상책임보험   ④ 합병

032 대위권에 대한 설명이다. 틀린 것은?

① 잔존물대위의 요건이 충족되면 피보험자의 의사표시가 없어도 권리가 이전된다.

② 청구권대위는 잔존물대위와는 달리 보험금액의 일부를 지급해도 인정된다.

③ 피보험자에게 권리보존의무가 부과되는 것은 잔존물대위와 청구권대위 모두에 해당된다.

④ 잔존물대위권의 소멸시효는 없다.

033 일부보험에서 보기와 같은 내용으로 청구권대위가 발생하였다. 이 경우 보험자의 대위권행사로 취득할 수 있는 금액을 3가지 학설로 구분할 때 틀린 것은?

> **보기** 주택화재보험, 보험가액 10억원, 보험금액(보험가입금액) 6억원, 제3자의 불법행위로 인한 1억원의 손해액 발생, 제3자의 손해배상자력은 8천만원이다.

① 절대설로 본다면 6천만원이다.

② 상대설로 본다면 4,800만원이다.

③ 차액설로 본다면 4천만원이다.

④ 보험계약자의 입장에서는 절대설이 가장 유리하다.

034 위부(abandonment)에 대한 설명이다. 틀린 것은?

① 보험위부는 특별한 요식을 필요로 하지 않는 불요식의 법률행위이다.

② 위부는 반드시 보험목적의 전부를 대상으로 해야 한다.

③ 보험자는 위부의 승인을 거절할 경우, 피보험자는 위부원인의 입증을 통해 보험금액 지급 청구를 할 수 있다.

④ 2개월 이상 행방불명된 선박에 대한 전손보험금을 지급한 후 선박이 다시 출현하면 보험자는 잔존물대위권을 행사하면 된다.

035 배상책임보험에 대한 설명이다. 옳은 것은?

① 배상책임보험은 제3자에 대한 법률상 또는 계약상의 손해배상책임을 보상하는 보험이다.

② 배상책임보험에서의 보험의 목적은 피보험자의 전재산이다.

③ 배상책임보험도 손해보험에 속하므로 고의 또는 중과실사고를 보상하지 않는다.

④ 배상책임보험은 그 특성상 보험가액이 존재하지 않는데 이에 대한 예외는 없다.

036 인보험에 대한 설명이다. 옳은 것은?

① 보험계약자와 피보험자가 다른 생명보험계약은 타인을 위한 생명보험이라 한다.

② 생명보험에서 서면동의를 요구하는 것은 타인을 피보험자로 하여 사망보험을 체결하는 경우가 유일하다.

③ 15세 미만인 자를 피보험자로 하는 상해보험은 무효이다.

④ 제3보험은 생명보험과 손해보험의 성격을 모두 지니고 있으나 대부분은 생명보험의 규정을 준용한다.

037 보험업법상 보험업의 허가를 받을 수 없는 자는?

① 주식회사   ② 상호회사

③ 각종 공제기관의 공제사업   ④ 외국보험회사

038 보험업의 허가요건에 대한 내용이다. 빈칸을 옳게 채운 것은?

> **보기** 1항 : 보험회사는 (가) 이상의 자본금 또는 기금을 납입함으로써 보험업을 시작할 수 있다.
> 2항 : 보험종목의 일부만을 취급하고자 할 경우에는 (나) 이상의 범위에서 다르게 정할 수 있다.
> 3항 : 통신수단으로 모집하는 보험회사는 '1항'의 (다) 이상의 금액을 자본금 또는 기금으로 납입해야 한다.

	가	나	다
①	300억원	50억원	3분의 2
②	300억원	100억원	3분의 1
③	500억원	50억원	3분의 1
④	500억원	100억원	3분의 2

039 제3보험만을 영위하는 보험회사가 겸영을 할 수 있는 것은?

① 조세특례제한법에 의한 연금저축보험
② 근로자퇴직급여보장법에 의한 퇴직연금
③ 질병사망을 특약형식으로 담보하는 보험
④ 제3보험의 재보험

040 다음 설명 중 틀린 것은?

① 보험대리점의 영업보증금은 개인대리점이 1억원, 법인대리점이 3억원 이상이어야 한다.
② 보험중개사는 금융위에 등록을 하는데 금융위의 등록업무위탁에 따라 금융감독원에서 등록업무를 대행한다.
③ 보험계약 체결 시 설명의무는 일반보험계약자에게만 적용한다.
④ 보험회사의 사용자책임에 있어서 보험설계사에 대해서는 무과실에 가까운 책임을, 당해 보험사의 임직원에 대해서는 무과실책임을 진다.

041 언더라이팅에 대한 설명이다. 가장 적절한 것은?

① 모집자보고서에서는 보험계약자가 그 내용을 충분히 설명듣고 이해했다는 의미의 자필서 명을 반드시 받아야 한다.

② 보험의학은 임상의학과 같은 수준의 언더라이팅을 한다.

③ 계약적부심사는 계약체결 전 또는 후의 단계에서 계약자와 피보험자가 청약서에 알린 사 항이 실제와 일치하는지 검증하는 제도로서, 선의의 계약자를 보호하는 의의가 있다.

④ 언더라이팅 대상으로서의 위험은 신체적 위험, 환경적 위험, 재정적 위험, 도덕적 위험이 있는데, 이 중에서 피보험자의 직무상 위험은 환경적 위험에 속한다.

042 언더라이팅의 방법에 대한 내용이다. 가장 적절한 것은?

① 언더라이터는 모든 정보 중 객관적인 사실로서의 정보만을 인수기준의 판단으로 선택하여 야 한다.

② 인수기준에는 보험자 상호 간의 형평의 원칙이 준수되어야 한다.

③ 정확한 언더라이팅을 위해서는 가계성 보험처럼 보험가입금액이 소액이라도 청약서 내용 에 기재된 사항에 만족하지 말고 가급적 현장실사를 하는 것이 바람직하다.

④ 인수거절 건에 대해서는 보험업법상의 관련 규정이 없으나 고객관리차원에서 승낙이 거절 된 이유를 지체없이 알리는 것이 좋다.

043 언더라이팅 절차에 있어서 세부 진행과정들이다. 진행 순서를 옳게 연결한 것은?

보기 ㉠ 적정한 인수규정의 완비
ㄴ Underwriting Inspection
ㄷ 보험요율의 수정

① ㉠ → ㄴ → ㄷ ② ㉠ → ㄷ → ㄴ
③ ㄴ → ㉠ → ㄷ ④ ㄴ → ㄷ → ㉠

044 보험가입금액이 45억원이고 언더라이터가 상정한 PML은 60%이다. 그렇다면 LOL의 설정 취지에 부합하지 않는 LOL 금액은?

① 27억원   ② 25억원   ③ 20억원   ④ 15억원

045 어떤 손해보험사의 원보험사업에 대한 정보가 보기와 같다. 이 경우 해당 손해보험사가 대안으로 취할 수 있는 것과 가장 거리가 먼 것은?

> 보기   해당 기간 수입보험료 100억원, 보험금 80억원, 사업비 30억원

① Deductible을 하향조정한다.
② 손해율이 높은 보험종목의 인수기준을 강화한다.
③ 손해율이 높은 특정 판매채널의 판매를 제한한다.
④ 보험요율을 인상한다.

046 화재보험의 특징에 해당하지 않는 것은?

① 보험자가 지급책임을 약정하는 보험기간방식은 기간보험(Time policy)방식이다.
② 보험자의 책임이 개시되는 담보기준은 손해사고발생기준이다.
③ 보험자가 담보하는 위험을 인정하는 방법은 열거주의로 한다.
④ 보험가액을 확정할 수 없으므로 보상한도액을 기준으로 보험금을 지급한다.

047 보기는 어떤 공제조항에 해당하는가?

> 보기   • 보험가입금액 1억원, 공제액은 보험가입금액의 5%
> • 손해액 800만원, 보험자부담액 300만원

① 직접공제   ② 참여공제   ③ 종합공제   ④ 프랜차이즈공제

048 보기는 손해보험요율산정의 3원칙 중 어디에 해당하는가?

> 보기   보험요율은 보험계약자의 위험의 크기나 예상손실의 규모에 따라 보험료에 차등을 둠으로써 보험계약자 간 형평성이 유지되도록 해야 한다.

① 적정성   ② 비과도성   ③ 공정성   ④ 안정성

049 보기의 요율종류에 해당하지 않는 것은?

> **보기**
> • 보험요율감독의 대표적인 형태이다.
> • 국민 다수의 일상생활과 관련성이 높은 화재보험, 자동차보험 등에 적용되는 것이 일반적이다.

① 사전인가요율　　　　　　　　　　② 제출 후 사용요율

③ 사용 후 제출요율　　　　　　　　　④ 점검요율

050 보기가 해당하는 보험요율은?

> **보기**
> • 광범위한 동일위험집단별로 동일한 요율을 적용하는 요율체계이다.
> • 요율적용이 간편하고, 적은 비용으로도 요율을 사용할 수 있는 것이 장점이다.
> • 요율체계의 단순성, 경직성으로 인해 동일등급에 해당하는 모든 계약자에게 정확히 평준화될 수는 없다(단점).

① 등급요율　　　　② 경험요율　　　　③ 고정요율　　　　④ 범위요율

051 현행 손해보험의 요율체계에 대한 설명이다. 가장 적절하지 않은 것은?

① 우리나라 손해보험업계는 순보험료, 부가보험료를 구분하지 않고 이들의 요율체계로서 참조순보험요율을 사용한다.

② 보험요율산정의 경영상 요건 중 안정성 차원에서 요율의 과도한 변동성을 방지하기 위해 요율변동의 최대폭은 ±25%로 한다.

③ 요율조정은 요율이 ±5% 이상 변동할 경우 매년 조정하는 것을 원칙으로 하고 있다.

④ 자동차보험의 경우 요율의 변동폭 제한을 받지 않는다.

052 다음 중 보험료할증특약의 대상의 되는 질병이 아닌 것은?

① 고혈압　　　　　　　　　　　　② 당뇨

③ 위궤양　　　　　　　　　　　　④ 시력장애

053 보장제한부 인수 특별약관, 보험료할증 또는 보험금삭감 특별약관에 대한 내용이다. 틀린 것은?

① 보장제한부 인수기간은 1년에서 5년까지 적용된다.

② 위궤양은 보험금삭감의 대상이다.

③ 보험료할증의 적용기간은 보험기간 전 기간을 대상으로 한다.

④ 감액적용담보는 질병사망, 의료비, 일당 담보에 적용된다.

054 특수건물에 대한 신체손해배상책임보험의 보상한도액에 대한 설명이다. 틀린 것은?

① 사망 시 최고 1억 5천만원

② 부상 시 상해등급별로 최고 3,000만원

③ 후유장해 시 장해등급별로 최고 1억 5천만원

④ 물적 피해 시 1사고당 1억원 한도 내에서 보상

055 보험개발원이 산출하고 신고한 자동차보험의 순보험료가 381,300원이다. 계약인수 비용과 이윤 등 총사업비의 사업비율이 0.3이다. 이때 영업보험료와 가장 가까운 것은?

① 381,300원

② 544,700원

③ 762,600원

④ 1,271,000원

056 자동차보험의 언더라이팅에 대한 설명이다. 옳은 것은?

① 특별약관을 첨부할 때 적용하는 요율은 특별요율이다.

② 가입자특성요율은 교통법규위반경력을 반영하는 요율이다.

③ 우량할인·불량할증제도에서 단체할인할증을 적용하기 위한 요건으로는, 1년간 평균 유효대수가 영업용은 50대 이상, 업무용은 10대 이상이어야 한다.

④ 대인사고, 자기신체사고, 자동차상해, 물적 사고가 중복될 경우에는 이를 구분하고 합산하여 사고점수를 산출한다.

057 자동차보험의 개별할인, 할증의 평가대상기간은?

① 전 계약의 보험기간

② 전전계약 보험기간 시작일부터 전계약 보험기간 만료일까지

③ 전전계약 보험기간 만료일 3개월 전부터 전계약 보험기간 만료일 3개월 전까지

④ 전전계약 보험기간 만료일 6개월 전부터 보험기간 만료일 6개월 전까지

058 특종보험의 위험보유한도를 정할 때, 통계적으로 검증을 거친 일정 기준을 사용하고자 한다. 수입보험료를 기준으로 할 때 적정한 보유한도로 가장 적절한 것은?

① 0.5~1.5%   ② 1~3%

③ 5%   ④ 10%

059 다음 중 보험기간이 짧은 Short-tail 종목을 재보험에 출재한다고 할 때, 가장 적합한 거래방식은?

① 비례 및 초과액재보험 혼합특약   ② 초과액재보험 특약

③ 초과손해액재보험   ④ 초과손해율재보험

060 재보험 출재방식이 보기와 같다. 이에 대한 설명으로 가장 거리가 먼 것은?

4th Layer	400억원 초과 400억원
3rd Layer	200억원 초과 200억원
2nd Layer	100억원 초과 100억원
1st Layer	50억원 초과 50억원

① 출재사의 자기부담금은 50억원이다.

② 수재사가 부담하는 총담보금액은 750억원이다.

③ 비비례적 재보험의 초과손해액재보험이다.

④ 비례적 재보험의 초과액재보험이다.

PART 04 | 손해보험 손해사정 [061~080]

061 손해사정절차에서 보기는 어떤 단계를 말하는가?

> **보기** 보험의 목적, 피보험이익의 존속여부, 중복계약여부 등을 파악

① 계약사항 확인   ② 청약서 확인

③ 약관의 면부책 내용 확인   ④ 현장조사

062 손해보험의 대원칙인 '이득금지원칙'의 실현과 가장 가까운 것은?

① 일부보험의 비례주의　　　　　② 보험가액 불변경주의
③ 타보험조항　　　　　　　　　④ 복원보험

063 신구교환공제를 명시하는 약관은?

① 보통보험약관　　　　　　　　② 개별보험약관
③ 특별보통보험약관　　　　　　④ 특별보험약관

064 보험자 간의 손해분담을 보기와 같이 하는 타보험조항은?

> **보기**
> • 보험가액 10억원, A보험사에 2억원, B보험사에 6억원, C보험사에 8억원의 보험가입금액에 가입함(총 보험가입금액 16억원인 중복보험).
> • 8억원의 손해가 발생한 경우 아래와 같이 각 보험자의 지급책임액을 정한다.
> • A 보험사의 지급책임액 = 8억원 $\times \dfrac{1.6}{1.6억원 + 4.8억원 + 6.4억원}$ = 1억원
> • B보험사의 지급책임액 = 8억원 $\times \dfrac{4.8}{1.6억원 + 4.8억원 + 6.4억원}$ = 3억원
> • C보험사의 지급금액 = 8억원 $\times \dfrac{6.4}{1.6억원 + 4.8억원 + 6.4억원}$ = 4억원

① 비례책임조항　　　　　　　　② 책임한도 분담조항
③ 균등액 분담조항　　　　　　　④ 초과액 타보험조항

065 보기는 소손해면책 중 어떤 방법인가?

사고 횟수	사고별 손해액	보험자 책임액	보험계약자 자기부담금
1차	10만원	0	10만원
2차	20만원	0	20만원
3차	40만원	30만원	10만원
4차	50만원	50만원	0원

(공제한도액 : 40만원)

① 직접공제　　　　　　　　　　② 프랜차이즈공제
③ 소멸성공제　　　　　　　　　④ 종합공제

066 프랜차이즈공제 약관이 적용되는 보험이다. 보기의 경우 보험자와 보험계약자의 부담액은?

> **보기** 공제액은 100만원이며, 190만원의 손해가 발생하였다.

	보험계약자	보험자
①	90만원	100만원
②	100만원	90만원
③	0원	190만원
④	100만원	10원

067 다음 설명 중 가장 적절하지 않은 것은?

① 피보험자가 더 높은 공제금액이나 비율을 선택할수록 보험료는 더 많아진다.

② 포괄담보에서는 피해자는 손해의 발생사실만 입증하면 된다.

③ 15세 미만자를 피보험자로 하는 상해보험은 무효가 되지 않는다.

④ 불법행위로 인한 손해와 더불어 이득이 생겼는데 피해자에게도 과실이 있는 경우 손해액에서 과실상계를 먼저 한 다음 손익상계를 한다.

068 빈칸이 옳게 연결된 것은?(순서대로)

> **보기** 소급보험에서는 (   )보다 (   )이 더 길다.

① 보험기간, 보험계약기간

② 보험기간, 보험료기간

③ 보험계약기간, 보험기간

④ 보험계약기간, 보험료기간

069 다음 중 보험기간의 개념이 나머지 셋과 다른 것은?

① 제3보험의 질병·상해보험은 담보손인에 의한 사고로 입원치료를 받던 중 보험기간이 만료되면 보험기간 만료 전 입원일로부터 180일을 한도로 보상한다.

② 기업휴지보험은 통상적으로 사고발생시점으로부터 12개월을 한도로 보상한다.

③ 자동차보험의 대차료는 수리가 가능한 경우는 30일, 수리가 불가능한 경우는 10일을 한도로 보상한다.

④ 자동차보험에서 영업손실은 30일을 한도로 하여 보상한다.

070 보험기간과 손해보상과 관련하여, 보기에 대한 설명이 가장 정확한 것은?

> **보기** 보험기간 직전에 이웃집에 화재가 발생하였고 보험기간 후에 보험의 목적인 A건물에 불이 옮겨 붙어 A건물에 화재손해가 발생하였다면, 이를 보상한다.

① 손해설에 해당되며 통설이 아니다.　　② 이재설에 해당되며 통설이다.

③ 위험설에 해당되며 통설이 아니다.　　④ 위험설에 해당되며 통설이다.

071 보험계약의 해제, 무효, 취소, 해지를 설명한 것이다. 가장 적절하지 않은 것은?

① 장래에 한해서만 계약의 효력을 소멸시키는 것은 해지이다.

② 의사표시가 없어도 법률행위가 성립되는 것은 무효가 유일하다.

③ 계약 성립 후 2개월이 경과하도록 초회보험료가 납부되지 않으면 해제가 되며, 소급하여 계약이 소멸된다.

④ 보험자가 약관의 교부설명의무 위반 시 3개월 내로 계약을 취소하지 않으면, 보험자의 약관교부명시의무를 위반한 효과가 소멸된다.

072 보험약관상 면책사항이 필요한 이유를 나열하였다. 가장 거리가 먼 것은?

① 인위적 사고유발, 도덕적 위험의 방지

② 보험경영상 보험자가 담보하기 어려운 위험일 경우

③ 손해율 경감을 통한 보험요율의 적정성 유지

④ 이중담보방지를 통한 보험료부담 경감

073 손해사고기준과 배상청구기준에 대한 설명이다. 틀린 것은?

① 보험기간 중에 보험사고가 발생했다면, 보험기간 후에 청구해도 보상하는 것은 사고발생기준 담보이다.

② 보험기간 중에 보험사고가 발생하지 않았더라도 요건을 갖춘 경우 보험기간 중에 청구하면 보상하는 방식은 사고발생기준이다.

③ 의약품의 장기복용에 의한 사고와 같이 손인과 손해가 시간적으로 근접해 있지 않아 사고발생시점의 확인이 어려운 경우에는 배상청구기준의 담보가 적절하다.

④ 피보험자로부터 제기된 최초의 손해배상청구시점을 보험사고의 성립시점으로 해석함으로써 보험금지급에 따른 분쟁을 회피할 수 있는 것은 배상청구기준이다.

074 다음 설명 중 가장 적절한 것은?

① 보험사고의 인과관계를 따짐에 있어 우리나라와 영국해상법은 모두 상당인과관계설을 통설로 하고 있다.

② 보험기간 내에 발생한 사고라면 그 이후에 배상청구를 해도 보상을 한다는 것이 배상청구기준이다.

③ 보험금청구권의 상실조항이 있는 약관은 판례상 설명의무의 대상이 아니라고 본다.

④ 구상권은 이득금지원칙을 구현하는 수단이며 손해율을 낮추고 손해방지를 촉진시키는 매우 중요한 의미가 있는 바, 보험자가 구상권 행사를 포기하는 것을 금지하고 있다.

075 P생명보험사의 당해 사업연도의 보험료합계액이 3천억원이다. 그렇다면 비상위험준비금을 계상하는 최대한도는 얼마인가?

① 0원

② 1,050억원

③ 1,500억원

④ 3,000억원

076 IBNR준비금을 적립하지 않았을 경우의 현상이다. 가장 거리가 먼 것은?

① 부채를 과소평가하게 된다.

② 보험요율이 적정보험요율보다 낮게 된다.

③ 보험사의 영업수지가 악화된다.

④ 보험사의 재무건전성을 악화시킨다.

077 일부보험으로서의 공동보험(Coninsurance Ⅱ)을 두는 목적이다. 가장 거리가 먼 것은?

① 보험자 간 위험의 횡적 분산

② 보험료 감소효과

③ 손해발생 방지효과

④ 요율의 형평성 유지

078 보기에 해당하는 보험은?

> **보기**
> - 보험계약자 1인, 보험자 수인
> - 보험가입금액의 합계≤보험가액
> - 통지의무가 부과되지 않는다.

① 중복보험   ② 병존보험

③ Coinsurance I   ④ Coinsurance Ⅱ

079 보기에 대한 설명으로 가장 거리가 먼 것은?

> **보기** 보험가액 1억원, 보험가입금액 1억원, 보험사고로 지급한 보험금이 3천만원, 전액주의에 따름

① 이후의 보상한도액은 7천만원이 아니라 1억원이다.

② 추가보험료를 납부해야 1억원의 보험가입금액을 유지할 수 있다.

③ 전액주의가 유지될 경우 보상한도총액이 보험가입금액을 초과하여 이득금지원칙에 위배될 수 있다.

④ 전액주의 하에서는 보험사고 발생 후라도 보험계약자는 언제든지 계약을 해지할 수 있다.

080 다음 설명 중 가장 거리가 먼 것은?

① 담보위험의 결과로서 간접적인 손해가 반드시 수반되어 나타나는 손해를 결과적 손해라한다.

② 선박보험에서 선박의 존부가 3개월 이상 분명하지 않으면 추정전손이 성립된다.

③ 전손이 발생하면 보험계약은 무조건 소멸된다.

④ 보증보험은 타인을 위한 보험이다.

081 다음 설명 중 옳은 것은?

① 감독목적회계는 국제적 정합성 유지를 목적으로 하고 있다.

② 은행의 예금이나 보험사의 보험료 수입은 고객에게 돌려주어야 하므로 금액 전체가 부채가 된다.

③ 일반 주식회사와 마찬가지로 보험회사도 배당 대상은 주주이다.

④ 2016년 현재 보험회사의 장부폐쇄일은 12월 31일이다.

082 재무제표의 5가지 종류 중 감독목적회계상 별도의 작성방법을 정하고 있지 않은 재무제표는?

> **보기** ㉠ 현금흐름표   ㉡ 자본변동표
> ㉢ 포괄손익계산서   ㉣ 연결재무제표

① ㉠, ㉡   ② ㉠, ㉢   ③ ㉡, ㉢   ④ ㉡, ㉣

083 금융상품의 인식과 측정에 따른 한국채택국제회계기준(K–IFRS)을 따를 때, 다음 중 손상차손을 인식하지 않는 것은?(K–IFRS의 제1039호와 제1109호를 구분하지 않음)

① 만기보유금융자산

② 대여금 및 수취채권

③ 기타포괄손익 공정가치측정 금융자산 중 지분상품

④ 상각후원가 측정 금융자산

084 K–IFRS상 무조건 집합평가로써 대손충당금을 설정해야 하는 자산은?

① 개별적으로 중요하면서 손상이 발생된 채권

② 개별적으로 중요하면서 손상이 발생되지 않은 채권

③ 개별적으로 중요하지 않으면서 손상이 발생된 채권

④ 개별적으로 중요하지 않으면서 손상이 발생되지 않은 채권

085 유형자산에 대한 최초인식 후의 측정을 재평가모형으로 한다. 재평가에 대한 정보가 아래와 같을 경우, 당기의 회계처리로 옳은 것은?

> **보기** • 직전 재평가 시 재평가증가액이 50억원 발생하여 기타포괄손익으로 인식하였다.
> • 당기 재평가로 재평가감소액이 70억원 발생하였다.

① 당기에 당기순손실로 70억원을 인식한다.

② 당기에 기타포괄손익으로 −70억원을 인식한다.

③ 당기에 기타포괄손익으로 −50억원, 당기순손실로 20억원을 인식한다.

④ 당기에 당기순이익으로 50억원을 인식하고 기타포괄손익으로 −20억원을 인식한다.

086 다음 중 신계약비를 당기비용으로 처리하는 보험계약은?

① 법인보험계약

② 변액보험계약

③ 보험기간이 1년 이하인 보험계약

④ 단체보험계약

087 보험회사의 책임준비금과 관련된 사항이다. 가장 거리가 먼 것은?

① 보험료적립금은 책임준비금 중 가장 높은 비중을 차지하지만 일반손해보험의 책임준비금에는 없다.

② 손해보험의 책임준비금에는 보증준비금이 없다.

③ 책임준비금은 '책임준비금전입액'이라는 계정과목으로서 영업이익의 차감항목으로 반영되는데, 이는 생명보험과 손해보험에 동일하게 적용된다.

④ 보험가격자유화에 따른 과도한 가격경쟁으로 발생할 수 있는 회사의 재무구조 악화를 방지하기 위해 표준책임준비금제도를 마련하였다.

088 보기는 손해보험의 지급준비금 추정방법 중 어디에 속하는가?

> **보기** • 건수가 적고 건당 손해액이 거액이 해상, 항공, 화재보험에 주로 적용한다.
> • 보험사고별로 손해사정자가 세목별 항목을 감안하여 개별적으로 적립한다.

① 기보고발생손해액 – 평균평가법　　　② 기보고발생손해액 – 손해율평가법

③ 기보고발생손해액 – 개별추산법　　　④ 미보고발생손해액 – 정률법

089 유배당상품에서 계약자배당 관련 준비금을 적립하는 순서를 옳게 연결한 것은?

① 계약자배당준비금 → 계약자이익배당준비금 → 배당보험손실준비금

② 계약자이익배당준비금 → 배당보험손실준비금 → 계약자배당준비금

③ 배당보험손실준비금 → 계약자배당준비금 → 계약자이익배당준비금

④ 배당보험손실준비금 → 계약자이익배당준비금 → 계약자배당준비금

090 A회사의 2015년도 회계자료의 일부이다. 보기에 따를 경우 기타포괄손익누계액은 얼마인가?

> **보기** 주식발행할인차금 1,000원, 자기주식처분이익 2,000원, 매도가능금융자산평가이익 3,000원, 해외사업환산손실 2,500원

① 500원　　　　② 1,000원　　　　③ 1,500원　　　　④ 2,500원

091 보험종목별로 비상위험준비금을 적립하는 적립기준율과 적립한도가 잘못된 것은?

> **보기** 비상위험준비금 = 보유보험료 × 적립기준율 × 적립한도

① 화재보험 – 5%, 50%　　　　② 자동차보험 – 5%, 40%

③ 보증보험 – 15%, 150%　　　　④ 특종보험 – 5%, 50%

092 K손해보험사의 결산자료이다. 보기의 자료를 이용할 경우 발생손해액은 얼마인가?

> **보기** • 순보험금 100억원
> • 손해조사비 8억원
> • 전기이월 지급준비금 40억원
> • 차기이월 지급준비금 50억원

① 82억원　　　　② 98억원　　　　③ 100억원　　　　④ 118억원

093 다음 중 손해보험회계상 보험환급금에 속하지 않는 것은?

① 만기환급금   ② 수재보험금

③ 계약자배당금   ④ 장기해지환급금

094 다음 중 손해보험사의 순사업비에서 지급경비에 속하지 않는 것은?

① 퇴직급여   ② 출재보험수수료

③ 수재이익수수료   ④ 신계약비상각비

095 특별계정운용의 용도가 '운용성과의 투명한 배분'에 있는 것은?

① 연금저축보험   ② 장기손해보험

③ 퇴직연금 원리금보장형   ④ 변액보험

096 H보험사의 특별계정에 관한 정보가 보기와 같다. 이 경우 H보험사의 전체 포괄손익계산서에 총액으로 표시되는 특별계정수익과 특별계정비용은 얼마인가?

> **보기** H보험사의 특별계정은 아래 2개가 있다.
> • 연금저축보험 특별계정(수익 30억, 비용 20억)
> • 변액보험 특별계정(수익 50억, 비용 30억)

	특별계정수익	특별계정비용		특별계정수익	특별계정비용
①	0원	0원	②	30억원	20억원
③	50억원	30억원	④	80억원	50억원

097 보기의 경우 보험회사가 소유할 수 있는 일반계정과 특별계정별 부동산(국내) 소유한도는?

> **보기** 보험회사 자기자본 1조원, 총자산 3조원, 특별계정자산 5천억원

	일반계정	특별계정		일반계정	특별계정
①	4,000억원	750억원	②	4,000억원	1,000억원
③	7,500억원	750억원	④	7,500억원	1,000억원

098 보기에 대한 설명으로 옳은 것은?

> **보기**
> • A보험회사의 자기자본 1조원, 총자산 3조원
> • A보험회사의 대주주인 C회사가 D회사를 인수하고자 함

① A보험사는 C사에 D사의 인수자금을 전혀 지원할 수 없다.

② A보험사는 C사에 D사의 인수자금을 4,000억원까지 지원할 수 있다.

③ A보험사는 C사에 D사의 인수자금을 6,000억원까지 지원할 수 있다.

④ A보험사는 C사에 D사의 인수자금을 9,000억원까지 지원할 수 있다.

099 보기에 대한 설명으로 옳은 것은?

> **보기**
> • 채무상환능력이 현저히 악화되어 채권회수에 심각한 위험이 발생한 것으로 판단되는 거래처에 대한 자산이 90억원이다.
> • 이 중 회수예상가액은 40억원이다.

① 회수의문 자산이 80억원이다.

② 회수의문 자산이 50억원이다.

③ 추정손실 자산이 80억원이다.

④ 추정손실 자산이 50억원이다.

100 보기는 위험기준 경영실태평가 제도에서 평가하는 7개 부문 중 무엇을 말하는가?

> **보기**
> • 보험회사의 고유업무인 보험계약의 인수 및 보험금지급과 관련하여 발생하는 리스크이다.
> • 재보험사의 경우 7개 평가부문 중에서 가중치가 가장 높게 반영된다.

① 경영관리리스크   ② 투자리스크

③ 시장리스크   ④ 보험리스크

001	002	003	004	005	006	007	008	009	010
②	①	①	①	④	①	③	④	②	③
011	**012**	**013**	**014**	**015**	**016**	**017**	**018**	**019**	**020**
③	④	②	②	④	②	④	④	④	③
021	**022**	**023**	**024**	**025**	**026**	**027**	**028**	**029**	**030**
③	④	②	④	②	①	③	②	②	①
031	**032**	**033**	**034**	**035**	**036**	**037**	**038**	**039**	**040**
④	②	③	④	②	②	④	③	③	②
041	**042**	**043**	**044**	**045**	**046**	**047**	**048**	**049**	**050**
④	③	③	②	④	④	③	④	②	③
051	**052**	**053**	**054**	**055**	**056**	**057**	**058**	**059**	**060**
②	②	②	④	④	③	①	②	④	③
061	**062**	**063**	**064**	**065**	**066**	**067**	**068**	**069**	**070**
①	③	④	①	③	②	②	③	②	③
071	**072**	**073**	**074**	**075**	**076**	**077**	**078**	**079**	**080**
②	③	④	②	④	②	②	④	④	①
081	**082**	**083**	**084**	**085**	**086**	**087**	**088**	**089**	**090**
③	④	②	④	②	②	①	④	④	④
091	**092**	**093**	**094**	**095**	**096**	**097**	**098**	**099**	**100**
④	①	③	②	④	②	①	③	③	②

001 위태란 특정한 사고로 인하여 발생할 수 있는 손해의 가능성을 새롭게 창조하거나 증가시키는 상태를 말하며, 물리적 위태와 정신적 위태, 도덕적 위험의 3가지가 있다.
※ 위태의 종류
ㄱ) 물리적 위태(또는 실체적 위태) : 얼음이 얼어 미끄러운 도로, 건조한 날씨로 불이 나기 쉬운 삼림 상태, 인간의 기질, 체질 등이 있다.
ㄴ) 정신적 위태 : 졸음운전처럼 고의는 없으나 부주의, 무관심 등의 상태를 말한다.
ㄷ) 도덕적 위태 : 사기나 강도처럼 고의적으로 사고의 빈도나 강도를 증가시키는 상태를 말한다.

002 물리적 위태는 자연이나 재물의 상태뿐 아니라 육체의 성질(기질, 체질)도 포함한다.
② 의식적인 행동을 수반하는 것은 도덕적 위태이며, 기강적 위태(정신적 위태)는 부주의나 무관심에 해당된다.
③ 면책손인이 아니라 비담보손인(부담보손인)이다.
　• 고의사고에 대해서 보험금을 지급하지 않는데 이를 면책손인이라 한다.
　• 면책손인과 비담보손인은 명확한 구분이 어렵다.
④ 도덕적 위험은 비등가성 때문에 발생한다.

003 고지의무의 부과대상자는 보험계약자와 피보험자이다. 그런데 위험의 선택은 보험자가, 위험의 역선택은 보험계약자나 피보험자가 하는 것이므로, 고지의무의 대상자는 위험의 역선택자이다.

004 위험의 불확실성이 있는 것은 순수위험과 투기위험의 공통점이며, 순수위험은 위험의 범위가 한정되지 않는다(투기위험은 한정).

005 ④는 손해발생 전의 목표에 해당한다.
※ 위험관리
　• 위험관리의 순서 : 위험의 발견 → 위험의 분석 → 위험관리기법 선택 → 위험관리 실행 및 수정
　• 위험관리의 목적

손해발생 전의 목적	손해발생 후의 목적
경제적 목표 달성 불안의 경감 외부로부터의 주어진 책임의 경감	존속 영업의 가능성 수익의 안정성 지속적인 성장 사회적 책임의 수행

　• 손해매트릭스 : 위험회피, 위험보유, 위험이전, 손실통제

006 위험회피의 장점과 단점이다. 예를 들어, 자동차사고 위험을 회피하는 가장 손쉬운 방법은 자동차를 타지 않는 것이다. 그러나 이 경우 자동차를 타지 않는 엄청난 비효율에 빠지게 된다.

007 위험 전가 → 보험계약자의 입장, 위험 결합 → 보험자의 입장

008 위험보장 자체가 별도의 계약이 된다는 것이므로 보험계약의 독립성을 말한다.
cf) 계속계약성 : 보험계약은 1회적인 급부로 계약이 종료되는 것이 아니라 계약관계가 일정 기간 동안 지속된다.

009 자산운용업무이다.
※ 손해보험회사의 주요업무(암기법 : 언재보자)

언더라이팅업무	재보험업무	보험금지급업무	자산운용업무

010 ① 손해보험의 원리
② 손해보험의 기능
③ 손해보험경영의 원칙 : 대동분으로 암기
④ 보험요율산정의 3원칙 : 적공비로 암기

011 피보험이익(보험계약의 목적)이 없는 손해보험은 무조건 무효이다.
① 인보험이든 손해보험이든 계약의 당사자는 보험자와 보험계약자이다.
② 보험수익자는 인보험에만 있는 보험계약의 요소이다.
※ 보험계약법(손해보험, 인보험)상 인보험은 생명보험과 상해보험을 말한다.
④ 재보험은 원보험의 종류와 관계없이 책임보험의 일종으로 손해보험으로 분류된다.

012 1개월 이상이어야 유효하다(아래 참조).
① 보험증권의 요식성을 말함 → 보험계약은 불요식계약이지만 보험증권은 요식증권이다.
※ 단, 요식성이 약하여 증거증권의 의미가 큰데, 이는 '보험증권을 분실 시 제권판결을 받지 않아도 재교부를 청구할 수 있다'는 점으로 이해할 수 있다.
② 보험증권의 면책증권성을 말한다.
③ 보험증권의 교부의무의 면제 → 계약자가 보험료를 납부하지 않으면 보험증권을 교부하지 않아도 된다.
※ 보험증권의 교부의무는 약한 의무로, 이를 이행하지 않는다 해도 별다른 제재가 없다.
④ 이의약관에 관함 → 보험증권의 내용이 잘못되어 계약자가 이를 수정할 수 있는 기간을 1개월 이상으로 해야 한다.

013 보통보험약관과 특별보통보험약관이 부합계약에 해당된다.
• 보통보험약관 : 불특정다수를 상대로 보험계약을 체결하기 위해 미리 작성한 약관으로서 보험계약의 내용을 이루는 정형적인 계약조항을 말하는데, 보험자가 일방적으로 미리 작성한다는 점에서 부합계약이라 할 수 있다.
• 특별보통보험약관(부가약관) : 보통보험약관의 내용을 더 상세히 한다는 차이만 있을 뿐, 보험자가 미리 작성한 정형화된 내용이라는 점에서 부합계약에 해당된다.
• 특별보험약관 : 해상보험처럼 보험자와 특정의 보험계약자 간의 개별적인 내용을 반영하는 약관이므로(기존 약관의 변경, 수정, 배제) 부합계약이라고 할 수 없다.

014 보험약관은 보험자에게는 강행규정, 보험계약자에게는 상대적 강행규정이라 할 수 있다. 참고로 의사설은 계약설이라고도 한다.
※ 약관의 강행규정
1) 보험자가 신약관이 만들어질 경우 계약자 보호를 위해 신약관이 구약관에 영향을 미치지 못하도록 한다(보험자에 대한 약관의 강행규정).
2) 그러나, 만일 신약관이 계약자 보호를 위해 구약관에 적용되는 것이 필요하다고 판단되는 경우에는, 신약관의 효력이 구약관에 미치도록 한다(보험계약자에 대한 상대적 강행규정).

015 해상보험, 재보험과 같은 기업보험은 교섭력이 보험자와 대등하기 때문에(또한 기업보험은 국제성이 강함), 굳이 계약자를 보호하는 동 조항(보험계약자 등의 불이익변경금지 조항)을 둘 필요가 없기 때문이다.
① 보험계약자 등의 불이익변경금지 조항이다.
② 입법적 규제이다(행정적규제는 금융위의 약관심사나 공정거래위원회의 약관심사 권한 등을 말함).
③ 계약자유의 원칙은 해상보험 등 기업보험에 해당한다(즉, 동 조항의 반대 입장임).

016 수기문언우선의 원칙은 ㉠ 손으로 쓴 문언이 인쇄문언보다 우선하며 ㉡ 인쇄문언 중에서는 첨가된 문언이 우선한다는 것을 말하는데, 특별보험약관이 보통약관에 우선한다는 것은 위의 ㉡에 해당한다.

017 '보험계약을 청약하는 때'이다. 참고로, 보험계약을 체결할 때(①)는 '계약의 청약부터 성립 까지'를 의미하여 표현상의 애매함이 있다. 따라서 이를 명확히 하고자 2010년 약관개정을 통해 '보험계약 청약 시'로 구체화하였다.

018 공정거래위원회와 협의해야 한다.
※ 기타의 기관
1) 보험협회 : 보험계약에 관한 사항의 비교공시업무
2) 보험상품공시위원회 : 보험협회가 하는 비교공시에 관한 중요사항에 대한 심의, 의결기관
3) 보험조사협의회 : 금융위의 조사업무를 효율적으로 수행하기 위해 금감원, 보건복지부 등이 참여하는 기관(금융위에 설치)
4) 공정거래위원회
㉠ 약관의 심사(추상적 심사 vs 법원의 구체적 심사)
㉡ 상호협정의 체결, 변경, 폐지인가 시 금융위의 사전협의 대상

019 금융감독원이 아니라 손해보험협회이다.

020 5년이 아니라 10년이다.

021 30일째 낙부의 통지를 하였으므로 도달일자와 관계없이(발송기준), 보험자의 낙부의 통지가 인정된다(즉 승낙의제가 아님).

022 ④는 상법 639조2항에 해당된다.
① 손해보험의 타인을 위한 계약은 계약자와 피보험자가 다른 경우이다.
② 타인을 위한 계약의 성립
㉠ 타인을 위한 계약에 대한 계약당사자의 의사합치(묵시적인 합의도 가능)가 있어야 한다.
㉡ 계약 성립 시까지 타인(피보험자 또는 보험수익자)의 존재를 추정만 해도 되며, 보험사고 전에 피보험자가 보험수익자를 지정해도 무방하다. 또한 타인의 지정 시, 타인을 구체적으로 명시할 필요는 없으며 타인과의 관계를 표시해도 무방하다.
③ 계약 성립에 대한 타인의 위임 여부 : 타인을 위한 계약의 성립 시, 보험자는 타인의 위임 여부를 묻지 않는다. 다만, 타인의 위임이 없을 경우는 보험자에 대해 고지해야 하며, 고지가 없을 경우는 타인의 대항력이 상실된다.

023 계약 성립을 전제로 소급책임이 발생한다.
※ 소급보험책임 VS 승낙 전 사고 책임

소급보험	승낙 전 사고 책임
계약 성립을 전제로 청약 전 사고도 보상한다(단, 주관적 우연성의 요건을 충족해야 함).	계약 성립이 되지 않아도 책임개시 이후의 사고에 대해서 보상한다.

024 ①, ②, ④가 요건이다. ③의 보험금 지급 유무는 관련이 없다.

025 ① 고지의무자는 계약자와 피보험자이다.
③ 중요한 사항을 추정한다(추정은 반대사실이 증명되면 법 적용을 하지 않는 것이며, 간주는 반증이 된다 해도 법규정이 번복되지 않는 것이다).
④ 고지의무는 계약의 청약 시가 아니라 '계약 성립 시'까지 해야 한다(약 · 청 · 고 · 성).

026 '상법 단독적용설'은 계약자에게 가장 유리하고, '상법, 민법 중복적용설'은 보험자에게 가장 유리하다.

※ 통설은 절충설이며, 참고로 민법단독적용설(②)은 없다.

※ 고지의무 위반 시 해지권의 법적 근거

상법에 근거한 해지권	민법에 근거한 해지권	절충설
1) 그 사실을 안 날로 부터 1개월 이내에 해지를 할 수 있다. 2) 계약체결일로부터 3년까지 해지를 할 수 있다.	1) 그 사실을 안 날로 부터 1개월 이내에 해지를 할 수 있다. 2) 법률행위를 한 날 로부터 10년까지 해지권을 행사할 수 있다.	• 일반적인 경우 상 법을 적용, 사기의 경우 상법과 민법 을 중복 적용 • 사기계약은 보장개 시일로부터 5년 이 내 계약취소가 가 능함
상법 단독적용설 (계약자에게 유리)	–	통설
상법, 민법 중복적용설(보험자에게 유리)		

027 '위험의 현저한 변경증가시의 통지의무'와 '위험유지의무'를 구분하는 문제이다. ③은 위험유지의무의 위반을 말하는데, 이 경우 '그 사실을 안 날로부터 1개월 내로 보험료의 증액을 청구하거나 보험계약을 해지할 수 있다.'

028 손해보험은 고의, 중과실에 대해서 보험자면책이고, 인보험 (생명보험/상해보험)에서는 고의사고는 면책이나 중과실사고 는 부책이다.

029 양적 분산이 아니라 질적 분산기능을 말한다.

※ 재보험의 위험분산기능
1) 양적 분산 : 원보험자가 인수한 위험의 전부 또는 일부를 분산시키는 것 → 위험의 양을 분산
2) 질적 분산 : 위험률이 높은 위험을 재보험자에게 분산 → 위험의 확률을 분산(질적분산)
3) 장소적 분산 : 위험을 공간적으로 분산시키는 것

030 불이익하게 변경된 해당 약관만 무효가 된다. 보험약관 전체 를 무효로 하거나 계약 자체가 무효가 되는 것은 아니다.

031 피보험이익(보험계약의 목적)은 '경제성 – 적법성 – 확정성' 을 갖추어야 한다(경적확으로 암기). 보상성이라는 말은 없다.

※ 피보험이익의 3요건
㉠ 경제성 : 금전으로 산정할 수 있는 객관적 가치가 있어야 한다.
㉡ 적법성 : 도박, 탈세 등 적법하지 못한 이익은 피보험이익 이 될 수 없다.
㉢ 확정성 : 명확하게 이익의 존재가 확인되는 것이어야 하 며, 현존하는 이익뿐 아니라 장래의 이익도 피보험이익이 될 수 있다.

032 보험가액 불변경주의는 '보험기간이 짧아서 보험가액을 협정 보험가액으로 하고 이를 전 보험기간에 걸쳐서 유지하는 보 험'이다.
① 주로 해상보험에서 이용된다.
② 배상책임보험은 보험가액을 정하지 않는 것이 원칙일뿐더 러 보험기간도 길다.
③ 기평가보험(협정보험가액)이다.

④ 해상보험(선박보험, 적하보험, 운송보험)에서 주로 사용되 는데 이들은 대부분 기업보험이다.

033 체결한 수개의 보험가입금액의 합계가 보험가액을 초과하지 않으므로 병존보험이 된다.

034 B보험사에 대해서 보험금청구권을 포기할 경우, 타보험사의 지급책임액에는 영향을 주지 않는다. 즉, A보험사는 4천만원 ($1억원 \times \dfrac{4억원}{10억원}$)이며, C보험사는 2천만원($1억원 \times \dfrac{2억원}{10억원}$) 이다. B보험사의 지급책임액 4천만원을 A와 C가 연대책임으 로 부담하는 것이 아니다(→ 이는 보험자와 피보험자의 통모 를 방지하기 위함).

035 상법679조는 보험목적 양도 시 보험계약의 권리의무를 포괄 승계하는 것으로 추정하지만, 자동차보험과 선박보험은 보험 자의 승낙을 전제로 포괄승계를 인정한다. 선박보험의 경우 (②), 보험자가 사전승낙하지 않으면 계약이 자동으로 종료된 다. ③, ④는 보험목적 양도의 요건을 충족하지 못하므로(양 도대상이 물건이 아님), 양도가 인정되지 않는다.

036 보험목적물(잔존물)에 약간의 가치가 남아있는데 그 가치가 무시할 정도라면 전부멸실로 본다.

037 ① 보험계약법을 말한다. 보험업법은 '보험사업에 대한 규제와 감독을 목적으로 하는 보험사업 감독에 대한 기본법'이다.
※ 상사특별법으로서 상법에 우선하며, 실질적 감독주의를 택하 고 있다.
② 보험업은 보험종목별로 금융위로부터 허가를 받아야 한다.
• 영위 7일 전에 사전 신고하는 것은 겸영이나 부수 업무 에 해당한다.
• 허가 시 신청 서류 : 정관, 3사업연도의 사업계획서, 기 초서류(보험약관, 사업방법서, 보험료 및 책임 준비금 산출방법서).
③ 민영보험(상호보험도 감독하나 우리나라에 없음)을 감독 하며, 공영보험이나 특별법으로 시행하는 공제사업 등은 보험업법의 적용을 받지 않는다.

038 화· 해· 자· 보로 암기

화재보험	해상보험	자동차보험	보증보험
100억원	150억원	200억원	300억원

㉠ 추가 : 제3보험은 모두 100억원, 생명보험은 모두 200억 원이다.
㉡ 합계액이 300억원을 초과하면(⑩ 자동차보험 + 보증보 험) 300억원으로 한다
※ 최소자본금은 50억원(기술권리보험)

039 3곳 이상의 보험자로부터 가입이 거절될 경우 외국보험사와 계약체결이 가능하다.

040 화재보험은 주택화재보험만 모집이 가능하다. 참고로, 방카 슈랑스의 주력상품은 연금보험 또는 저축성보험이며, 보장성 보험은 아직 제한적으로 판매가 허용된다(③).

041 모든 계약에 대해 전부 방문하는 것은 아니다. 비용의 문제로 텔레-언더라이팅으로 대체하기도 한다.

042 '직업, 운전여부, 운전차량, 취미, 거주지 등'은 환경적 위험, '연령, 체격, 가족력, 과거병력, 음주여부, 흡연여부 등'은 신체적 위험이다

043 PML에러 발생 시 LOL설정 이상의 금액은 보험계약자가 전부 부담하게 된다.
※ 참고로 PML을 평가하는 것은 'Risk surveyor'이고, 언더라이터는 LOL을 결정하기 위해 어떤 PML을 적용(또는 상정)할지를 결정한다.

044 Coinsurance I (공동보험1)의 조건으로 인수하는 것이 '조건부인수' 수단의 하나가 된다.
※ 공동보험의 분류('공통4 손해사정'편에서 상세학습)

Co-Insurance I (일반적인 의미의 공동보험)	Co-Insurance II (일부보험으로서의 공동보험)
하나의 보험목적을 여러 보험자가 공동으로 인수하는 보험 → 위험이 큰 보험목적을 여러 보험사가 참여하여 분할인수하는 계약	부보비율조건으로 실손보상이라 하며, 보험가입액이 부보비율 이상이면 전부보험의 효과(아니면 일부보험이 됨)

045 손해사고발생기준을 말하는데 '화재보험, 자동차보험, 상해보험' 등 대부분의 보험을 말한다. 금융기관종합보험은 손해사고발견기준이며, 전문직업배상책임보험은 배상청구기준으로 담보한다.

046 ④가 옳은 내용이다. 참고로 ③은 보상한도액으로 보상할 경우, 사고가 자주 발생하면 이득금지원칙의 예외가 될 수 있다(이러한 부작용을 방지하기 위해 총보상한도액을 설정하는 경우가 대부분임).

047 ㉠ 보험계약의 목적(피보험이익)이 동일해야 한다.
㉡ 보험기간이 동일 또는 중복되어야 한다.
㉢ 수 개의 보험계약을 수 인의 보험자와 체결해야 한다.
※ 공동보험 : Coinsurance I

048 본인부담상한액을 초과하는 부분은 피보험자에게 환급하므로, 보험자부담액은 197만원이다. 이는 종합공제에 해당된다.
※ 공제조항의 종류별 사례

직접공제	참여공제	종합공제
일정금액 또는 보험가입금액의 일정비율을 공제 · 일반적인 보험의 경우	총손해액의 일정비율을 공제 · 실손의료비 표준형(손해액 × 20%) · 직접공제 정률법과 구분할 것	누적공제액을 초과하는 부분을 보상 · 국민건강보험 소득분위별 환급제도

049 비인가요율과 비협정요율은 자유경쟁요율이라는 점에서 공통적이며, 과당경쟁이 발생할 경우 보험자의 지급불능 또는 파산의 문제가 발생할 수 있다.
※ 보험요율의 분류
· 감독에 따른 구분 : 인가요율/비인가요율
· 경쟁에 따른 구분 : 협정요율/비협정요율
· 적용방법에 따른 구분 : 고정요율/범위요율
· 체계에 따른 구분 : 등급요율/개별요율
· 성과에 따른 구분 : 경험요율/소급요율/점검요율

050 소급요율(소급경험요율)을 말한다. 소급요율은 경험요율의 일종인데, 경험요율은 과거의 손해실적만을 반영하나 소급요율은 당해 보험기간의 손해실적으로 소급하여 당해 보험료에 반영을 시킨다. 즉, 요율의 적응성에 부합하는 특성이 있다. 단, 경험요율에 비해서 복잡하므로 시간과 비용이 소요되는 단점이 있다.
※ ③, ④ : 점검요율을 예정요율이라고도 한다.

051 할증특약은 전 보험기간에 걸쳐 적용된다. 비교하여, 보험금감액특약에서 보험금감액기간은 계약 후 5년 이내로 한다.

052 ① 체증성 질병(고당비체로 암기)
② 항상성 질병(항시만류로 암기)
③ 체감성 질병이다.
※ ① · ②는 할증으로 부보, ③은 보험금감액으로 부보하며, ④는 거절대상이다.

053 ② 주택물건요율에 재고자산할증을 부가한 요율을 적용한다.

054 ① 16층 이상의 아파트
② 11층 이상의 일반건물
④ 연면적의 합계가 3,000m²인 종합병원
[1국2학3공(종)으로 암기]

055 전통적 언더라이팅에 비해서 개선되었지만 영업조직의 반발이 없지 않아서, 전격적인 사용보다는 기존인수기준의 보조장치로 활용되는 편이다.

056 특별요율이다.
※ 자동차보험요율의 종류
· 참조순보험료 : 보험개발원에서 산출하여 감독원장에게 신고하여 수리받은 순보험료이다.
· 가입자특성요율 : 기명피보험자의 보험가입경력 및 교통법규위반경력에 따라 적용되는 요율이다.
· 특약요율 : 특별약관을 첨부하여 체결하는 보험계약에 적용하는 요율이다.

057 16.67% 증가되어야 한다(아래 풀이).
· 순보험료법 : 순보험료 = $\dfrac{120억\ 원}{20만\ 명}$ = 60,000원, 영업보험료(총보험료) = $\dfrac{60,000}{1-0.4}$ = 100,000원
· 손해율법 : $\dfrac{0.7-0.6}{0.6}$ = 0.1667, 따라서 기존 요율보다 16.67% 상향해야 한다.
※ 기존손해율은 0.6(= $\dfrac{60,000}{100,000}$)인데 실제 손해율은 0.7이므로 요율이 상향되어야 한다.

058 언더라이터의 직관에 의존하는 방법은 보기에는 불합리해 보이나, 실제에 있어서는 매우 정확하게 보유가 결정되므로(∵ 유사물건에 대한 풍부한 인수경험) 많이 활용되는 방법이다.

059 원보험자는 원보험 위험액 130억원에 대해 Surplus Treaty 로 출재를 하고 미출재금액은 임의재보험으로 출재한다.
- 원보험자 보유액(1Line) : 5억원
- Surplus Treaty 출재금액 : 20Line × 5억원 = 100억원
- 임의재보험 출재금액 : 25억원

060 위험기간이 짧은 short-tail 종목에 적합하다. 비례적 재보험방식으로서 손해액으로 layering을 하면 Excess of Loss Cover(초과손해액재보험)이며, 손해율로 layering을 하면 Stop Loss Cover(초과손해율재보험)이다.

061 계약사항 확인 단계이다.
※ 손해사정절차
1) 사고통지 접수 → 2) 계약사항 확인 → 3) 청약서 확인 → 4) 약관의 면·부책 내용 확인 → 5) 사고 조사 시기와 사고 조사 방법 확정 → 6) 현장조사 → 7) 손해액 산정 → 8) 보험금 산정 → 9) 보험금 지급 → 10) 대위 및 구상권 행사
- 청약서 확인 단계 : 보험의 목적, 피보험이익의 존속여부, 중복계약여부 등을 파악
- 약관의 면·부책 내용 확인 : 해당 사고가 담보손인에 의한 사고인지, 발생사고와 손해액 사이의 상당인과관계가 있는지를 확인

062 일부보험의 비례주의는 이득금지원칙이 아니라 형평성을 실현하는 차원이다(전부보험보다 일부보험의 보상액이 더 적은 것은 당연한 이치이다).

063 중복보험과 병존보험 모두에 통지의무가 부과된다.
※ 병존보험은 당장은 이중지급의 가능성이 없지만, 보험가액의 물가가 하락할 경우 중복보험이 될 여지가 있으므로 통지의무가 부과된다.

064 기관기계보험 등 특종보험은 보험계약의 목적이 '사고 직전의 가동 유지'이므로 신품교환을 할 수밖에 없다. 따라서 신구교환공제를 하지 않는데, 단 보험기간 중 보험가입금액을 신품대체가격으로 유지해야 한다.

065 초과액타보험조항(Excess policy)이다. 실제 손해액에 대해 일체의 수취 가능한 타 보험이 있다면, 타 보험에서 먼저 지급하고 그 초과분에 한해서 지급하는 조항이다.

066 보험사고가 난 때와 곳의 가액(actual cash value)'은 미평가보험 중 '시가로 평가하는 보험가액'을 말한다.
※ 보험가액의 평가방법

㉠ 시가(時價) 평가	㉡ 신가(新價) 평가
재조달가액 − 감가공제액	재조달가액
일반적인 보험의 목적	• 신가보험 가능 : 기계/건물 등 • 신가보험 불가 : 재고품/상품 원자재 등

1) 보험가액을 신가로 평가하는 보험을 '신가보험, 복원보험 또는 대체가격보험, 재조달가액보험'이라 함

2) 복원보험이 허용되는 보험의 목적 : 건물, 공장, 기계 등
⓪ 기계의 경우 화재보험 보통약관상으로 부보하는 기계는 시가 평가를 하지만, 특종보험으로서 기계보험의 경우 사고 전의 가동능력 유지가 중요하므로 신가보험으로 보상한다.
- 복원보험인 기계보험에 가입하는 방법
　– 화재보험 보통약관 + 재조달가액담보특약
　– 특종보험 기계보험 가입
- 복원보험이 제공되는 대신 보험가액을 재조달가격으로 유지해야 하는 전제가 있음
3) 복원보험이 허용되지 않는 보험의 목적 : 재고품, 상품, 원자재
※ 재고자산이나 상품의 경우 도덕적 위험이 많아 복원보험을 적용할 수 없다.

067 보험금의 절감이 아니라 보험료 절감이다(보험계약자의 입장). 그리고 보험자의 입장에서는 보험금의 절감보다는 비효율성의 극복이 주목적이다.
※ 소손해만큼, 즉 공제액을 설정하는 만큼 계약자 입장에서 납부하는 보험료가 인하된다.

068 종합공제방식이다. 보험자 부담액은 3차사고 시 100만원, 4차사고 시 700만원이다.
※ 보험자 부담액(종합공제)

구분	손해액	자기부담금	보험자
1차	200만원	200만원	0
2차	300만원	300만원	0
3차	600만원	500만원	100만원
4차	700만원	0	700만원

※ 종합공제액 : 1,000만원

069 소멸성 공제이다. (800만원 − 100만원) × 110% = 770만원. 즉 보험자가 770만원을, 보험계약자는 30만원을 부담한다. 손해액이 일정 수준을 넘어서게 되면 보험계약자의 자기부담금은 없어지게 되는데, 그래서 소멸성 공제방식이라 한다.

070 약관에 열거된 면책손해를 제외하고 모두 보상한다(면책사항은 열거된다). 포괄책임담보에서 입증책임은 보험자에게 있는데 보험자가 면책되기 위해서는 '손해가 면책위험으로 인해 발생하였다는 것'을 입증해야 하며, 이때 피보험자는 손해의 발생 사실만 입증하면 된다.

071 보상기간은 간접손해를 담보하는 보험기간 종료 이후의 기간을 말한다.
※ 간접손해 : 기업휴지손해, 냉동냉장손해 등

072 15세 미만자를 피보험자로 하는 경우는 사망보험만 무효이다. 나머지는 모두 무효가 된다.

073 취소이다.
　🅐 보험자가 약관의 교부명시의무를 위반 시, 보험계약자는 취소권을 행사할 수 있다.
　※ 해제, 무효, 취소, 해지의 구분

해제	무효	취소	해지
소급하여 소멸			장래에 한하여 **소멸**
ᵗ¹의사표시 O (보험자)	의사표시 ×	의사표시 O ᵗ²(보험계약자)	의사표시 O (보험자)
계약 성립 후 2개월 경과 시까지 보험료 미납 시	사기로 체결한 초과보험, 중복보험 등	보험자의 보험약관의 교부명시의무 위반 등	고지의무위반, 통지의무위반 등
×	선의에만 청구가능	납입보험료 전액 환급	해지환급금 지급

　※ 주1 : 의사표시를 함으로써 법률행위가 성립하는 것을 '형성권'이라 한다(해제, 취소, 해지가 해당됨).
　※ 주2 : 약관의 교부설명의무 위반의 경우 취소권자는 보험계약자이다. 그리고 취소권은 행사할 수도 있고 안 할 수도 있는데, 행사를 하지 않는다고 해서 보험자의 약관의 교부명시의무의 위반효과가 소멸되는 것은 아니다.

074 보험기간과 관련하여 손해배상을 하는가, 하지 않는가에 대한 이론은 '손해설, 이재설(통설), 위험설'이 있다.
　① 손해설, ② 위험설, ③ 이재설
　– 참고로 위험설은 보험자의 부담이 가장 커서 보험제도 유지 측면에서 적절하지 않다.
　④는 배상청구 기준을 말하는데 이는 다른 주제이다(손해사고기준인가 배상청구기준인가의 여부).

075 단일책임주의로는 30만원을 지급하고 교차책임주의로는 42만원을 지급한다(순지급액은 동일하게 됨).
　1) 단일책임주의
　　• A차량 : (40 + 60) × 0.7 − 40 = +30만원(30만원 지급)
　　• B차량 : (40 + 60) × 0.3 − 60 = −30만원(30만원 수취)
　2) 교차책임주의
　　• A차량 지급 : 60만원 × 0.7 = 42만원 지급
　　• A차량 수령 : 40만원 × 0.3 = 12만원 수취
　　즉, 대물로 42만원을 지급하고 상대방 차량의 대물배상 12만원을 수취한다.
　[비교] 배상책임(대물배상)만 담보되어 있고, 자기재물(자차손)이 무담보인 경우에는 단일책임주의에 의한 지급보험금 산정이 불가하다. 따라서 교차책임주의가 합리적이다.

076 최근의 손해성적을 표준으로 보험료를 산출할 수 있다는 것이 배상청구기준의 장점이다.
　※ 보험금액이 사고발생기준에 비해서는 최근에 확정되므로 좀 더 합리적인 보험료를 산출할 수 있다.

077 ① 보험계약준비금 = 책임준비금 + 비상위험준비금
　※ 책임준비금은 부채계정에, 비상위험준비금은 자본계정에 계상한다.
　③ 비상위험준비금은 손해보험에만 존재한다(나머지 내용은 옳은 내용이다).
　④ IBNR 즉, 미보고발생손해액이라 한다.
　　• 지급준비금을 크게 구분하면 2가지이다.
　　㉠ 보통준비금(보고된 손해에 대한 준비금)
　　㉡ IBNR준비금(미보고 손해에 대한 준비금)
　　• IBNR준비금의 계상은 보험자의 지급여력확충과 보험자의 영업손익을 결정하는 데 중요한 영향을 미치므로 보험자에게는 매우 중요한 이슈이다.
　　– 만일 IBNR준비금의 계상을 미흡하게 하였다면, 보험자의 영업이익은 증가될 수 있으나, 책임준비금이 과소평가된다.

078 ①, ②, ③이 해당요건이며, ④의 요건은 없다.
　※ 오답 예시 : '잔여만기가 1년 이내이어야 한다' 등
　※ 보험금액의 전액주의와 체감주의

전액주의	체감주의
보험금액이 복원된다. ㉠ 계약자의 청구복원 ㉡ 자동복원	보험금액 − 지급보험금 = 잔존보험가입금액
해상보험, 운송보험, 자동차보험, 항공보험	화재보험

　※ 어떤 경우도 전손사고 시에는 보험계약이 소멸된다.

079 채무자의 단순한 채무불이행만 있어도 피보험인 채권자가 보상받을 수 있는 보험은 보증보험이다. 신용보험은 채무자의 사망, 파산 등 근본적인 채무불이행을 담보한다.

080 보증보험의 담보범위가 가장 넓다. 그리고 신용생명보험은 채무자가 사망했을 때만 보험금이 지급된다.

081 비상위험준비금은 과거에 부채로 계상했으나 국제회계기준상의 원칙에 부합되지 않아 현재 금지되었다(∵실현되지 않은 부채를 미리 인식할 수 없기 때문). 따라서 감독회계기준으로 비상위험준비금을 자본계정에 적립하도록 한다.
　① 국제회계기준은 국제적정합성, 감독목적회계는 재무건전성 확보에 중점을 둔다.
　② K–IFRS기준상 대손충당금의 인식은 종전 감독목적회계상의 대손충당금보다 그 인식규모가 작으므로, 재무건전성을 담보하는 차원에서 그 차이를 대손준비금으로 별도 적립하게 하고 있다.
　④ 국제회계기준은 원칙을 제시하고 세부적으로는 다양한 선택권이 있는 바, 보험계리기준과 같은 일부 항목은 감독목적회계에서 처리방안을 제시한다.

082 A와 C의 경우 연결대상이 아니므로 부재무제표는 없다.

A → B(B : 종속회사)		A → C(C : 관계회사)	
주 재무제표	부 재무제표	주 재무제표	부 재무제표
(A + B)의 연결재무제표	A, B 각각의 별도재무제표	A의 개별재무제표	없음

※ 또한 C는 (A + B)의 관계회사가 되므로 (A + B)의 연결재무제표에서도 C에 대해서 지분법처리를 한다.

083 미상각신계약비는 자산항목이다. 나머지는 모두 부채항목에 속한다.
※ 감독목적회계상 부채계정 : 책임준비금, 계약자지분조정, 기타부채(기계책으로 암기)

084 '매도가능금융자산(제1039호, 구기준), 기타포괄손익 공정가치측정금융자산(제 1109호, 신기준)'이다.

085 ②은 당연히 개별평가대상이며 ⓒ, ⓒ은 집합평가대상이나 그 중요도를 감안하여 예외적으로 개별평가를 한다.

086 유형자산에 대한 후속측정(재평가모형)
1) 재평가증가액은 기타포괄손익으로 인식하되(자본에 가산), 이전에 재평가감소액으로 인한 당기손실인식분이 있으면 해당하는 만큼은 당기순익으로 인식한다.
2) 재평가감소액은 당기손실로 인식하되, 이전에 재평가증가액으로 인한 기타포괄손익인식분이 있으면 해당분에 한해서 기타포괄손익으로 인식한다.

087 10년이 아니라 7년이다.

088 기타포괄손익 항목 중 ②, ③과 재평가잉여금이 계약자지분조정의 항목에도 반영된다. 해외사업환산손익이나 현금흐름회피파생상품 손익은 관련 없다.

089 ① 표준해지환급금이 아니라 표준책임준비금 제도이다.
[주의] 표준책임준비금과 표준해지환급금의 의의
표준책임준비금은 보험가격자유화에 따른 건전성 규제장치를 마련하는 차원이며, 표준해지환급금 제도는 보험가격자유화에 따른 과도한 사업비의 부과를 방지하는 차원이다.
② K-IFRS기준이 아니라 법령이나 약관에 의한다.
③ 배당보험손실준비금에 대한 내용이다.
[주의] 계약자이익배당준비금은 계약자별로 확정하지 않는다.

090 장기손해보험과 생명보험은 보험료적립금으로 계상한다.

091 보험계약부채의 4가지 요소는 '①, ②, ③, 보험계약마진'이다. 그리고 ①, ②, ③을 합쳐서 '이행현금흐름'이라 한다.

092 10,000 + 3,500 − (2,500 + 1,200) = 9,800원. 자기주식(2,500원)과 주식할인발행차금(1,200원)은 자본조정(자본의 차감계정)이므로 마이너스를 해야 한다.

093 [개념] 수입보험료에서 지급보험료를 차감하여 전기이월미경과보험료를 가산하고 차기이월미경과보험료를 차감하며, 미경과보험료적립금 관련 재보험자산감액손실환입을 가산하고 재보험자산감액손실을 차감하면 경과보험료가 된다.
[산식] 경과보험료 = 수입보험료 − 지급보험료 + 전기이월미경과보험료 − 차기이월미경과보험료
= 100억원 − 60억원 + 50억원 − 43억원 = 47억원
※ 만일 재보험자산감액손실이 있다면 (−)로, 재보험자산감액손실환입이 있으면 (+)해주면 된다.

094 1) 원보험사(출재사)의 입장 : 원보험사가 재보험에 출재 시, 출재보험료를 지급하고(비용), 보험사고 시 수재사로부터 출재보험금을 받으며(수익), 출재 시 재보험사로부터 출재보험수수료를 받는다(수익).
2) 재보험사(수재사)의 입장 : 원보험사로부터 수재 시 수재보험료를 수취하며(수익), 보험사고시 출재사에게 수재보험금을 지급하며(비용), 수재받을 때 출재사에게 수재보험수수료를 지급한다(비용).
※ 재보험수익 · 비용의 인식

출재사 입장		수재사 입장	
수익	비용	수익	비용
출재보험금	출재보험료	수재보험료	수재보험금
출재보험 수수료 (수입경비)			수재보험 수수료 (지급경비)

🔑 재보험거래에서 수익으로 인식하는 항목은?
→ 출재보험금(출재사가 받는 보험금), 수재보험료(수재사의 수입보험료), 출재보험수수료(출재하고 수재사로부터 받는 수수료수입)

095 변액보험과 퇴직연금(실적배당형)은 '운용실적의 투자자 귀속' 즉 투명한 성과의 배분에 있다.

096 재무상태표와 달리 손익계산서의 특별계정 총액표시는 '퇴직연금 원리금보장형'만 해당된다.
① 장기손해보험 : 일반계정과 단순합산을 표시한다(총액표시하지 않음).
③, ④ 퇴직연금 실적배당형과 변액보험은 운용실적이 투자자에게 완전히 귀속되므로 손익계산서에 총액표시를 하지 않는다.
※ 특별계정의 총액표시

재무상태표		손익계산서	
특별계정자산	특별계정부채	특별계정수익	특별계정비용
퇴직연금(원리금보장형), 퇴직연금(실적배당형), 변액보험		퇴직연금(원리금보장형)	

097 대주주에 대한 신용공여, 대주주가 발행한 주식이나 채권에 투자하는 것(①)은 제한적으로 허용된다. 나머지는 금지대상이다.

098 ③ 6개월이 아니라 1년이다.

099 1) 먼저 5가지 자산의 종류를 구분한다.
위에서부터 차례대로 '정상 – 요주의 – 고정 – 회수의문 – 추정손실'이다.
2) 자산별 대손충당금 최저적립비율을 곱한다.
- 정상 : 500억원 × 0.5% = 2억5천만원
- 요주의 : 400억원 × 2% = 8억원
- 고정 : 300억원 × 20% = 60억원
- 회수의문 : 200억원 × 50% = 100억원
- 추정손실 : 100억원 × 100% = 100억원

100 주식할인발행차금은 자본조정계정에 속하며 순자산의 차감항목이다. 따라서 차감항목이 된다.
① 기타포괄손익누계액은 순자산에 플러스항목이므로 합산항목이다.
③ 계약자배당안정화준비금은 부채계정의 계약자지분조정인데, 이는 장래에 계약자에게 분배하기 위한 내부유보의 의미가 있으므로 유동성에 도움이 된다. 따라서 합산항목이다.
④ 후순위채무액은 부채계정에 속하지만, 기업 청산 시 선순위채권과 달리 배당을 거의 받지 못하므로 주식과 같은 성격을 지닌다. 즉, 후순위채무액은 자본화되는 의미가 있으므로 합산항목이 된다.

001	002	003	004	005	006	007	008	009	010
④	④	②	④	③	②	②	②	①	④

011	012	013	014	015	016	017	018	019	020
①	③	③	①	④	④	①	②	④	④

021	022	023	024	025	026	027	028	029	030
②	③	④	④	②	②	③	④	④	④

031	032	033	034	035	036	037	038	039	040
④	③	③	④	③	①	④	③	③	③

041	042	043	044	045	046	047	048	049	050
③	④	②	④	③	①	③	①	①	②

051	052	053	054	055	056	057	058	059	060
②	②	②	③	①	④	③	①	②	③

061	062	063	064	065	066	067	068	069	070
④	③	②	④	①	③	④	②	④	①

071	072	073	074	075	076	077	078	079	080
②	④	③	②	②	②	③	②	①	③

081	082	083	084	085	086	087	088	089	090
③	③	②	④	②	②	④	①	①	③

091	092	093	094	095	096	097	098	099	100
②	④	①	①	③	①	②	②	④	①

001 ㉠은 위태가 아닌 위험을 말한다. ㉣은 손해가 아닌 손인이다.

002 담보제외사유와 책임면제사유(부담보손인과 면책손인을 두는 이유)는 ①, ②, ③에 해당된다.
※ ④는 소손해면책(자기부담금) 제도를 두는 이유이다('공통 4 손해사정' 편 참조).

003 재물보험에서 공동보험비율을 높일수록 보상금액이 감소하여 도덕적 위험이 줄어든다.
※ 공동보험비율이란 '일부보험으로서의 공동보험(Coinsurance Ⅱ)의 실손보상비율(50~80%)'을 말한다.
※ 공동보험비율에 따른 보험금액의 변화
1) 보험가액 1억원, 보험가입금액 4천만원, 손해액 2천만원, 부보비율 80%의 경우
→ 2천만원 × $\dfrac{4천만원}{1억원 × 0.8}$ = 1,000만원
2) 보험가액 1억원, 보험가입금액 4천만원, 손해액 2천만원, 부보비율 50%의 경우
→ 2천만원 × $\dfrac{4천만원}{1억원 × 0.5}$ = 1,600만원
(∴ 공동보험비율을 높일수록(50%→80%) 보험금액이 줄어들어 도덕적 위험도 줄게 된다.)

004 확률적 측정 가능성을 말한다. 손실 가능성 즉, 손실의 빈도와 심도가 어느 정도 측정이 되어야 적절한 보험료를 산출할 수 있다.
cf) 명확하고 측정 가능한 손실 : 손실의 발생원인, 시간, 장소와 금액이 측정 가능해야 보상이 가능하다.
※ 보험가입가능요건 : 순수위험도 아래와 같은 보험가입가능요건을 충족해야 부보가 가능
1) 다수의 동질적 위험
 • 대수의 법칙이 작동하기 위한 전제(위험대량의 원칙, 위험동질성의 원칙)
2) 우발적 사고
3) 명확하고 측정 가능한 손실
 • 보상을 하기 위해서는 손실의 측정이 가능해야 함
4) 충분히 크지만 대재난이 아닌 손실
5) 확률적 측정 가능성
6) 경제적으로 부담 가능한 보험료

005 손해매트릭스의 구분, 각각의 장단점도 이해하도록 한다.
① 손실 규모도 크고 손실 빈도도 많은 경우
② 손실 규모도 작고 손실 빈도도 작은 경우
③ 손실 규모는 작고 손실 빈도가 큰 경우
④ 손실 규모는 크나 손실 빈도가 작은 경우

006 자가보험에서도 보험의 원리가 적용된다.
※ 자가보험의 이용요건
1) 대수의 법칙에 의해 미래손실을 예측할 수 있어야 한다.
2) 손실액보상을 위한 재정적 준비가 갖추어져야 한다.

007 보험계약법은 '손해보험 – 인보험', 보험업법은 '손해보험 – 생명보험 – 제3보험'으로 분류한다.
※ 보험계약법은 '손인'으로 암기, 보험업법은 '손생삼'으로 암기

008 피보험자(가입자)의 보호보다는 피해자의 보호에 더 큰 의의가 있다. 피해자를 보호하기 위해 의무배상책임보험제도를 두는데 자동차책임보험, 가스배상책임보험 등이 있다.

009 보험계약에 있어 보험료의 선지급을 필요로 하지 않으므로 낙성계약이다(필요로 한다면 요물계약). 그리고 계약자의 청약과 보험자의 승낙이라는 절차만 있으면 족하므로 불요식계약이다(혼인신고서처럼 법적 절차를 갖추어야 하는 것은 요식계약이다).

010 피보험이익의 평가액(보험가액)은 법률상 최고보상한도액이다.

011 상호보험이 아니라 영리보험, 임의보험이 아니라 강제보험, 기업보험이 아니라 가계보험, 공보험이 아니라 사보험이다.

012 ① 보험증권은 요식증권이긴 하나 수표나 어음과 달리 약한
　　　요식성을 띠므로, 법정사항의 누락이 있어도 보험증권의
　　　효력에는 아무런 영향이 없다.
　　② 보험약관의 교부명시의무와는 달리 보험증권의 교부의무
　　　는 위반하더라도 별다른 제재가 없다.
　　③ 제권판결은 유가증권의 경우이며, 보험증권은 증거증권이
　　　므로 언제든 재교부가 가능하다.
　　④ 1개월 이상이다.

013 ① 보통보험약관 : 불특정 다수를 상대로 한 정형적인 계약
　　　조항이다.
　　②, ④ 특별보험보험약관(부가약관) : 보통보험약관에 세부적
　　　인 약관을 추가할 때 이용하는 약관이다.

014 ②, ③, ④는 기업보험으로, 기업은 보험자에 대등한 교섭력
　　을 발휘할 수 있으므로 보험계약자 보호를 위한 '불이익변경
　　금지의 원칙'이 적용되지 않는다.

015 ① 보험계약을 청약하는 때이다.
　　② 중요한 내용을 이해할 수 있도록 설명해야 한다.
　　③ 해제가 아니라 무효가 된다.

016 특별보험약관이 보통보험약관에 우선하여 해석된다.
　　① 개별약정우선의 원칙을 말한다.
　　② 작성자불이익의 원칙을 말한다.
　　③ 합리적 기대의 원칙을 말한다.
　　④ '특별보험약관은 보통보험약관에 우선하여 해석한다'는
　　　특별약관우선의 원칙은 '수기문언우선의 원칙'과 동일한
　　　논리로 본다.

017 자본시장의 불공정거래조사는 증권선물위원회의 소관업무
　　이다.

018 차례대로 '보험개발원 - 손해보험협회 - 보험상품공시위원
　　회 - 공정거래위원회'이다.
　　※ 비교
　　㉠ 보험상품공시위원회 : 보험협회가 실시하는 비교공시에
　　　관한 중요사항을 심의 · 의결하는 기관이다.
　　㉡ 보험조사협의회 : 금융위가 조사업무를 효율적으로 수행
　　　하기 위해 금융위 산하에 '보건복지부, 금융감독원 등의
　　　단체로 구성되는 보험조사협의회'를 둔다.

019 '제3자 보험금지급보장의무'이므로 기본적으로 배상책임보
　　험이라야 한다. 즉, 법으로 강제되는 배상책임보험(가스배상
　　책임보험, 신체손해배상책임보험 등)을 대상으로 한다. 화재
　　보험은 배상책임보험이 아니다.
　　※ 주의 : 자동차보험은 책임보험, 임의보험부분이 모두 해당되
　　　며, 법인을 계약자로 하는 보험은 적용대상에서 제외된다.

020 ① 사전승인이 아니라 선임 후 금융위에 보고 또는 신고를 한다.
　　② 임명과 해임 모두 이사회결의를 거친다.
　　③ 10년 이상 종사한 경력이 있어야 한다.

021 승낙 전 사고는 계약 성립 전의 사고에 해당하므로 계약상책
　　임이 아니라 법정책임으로 분류된다.
　　① 청약일로부터 30일 이내에 낙부의 통지를 해야 하는데,
　　　이는 청약과 함께 보험료의 전부 또는 일부의 지급이 있는
　　　것을 전제로 한다.
　　③ 승낙이 의제된다. 의제는 '간주'와 같은 말이다.
　　　cf) 고지의무의 중요사항은 '추정'으로 규정된다.
　　④ 부활도 승낙의제 규정이 준용된다(30일 내의 낙부통지규
　　　정이 동일하게 적용됨).

022 타인을 위한 보험계약에서는 보험계약자가 그 타인의 동의를
　　얻지 않거나, 보험증권을 소지하지 않으면 그 계약을 해지하
　　지 못한다(제639조 1항).
　　① 보험계약자가 그 계약체결에 관한 권한을 타인으로부터
　　　위임받았는가 아닌가는 묻지 않는다(제639조 1항).
　　② 보험계약자의 권리 : 보험료감액청구권, 보험료반환청구
　　　권, 보험계약해지권, 보험증권교부청구권(보험금청구권은
　　　피보험자 또는 보험수익자)
　　④ 타인은 반드시 구체적으로 명시될 필요는 없으며, 다만 보
　　　험계약자 또는 보험수익자와의 관계를 표시하면 충분하다.

023 해상보험의 경우 현실적으로 사장되었으나 현재 전문직업배
　　상책임보험에서 주로 활용된다.
　　※ 소급보험의 법적 근거 : 계약 전의 어느 시기를 보험기간의 시
　　　기로 하는 보험계약을 체결할 수 있다(상법 제643조).

024 보험사고의 요건은 우연성, 발생가능성, 적법성, 사고대상의
　　존재, 범위의 특정이다('우발적대특'으로 암기).
　　① 발생가능성을 말한다.
　　② 2년 후에 자살하면 보험금이 지급되는 생명보험과, 계약
　　　자(채무자)의 고의에 의한 사고에도 보험금이 지급되는 보
　　　증보험이 우연성의 예외가 된다.
　　③ 보험자가 아니라 보험계약자는 언제든지 계약의 전부 또
　　　는 일부를 해지할 수 있다.

025 고지의무는 일반 부활과 똑같이 적용된다.
　　※ 계약순연부활의 제외 대상
　　1) 보험금 지급 사유가 이미 발생한 계약
　　2) 과거에 계약순연부활을 한 계약
　　3) 세제혜택이 있는 계약이 계약순연으로 세제혜택이 상실되
　　　는 계약
　　4) 연령제한 등으로 순연 후에 계약의 가입이 불가한 계약

026 시간의 순서로 보자면 '청약 - 계약 성립 - 책임 개시'이다.
　　고지의무는 보험계약의 성립 시까지 이행한다(약 · 청 · 고 ·
　　성).

027 고지의무나 통지의무의 위반으로 인한 보험계약의 해지 시에
　　는 '해지권의 특칙'이 적용된다. 계속보험료의 미납으로 인한
　　해지의 경우 ③의 설명이 옳으나, 고지의무 위반으로 해지의
　　경우 보험자의 책임은 소급하여 소멸한다.

028 위반 시 효과는 '위험의 현저한 변경 증가 시의 통지의무'와 동일하다.
　　※ 참고로, '현저한'의 의미는 고지의무에 있어서의 '중요한'과 그 의미가 동일하다.
　　① 위험이 현저하게 변경·증가된 경우 → 통지의무부과(계약자, 피보험자) → ㉠ 통지의무 이행 시는 보험료의 1개월 이내에 증액이나 보험료의 증액청구 또는 해지가 가능하다. / ㉡ 통지의무 해태 시는 그 사실을 안 날로부터 1개월 이내에 해지가 가능하다.
　　※ 위험유지의무는 고의중과실로 위험이 현저하게 증가하는 경우에 부과된다.
　　② 위험유지의무 위반 시에는 통지의무가 없다. 통지는 위험의 현저한 변경 증가 시에만 부과되는데, 만일 계약자 등의 고의·중과실이 있는 경우에는 바로 위험유지의무가 부과된다.
　　③ 위험유지의무 위반 시 보험자는 그 사실을 안 날로부터 1개월 이내에 보험료의 증액청구나 계약의 해지가 가능하다.

029 ①, ②, ③은 원보험계약과 재보험계약 간의 법률적 독립관계를 말한다(상법 661조). ④는 재보험은 손해보험으로서 생명보험회사의 재보험업 영위가 불가하지만, 보험업법상 예외규정에 의해 생명보험회사도 생명보험에 대한 재보험업은 겸영할 수 있다.

030 ①, ②, ③은 통지의무를 위반한다 해도 보험자가 계약을 해지할 수 있는 사안은 아니다.

031 보험가액을 시가(actual cash value)로 평가하는 시점은 일반적으로 '보험사고가 발생한 때와 곳'의 가액으로 평가한다. 그런데 물가하락으로 보험목적물의 가액도 하락하여 초과보험이 발생할 수 있으므로, 보험가액은 '평가가 필요한 때에' 한다는 것이 정확한 표현이다.

032 ※ 중복보험의 요건
　　1) 동일한 피보험이익
　　　－보험목적이 동일해도 피보험이익이 다를 수 있다.
　　　　(예 같은 건물을 보험목적으로 해도 건물화재보험과 임차자배상책임의 피보험이익은 다르다.)
　　2) 동일한 보험사고
　　3) 보험기간의 동일 또는 중복
　　　－보험기간이 반드시 같아야 할 필요는 없다.
　　4) 보험금액합계가 보험가액을 초과
　　　－보험가액이 더 크면 병존보험이 된다.

033 보험목적 양도로 인한 권리의무승계 요건을 말한다. 양도는 보험목적이 소유권 이전이므로 물권적 양도이어야 한다.
　　※ 보험목적 양도의 요건(권리의무승계를 위한 요건)
　　1) 양도 당시의 유효한 보험계약이 존속해야 한다.
　　2) 양도 대상의 보험목적은 물건을 원칙으로 한다.
　　　－즉, 물건이 아닌 인보험이나 전문직업배상책임보험은 양도 대상이 아니다.
　　3) 양도는 물권적 이전이어야 한다.
　　　소유권 이전이 되지 않는 채권적 이전은 불충분하다.

　　4) 유무상 여부는 구분하지 않는다.
　　※ 보험목적 양도 시 권리의무승계조항(상법 679조)의 특칙 → 상법 제726조(자동차보험과 선박보험의 특칙)
　　자동차보험과 선박보험은 일반보험목적의 양도와는 달리 위의 4가지 요건을 충족하여도 보험자의 승낙이 없으면 승계가 인정되지 않는다.
　　－이는 자동차나 선박의 경우 운행자가 누군가에 따라 위험이 크게 변경될 수 있기 때문이다.
　　－자동차보험은 보험자가 양수인의 통지를 받은 날로부터 10일 내로 낙부통지를 하지 않으면 승낙의제가 된다.
　　－선박보험은 보험자 승낙이 없으면 자동 종료된다.

034 복권에 당첨될 수 있는 금액(예정이익)은 확정성에 위배되므로 피보험이익이 될 수 없다.
　　※ 피보험이익의 요건 : 경제성, 적법성, 확정성('경.적.확'으로 암기).

035 일부보험이므로 일부보험금액(5천만원)의 전부를 지급하고 취득하는 잔존물대위권도 일부보험의 비율만큼(5백만원)이다.
　　※ 1천만원 × $\frac{5}{10}$ = 500만원

036 배상책임보험은 피보험자의 중과실사고도 보상한다(일반손해보험은 고의나 중과실사고에 대해 면책이나, 배상책임보험은 그 특성상 대부분이 중과실사고도 보상함).
　　③ 보험가액이 존재하지 않으므로 초과보험, 중복보험, 일부보험이 성립하지 않는다.

037 자본금이 300억원 이상인 보험회사가 상호회사로 전환한다고 해도 상호회사의 기금을 300억원 이상으로 유지해야 할 의무가 없다는 뜻이다.
　　※ 상호회사
　　1) 우리나라의 상호회사는 아직 없다.
　　2) 상호회사 용어(주식회사) : 사원(주주), 사원총회(주주총회), 기금(자본금)
　　3) 상호회사는 100명 이상의 사원으로 설립하는데, 회사 설립 후에는 100명 미만이 된다고 해서 해산 사유가 되는 것은 아니다.
　　4) 상호회사의 사원이 사망할 경우 상속인이 그 지분을 승계한다.

038 '생명보험 + 제3보험', '손해보험 + 제3보험'의 겸영이 가능하기 위해서는 생명보험이나 손해보험의 보험종목 전부를 영위하고 있어야 한다.
　　※ 반면 재보험에 대한 겸영은 '생명보험 또는 손해보험, 또는 제3보험의 보험종목별로 허가를 받은 자'는 해당 보험종목의 재보험에 대한 허가를 받은 것으로 본다.

039 ③은 외국보험회사 국내사무소의 본 활동이다. 다만, '국내규제법에 저촉이 되는 방법으로 보험시장을 조사하거나 정보수집을 하는 활동'은 금지된다.

040 보험대리점의 영업보증금은 1억 이내(법인은 3억 이내)에서 협의로 정하며, 보험중개사의 영업보증금은 개인 1억원 이상(법인 3억원 이상)이다.
　　※ '이내 VS 이상'의 차이가 있다.

041 모집자보고서는 보험계약자와 피보험자를 대상으로 하므로, 보험계약자와 피보험자 모두로부터 자필서명을 받아야 한다.

042 부동산이 아니라 동산이다. 동산은 도덕적 위험이 높은 보험목적이므로 동산의 비중이 증가하면 언더라이팅을 더욱 강화하여야 한다.

043 PML(추정최대손해액)을 직접 평가하는 것은 Risk surveyor이다(따라서 Risk surveyor의 중요성이 더욱 커지고 있다).
　　※ Risk surveyor가 아무리 정교하게 PML을 추정한다고 해도 신이 아닌 이상 오류가 있을 수 있으므로, 이를 고려하여 언더라이터는 좀 더 보수적인 PML을 상정(또는 적용)하는 것이 바람직하다.

044 '합산비율 = 손해율 + 사업비율'인데 합산비율이 100%를 초과하게 되면 언더라이팅의 결과가 만족스럽지 못함을 말한다. 즉, 합산비율이 110%이므로 언더라이팅의 강도를 더욱 강화하여 손해율을 줄여야 한다.
　　※ ① 원보험사업의 평가, ② 영업정책의 수정, ③ 언더라이팅매뉴얼의 수정, ④ 보험요율의 수정

045 운송보험은 구간보험(Voyage Policy)이다. 혼합보험은 실무상 두 가지 형태로 구분한다.
　　㉠ 출발~도착의 형태(이동위험) : 스키, 낚시보험, 해외여행보험
　　㉡ 착수~완성의 형태(고정위험) : 건설공사보험
　　※ 참고로 화재보험, 자동차보험 등 대부분의 보험은 기간보험(Time Policy)이다.

046 금융기관종합보험 등 일부 범죄보험은 손해발견기준이다.
　　※ 배상책임보험 중 일반영업배상책임보험은 '손해사고기준', 전문직업배상책임보험은 '배상청구기준'이다.

047 화재보험의 보험자 최고보상한도액은 잔존보험가입금액이다(이 경우 1억원 − 2천만원 = 8천만원). 이를 보험금의 체감주의라고도 한다.
　　cf) 보험가입금액의 지급방식(보기)과 달리 보상한도액의 지급방식은 1사고당 보상가액을 한도로 실제 손해액을 지급하는데, 만일 사고가 수차례 발생한다 해도 보험가입금액과 같은 최고한도는 존재하지 않는다.

048 사고처리비용으로 보면(㉠, ㉡, ㉢) 피보험자의 의무이행이 보험금감소라는 유익한 비용이 되므로, 약관상 규정이 없어도 보상한다(보험가입금액을 초과하여도 보상함). 잔존물제거비용(㉣)은 사고처리비용이 아니므로 약관상에 명시되어야 보상한다.
　　※ 사고처리비용에서 손해방지비용 등은 일부보험 시 비례보상하지만, 기타협력비용은 일부보험이라도 전액보상한다.

049 '보험목적 이전'과 '보험목적 양도'의 통지의무 효과를 잘 구분해야 한다. 승계추정보험에서 보험목적 양도 후 통지의무를 이행하지 않을 경우에는 '위험이 감소된 경우, 위험변경이 없거나 위험이 경미하게 증가된 경우'는 보험계약에 아무런 영향을 미치지 않는다.
　　※ 통지의무위반효과의 구분

구분	보험목적의 이전	보험목적의 양도 (승계추정보험의 경우)
통지의무 이행 시	• 위험이 감소한 경우 : 차액보험료 반환 • 위험이 증가한 경우 : 1개월 내로 보험료 증액을 청구하거나 계약해지를 할 수 있다.	포괄승계 추정
통지의무 위반 시	위험이 현저하게 증가된 경우 그 사실을 안 날로부터 1개월 내로 보험계약을 해지할 수 있다.	

050 각 보험사의 지급보험금 계산방식이 다르므로 독립책임액 안분방식으로 계산한다.
　　• A보험사 분담액 $= 800만원 \times \dfrac{400만원}{400만원 + 800만원}$
　　 $= 약 267만원$
　　• B보험사 분담액 $= 800만원 \times \dfrac{800만원}{400만원 + 800만원}$
　　 $= 약 533만원$
　　※ 독립책임액 : $A = 800만원 \times \dfrac{1,000만원}{2,000만원} = 400만원$
　　　　　　　　　 $B = 800만원 \times \dfrac{2,000만원}{2,000만원} = 800만원$

051 표준형의 공제율은 20%이므로 '100만원 − (100만원 × 20%) = 80만원'을 보험자가 부담한다. 즉 피보험자의 자기부담금은 20만원, 보험자는 80만원을 부담한다.
　　※ '총손해액 × 20%'의 형식이므로 참여공제에 해당한다. 만일 '보험가입금액 × 20%'라면 직접공제이다.

052 적응성을 말한다. 그리고 손해보험요율의 경영상 요건 중에서 적응성과 상충되는 개념은 안정성이다.
　　※ 손해보험요율의 경영상 요건 : 안정성, 적응성(예 소급요율), 손해확대방지성(예 경험요율), 단순성, 경제적 부담가능성

053 비협정요율이다.
　　cf) 비인가요율 : 자유경쟁요율인 점은 비협정요율과 동일하나, 비인가요율은 인가를 받지 않아도 사용할 수 있는 요율로서, 신규상품이나 대수의 법칙을 적용할 수 없는 상품에 국한된다.

054 점검요율 또는 예정요율을 말한다(성과에 따른 구분 : 경험요율, 소급요율, 점검요율 또는 예정요율).

055 체증성 위험을 말하므로 ①(고당비체)이다. ②는 항상성 질병, ③은 체감성 위험이다.

056 표준체의 보통보험료를 내고 보험금을 삭감한다(선택조건은 없음).

057 아파트 단지 내 상가, 주상복합아파트의 복리시설 2개가 일반물건요율이 적용된다.
- 아파트는 단지 내 상가를 제외한 구내의 부대시설(관리사무소 등), 복리시설은 주택물건이다.
- 주상복합아파트는 아파트 부대시설은 주택물건, 이를 제외한 기타 복리시설(체육시설 등)은 일반물건이다.

058 보험계약체결 시 보험계약자가 최종적으로 지불해야 할 보험료는 적용보험료이다.

059
- Surplus treaty로 출재한 재보험 capacity : 10억원 + (10억원 × 5Line) = 60억원
- 원보험이 90억원이므로 미출재금액은 30억원이다.
- 1Line을 15억원으로 조정하면, '15억원 + (15억원 × 5Line) = 90억원
- ※ 즉, 30억원을 임의재보험으로 출재하거나 1line을 15억원으로 조정하면 미출재금액이 없어지게 된다.

060 ㉠, ㉡ → 비례적 재보험, ㉢, ㉣ → 비비례적 재보험
※ 비례적 VS 비비례적(암기법 : 비비초, 비비초초)

비례적 재보험		비비례적 재보험	
비례보험특약	초과액재보험특약	초과손해액재보험	초과손해율재보험

061 보험업법 제189조 3항
① 보험금의 사정업무(지급업무는 보험자 업무)
② 금융감독원의 시험, 금융위원회에 등록
③ 보험계약자가 위탁한 경우, 손해사정서를 발급하는 대상은 보험계약자와 보험자이다.
※ 보험회사로부터 위탁받은 경우 보험자에게 손해사정서를 발급하면 된다.

062 중복보험의 비례주의는 이득금지원칙을 실현하기 위한 것이지만, 일부보험의 비례주의는 이득금지원칙과 관계없으며, 형평성을 준수하는 차원이다.
① 무조건 무효가 되는 것은 고의(악의)의 초과보험이다.
② 병존보험에도 통지의무를 부과한다.
④ 기평가액(협정보험가액)과 실제 보험가액의 차이가 현저하지 않을 경우는 약간의 초과보상이 생길 수도 있다.

063 기평가보험에서 보험금액(협정보험가액)이 보험가액(사고 발생 시의 가액)을 현저히 초과하는 경우만 이득금지원칙의 예외가 적용된다.

064 재고자산, 상품, 원자재에 대해서는 제공하지 않는다(∵도덕적 위험이 큼).

065 보험목적의 분손사고 시에다. 부품 수리 과정에서 신구교환차익이 발생하는 것이므로 분손에만 적용되는 개념이다.

066 책임한도 분담조항이며, 이는 중복보험의 독립책임액 방식과 동일하다.
※ 타보험 조항별 정의
1) 비례책임조항 : 동일한 보험목적과 동일한 피보험이익에 대해 둘 이상의 보험계약이 체결된 경우 각 보험자의 손해에 대한 분담액은 각 보험자의 보험금액의 총 보험금액에 대한 비율에 따라 결정된다(→ 중복보험의 보험가입금액 안분방식과 동일).
2) 책임한도 분담조항 : 위 해설 참조
3) 균등액 분담조항 : 대부분의 배상책임보험에서 이용되는 타보험규정이다. 여러 보험증권 중 가장 낮은 책임한도 내에서 균등하게 분담하고, 총 손해액이 지급될 때까지 나머지 보험회사들이 동일한 방법으로 균등하게 분담하는 방식이다.
4) 초과액 타보험조항 : 해당 보험계약에 의해 규정된 보상범위는 실제 손해액에 대해서 일체 수취 가능한 타보험에서 먼저 지급되고 난 후의 초과분에 대해서만 적용하는 방식이다.
5) 타보험 금지조항 : 동일한 종류의 일체의 타보험 가입을 금지하는 것이므로, 이 경우 타보험가입은 그 자체로 담보위반이 된다.

067 프랜차이즈 공제는 손해액이 공제액을 초과할 경우 손해액 전액을 보험자가 지급하는 방식이다.

068 화재보험은 열거주의로 담보한다. ①, ②는 열거담보의 장점, ③은 열거담보의 단점. 그리고 열거주의는 피해자가 입증책임을 지며 포괄주의는 가해자가 입증책임을 진다.
1) 열거주의 : 피해자가 열거된 담보손인에 의한 손해라는 것을 입증해야 보상을 받는다.
2) 포괄주의 : 가해자가 열거된 면책손인에 의한 손해라는 것을 입증해야 보험금지급책임을 면하게 된다.

069 ① 보험기간, ② 보험계약기간, ③ 보험료기간, ④ 보상기간
- 보험기간과 동일하게 사용되는 용어로 '책임기간, 위험기간'이 있다.
- 보험료기간은 '보험료불가분의 원칙'과 연관된다.

070 선박보험은 기간보험이다.
※ 보험기간의 종류

기간보험 (Time policy)	시간상의 기간 ⑩ 2016.1.1~2016.12.31	화재, 자동차, 선박보험 등
구간보험 (Voyage policy)	구간상의 기간 ⑩ 출발에서 도착까지	항해보험, 농업보험 등
혼합보험 (Mixed policy)	시간 + 구간 = 혼합보험	낚시보험, 스키보험, 여행자보험, 건설공사보험 등

071 해제와 취소와 해지는 '의사표시가 있어야 법률행위가 성립(형성권)'한다.
⑩ 15세 미만자를 피보험자로 하는 사망보험계약은 의사표시가 없어도 무효의 효력이 인정된다.

072 생명보험금, 상해보험금 등 인보험의 보험금은 손익상계의 대상이 아니다.
　※ ③에서 '생활비율(현실소득액의 1/3)을 제외하는 것'은 손익상계의 일환이다.

073 우리 민법에서는 '상당인과관계설'을 통설로 하며, 영국해상법(MIA)은 '최유력조건설'을 통설로 하고 있다.
　※ 영국해상법이 통설로 하는 근인설

근인(proximate cause)	
최후조건설 (proximate in time)	최유력조건설 (proximate in efficiency)
	통설로 함

074 ① 보험계약의 효력까지 상실되는 것은 아니다.
　② 약관상 설명의무가 부과되지 않는다.
　③ 다른 보험목적물의 보험금청구권은 유지된다.

075 ②는 소손해면책이 필요한 이유이다. 구상권행사의 효과는 ①, ③, ④이다.

076 'IBNR준비금 → 보통준비금 → 미지급보험금'이다. IBNR준비금이 가장 중요하므로 가장 먼저 적립한다.
　※ IBNR준비금
　1) IBNR준비금(보험사고가 이미 발생하였으나 아직 통보되지 않은 손해)은 '미확정에 대한 추정'으로 준비금을 적립한다.
　　※ 일반적으로 손해율($\frac{발생손해액}{경과보험료}$)의 비율로 합리적으로 추정한다.
　2) IBNR준비금 적립은 보험회사 손익에도 많은 영향을 미쳐 매우 중요하게 취급된다.
　3) IBNR준비금의 적립이 과소하다면 책임준비금의 과소적립으로 보험회사 건전성을 악화시킨다.

077 Coinsurance I 은 중복보험도 아니고 병존보험도 아니다. 따라서 중복보험의 연대주의가 적용되지 않는다.
　• 하나의 계약 : 중복보험이 아님
　• 보험자가 공동으로 인수 : 보험자가 모르고 체결하게 되는 병존보험과 다름

078 ③은 상법(711조)상 현실전손이다.
　② 전손이 되면 복원주의를 채택한다고 해도 보험계약은 무조건 소멸된다.
　④ 일부보험의 예를 들면(보험가액 1억원, 보험가입금액 5천만원, 손해액 1억원), 손해액 1억원 × $\frac{5천만원}{1억원}$ = 5천만원. 즉, 전부손이므로 일부보험에서도 보험가입금액이 전액 지급된다.

079 화재보험은 체감주의이다.
　※ 화재보험의 성격 : 열거담보, 손해사고기준담보, 체감주의, 시가평가보험, 기간보험 등

080 'PML⊂MPL'이므로 MPL의 보험료가 더 비싸다.
　※ MPL은 EML로 표현되기도 한다.

081 ① · ② · ④는 감독목적회계에 해당한다. 비상위험준비금은 과거에는 부채로 계상했는데, 실현되지 않은 것을 부채로 인식할 수 없다는 국제회계기준의 원칙에 의해 금지되었다.
　※ 그러나 보험회사의 재무건전성강화에 목적을 두는 보험감독목적의 회계상, 비상위험준비금을 자본계정의 이익잉여금 항목에 적립하고 있다.

082 매매결제일이 아니라 매매체결일(매매거래일)로 인식할 것을 권장한다(K-IFRS, GAAP).
　※ 매매결제일보다는 매매체결일의 인식이 더 빠르므로 보수적인 회계차원이 된다.

083 기타포괄손익은 손익계산서 항목이며, 기타포괄손익누계액은 재무상태표 항목이다.

084 상각 후 원가로 측정하고, 손상차손에 대해서 대손충당금을 설정한다. ㉠, ㉢은 매도가능금융자산에 해당된다.

085 감독규정상의 대손충당금(자산건전성분류에 의한 대손충당금의 최소적립금액)이 500억원인데, 국제회계기준상의 대손충당금은 200억원에 불과하므로, 그 차액인 300억원을 대손준비금으로 자본계정의 이익잉여금 항목에 적립해야 한다.

086 기타포괄손익 공정가치측정 금융자산은 채무상품과 지분상품으로 구분되는데, 채무상품의 경우 '평가손익은 기타포괄손익으로, 제거 시에는 당기손익'으로 인식한다. 그리고 지분상품의 경우 '평가손익은 기타포괄손익으로, 제거 시에도 기타포괄손익'으로 인식한다(채무상품은 재순환이 되지만, 지분상품은 재순환이 금지된다).

087 보험미수금은 자산이나 보험미지급금은 부채항목이다.
　① 예치금은 정기예금 등의 예치금으로 자산항목이다.
　※ 예수금은 부채계정이다.
　② 미상각신계약비는 이연자산으로 인식한다.
　③ 연구비는 비용항목이나 개발비는 무형자산으로 인식한다.

088 배당보험손실준비금은 당기의 계약자지분의 100분의 30까지 적립이 가능하다. 계약자지분은 유배당이익의 90%이므로, '10억 × 0.9 × 0.3 = 2.7억원'이 배당보험손실준비금의 한도가 된다.

089 발생사고부채의 장부금액에는 보험계약마진이 없다. 보험계약마진은 보험서비스 제공의 대가로 장래에 이익으로 전환된다. 따라서 잔여보장부채에서는 존재하지만 발생사고부채에서는 존재할 수 없다.

090 책임준비금 적정성평가대상은 '보험료적립금, 미경과보험료적립금, 보증준비금'이다.

091 한국채택국제회계기준(K-IFRS)에서도 인정하는 회계처리 방식이다(기존 보험회계의 관행으로 인정함).

092 자본조정항목에는 '자기주식, 주식발행할인차금, 자사주처분
    손실, 주식선택권 등'이 있다. 즉 '1,000원 + 3,000원 + 500
    원 + 1,500원 = 6,000원'이다.

093 (보험영업수익 − 보험영업비용) + (투자영업수익 − 투자영업
    비용) − 책임준비금
    = (80억 − 50억) + (70억 − 30억) − 50억 = 20억원
    → 보험손익(30억) + 투자손익(40억) − 책임준비금(50억)
    = 영업이익(20억원)

094 경과보험료 = 수입보험료 − 지급보험료 + 전기이월 미경과
    보험료 − 차기이월 미경과보험료
    = (100억 + 30억) − 50억 + 20억 − 40억 = 60억원
    ※ 지급보험금은 경과보험료 항목과는 관계없다(발생손해액에 속함).
    ※ 수입보험료와 지급보험료

구분	수입보험료(+)	지급보험료(−)
원수보험	원수보험료	
재보험	수재보험료	출재보험료

095 연결총자산은 감소한다.
    ※ 연결대상의 변화

	GAAP	K-IFRS
연결범위 − 지분율	지분율 30% 초과 시 연결 작성	지분율 50% 초과 시 연결 작성
연결범위 − 자산규모	자산 100억원 미만은 제외	자산 100억원 미만도 포함

(→ 즉, 국제회계기준상으로 연결재무제표를 작성할 경우, 연
결총자산은 감소하지만 대상기업의 수는 증가한다)

096 변액보험은 재무상태표에서만 특별계정의 총액을 표시한다.
    즉 '특별계정자산', '특별계정부채'이다(실적배당형의 경우 총
    액표시를 하지 않음).

097 대주주가 발행한 주식이나 채권은 Min(자기자본 × 60%, 총
    자산 × 3%)이다. 그런데 보험회사 기준이므로, Min(2천억 ×
    60%, 1조원 × 3%) = 300억원이다.
    [TIP] 대주주에 대한 신용공여는 402, 대주주의 발행주식에
    의 투자는 603으로 암기한다.

098 당해 보험회사의 임직원에 대한 대출은 예외 없이 금지이나,
    자회사 임직원에 대한 대출은 원칙적으로 금지하되, 보험약
    관대출과 소액대출은 예외로 허용된다.

099 고정자산은 ㉠ + ㉡이다(490억원).
    ㉠ 향후 채무상환능력의 저하를 초래할 수 있는 요인이 현재
       화되어 채권회수에 상당한 위험이 발생한 것으로 판단되
       는 거래처의 자산 : 300억원
    ㉡ 회수의문이나 추정손실자산의 회수예상가액 : 회수의문
       자산의 회수예상가액 120억, 추정손실자산의 회수예상
       가액 70억, 즉 ㉡은 190억원이다.
    ※ 따라서, 고정자산은 '300억 + 190억 = 490억원'이다.
    참고로 위의 보기에서 정상자산은 500억원, 요주의자산은
    400억원, 고정자산은 490억원, 회수의문자산은 80억원(∵ 회
    수예상가액초과분이므로 '200억 − 120억'), 추정손실자산은
    30억원(100억원 − 70억원)이다.

100 지급여력비율이 100%에 미달하면 적기시정조치가 부과된
    다. 이러한 위험을 자본적정성(리스크)라고 한다.

001	002	003	004	005	006	007	008	009	010
③	④	②	②	③	③	④	④	③	①
011	012	013	014	015	016	017	018	019	020
④	④	③	①	②	②	②	②	③	①
021	022	023	024	025	026	027	028	029	030
③	③	③	④	②	④	①	④	②	④
031	032	033	034	035	036	037	038	039	040
②	③	④	②	④	④	③	①	③	①
041	042	043	044	045	046	047	048	049	050
④	①	①	①	①	①	④	③	④	①
051	052	053	054	055	056	057	058	059	060
①	③	④	④	④	②	③	②	②	④
061	062	063	064	065	066	067	068	069	070
②	②	④	②	②	③	①	③	①	④
071	072	073	074	075	076	077	078	079	080
④	③	②	④	③	①	③	③	②	②
081	082	083	084	085	086	087	088	089	090
④	①	③	④	③	③	③	③	③	①
091	092	093	094	095	096	097	098	099	100
②	④	②	②	④	①	③	①	③	④

001 담보에서 제외하는 손인은 '비담보손인(또는 부담보손인)', 보험자가 책임을 면하기로 한 손인을 '면책손인'이라 한다.
※ 비담보손인과 면책손인을 명확하게 구분할 수 있는 것은 아니다.

002 손해사정업무의 강화는 생명보험회사에도 해당된다.
※ 생보사, 손보사 공통에 해당되는 대책 : 손해사정업무 강화, 업계공동전산망 구축, 보험범죄대책반 운영, 홍보활동 강화 등

003 15세 미만자에 대한 피보험 제한, 타인의 사망보험계약을 체결할 때 서면동의를 요구하는 것은 인보험만의 대책이다.
① 도덕적 위태는 면책, 정신적 위태는 부책이다.
③ 고지의무는 계약자와 피보험자에게 부과된다(보험수익자는 고지의무가 부과되지 않음).
④ 순수위험은 전조가 없이 발생하며, 투기위험은 통상 전조를 수반하고 위험이 발생한다.

004 A는 보상하지 않고(by 위험개별의 원칙) B는 보상한다(by 위험보편의 원칙). 아래 해설 참조.
※ 위험보편의 원칙 VS 위험개별의 원칙
1) 위험보편의 원칙 : 보험사고가 면책위험에서 발생한 것이 아니면 보상을 한다.
᠋⃞ 화재보험의 예 : 발화의 원인을 불문하고 화재로 인한 손해를 보상한다(B의 경우).
2) 위험개별의 원칙 : 열거된 위험에서 발생한 손해에 한해 보상을 한다.

᠋⃞ 화재보험의 예 : 주택물건이 아닌 경우 폭발손해에 의한 손해는 보상하지 않는다(A의 경우 폭발손해는 보상하는 열거위험이 아니므로 보상하지 않음).

005 손실통제는 손실예방(᠋⃞ 음주운전예방)과 손실감소(᠋⃞ 안전벨트 착용, 스프링클러 설치)의 수단을 모두 포함하는 위험관리기법이다.

006 아래 표 참조
※ 보험의 분류

보험업법	보험계약법	사정방법	보험의 목적
손해보험 생명보험 제3보험	손해보험 인보험	손해보험 정액보험	물보험 인보험

007 상행위성이 아니라 '독립계약성'을 위배하는 것이다.

008 일부보험(보험가액 1억원, 보험가입금액 5천만원)에 가입하고 전부손해가 발생하였으므로, 보험가입금액을 보상하게 된다. 즉, 법률상 최고지급한도는 1억원이나(보험가액), 보험가입금액을 5천만원으로 약정하였으므로 5천만원(약정상 최고지급한도액)을 지급한다.

009 Coinsurance Ⅰ은 보험자가 공동으로 하나의 보험계약을 인수하는 것이므로 위험분산원칙에 부합된다. 그러나 Coinsurance Ⅱ는 부보비율부 실손보상을 말하며 위험분산원칙과 관련이 없다.
• 일반적인 의미의 공동보험 : Coinsurance Ⅰ
• 일부보험으로서의 공동보험 : Coinsurance Ⅱ
※ 위험분산의 종류 : 수평적 분산(Coinsurance Ⅰ), 수직적 분산(재보험), 장소적 분산

010 '약한' 요식증권성을 말한다. 강한 요식증권성이 있을 경우 법정기재사항이 조금이라도 누락되면 효력을 상실한다.
※ 보험계약은 불요식계약이지만 보험증권은 요식증권에 해당한다(요식증권성이 있으되, 수표나 어음처럼 엄격하지 않다).

011 '보험증권의 교부의무'와 '보험약관의 교부·설명의무'를 구분해야 한다.
• 보험약관의 교부설명의무를 위반 시 → 보험계약성립일로부터 3개월 내로 계약의 취소가 가능하다(①).
• 보험증권의 교부의무를 위반 시 → 그 효과에 관한 규정이 없다(아무런 영향이 없다).
[부연설명] 보험증권은 증거증권에 불과하므로 형식의 중요성이 없다. 즉, 보험약관과 달리 '보험증권의 교부의무'는 실질적인 의무가 아니라고 이해할 수 있다.

012 해상보험에서 주로 이용되는 것은 '특별보험약관'이다.
1) 특별보통보험약관 VS 특별보험약관
특별보통보험약관은 보통보험약관의 내용을 좀 더 세부적으로 추가하는 것이고(부가약관이라고도 함), 특별보험약

관은 보통보험약관의 내용을 수정, 변경하는 것이다(주로 개별적 교섭에 의해 보험계약을 체결하는 기업보험에서 사용됨).
2) 약관별 해석순서
수기문언우선 > 특별보통보험약관 > 보통보험약관
3) 부합계약성
보통보험약관과 특별보통보험약관은 정형화된 것이므로 부합계약성을 띠나, 특별보험약관은 개별적으로 수정 · 변경한 것이므로 부합계약성이 없다.

013 규범설에 해당된다.
※ 약관구속력에 대한 학설

의사설(계약설)	규범설
약관을 계약내용으로 한다는 당사자 간의 의사가 있으므로 구속력을 지닌다.	약관 자체가 규범이므로, 약관의 내용을 몰랐다고 해도 당사자를 구속한다.

cf1) 보험기간과 손해보상에 관한 학설 : 손해설, 이재설(통설), 위험설
cf2) 보험사고와 인과관계에 관한 학설 : 상당인과관계설(통설), 근인설

014 '보험계약을 청약하는 때'이다(약 · 청 · 고 · 성).

015 필수기재사항으로 보험계약의 무효, 해제 원인은 있지만, 취소 원인은 없다. 이것은
1) 무효의 경우
의사표시가 없어도 소급하여 계약이 소멸되므로,
2) 해제의 경우
해제는 보험자의 일방적인 의사표시에 의해 소급하여 계약이 소멸되므로, 약관에 그 원인을 두어 계약자를 보호하는 취지이다.
그런데, 취소는 의사표시의 행사권자가 계약자이므로 별도의 약관기재사항으로 두지 않는다.

016 ① 애매모호하게 만든 책임을 보험자 스스로 진다는 의미이다.
② 개별약정우선의 원칙을 말한다.
③ 보험계약은 보험자가 일방적으로 만든 것이므로(부합계약성), 애매한 해석상의 문제가 발생할 경우 보험자가 책임을 진다는 의미이다.
④ 일반적인 해석원칙이 모두 적용되고도 여전히 애매함이 남아있는 경우 마지막으로 적용하는 원칙이다.

017 30일 이내에 조정위원회에 회부, 60일 이내에 조정안 작성이다.
※ 재판상 화해 VS 민법상 화해

재판상 화해	민법상 화해
금융감독원의 분쟁조정	소비자단체의 분쟁조정
추가적 법적다툼 불가	추후 소송제기 가능

※ 공적기관의 조정을 받은 재판상 화해의 효력이 훨씬 강력함

018 공정거래위원회와 협의해야 한다.

019 6개월 이내의 영업의 일부정지 명령이다. 6개월 이내의 영업의 전부정지의 명령은 '보험업법의 규정위반'보다 더 엄중한 위반에 해당하는 '부정한 방법으로 보험업허가를 받은 경우'에 해당한다.

020 손해보험협회로부터 납부통보를 받은 날로부터 1개월 이내에 해당 출연금을 손해보험협회에 납부해야 한다.

021 계약이 성립되기 전의 책임이므로 계약상책임이 아니라 법정책임이 맞다.
① 승낙으로 간주한다(승낙의제).
② 보험증권을 받은 날로부터 15일 이내에 철회할 수 있다.
④ 타인을 위한 보험계약 체결 시 타인의 존재는 계약 성립 후도 가능하지만 보험사고 발생 전에 정해도 무방하다.

022 ㉠, ㉡, ㉢이 요건이다. 참고로 계약순연부활의 경우 과거 계약순연부활을 한 적이 있으면 계약순연부활이 허용되지 않는다.

023 보험수익자는 고지의무가 부과되지 않는다.
cf) 위험유지의무의 부과대상자에는 해당이 됨

024 고지의무는 청약 시가 아니라 '계약 성립 시까지' 이행해야 한다.
① 고지의무는 상법상의 의무가 아니라 고지의무 위반 시 불이익을 받지 않기 위한 자기의무이다.
③ 고지의무위반은 객관적 요건과 주관적 요건을 모두 충족해야 성립한다.
  • 객관적 요건 : 고지의무자의 불고지 또는 부실고지가 있어야 한다.
  • 주관적 요건 : 고의나 중과실이 있어야 한다.
    − 고의 : 고지를 해야 하는 당위성을 인식하면서도 묵비를 하거나 허위진술을 하는 것
    − 중과실 : 현저한 부주의로 고지대상의 중요성을 인식하지 못하거나 잘못 판단한 경우
④ 보험사고 발생 전후를 불문한다.

025 위험유지의무 위반 시에는(위험유지의무자는 보험수익자도 포함됨) 그 사실을 안 날로부터 1개월 이내에 보험료의 증액을 청구하거나 계약을 해지할 수 있다.
cf) 보험사고발생 시의 통지의무 위반의 효과
보험사고발생의 통지의무를 게을리 함으로써 손해가 증가되었다면, 그 증가된 손해에 대해 보험자는 책임을 지지 않는다.

026 ①, ③는 상법상의 해지권 행사기간인데, 이 부분은 생명보험표준약관도 동일하다.
②는 생명보험표준약관에만 있는 해지권 조항이다.
④ 사기계약의 경우, 민법상의 사기계약은 '법률행위를 한 날로부터 10년'을 적용하지만, 생명보험 표준약관은 '보장개시일로부터 5년'까지 취소권을 인정한다.

027 Quota Share(비례적 재보험)을 말한다.
※ 재보험의 구분(비례적 VS 비비례적)

비례적 재보험	비비례적 재보험
비례재보험특약 (Quota Share) 초과액재보험특약 (Surplus Treaty)	초과손해액재보험 (Excess of Loss : XOL) 초과손해율재보험특약 (Stop Loss Cover)

028 피보험이익에 관한 문제이다.
① 부보대상은 보험의 목적이다. 보험계약의 목적은 피보험이익의 상법상 표현이다.

② 피보험이익의 요건(경제성, 적법성, 확정성) 중 적법성을 위배한 것이다.

③ 보험가액이다.

029 초과보험과 중복보험은 보험가입금액이 보험가액을 초과하므로, 실손보상차원에서 보험가액이 보상한도가 된다.

030 연대비례주의를 택하고 있다(상법 672조).

031 인보험과 전문직업배상책임보험은 양도대상이 물건(物件)이 아니므로 보험의 양도가 성립되지 않는다(양도효과가 적용되지 않음). 합병이나 상속은 그 자체로 권리의무가 포괄승계되므로 보험의 양도효과가 적용에서 제외된다.

※ 자동차보험이 일반 보험목적 양도와 다른 것은 보험자의 승낙을 전제로 포괄승계가 된다는 것이다.
- 양수인으로부터 통지를 받고 10일 이내로 낙부통지를 하지 않으면 승낙의제가 됨

032 청구권대위의 경우 '피보험자의 권리보존행사의무'가 부과되지만, 잔존물대위권의 권리취득은 법률이 인정하는 당연한 권리이기 때문에 피보험자에게 권리보존의무를 부과할 필요가 없다.

033 절대설은 보험자에게 유리하고(보험자우선설), 차액우선설은 피보험자에게 유리하다(피보험자우선설).

① 절대설 : 1억원(손해액) × $\frac{6억원}{10억원}$ = 6,000만원. 제3자의 손해배상 자력이 8천만원이므로 6천만원 전액을 대위취득할 수 있고 이는 보험자우선설에 해당한다.

② 상대설 : 8천만원(제3자의 손해배상자력) × $\frac{6억원}{10억원}$ = 4,800만원. 즉 4,800만원을 대위취득할 수 있는데 이는 청구권비례설에 해당한다.

③ 차액원칙설 : 8천만원 − (1억원 − 6천만원) = 4천만원. 즉 피보험자에게 지급하는 보험금액 6천만원(일부보험 비례보상)을 지급하고 나면 손해배상자력금액은 4천만원이 남는다. 이는 피보험자에 유리하므로 피보험자우선설에 해당한다.

034 위부는 보험목적 전부를 대상으로 하는 것이 원칙이나, 위부의 원인이 보험목적의 일부에 의해 생긴 경우에는 그 부분에 대한 위부가 성립한다.

④ 2개월 이상 선박의 행방불명은 종전에는 위부의 원인이었으나, 상법개정으로 바로 전손으로 인식하고 보험금청구가 가능하게 되었다.

035 제3자에 대한 배상책임의 크기는 가늠하기 어려워 피보험자의 전재산으로도 감당하기 어려울 수 있다. 따라서 배상책임보험의 보험의 목적은 피보험자의 전재산이 된다. 비교하여 배상책임보험의 피보험이익은 피보험자의 전재산관계이다.

① 계약상 책임은 면책이다.

③ 손해보험과 달리 중과실사고를 보상한다.

④ 보관자배상책임보험의 경우 보험가액이 있다.

036 ① '보험계약자 ≠ 피보험자'인 생명보험 → 타인의 생명보험이라 한다.

※ '보험계약자 ≠ 피보험자'인 손해보험 → 타인을 위한 손해보험이라 한다.

② 타인의 사망보험체결 외에도, 피보험자가 타인인 보험에서 보험계약을 타인에게 양도할 경우에도 피보험자의 동의를 받아야 한다.

③ 15세 미만자, 심신상실자, 심신박약자를 피보험자로 하는 사망보험계약은 무효이다(상법 732조).

④ 제3보험은 생명보험의 성격이 더 강하여 대부분 생명보험의 규정을 준용하는데, 준용하지 않는 단 하나의 규정이 상법732조(③번 해설)이다. 즉, 상해보험의 경우는 만 15세 미만자를 피보험자로 하는 보험계약은 무효가 되지 않는다(∵사망보험계약이 아니므로).

037 보험업법상 보험업의 허가를 받을 수 있는 자는 '주식회사, 상호회사, 외국보험회사'이다. 외국보험회사가 보험업영위를 위해 금융위의 허가를 받으면 '외국보험회사 국내지점'이 된다.

038 '300억원, 50억원, 3분의 2'이다. 참고로 통신판매회사는 전체 보험계약의 90% 이상을 통신판매로 모집하는 회사를 말한다.

039 생명보험의 재보험이나 제3보험의 재보험은 보험종목의 일부를 영위해도 각각의 재보험에 대해서 겸영이 가능하다.

①, ② '손해보험의 일부를 영위하는 회사', '제3보험만을 영위하는 회사'는 겸영할 수 없다.

③ 손해보험의 전부를 영위하는 회사가 겸영할 수 있다.

040 보험대리점은 개인 1억원, 법인 3억원 이내의 금액에서 협의로 결정한다(보험중개사는 개인 1억원, 법인 3억원 이상의 금액으로 한다).

041 환경적 위험은 직업, 신체적 위험은 현증이나 기왕증, 재정적 위험은 총보험료의 과다여부, 도덕적 위험은 고의성을 말한다.

① 보험계약자와 피보험자

② 보험의학은 장기(10~30년)의 장기예후에 대한 관찰이 필요하므로 임상의학보다 강화된다.

③ 계약적부심사는 계약체결 전 단계에서 한다.

042 ② 형평원칙은 보험가입자 상호 간에 적용되는 것이다.

③ 가계성보험처럼 보험가입금액이 소액인 경우는 청약서 기재사항의 언더라이팅으로도 충분할 수 있다. 현장실사는 TSI가 고액인 대형물건을 대상으로 한다(∵ 비용의 문제).

④ 인수거절 시 승낙이 거절된 사유를 보험계약자에게 알리는 것은 보험업법상의 규정(95조 설명의무 등)에 따르는 것이다.

※ 인수거절통보는 즉시(계약갱신일 전일 또는 당일) 이루어져야 하는데, 이는 빨리 통보하여 영업조직과의 마찰가능성을 줄여야 하고(보험자 입장), 담보공백이 없도록 고려해주는 것이다(보험계약자 입장).

043 ⊙은 PLAN, ⓒ은 DO, ⓒ은 SEE 단계이다.
※ 언더라이팅 절차

PLAN	DO	SEE
• 정확한 정보 확보 • 적정한 인수규정 완비 및 대안개발	• 위험인수 (Under-writing inspection, PML 산정, LOL 설정) • 위험거절 • 계약조건수정(조건부 인수)	• 언더라이팅 평가 (원보험사업, 영업수지 평가) • 언더라이팅 수정 (영업정책 수정) • 언더라이팅매뉴얼 수정 • 보험요율 수정

044 LOL(Limit Of Liability)은 PML(Probable Maximum Loss)보다 낮게 설정해야 보험자와 보험계약자 상호 간에 'win-win'이 가능하다.
※ PML = 45억원 × 60% = 27억원. 즉 LOL은 27억원보다 낮아야 한다.

※ LOL을 PML보다 낮게 설정할 경우의 효과

보험자	보험계약자
(+) 보상책임액이 TSI보다 훨씬 낮아진다. (+) LOL을 설정해야 재보험출재에 유리해진다.	(+) 보험료비용을 낮출 수 있다. (-) 실제손해액이 LOL을 초과할 경우 그 초과분은 보험계약자의 전적인 부담이 된다.

045 보기의 경우 손해율이 80%, 사업비율이 30%로 합산비율이 110%이다. 즉 합산비율이 100%를 초과하므로 지금까지의 언더라이팅이 잘못 수행되어 왔음을 의미한다. 따라서 손해율을 낮추는 방향으로 '영업정책 수정, 언더라이팅매뉴얼 수정, 보험요율 조정' 등으로 언더라이팅을 수정해야 한다.
• ①의 경우 deductible을 높이면 소손해면책의 규모가 커지므로 손해율이 낮아지게 된다.
• ④의 경우 보험요율을 인상하면 보험료가 상승하여 수입보험료의 증가로 손해율이 하락하게 된다.

046 ④는 배상책임보험의 특징이다.
※ 화재보험과 배상책임보험의 비교

구분	화재보험	배상책임보험
보험기간	기간보험(time policy)	기간보험(time policy)
담보기준	손해사고발생기준	손해배상청구기준
담보방법	열거주의 (담보위험을 나열)	포괄주의 (면책위험만 나열)
보험금 지급기준	보험가입액 (보험가액이 있음)	보상한도액 (보험가액이 없음)

047 공제액이 '보험가입금액 × 5%'이므로 직접공제의 정률법이다. 참여공제는 공제율이 5%라면 '실제손해액 × 5%'가 된다.
• 프랜차이즈공제방식이라면 보험자부담액이 300만원이 아니고 800만원이 된다.

048 공정성이다. 손해보험요율산정의 3원칙은 적공비로 암기하도록 한다.

049 인가요율의 3종류는 ①, ②, ③이다. 점검요율은 성과에 따른 구분으로서 '경험요율 – 소급요율 – 점검요율'로 분류된다.

050 등급요율이다. 그리고 경험요율은 등급요율을 기초로 경험기간(통상 3년) 동안의 피보험자의 손해실적에 따라 상향 또는 하향 조정되는 요율이다.

051 보험개발원이 제공하는 요율(참조순보험요율)은 순보험료에 국한되고 부가보험료는 보험사 자율요율을 사용한다. 순보험료에 대해서도 보험사의 자체경험률을 반영한 요율을 산출하여 사용할 수 있다.

052 체증성질병(고혈압, 당뇨, 비만 등)과 항상성질병(시력 또는 청력장애, 만성기관지염, 류마티스 등)이 대상이다. 위궤양, 위염, 외상 등은 체감성질병으로 보험금감액특약의 적용대상이다.

053 감액적용담보는 질병사망담보에만 적용된다(④는 할증적용 담보임).
※ 보험료할증 VS 보험금삭감 특별약관

보험료할증특약	보험금삭감특약
① 항상성, 체증성 위험	① 체감성 위험
② 할증적용기간 : 보험기간 전기간	② 감액운용기간 : 1~5년
③ 할증적용담보 : 질병사망/의료비/일당	③ 감액적용담보 : 질병사망
④ 할증보험료 = 표준체보통보험료 + 할증	④ 감액보험료 = 표준체보통보험료

※ 할증보험료는 표준체보통보험료에 플러스를 하지만, 감액보험료는 표준체보통보험료에 마이너스가 없다는 것도 주의하도록 한다.

054 특수건물에 대한 신체손해배상보험의 보상내용은 ①, ②, ③이다. 물적 피해(④)는 1사고당 10억원을 한도로 한다.
※ 다중이용업소의 화재배상책임보험
• 사망 또는 후유장해는 1인당 1억원 한도
• 부상은 1인당 2천만원 한도
• 물적 피해는 1사고당 1억원 한도

055 영업보험료 = 순보험료/(1 – 사업비율) = 381,300원/0.7 = 544,714원

또는 순보험료 × $\dfrac{1}{1-0.3}$ = 544,714원이다.

이때 $\dfrac{1}{1-0.3}$ 을 '순보험료승수'라고 한다.

056 ① 특약요율(특별요율은 자동차구조가 상이할 때 부과하는 요율)
② 가입자특성요율은 보험가입경력과 교통법규위반경력을 모두 반영하는 요율이다.
③ 영업용은 10대 이상, 업무용은 50대 이상이다.

057 비교하여 '단체할인, 할증'의 평가대상기간은 '역년기준 3년으로 하여 이 평가대상기간 말일의 익년 4월 1일부터 익익년 3월 31일까지'이다.

058 1~3%이다.
※ 통계적으로 검증된 일정 기준을 이용한 위험보유방법

수입보험료	자본금 + 잉여금	유동자산
1~3%(화재, 특종), 5%(해상)	0.5~1.5%	10%

059 신상품으로서 경험률이 아직 증명될 수 없거나, 보험기간이 짧은 Short-tail 종목에 적합한 것은 '초과손해율재보험(stop loss cover)'이다.
　※ 보험기간이 짧은 보험 → Short tail보험, 보험기간이 긴 보험 → Long tail보험

060 특약재보험의 초과손해액재보험(Excess of Loss Cover ; XOL)방식이다.
　• 초과손해율재보험(Stop Loss)은 150% 초과 50% 등의 비율형식으로 재보험자부담액을 결정한다.
　• 초과액재보험특약(surplus treaty)은 특약재보험의 비례적 재보험으로 분류되며, 초과손해액재보험특약(XOL)은 특약재보험의 비비례적 재보험으로 분류된다.

061 청약서 확인 단계이다.
　cf) 계약사항 확인 단계 : 보험계약이 유효하고 보험사고가 담보되는 보험장소에서 보험자의 책임기간 내에 발생하였는지를 확인한다.

062 타보험조항은 보험의 중복지급 방지와 보험자 간의 공평한 손해의 분담을 목적으로 한다(즉 '이득금지원칙의 실현' 차원의 조항이다).
　※ ①은 이득금지원칙과 관련이 없으며(형평성 유지 차원) ②, ④는 이득금지원칙의 예외에 해당된다.

063 신구교환차익은 명확히 판단하기 어려우므로 보통보험약관으로 명시규정을 두기 어렵고, 개별보통약관(⑩ 자동차보험약관 등)으로 규정을 명시하고 있다.

064 보기의 방식은 중복보험의 독립책임액방식과 동일한 것으로, '책임한도 분담조항'에 해당된다.
　※ 비례책임조항은 중복보험의 안분방식과 동일하다.

065 종합공제방식을 말한다. 3차 사고에서 누적공제한도액(40만원)을 초과하게 되므로 4차 사고부터는 사고금액의 전부를 보험자가 부담하게 된다.

066 프랜차이즈공제는 공제손해액을 초과하면 손해액 전액(공제액 전혀 없음)을 보상하는 공제이다. 참고로 ②는 직접공제(정액공제)의 형태이다.
　※ 자동차보험 자기신체사고담보에서 보상 시 프랜차이즈공제 방식을 택한다.

067 자기부담금을 높일수록 보험료는 저렴해진다.

068 일반적으로 보험기간과 보험계약기간이 일치하지만, 소급보험의 경우 보험기간이 보험계약기간보다 길다.

069 ②, ③, ④는 '보상기간'의 개념에 해당된다. 보상기간은 간접손해를 담보하는 기간을 말하는데, 기업휴지손해나 대차료, 휴차료, 영업손실은 모두 간접손해이다.
　※ ①은 '보험기간(위험기간, 책임기간)'의 의미에 해당된다. 참고로 입원치료 중 보험기간이 만료될 경우 만료 후 180일까지 보상한다는 것(책임기간이 만료 후 180일까지 지속)은 '보험기간과 관련한 손해보상 학설(손해설, 이재설, 위 험설)' 중 이재설에 해당된다.

070 보기는 위험설에 해당된다. 그리고 통설은 이재설이다.
　※ 이재설과 위험설의 구분
　　• 이재설은 보험기간 중에 사고가 발생하고, 그 사고의 상당인과관계로 인해 보험기간이 종료된 후에도 손해가 지속된다면 그 손해에 대해서도 보상을 한다(통설).
　　• 위험설은 보험기간 중에 위험이 발생하고, 보험기간이 종료된 후에 그 위험으로 인한 사고가 발생할 경우 이로 인한 손해도 보상한다(통설이 아님).

071 취소권을 행사하지 않는다고 해서 보험자의 약관의 교부명시의무의 위반효과가 소멸되는 것은 아니다.

072 손해율을 낮추어 보험요율을 적정하게 유지하는 것은 구상권 행사의 효과이다.

073 배상청구기준(Claims-made Basis Policy)을 말한다.
　※ 손해사고기준(Occurrence Basis Policy)은 주로 일반영업배상책임보험에, 배상청구기준은 전문직업배상책임보험에 사용된다.

074 보험금청구권 상실조항은 약관상 설명의무의 대상이 아니며, 허위청구 시 보험금청구권을 상실시키지만 보험계약의 소멸은 아니라는 점이 특징이다.
　① 우리나라 – 상당인과관계설, 영국해상법 – 근인설
　② 사고발생기준에 해당
　④ 이득금지원칙을 준수하는 범위 내에서 구상권 행사의 포기도 가능(⑩ 자동차보험의 자차손의 경우 피보험자가 정당하게 관리했다면 피보험자에 대한 구상권을 행사하지 않음)

075 비상위험준비금은 손해보험회사에만 존재하는 것이므로, P생보사의 비상위험준비금 적립한도는 0(제로)이다.
　• 만일 손해보험회사라면 당해 사업연도 보험료합계액의 50%를 적립하므로 1,500억이 최대적립한도가 된다.
　• 보험계약준비금 = 책임준비금 + 비상위험준비금. 참고로 책임준비금은 부채계정에, 비상위험준비금은 자본계정에 계상된다.

076 IBNR준비금을 적립하지 않으면 '책임준비금을 과소평가(부채감소)'하여 보험사의 재무건전성이 악화된다. 반면, 영업수지측면에서는 플러스효과가 있다(책임준비금의 증가는 영업이익을 감소시킴, 5과목 보험회계 내용 참조).

077 ①은 Coinsurance Ⅰ에 해당되며, ②, ③, ④는 Coinsurance Ⅱ에 해당된다.

078 ① 중복보험 : 통지의무가 부과되고, '보험가입금액의 합계＞보험가액'이다.
　② 병존보험 : 통지의무가 부과된다.
　④ Coinsurance Ⅱ는 위의 보기와 관계가 없다. 부보비율을 몇%로 하여 공동으로 보험을 인수하는가의 문제이다.

079 보험금이 복원되는 방법은 두 가지이다. 첫째는 자동복원이며(전액주의), 둘째는 최초의 보험가입금액을 유지하기 위해 추가보험료를 납부하는 것이다(청구복원).

부록 모 /의 /고 /사　정답 및 해설　**419**

080 선박의 존부가 2개월 이상 분명하지 않으면 현실전손으로 인정한다(상법 711조).

081 2013년부터 12월 결산으로 변경되면서 장부폐쇄일은 12월 31일이다.
① 국제적 정합성 유지 차원에서 K-IFRS를 수용하고, 재무건전성 확보를 위해 부분적으로 감독목적회계를 적용한다.
② 은행 예금은 전액 부채이나, 보험료 수입은 일부 사업비처분이 가능하므로 전액부채가 아니다.
③ 보험회사는 주주와 계약자에게 배당을 한다.

082 현금흐름표와 자본변동표에 대한 별도의 규정이 없다. 감독목적회계는 기본적으로 국제회계기준의 원칙(ⓒ, ⓓ을) 수용하고 있다.
※ 재무제표의 종류 : 재무상태표, 포괄손익계산서, 자본변동표, 현금흐름, 주석(이 중에서 가장 중요시하는 것은 재무상태표이다. 재무건전성감독을 위해 가장 중요한 것은 재무상태표이기 때문)

083 기타포괄손익 공정가치측정금융자산 중 채무상품은 손상차손을 인식하지만 지분상품은 손상차손을 인식하지 않는다.
※ 구기준과 신기준의 손상차손 인식 여부

구기준(제1039호)	
당기손익인식금융자산	손상인식 X
매도가능금융자산	손상인식 O
만기보유금융자산	손상인식 O
대여금 및 수취채권	손상인식 O(대손충당금 설정)
신기준(제1109호)	
당기손익 공정가치측정금융자산	손상인식 X
기타포괄손익 공정가치측정금융자산(지분)	손상인식 X
기타포괄손익 공정가치측정금융자산(채무)	손상인식 O
상각후원가측정금융자산	손상인식 O

084 ① 개별평가를 한다(예외 없음).
② 집합평가가 원칙이나 PF채권 등 특수여신은 개별평가를 한다.
③ 집합평가가 원칙이나 제각채권은 개별평가를 한다.
④ 집합평가를 한다(예외 없음).

085 유형자산에 대한 후속측정(재평가모형)
1) 재평가증가액은 기타포괄손익으로 인식하되(자본에 가산), 이전에 재평가감소액으로 인한 당기손실인식분이 있으면 해당하는 만큼은 당기순익으로 인식한다.
2) 재평가감소액은 당기손실로 인식하되, 이전에 재평가증가액으로 인한 기타포괄손익인식분이 있으면 해당분에 한해서 기타포괄손익으로 인식한다.

086 보험기간이 1년 이하인 단기보험계약은 신계약비를 당기비용으로 처리한다. 장기보험계약의 경우 예정신계약비를 초과하는 신계약비에 한해 당해연도에 비용처리한다.
※ 장기손해보험계약의 경우 신계약비를 이연하여 비용처리하는데, 당기 이후 아직 상각되지 않는 신계약비를 '미상각신계약비'라고 한다.

087 '책임준비금전입액' 항목은 생명보험의 손익계산서에만 있고, 손해보험의 손익계산서에는 '보험료적립금증가액', '계약자배당준비금증가액' 등 개별항목으로 표시된다.
① 일반손해보험은 단기계약이므로 보험료적립금이 없다(장기손해보험의 경우 생명보험처럼 책임준비금 중 보험료적립금이 가장 높은 비중을 차지함).
※ 일반손해보험의 책임준비금 : 지급준비금 + 미경과보험료적립금
② 보증준비금은 생명보험에만 있는 책임준비금 항목이다.

088 기보고발생손해액(Outstanding Loss)의 개별추산법에 해당된다. O/S를 추정하는 4가지 방식은 '개별추산법, 평균평가법, 손해율평가법, 지급보험금진전추이방식'이다. 그리고 IBNR준비금의 추정방식은 정률법이다.

089 ③의 순서이다.
㉠ 계약자배당보험손실준비금 : 계약자지분의 30% 이내로 적립하며, 적립 후 5년 이내에 유배당상품의 손실보전에 우선적으로 사용된다.
㉡ 계약자배당준비금 : 법령이나 약관에 의해(회계기준이 아님) 계약자배당에 충당할 목적으로 적립한다.
㉢ 계약자이익배당준비금 : 계약자배당금이 확정배당금인 반면에 계약자이익배당준비금은 총액으로 적립한다.

090 매도가능금융자산평가이익 - 해외사업환산손실 = 3,000원 - 2,500원 = 500원
※ 자기주식처분이익은 자본잉여금이며, 주식발행할인차금은 자본조정에 속한다.

091 자동차보험은 2%, 40%이다.
※ 비상위험준비금 적립기준과 적립한도(35~100%)

화재	해상	자동차	보증	특종	수재
5%	3%	2%	15%	5%	3%
50%	50%	40%	150%	50%	50%

(위 - 적립기준율, 아래 - 적립한도)

092 [개념] 순보험금에서 손해조사비를 가산하고, 차기이월지급준비금을 가산하고 전기이월지급준비금을 차감한 후 지급준비금 관련 재보험자산감액손실을 가산하고 재보험자산감액손실환입은 차감하면 발생손해액이 된다.
[산식]
발생손해액 = 순보험금 + 손해조사비 - 전기이월지급준비금 + 차기이월지급준비금
= (100억원 + 8억원 - 40억원 + 50억원) = -118억원
※ 만일 지급준비금 관련 재보험자산감액손실이 있으면 가산하고, 재보험자산감액손실환입이 있으면 차감한다.

※ 발생손해액 산식에 대한 또 다른 이해
발생손해액은 매출원가의 개념이므로 지출의 개념이다. 즉 지출은 (−)로, 수입은 (+)로 나타내서 계산하면 더 간단할 수 있다.
→ 순보험금은 −100억, 손해조사비는 −8억원, 전기이월지급준비금은 +40억(∵전기에 지급된 비용이므로), 차기이월지급준비금 −50억원(∵당기에 지급하는 비용이므로)
→ 따라서 발생손해액
= −100억 − 8억 + 40억 − 50억 = −118억원. 매출원가에 해당하는 비용이 118억원이라는 뜻이다.

093 보험환급금은 '지급보험금(사고보험금)' 외에 보험계약자에게 지급하는 '만기환급금, 해지환급금' 등을 말한다. 지급보험금은 보장에 대한 지급보험금으로 '원수보험금, 수재보험금'이 있다.
　※ 손해보험회계의 손익계산서
　경과보험료 − 발생손해액 − 보험환급금 − 순사업비 − 보험료적립금증가액 − 계약자배당준비금증가액 + 투자영업수익 − 투자영업비용 = 영업이익

094 출재보험수수료는 수입경비이며, 수재보험수수료는 지급경비이다(반대로 생각할 수 있으므로 유의할 것).
　• 출재보험수수료는 출재사가 출재할 때 수재사로부터 받는 수수료이다
　• 수재보험수수료는 수재사가 수재를 받을 때 출재사에게 지급하는 수수료이다.
　• 마찬가지로 출재이익수수료는 수입경비, 수재이익수수료는 지급경비이다.

095 변액보험과 퇴직연금(실적배당형)은 '운용실적의 투자자 귀속' 즉 투명한 성과의 배분에 있다.

096 실적배당형 특별계정은 재무상태표에서는 총액으로 표시하지만 손익계산서에서는 표시하지 않는다(∵손익 자체가 계약자에게 귀속되므로 별도로 표시할 이유가 없음). 즉, 0원, 0원이다.
　※ 만일 위에서 변액보험의 특별계정자산이 50억원, 특별계정부채가 30억원이라고 하면, 회사 전체의 재무상태표에 총액으로 기재되는 특별계정자산은 50억원, 특별계정부채는 30억원이 된다.
　cf) 연금저축의 경우 일반계정과 단순합산하므로 재무상태표, 손익계산서와 무관하게 총액표시가 되지 않는다.

097 부동산의 소유한도는 '총자산의 25%, 특별계정자산의 15%'이다. 즉, 일반계정은 7,500억원, 특별계정은 750억원이다.
　※ 외국부동산의 소유한도는 5%씩 많은 '총자산의 30%, 특별계정자산의 20%'이다.

098 이 경우 전혀 지원할 수 없다(보험회사가 대주주와 거래함에 있어 금지되는 것과 제한되는 것을 구분하는 문제임).
　1) 대주주에 직접 신용을 공여하는 것은 Min(자기자본의 40%, 총자산의 2%)까지 가능하다 → 제한적 허용

　2) 대주주가 발행한 주식이나 채권을 매입하는 것은 Min(자기자본의 60%, 총자산의 3%)까지 가능하다 → 제한적 허용
　3) 대주주가 타 회사에 출자함에 있어 이를 지원하는 신용공여는 불가하다 → 금지(보기에 해당됨)

099 회수의문에 해당하며, 회수예상가액의 초과분이므로 50억원이 된다.
　cf) 추정손실 : 채무상환능력의 심각한 악화로 회수불능이 확실하여 손실처리가 불가피한 것으로 판단되는 거래처에 대한 자산 중 회수예상가액 초과분

100 보험금 지급리스크는 생보에서 손보, 재보험사로 갈수록 크다.
　※ 가중치 : 생보사(15점) → 손보사(20점) → 재보험(25점)

| 참고 자료 |

※ 본 교재는 '보험심사역 기본서(보험연수원 발행)'에 준거한 문제집입니다.

1. 개인보험심사역 기본서 (보험연수원, 2017).

2. 은행FP기본서 자산관리기본지식(한국금융연수원, 2016)

3. 은행FP기본서 보험 및 은퇴설계(한국금융연수원, 2016)

4. CFP기본서 위험관리와 보험설계(한국FPSB, 2015)

5. CFP기본서 상속설계(한국FPSB, 2015)

6. CFP기본서 재무설계원론(한국FPSB, 2015)

7. CFP기본서 개인재무설계사례집(한국FPSB, 2015)

8. 손해보험설계사자격시험 연수교재(삼성화재, 2016)

9. 투자자산운용사기본서 분산투자이론(한국금융투자협회, 2017)

10. 변액보험판매관리사(서울고시각, 2015, 유창호)

11. 증권투자권유자문인력(시대고시, 2017, 유창호)

12. 펀드투자권유자문인력(시대고시, 2017, 유창호)

13. 개인보험심사역(신지원, 2017, 유창호)

14. 보험회계통합해설서(금융감독원, 2011)

15. 삼성화재자동차보험약관(2016. 7)

16. 금융감독법규정보시스템(http://law.fss.or.kr)

17. 생명보험협회 홈페이지(www.klia.or.kr)

18. 손해보험협회 홈페이지(www.knia.or.kr)

19. 한국화재보험협회 홈페이지(www.kfpa.or.kr)

MEMO